Chinese Association of Quantitative Economics
中国数量经济学会
中 国 数 量 经 济 学 会

21世纪数量经济学

Quantitative Economics in the 21st Century

第21卷

◎主　编　李　平　郑尊信
◎副主编　李海舰　李　猛

经济管理出版社
ECONOMY & MANAGEMENT PUBLISHING HOUSE

图书在版编目（CIP）数据

21 世纪数量经济学．第 21 卷/李平，郑尊信主编．—北京：经济管理出版社，2021.6

ISBN 978 - 7 - 5096 - 8065 - 0

Ⅰ.①2… Ⅱ.①李… ②郑… Ⅲ.①数量经济学—文集 Ⅳ.①F224.0 - 53

中国版本图书馆 CIP 数据核字(2021)第 110223 号

组稿编辑：高 娅
责任编辑：杨国强
责任印制：黄章平
责任校对：董杉珊

出版发行：经济管理出版社
（北京市海淀区北蜂窝 8 号中雅大厦 A 座 11 层 100038）
网 址：www. E - mp. com. cn
电 话：（010）51915602
印 刷：唐山昊达印刷有限公司
经 销：新华书店
开 本：710mm×1000mm/16
印 张：25
字 数：410 千字
版 次：2021 年 6 月第 1 版 2021 年 6 月第 1 次印刷
书 号：ISBN 978 - 7 - 5096 - 8065 - 0
定 价：128.00 元

联系地址：北京阜外月坛北小街 2 号
电话：（010）68022974 邮编：100836

21 世纪数量经济学
（第 21 卷）

编审组名单

前　言

本书是《21世纪数量经济学》丛书的第21卷。

中国数量经济学会2020年年会于2020年10月23~25日在广东深圳召开，年会由中国数量经济学会主办，深圳大学经济学院承办。来自政府部门、研究机构、大专院校和企业的436位数量经济学专家、学者参加了本次年会，会议共收到学术论文239篇。

年会上，中兴通讯集团许建锐副总裁、中国银行业协会高峰首席信息官、腾讯集团湛炜标副总裁分别做了高水平的学术报告。河北省投入产出与大数据研究院宋辉教授、天津财经大学白仲林教授、厦门大学郑挺国教授、新疆财经大学穆沙江教授、深圳大学朱福敏教授在名家论坛上做了学术报告。会议分成数量经济理论与方法，经济增长与宏观经济运行，货币、银行，资本市场、保险，投资、贸易，区域经济、产业经济，环境、资源，大数据理论与方法，数字经济、实验经济学及其他11个小组进行了专题讨论，100多位学者在小组学术交流会上介绍了自己的最新研究成果，会议收到了良好的效果。

本书是由本次年会提交的论文中遴选出来的优秀论文集结成册的，共15篇，分为5个部分：数量经济理论与方法，宏观经济、财政税收，金融、资本市场，企业、产业经济，绿色经济、实验经济学。入选的这些论文均有较高的学术水平，具有一定的理论意义或实践意义。

囿于编者的能力和水平，本书一定存在疏漏和不足，欢迎广大读者批评指正。

编　者

2021年1月

目　录

1. 数量经济理论与方法

基于自适应组 LASSO 估计的高维门限因子模型一致选择
…………………………………………………… 韩　猛　白仲林（3）

基于高频数据的 light GBM 算法的空气质量指数实时预报及多期预测研究
…………………………………………… 刘　超　梁　海　张庆雯（27）

人口普查净误差估计
…………………………………………… 胡桂华　范署姗　叶宝红（41）

2. 宏观经济、财政税收

重大突发事件不确定性对经济需求侧增长的时变冲击测度研究
——基于 TVP－SV－VAR 模型的实证研究
…………………………………………… 胡晨沛　陈璇璇　张　旭（71）

政府管理关系、财政分权与经济增长
——基于市县级面板数据的分析
…………………………………………… 肖　洁　杨龙见　龚六堂（94）

经济增长与水资源利用脱钩效应研究
………………………………………………………… 王喜峰（119）

人口老龄化、减税降费与货币政策有效性
……………………………………… 缪　言　尹彦辉　白仲林（132）

3. 金融、资本市场

金融机构系统性风险溢出效应及传染路径研究
…………………………………………………… 张　虎　高子桓（151）

中国数字普惠金融的区域差异及敛散性分析
…………………………………………………………… 焦云霞（173）

能源期货与中美股指期货价格传递关系对比研究
……………………………… 鲁训法　刘　凯　崔海蓉　黎建强（187）

4. 企业、产业经济

经济政策不确定性、工业智能化与企业劳动生产率
…………………………………………………… 陶长琪　丁　煜（211）

城市群协同对区域经济发展的促进
——以成渝城市群为例
…………………………………………………………… 白延涛（253）

数字经济产业的关联测度及其宏观经济效应分析
——基于投入产出模型视角
……………………………… 田金方　李慧萍　张　伟　薛　瑞（263）

5. 绿色经济、实验经济学

政策措施对冲重大突发事件影响的计算机模拟分析
——基于某市住宿业大数据的建模推演
…………………………… 孔维巍 陈振华 张 莹 赵浩丁（299）

高质量发展下中国新能源全要素生产率实证测度
…………………………………………………………… 陈星星（347）

长三角高质量发展的空间动态演变与一体化趋势研究
…………………………………………………… 郑瑞坤 汪 纯（362）

1. 数量经济理论与方法

基于自适应组 LASSO 估计的高维门限因子模型一致选择

韩 猛 白仲林

摘 要 门限因子模型设定载荷矩阵具有阈值型区制转换结构，可以同时刻画高维时间序列的共变性和区制转换特征。针对高维门限因子模型，本文基于自适应组 LASSO 技术给出了一致模型选择过程。这一模型选择过程将因子个数设定、门槛效应推断纳入一个整体的分析框架，不仅解决了模型选择的一致性问题，同时实现了模型选择误差的统一控制，这对于高维门限因子模型而言是非常重要的。理论研究和随机模拟结论表明本文给出的一致模型选择过程具有良好的大样本性质和有限样本表现。最后，本文将门限因子模型应用于我国金融市场分析，实证结果进一步验证了本文理论的有效性。

关键词 一致模型选择；门限因子模型；收缩估计

一、引言

近年来，长时段、高维度时间序列分析方法引起了研究者的普遍关注。时间序列截面和时间维度的增加提高了发现和诠释经济主体异质性及其经济活动规律的可能性，但样本数据的高维度等特征也给理论和应用研究带来了挑战，如何实现有效降维成为计量经济理论研究的热点之一。高维因子模型作为有效降维的途径之一，被广泛地应用于高维时间序列分析。一般地，记 x_t 是 N 维可观测时间序列，$t=1, 2, \cdots, T$。因子模型的一般形式为：

$$x_t = \Lambda f_t + \varepsilon_t, \tag{1.1}$$

式中，$f_t=(f_{1t}, f_{2t}, \cdots, f_{qt})'$为 $q\times1$ 维因子向量，Λ 为 $N\times q$ 维因子载荷矩阵，$\varepsilon_t=(\varepsilon_{1t}, \varepsilon_{2t}, \cdots, \varepsilon_{Nt})'$是 $N\times1$ 维异质性残差向量。

经典因子模型往往假定载荷矩阵 Λ 不随时间变化，但在实际应用中，特别是对于长时段时间序列而言，因子载荷矩阵往往表现出结构突变或区制转换的特征。在经济分析中，经济结构的突变往往来自于政策变化、技术进步冲击等因素（Stock 和 Watson，2002；Breitung 和 Eickmeier，2011；Chen 等，2014；Han 和 Inoue，2015；Cheng 等，2016；Su 和 Wang，2017；韩猛等，2018）。不同于结构突变，区制转换适用于“历史重复”，例如在资产定价理论中，市场预期收益率是各资产预期收益率的一个重要因子，其载荷往往因股票市场的“牛熊”市区制而变化。特别地，门限因子模型定义的区制转换由一个可观测的状态变量控制，具有较好的可解释性和预测能力，在经济领域有着广泛的应用（Liu 和 Chen，2018；Liu 等，2019；Massacci，2017，2018；韩猛等，2020）。

正确的模型设定和检验是计量模型应用于量化分析的基础，对于门限因子模型而言，正确选择模型形式（线性或者门限形式）和因子个数是防止模型误设的关键。不同于传统的门限回归模型，门限因子模型的因子个数通常是未知的，而进一步门槛效应的推断往往依赖因子个数的设定（Liu 和 Chen，2018）。

Massacci（2017）最早讨论了门限因子模型的因子个数设定和门槛效应检验的理论问题。Massacci（2017）建议通过两个独立的步骤推断门槛效应和识别因子个数。首先，对于门限效应，Massucci（2017）采取了类似 Chen 等（2014）关于结构突变的检验策略，在线性因子模型的设定下，估计伪因子个数和因子变量，以其中一个因子变量作为被解释变量，以剩余因子变量作为解释变量，构造辅助回归模型，通过 sup 型 Wald 检验统计量检验辅助回归模型是否存在门限效应，进一步推断因子模型的门限效应。其次，对 Bai 和 Ng（2002）的信息准则进行调整来构造新的信息准则识别门限因子模型因子个数。Massacci（2017）的模型设定和检验策略存在以下不足：①Massacci（2017）的检验统计量的构造依赖于因子变量的估计，而因子变量的估计误差往往会导致检验功效的损失（Han 和 Inoue，2014）；②Massacci（2017）检验统计量的构造依赖协方差矩阵的估计，这并不是一件容易的事情，要面临核函数选择的困扰；③在 Massacci（2017）的理论分析框架下，因子个数的设定和门限效应检验基于两个完全独立的步骤完成，并没有放在一个统一的框架下进行讨论。Liu 和 Chen（2018）以及 Liu 等（2019）建议通过 Lam 和 Yao（2012）的特征值比方法估计真实因子个数，但并没有就门限因子模型的设定与推断进行探讨。韩猛等（2020）建议针对因子模型直接构造 sup 型拉格朗日乘子（LM）和 Wald 检验统计量对门限效应进行检验，但其检验效率依赖于因子个数的正确识别。

综上可知，现有的研究针对因子个数和门限效应采取分开识别的策略，先通过信息准则识别因子个数，进一步构造检验统计量对门限效应的存在性进行检验，这一模型设定策略并不能避免因因子个数误设所带来的门限效应检验的势的下降，同时无法统一控制误差所带来的影响。

本文基于自适应组 LASSO 技术提出了一种一致模型选择过程。LASSO 估计是一种适用于估计稀疏参数的收缩估计方法（Zou，2006；Yuan 和 Lin，2006），通过构造惩罚函数得到一个较为精炼的模型。近年来，Bai 和 Liao（2012），Caner 和 Han（2014），以及 Lu 和 Su（2015）等文献研究了因子模型的 LASSO 估计。此外，Cheng 等（2013）基于自适应组 LASSO 方法探讨了结构突变型因子模型的设定与估计。但就目前来看，还没有将 LASSO 方法应用于门限模型的相关文献。本文基于自适应组 LASSO 方法将因子个数识别和门限效应推断纳入统一的分析框架，给出了一个一致模型选择过程。不同于现有的门限因子模型设定与检验策略，本文给出的模型选择过程不需要预先给出真实因子个数，即使在门限值未知的情形下仍具有渐近一致性和良好的有限样本性质。实证部分，本文建立门限因子模型对我国股票市场高维资产回报率波动进行了分析，研究发现，随着市场不确定性增加，资产收益率的波动关联性显著提高。

本文其余部分的结构安排如下，第二部分具体讨论了门限值已知条件下的一致模型选择过程；第三部分给出了门限值未知情形下的一致模型选择过程；第四部分和第五部分分别为随机模拟和实证分析；第六部分为结论。

二、门限值已知时的一致模型选择

（一）门限因子模型

考虑如下两区制门限因子模型（Liu 和 Chen，2018；Massucci，2017）：

$$x_t = I(s_t < \theta)\Lambda f_t + I(s_t \geq \theta)\Psi f_t + e_t,\ t = 1,\ \cdots,\ T \tag{2.1}$$

式中，Λ 和 Ψ 分别为 $N \times q$ 维因子载荷矩阵，s_t 为可观测的状态变量，θ 为门槛值，$I\{x = a\}$ 为示性函数。当 $s_t < \theta$ 时，因子模型位于第一区制；当 $s_t \geq \theta$ 时，因子模型位于第二区制。

记 $I_{1t}(\theta) = I(s_t < \theta)$ 以及 $I_{2t}(\theta) = I(s_t \geq \theta)$，并记 Λ^0、Ψ^0、f_t^0、q^0 以及 θ^0 分别为 Λ、Ψ、f_t、q 以及 θ 的真值。定义 $\Gamma^0 = \Lambda^0 - \Psi^0 = (\gamma_1^0,\ \cdots,\ \gamma_N^0)'$。记 $T_j = \sum_{t=1}^{T} I_{jt}(\theta^0)$，并假设门限因子模型(2.1)满足如下假设条件。

假设 A：$E(f_t^0) = 0$，$E\|f_t^0\|^4 \leq M$，且存在正定矩阵 Σ_F，使得 $T^{-1}\sum_{t=1}^{T} f_t^0 f_t^{0\prime} = \Sigma_F$，以及 $T^{-1}\sum_{t=1}^{T} I_{jt}(\theta^0) f_t^0 f_t^{0\prime} = \pi_j \Sigma_F$，$j = 1,\ 2$，$\pi_j = T_j/T$。

假设 B：对于 $i = 1,\ \cdots,\ N$，有 $\|\lambda_i^0\| \leq M$、$\|\psi_i^0\| \leq M$，且存在矩阵 Σ_Λ，Σ_Ψ 和 $\Sigma_{\Lambda\Psi}$，使得当 $N \to \infty$ 时，有 $\|\Lambda^{0\prime}\Lambda^0/N - \Sigma_\Lambda\| \to 0$、$\|\Psi^{0\prime}\Psi^0/N - \Sigma_\Psi\| \to 0$ 以及 $\|\Lambda^{0\prime}\Psi^0/N - \Sigma_{\Lambda\Psi}\| \to 0$，式中，$\Sigma_\Lambda$ 和 Σ_Ψ 为正定矩阵。

假设 C：对于任意的（N，T）、$j = 1,\ 2$，存在正数 M，使得

（1）对所有的 i、t，有 $E(e_{it}) = 0$ 和 $E|e_{it}|^8 \leq M$ 成立；

（2）$E[I_{js}(\theta^0) I_{jt}(\theta^0) e'_s e_t/N] = E[N^{-1}\sum_{i=1}^{N} I_{js}(\theta^0) I_{jt}(\theta^0) e_{is} e_{it}] = \gamma_{j,\gamma,N}(s,\ t)$，且对所有的 s，有 $|\gamma_{j,\gamma,N}(s,\ s)| \leq M$ 和 $T^{-1}\sum_{s=1}^{T}\sum_{t=1}^{T} |\gamma_{j,\gamma,N}(s,\ t)| \leq M$ 成立；

（3）$E[I_{jt}(\theta^0) e_{it} e_{lt}] = \tau_{j,il,t}$，且对所有的 t，存在序列 $\tau_{j,il}$，有 $|\tau_{j,il,t}| \leq |\tau_{j,il}|$，以及 $N^{-1}\sum_{i=1}^{N}\sum_{l=1}^{N} |\tau_{j,il}| \leq M$；

（4）$E[I_{jt}(\theta^0) I_{js}(\theta^0) e_{it} e_{ls}] = \tau_{j,il,ts}$，且 $(NT)^{-1}\sum_{i=1}^{N}\sum_{l=1}^{N}\sum_{t=1}^{T}\sum_{s=1}^{T} |\tau_{j,il,ts}| \leq M$；

（5）对所有(t，s)，$E|N^{-1/2}\sum_{i=1}^{N}[I_{js}(\theta^0) I_{jt}(\theta^0) e_{is} e_{it} - E(I_{js}(\theta^0) I_{jt}$

$(\theta^0)e_{is}e_{it})]|^4 \leqslant M$。

假设 D：对于任意的（N，T）和 $j=1,2$，$E\{N^{-1}\sum_{i=1}^{N}\left\|T^{-1/2}[\sum_{t=1}^{T}I_{jt}(\theta^0)f_t^0e_{it}]\right\|^2\} \leqslant M$。

假设 A 来自于 Bai（2003）中的假设 A，不同之处在于假设 A 要求因子变量的二阶矩保持不变。假设 B－D 对 Bai（2003）的假设 B－D 进行了调整，考虑了门限效应。

（二）惩罚最小二乘估计

由于模型选择的一致性依赖于载荷矩阵 Λ 和 Ψ 是否唯一可识别，为此，施加如下识别约束。记 $\Sigma_1=\Lambda^{0\prime}\Lambda^0/N$，$\Sigma_2=\Psi^{0\prime}\Psi^0/N$。$\Sigma_j^{1/2}$ 为 Σ_j 的 Cholesky 因子，γ_j 为一正交向量矩阵满足 $\gamma'_j(\Sigma_j^{1/2})'\Sigma_{F_j}\Sigma_j^{1/2}\gamma_j=V_j$，这里 V_j 为 Σ_j 的 q^0 个特征值按降序排列构成的对角矩阵，根据假设 A 和 B，$(\Sigma_j^{1/2})'\Sigma_{F_j}\Sigma_j^{1/2}$ 为正定矩阵且存在不同的特征值，进一步定义转换矩阵 $H_j=\Sigma_j^{1/2}\gamma_jV_j^{-1/2}$，$j=1,2$。基于以上识别约束，式(2.1)进一步可表示为

$$\begin{aligned}x_t&=I_{1t}(\theta^0)\Lambda^0f_t^0+I_{2t}(\theta^0)\Psi^0f_t^0+e_t\\&=I_{1t}(\theta^0)\Lambda^0H_1^{-1}H_1f_t^0+I_{2t}(\theta^0)\Psi^0H_2^{-1}H_2f_t^0+e_t\\&=I_{1t}(\theta^0)\Lambda^Rf_t^R+I_{2t}(\theta^0)\Psi^Rf_t^R+e_t\end{aligned}\tag{2.2}$$

对于任意先验设定的因子个数 q（$q\geqslant q_0$），式（2.2）的门限因子模型可表示为：

$$\begin{aligned}x_t&=I_{1t}(\theta^0)\Lambda^Rf_t^R+I_{2t}(\theta^0)\Psi^Rf_t^R+e_t\\&=I_{1t}(\theta^0)(\Lambda^R,\ 0_{N\times(q-q^0)})(f_t^{R\prime},\ f_t^{\perp\prime})'+I_{2t}(\theta^0)(\Psi^R,\ 0_{N\times(q-q^0)})\\&\quad(f_t^{R\prime},\ f_t^{\perp\prime})'+e_t\\&=I_{1t}(\theta^0)\Lambda f_t+I_{2t}(\theta^0)\Psi f_t+e_t\end{aligned}\tag{2.3}$$

式中，$f_t^R=[I_{1t}(\theta^0)H_1+I_{2t}(\theta^0)H_2]f_t^0$，$\Lambda=(\Lambda^R,\ 0_{N\times(q-q^0)})$，$\Psi=(\Psi^R,\ 0_{N\times(q-q^0)})$。$f_t^\perp$ 为 f_t^R 的$(q-q^0)\times1$ 维正交补。f_t^R 和 $f_t^\perp$ 之间的一个重要区别在于 f_t^R 为“真”因子变量，而 $f_t^\perp$ 为“冗余”因子变量，仅包含了异质性误差向量带来的白噪声信息。

式(2.3)定义一个包含 $q\times1$ 维因子向量 f_t 的门限因子模型，估计 Λ^0 和 Γ^0 等价于一致估计 Λ 和 Γ 中的零列和非零列。记 $X_j=(I_{j1}(\theta^0)x_1,\ \cdots,\ I_{jT}(\theta^0)x_T)'$，$F_j=(I_{j1}(\theta^0)f_1,\ \cdots,\ I_{jT}(\theta^0)f_T)'$，$j=1,2$，$E=(e_1,\ \cdots,\ e_T)'$，

$\Gamma=\Lambda-\Psi$。式(2.3)定义的门限因子模型可表示为如下矩阵形式：

$$X=F_1\Lambda'+F_2\Psi'+E=F_1\Lambda'+F_2(\Lambda+\Gamma)'+E \tag{2.4}$$

记$\widetilde{F}_j$是F_j的主成分估计值①，$j=1$，2，$\widetilde{\Lambda}$和$\widetilde{\Gamma}$分别为Λ和Γ的最小二乘估计。为了获得Λ和Ψ的惩罚最小二乘估计值，定义如下惩罚最小二乘准则函数：

$$(\hat{\Lambda},\ \hat{\Gamma})=\underset{\Lambda,\Gamma}{\operatorname{argmin}}[M(\Lambda,\ \Gamma)+P(\Lambda)+P(\Gamma)] \tag{2.5}$$

式中，$M(\Lambda,\ \Gamma)=(NT)^{-1}[\|X_1-\widetilde{F}_1\Lambda'\|^2+\|X_2-\widetilde{F}_2(\Lambda+\Gamma)'\|^2]$，$P_1(\Lambda)=\alpha_{NT}\sum_{l=1}^{r}\omega_l^{\lambda}\|\Lambda_l\|$，以及$P_2(\Gamma)=\beta_{NT}\sum_{l=1}^{r}\omega_l^{\gamma}\|\Gamma_l\|$。$\Lambda_l$和$\Gamma_l$分别为$\Lambda$和$\Gamma$的第l个列向量，$l=1$，…，q。

α_{NT}和β_{NT}是依赖于N和T的正常数序列；根据列范数$\|\Lambda_l\|$与$\|\Psi_l\|$定义的惩罚函数$P_1(\Lambda)$和$P_2(\Gamma)$被称为组LASSO惩罚函数（Yuan和Lin，2006）；权重序列ω_l^{λ}和ω_l^{γ}分别为：

$$\omega_l^{\lambda}=(N^{-1}\|\bar{\Lambda}_l\|^2I_{\{\bar{\Lambda}_l\neq 0_{N\times 1}\}}+N^{-1}\|\widetilde{\Lambda}_l\|^2I_{\{\widetilde{\Lambda}_l\neq 0_{N\times 1}\}})^{-d}$$

$$\omega_l^{\gamma}=(N^{-1}\|\bar{\Gamma}_l\|^2I_{\{\bar{\Gamma}_l\neq 0_{N\times 1}\}}+N^{-1}\|\widetilde{\Gamma}_l\|^2I_{\{\widetilde{\Gamma}_l\neq 0_{N\times 1}\}})^{-d} \tag{2.6}$$

式中，d为正常数，$\bar{\Lambda}$以及$\bar{\Gamma}$分别为Λ和Γ的初始估计值，在实际应用中可以选择最小二乘估计量，即$\bar{\Lambda}=\widetilde{\Lambda}$、$\bar{\Psi}=\widetilde{\Psi}$。以上组LASSO估计通过数据的权重设计来区分$\Lambda$与$\Gamma$的零列和非零列。其中，$\Lambda$的第l列为零列当且仅当初始估计值$\|\bar{\Lambda}_l\|\to_p 0$，$\Gamma$的第l列为零列当且仅当$\|\bar{\Gamma}_l\|\to_p 0$。

（三）模型选择

本文关注的模型选择问题包括因子个数设定与门限效应识别。为此，记S为一取值0或1的单值变量，其中$S=0$表示模型不存在门限效应，$S=1$表示存在门限效应，并记$M^0=(q^0,\ S)$。基于以上惩罚最小二乘估计，可以通过$\|\hat{\Lambda}\|$或$\|\hat{\Psi}\|$的列范数给出M的一致估计值$\hat{M}=(\hat{q},\ \hat{S})$，其中$\hat{q}=\min\{j:\ \|\hat{\Lambda}_l\|^2=0,\ l>j\}$，$\hat{S}=\begin{cases}0 & \hat{\Gamma}=0\\ 1 & \hat{\Gamma}\neq 0\end{cases}$。

当$\hat{S}=0$时，表示模型（2.1）不存在门限效应，即门限因子模型退化为传统的线性因子模型；而当$\hat{S}=1$时，模型存在门限效应。

① 关于门槛因子模型的主成分估计可参考Massucci（2017）。

记 $C_{NT}=\min\{N^{1/2}, T^{1/2}\}$。为了给出模型选择的一致性，首先给出如下假设条件：

假设 ID：记 $\Sigma_{\Lambda\Psi}=\begin{bmatrix}\Sigma_{\Lambda} & \Sigma_{\Lambda\Psi}\\ \Sigma'_{\Lambda\Psi} & \Sigma_{\Psi}\end{bmatrix}$，有 $\mathrm{rank}(\Sigma_{\Lambda\Psi})>q^0$。

假设 P1：存在常数 $C>0$，初始估计量 $\bar{\Lambda}$ 和 $\bar{\Gamma}$ 满足

（1）当 $l=1, \cdots, q^0$ 时，$\Pr(N^{-1}\|\bar{\Lambda}_l\|^2\geqslant C)\to 1$；当 $l=q^0+1, \cdots, q$ 时，$N^{-1}\|\bar{\Lambda}_l\|^2=O_p(C_{NT}^{-2})$；

（2）如果 $\Gamma\neq 0$，当 $l=1, \cdots, q^0$ 时，$\Pr(N^{-1}(\|\bar{\Gamma}_l\|^2\geqslant C)\to 1$，而 $l=q^0+1, \cdots, q$ 时，$N^{-1}\|\bar{\Gamma}_l\|^2=O_p(C_{NT}^{-2})$；

（3）如果 $\Gamma=0$，对 $l=1, \cdots, q$，有 $N^{-1}\|\bar{\Gamma}_l\|^2=O_p(C_{NT}^{-2})$。

假设 P2：如果 $\bar{\Lambda}=\tilde{\Lambda}$ 且 $\bar{\Gamma}=\tilde{\Gamma}$，有假设 P1 成立。

在假设 P1 下，初始估计值的列向量分为两个部分。在第一部分中，有 $\Pr(N^{-1}\|\bar{\Lambda}_l\|^2\geqslant C)\to 1$、$\Pr(N^{-1}(\|\bar{\Gamma}_l\|^2\geqslant C)\to 1$，故 ω_l^{λ} 和 ω_l^{γ} 是随机有界的；对于第二部分，有 $N^{-1}\|\bar{\Lambda}_l\|^2=O_p(C_{NT}^{-2})$、$N^{-1}\|\bar{\Gamma}_l\|^2=O_p(C_{NT}^{-2})$，故 ω_l^{λ} 和 ω_l^{γ} 发散的速度比 C_{NT}^{-2d} 更迅速。于是，权重 ω_l^{λ} 和 ω_l^{γ} 对因子载荷矩阵的不同列施加了有差异的惩罚。而调整参数 α_{NT} 和 β_{NT} 决定了整体的惩罚。为此，假设 α_{NT} 和 β_{NT} 满足如下假设条件。

假设 T. 调整参数 α_{NT} 和 β_{NT} 满足

（1）$\alpha_{NT}=O(N^{-1/2}C_{NT}^{-1})$，$\beta_{NT}=O(N^{-1/2}C_{NT}^{-1})$；

（2）$N^{-1/2}C_{NT}^{-(2d+1)}=o(\alpha_{NT})$，$N^{-1/2}C_{NT}^{-(2d+1)}=o(\beta_{NT})$。

显然，假设 T（1）的上确界保证了如果权重 ω_l^{λ} 和 ω_l^{γ} 是随机有界的，则施加于非零列上的惩罚较小，惩罚最小二乘估计的偏差是渐近可忽略的。另外，为了保证将零列的估计值收缩至 0 向量，假设 T（2）的下确界要求调整参数 α_{NT} 和 β_{NT} 收敛于 0 的速度比下界 $N^{-1/2}C_{NT}^{-(2d+1)}$ 缓慢。

在上述假设条件下，关于模型选择，可有如下定理：

定理 1：假设 A – D、ID、P1、P2 以及假设 T 成立，则当 $N, T\to\infty$ 时，$\Pr(\hat{M}=M_0)\to 1$。

此外，不难证明，如果选择无约束最小二乘估计值作为初始估计值，则在没有假设 P1 和 P2 时，基于惩罚最小二乘估计的模型选择也是渐近一致的。

推论1：如果 $(\bar{\Lambda}, \bar{\Gamma}) = (\tilde{\Lambda}, \tilde{\Gamma})$，在假设A－D、ID以及假设T下，定理1的结论也成立。

（四）参数 α_{NT} 和 β_{NT} 选择的优化

根据定理1，调整参数 α_{NT} 和 β_{NT} 收敛于0的速度应该界于 $N^{-1/2}C_{NT}^{-1}$ 和 $N^{-1/2}C_{NT}^{-(2d+1)}$ 之间。在实际应用中，可选择 $\alpha_{NT}=\kappa_1 N^{-1/2}C_{NT_1}^{-d-1}$ 以及 $\beta_{NT}=\kappa_2 N^{-1/2}C_{NT_2}^{-d-1}$，这里 $C_{NT_1}=\min(N^{1/2}, T_1^{1/2})$，$C_{NT_2}=\min(N^{1/2}, T_2^{1/2})$。选择 C_{NT_1}、C_{NT_2} 代替 C_{NT} 来改善有限样本的精确性。

缩放参数 κ_1 和 κ_2 应使得惩罚最小二乘估计值 $\hat{\Lambda}$ 和 $\hat{\Gamma}$ 的某些列向量存在零解。事实上，如果偏离0值的边际惩罚大于最小二乘准则函数的边际收益，准则函数（2.5）在0值处取得最小值。即，对于 $l>q^0$，如果 $\|e_1(\hat{\Lambda})\tilde{F}_{1,l}+e_2(\hat{\Lambda}+\hat{\Gamma})\tilde{F}_{2,l}\|<NT\alpha_{NT}\omega_l^{\lambda}/2$，则 $\|\hat{\Lambda}_l\|=0$，其中残差矩阵分别为 $e_1(\hat{\Lambda})=X_1-\tilde{F}_1\hat{\Lambda}'$ 和 $e_2(\hat{\Lambda}+\hat{\Gamma})=X_2-\tilde{F}_2(\hat{\Lambda}+\hat{\Gamma})'$。参考Cheng等（2013），令

$$\kappa_1=\frac{1}{\zeta}\{(NT_1)^{-1/2}\|e_1(\tilde{\Lambda})\|+(NT_2)^{-1/2}\|e_2(\tilde{\Lambda}+\tilde{\Gamma})\|\},\quad \kappa_2=\frac{1}{\zeta}(NT_2)^{-1/2}\|e_2(\tilde{\Lambda}+\tilde{\Gamma})\|。$$

其中默认的 $\zeta=1$。综上，最优参数分别选择为

$$\alpha_{NT}=\frac{1}{\zeta}\{(NT_1)^{-1/2}\|e_1(\tilde{\Lambda})\|+(NT_2)^{-1/2}\|e_2(\tilde{\Lambda}+\tilde{\Gamma})\|\}N^{-1/2}C_{NT_1}^{-d-1},$$

$$\beta_{NT}=\frac{1}{\zeta}(NT_2)^{-1/2}\|e_2(\tilde{\Lambda}+\tilde{\Gamma})\|N^{-1/2}C_{NT_2}^{-d-1} \tag{2.7}$$

三、门限值未知时的一致模型选择

（一）目标函数

记 $X_j(\theta)=(I_{11}(\theta)x_1, \cdots, I_{1T}(\theta)x_T)'$，$F_j(\theta)=(I_{1t}(\theta)f_1^0, \cdots, I_{1T}(\theta)f_T^0)'$，$E_j(\theta)=(I_{11}(\theta)e_1, \cdots, I_{1T}(\theta)e_T)'$，以及 $T_j(\theta)=\sum_{t=1}^{T}I_{jt}(\theta)$，$\pi_j(\theta)=T_j(\theta)/T$，$j=1, 2$。考虑 $X_1(\theta)$，对任意的 $\theta\in\Theta=[\underline{\theta}, \bar{\theta}]$，当 $\theta<\theta^0$ 时，有 $X_1(\theta)=F_1(\theta)\Lambda^{0'}+E_1(\theta)$；而当 $\theta>\theta^0$，有

$X_1(\theta)=F_1(\theta^0)\Lambda^{0'}+[F_2(\theta^0)-F_2(\theta)]\Psi^{0'}+E_1(\theta)=[F_1(\theta^0),\ F_2(\theta^0)-F_2(\theta)](\Lambda^0,\ \Psi^0)'+E_1(\theta)$。

根据假设 ID，可知 $q^0<\mathrm{rank}(\Sigma_{\Lambda\Psi})\leqslant 2q^0$。记 $\mathrm{rank}(\Sigma_{\Lambda\Psi})=q^+$，根据假设 B 以及连续映射定理可知 $N\times 2q^0$ 维矩阵$(\Lambda^0,\ \Psi^0)$的列秩为 q^+。进一步存在一个 $2q^0\times 2q^0$ 维正交矩阵 S 使得$(\Lambda^0,\ \Psi^0)S$ 的前 q^+ 列满秩，而后$(2q^0-q^+)$列为 0。故 $X_1(\theta)$可以表示为如下包含 q^+ 个因子的近因子模型。

综上，对任意给定的 θ，我们有

$$X_1(\theta)=F_1(\theta)\Lambda(\theta)'+E_1(\gamma) \tag{3.1}$$

式中，因子载荷矩阵 $\Lambda(\theta)$以及因子个数 $q_1(\theta)$依赖于门限值 θ。当 $\theta<\theta^0$，$\Lambda(\theta)=\Lambda^0$，$q_1(\theta)=q^0$；而当 $\theta>\theta^0$，$\Lambda(\theta)$为$(\Lambda^0,\ \Psi^0)S$ 的前 q^+ 列，$q_1(\theta)=q^+>q^0$。进一步，对上述因子模型进行标准化，有

$$X_1(\theta)=F_1^R(\theta)\Lambda^R(\theta)'+E_1(\theta) \tag{3.2}$$

式中，$F_1^R(\theta)$为 $T\times r^+$ 维矩阵，$\Lambda^R(\theta)$为 $N\times r^+$ 维矩阵。类似地，对于 $X_2(\theta)$，我们有

$$X_2(\theta)=F_2^R(\theta)\Psi^R(\theta)'+e_2(\theta) \tag{3.3}$$

式中，$F_1^R(\theta)$为一 $T\times q_2(\theta)$维矩阵，$\Psi^R(\theta)$为一 $N\times q_2(\theta)$矩阵。同样，因子个数 $q_2(\theta)$依赖于门限值 θ，当 $\theta>\theta^0$，$q_2(\theta)=q^0$；当 $\theta<\theta^0$，$q_2(\theta)=q^+>q^0$。综上，对任意的 θ，有

$$X=F_1^R(\theta)\Lambda^R(\theta)'+F_2^R(\theta)\Psi^R(\theta)'+E \tag{3.4}$$

对先验设定的因子个数 $q\geqslant 2q^0$，参照式（2.3），式（3.4）进一步可表示为如下增广形式：

$$X=F_1(\theta)\Lambda(\theta)'+F_2(\theta)\Psi(\theta)'+E=F_1(\theta)\Lambda(\theta)'+F_2(\theta)[\Lambda(\theta)+\Gamma(\theta)]'+E \tag{3.5}$$

式中，$F_1(\theta)$和 $F_2(\theta)$为 $T\times q$ 维因子矩阵，$\Lambda(\theta)$和 $\Psi(\theta)$为 $N\times q$ 因子载荷矩阵。

根据以上分析，假定先验因子设定 $q\geqslant 2q^0$，惩罚最小二乘准则函数可表示为：

$$(\hat{\Lambda}(\theta),\ \hat{\Gamma}(\theta))=\mathrm{argmin}[M(\Lambda,\ \Gamma;\ \theta)+P_1^*(\Lambda)+P_2^*(\Gamma)] \tag{3.6}$$

式中，$M(\Lambda,\ \Gamma;\ \theta)=(NT)^{-1}[\|X_1(\theta)-\widetilde{F}_1(\theta)\Lambda'\|^2+\|X_1(\theta)-\widetilde{F}_2(\theta)(\Lambda+\Gamma)'\|^2]$；惩罚函数 $P_1^*(\Lambda)$和 $P_2^*(\Gamma)$选择平均惩罚函数（Cheng 等，2013）

$$P_1^*(\Lambda) = \sum_{l=1}^{q} E_\xi[\alpha_{NT}(\xi)\omega_l^\lambda(\xi)]\|\Lambda_t\|, P_2^*(\Gamma) = \sum_{l=1}^{q} E_\xi[\beta_{NT}(\xi)\omega_l^\gamma(\xi)]\|\Gamma_t\|$$

式中，ξ 服从一致分布，分布的上下界由 θ 取值范围确定，E_ξ [·] 为关于 ξ 的期望。在实证分析中 ξ 可以通过格子点来近似，并以平均值代替期望值。

取 $\alpha_{NT}(\theta) = \kappa_1(\theta)N^{-1/2}C_{NT_1(\theta)}^{-d-1}$ 和 $\beta_{NT}(\theta) = \kappa_2(\theta)N^{-1/2}C_{NT_2(\theta)}^{-d-1}$，这里存在 $\underline{\kappa}_1$，$\underline{\kappa}_2 > 0$ 和 $\bar{\kappa}_1$，$\bar{\kappa}_2 < \infty$，使得 $\kappa_1(\theta) \in [\underline{\kappa}_1, \bar{\kappa}_1]$ 和 $\kappa_2(\theta) \in [\underline{\kappa}_2, \bar{\kappa}_2]$。在实际应用中，以 $\tilde{\Lambda}(\theta)$ 和 $\tilde{\Gamma}(\theta)$ 代替 $\tilde{\Lambda}$ 和 $\tilde{\Gamma}$ 获得 $\kappa_1(\theta)$ 和 $\kappa_2(\theta)$。

对每一 θ 值定义如下自适应权重 ω_l^λ（θ）和 ω_l^γ（θ）：

$$\omega_l^\lambda(\theta) = (N^{-1}\|\tilde{\Lambda}_l(\theta)\|^2 I_{\{\tilde{\Lambda}_l(\theta)\neq 0_{N\times 1}\}} + N^{-1}\|\tilde{\Lambda}_{l,LS}(\theta)\|^2 I_{\{\tilde{\Lambda}_l(\theta)=0_{N\times 1}\}})^{-d},$$

$$\omega_l^\gamma(\theta) = (N^{-1}\min\{\|\tilde{\Gamma}_l(\theta)\|^2, \|\tilde{\Psi}_l(\theta)\|^2\} I_{\{\tilde{\Gamma}_l(\theta)\neq 0_{N\times 1}\}})^{-d} + (N^{-1}\min\{\|\tilde{\Gamma}_{l,LS}(\theta)\|^2, \|\tilde{\Psi}_{l,LS}(\theta)\|^2\} I_{\{\tilde{\Gamma}_l(\theta)=0_{N\times 1}\}})^{-d} \quad (3.7)$$

易知 $\omega_l^\lambda(\theta^0) = \omega_l^\lambda$ 而 $\omega_l^\gamma(\theta^0) \neq \omega_l^\gamma$。如果门限值未知，当 $\theta < \theta^0$ 且 $l > q^0$ 时，$N^{-1}\|\tilde{\Lambda}_{l,LS}(\theta)^2\|$依概率收敛于零值，但 $N^{-1}\|\tilde{\Gamma}_{l,LS}(\theta)\|^2$ 不一定依概率收敛于一个零值，故通过 $\omega_l^\gamma(\theta)$ 权重一致估计 q^0 是恰当的。以上调整后的权重同样可以用于门限值已知情形时的估计，这是由于 $N^{-1}\|\tilde{\Gamma}_l(\theta^0)\|$ 和 $N^{-1}\|\tilde{\Psi}_l(\theta^0)\|$ 具有相同的数量级，或者前者小于后者。

（二）模型选择

根据式（3.6）给出的惩罚最小二乘准则函数，对于任意给定的门槛值 θ，定义

$$\hat{q}_1(\theta) = \min\{j: \|\hat{\Lambda}_l(\theta)\|^2 = 0,\ l > j\},\ \hat{q}_2(\theta) = \min\{j: \|\hat{\Psi}_l(\theta)\|^2 = 0,\ l > j\} \quad (3.8)$$

式中，$\hat{q}_1(\theta)$、$\hat{q}_2(\theta)$ 和 $\hat{\Gamma}(\theta)$ 依赖于未识别的参数 θ。定义以下下确界统计量：$\hat{q} = \inf_{\theta\in\Theta}\hat{q}_1(\theta)$，或 $\hat{q} = \inf_{\theta\in\Theta}\hat{q}_2(\theta)$，以及 $\hat{S} = \begin{cases} 0 & \sup_{\theta\in\Theta}\|\hat{\Gamma}(\theta)\| = 0 \\ 1 & \text{其他} \end{cases}$。综上可知，模型选择为 $\hat{M} = (\hat{q}, \hat{S})$。

根据假设 ID，存在一个列集合 $\mathbb{Z} = \{l: N^{-1}\|\Gamma_l^R\|^2 = N^{-1}\|\Psi_l^R - \Lambda_l^R\|^2 \geq C\}$ 非空。当门限值未知时，集合 $\mathbb{Z}$ 中的列指标对于识别门限效应是关键的。为此，我们给出以下假设条件：

假设对任意的 $l \in \mathbb{Z}$，有 $\inf_{\theta \in \Theta} \inf_{\|w\|=1} N^{-1} \| \Psi^R(\theta) w(\theta) - \Lambda \Psi_l^R(\theta) \|^2 \geqslant C$。

此外，针对门限值未知情形，我们以如下假设 A^* 代替假设 A。

假设 A^*. $E(f_t^0) = 0$，$E\|f_t^0\|^4 \leqslant M$，且存在正定矩阵 Σ_F，有 $T^{-1} \sum_{t=1}^T f_t^0 f_t^{0\prime} = \Sigma_F$，以及 $T^{-1} \sum_{t=1}^T I_{jt}(\theta) f_t^0 f_t^{0\prime} = \pi_j(\theta) \Sigma_F$ 关于 γ 一致成立，$j = 1, 2$。

基于以上假设条件，关于门限值未知条件下的模型选择，我们有如下定理成立。

定理 2：假设 A^*、B、C、D、ID 以及 R 成立，当 $N, T \to \infty$ 时，有 $\Pr(\hat{M} = M_0) \to 1$。

四、Monte Carlo 模拟

本部分将通过随机模拟方法讨论以上模型选择的有限样本性质。考虑如下两因子模型所定义的数据生成过程：

$$X_{it} = I(s_t^k < \theta^0)(\lambda_{11i}^0 f_t^{0k} + \lambda_{12i}^0 f_t^{0k}) + I(s_t^k \geqslant \theta^0)(\lambda_{21i}^0 f_t^{0k} + \lambda_{22i}^0 f_t^{0k}) + e_{it}^k$$

$$f_t^{0k} = \rho_f f_{t-1}^{0k} + \eta_t^k, \quad \eta_t^k \sim \text{i. i. d. } N(0, 1 - \rho_f^2), \quad \rho_f \sim U(0.05, 0.95)$$

$$e_{it}^k = \rho_e e_{it}^k + \nu_{it}^k, \quad \nu_t^k \sim \text{i. i. d. } N(0, \Omega), \quad \rho_f \sim U(0.05, 0.95)$$

式中，$\{\eta_{it}^k\}$ 和 $\{\nu_{it}^k\}$ 相互独立，$i = 1, \cdots, N$；$t = 1, \cdots, T$；$k = 1, \cdots, K$ 为重复模拟指数。系数 ρ_e 和协方差矩阵 Ω 分别控制了异质残差项中序列自相关和截面相关的程度，ρ_f 控制了因子变量的序列自相关性，并在重复抽样中保持不变。参考 Amengual 和 Watson(2007)，设定 Ω 的第 (i, j) 个元素为 $\beta^{|i-j|}$，这里 $\beta = 0.2$。

对于因子载荷，设定 $\lambda_{11i}^0 \sim \text{i. i. d. } N(1, 1)$，$\lambda_{12i}^0 \sim \text{i. i. d. } N(1, 1)$；令 $\lambda_{21i}^0 = \lambda_{11i}^0 + \delta^0$ 和 $\lambda_{22i}^0 = \lambda_{12i}^0 + \delta^0$，这里取 $\delta^0 = 0.25$、0.50、1.00，并在每次重复模拟中保持不变。

关于状态变量，设定 $s_t^k = \mu_s(1 - \rho_s) + \rho_s s_{t-1}^k + (1 - \rho_s^2)^{1/2} \zeta_t^k$，其中 $\zeta_t^k \sim \text{i. i. d. } N(0, 1)$，$\rho_s \sim U(0.05, 0.95)$ 在重复抽样中保持不变。

设定门限值 $\theta^0 = 2$，并设定 $\pi^0 = P(s_t^k \leqslant \theta^0) = P(s_t^k - \mu_s \leqslant \theta^0 - \mu_s) = \Phi(\theta^0 - \mu_s) = 0.5$，于是 $\mu_s = \theta^0 - \Phi^{-1}(\pi^0) = 2$。

模拟过程中分别设定 $N = 50$、100、200，$T = 100$、200、500，$K = 1000$。惩罚最小二乘估计过程中最大因子个数设定为 $r = 8$，旋转矩阵通过奇异值分解给出，具体参见 Cheng 等（2013）。

表1给出了 $\zeta=1$ 设定下基于 LASSO 估计的模型选择正确率。由表1可知，对于不存在门限效应情形，基于 LASSO 估计的模型选择有着较高的正确率，特别是当 $T\geqslant200$ 时，模型选择的正确率均保持在95%以上，而可观测变量个数 N 的增加对正确率的影响并不明显。对于存在门限效应情形，门限效应的大小是影响模型选择正确率的主要因素，对于 $\delta^0=0.25$ 情形，无论门限值是否已知，LASSO 估计的模型选择的正确率均低于20%；对于 $\delta^0=0.50$ 情形，LASSO 估计保持着较高的模型选择正确率，特别是当样本量 $T\geqslant200$ 时，无论门限值是否已知，模型选择正确率均保持在90%以上；而当 $\delta^0=1.00$ 时，模型选择的正确率均保持在95%以上。此外，由表1可知，除了门限效应大小，样本量对模型选择正确率的影响同样显著，对于 $\delta^0=0.50$，1.00 情形，随着 $N\to\infty$ 或者 $T\to\infty$ 时，模型选择的正确率趋于1。

表1 基于自适应组 LASSO 估计的模型选择，$\zeta=1$

N	T	无门限效应	门限值已知			门限值未知		
		$\delta^0=0.00$	$\delta^0=0.25$	$\delta^0=0.50$	$\delta^0=1.00$	$\delta^0=0.25$	$\delta^0=0.50$	$\delta^0=1.00$
50	100	0.916	0.122	0.810	1.000	0.097	0.692	0.964
	200	0.972	0.127	0.921	1.000	0.085	0.918	1.000
	500	1.000	0.153	1.000	1.000	0.119	1.000	1.000
100	100	0.919	0.131	0.887	1.000	0.082	0.766	0.992
	200	0.982	0.138	0.947	1.000	0.080	0.928	1.000
	500	1.000	0.172	1.000	1.000	0.126	1.000	1.000
200	100	0.899	0.119	0.898	1.000	0.083	0.774	0.981
	200	0.944	0.152	0.941	1.000	0.114	0.923	1.000
	500	1.000	0.183	1.000	1.0007	0.125	1.000	1.000

此外，表2进一步比较了施加不同惩罚时，模型选择正确率的表现。从表2看，对于存在门限效应情形，较小的惩罚有助于提升模型选择的正确率。但对于不存在门限效应情形，较小的惩罚会导致模型选择正确率的下降。

表 2 惩罚最小二乘模型选择正确率，$\zeta=4$

N	T	$\hat{M}$						
		无门限效应	门限值已知			门限值未知		
			$\delta^0=0.25$	$\delta^0=0.50$	$\delta^0=1.00$	$\delta^0=0.25$	$\delta^0=0.50$	$\delta^0=1.00$
50	100	0.84	0.21	0.86	1.00	0.18	0.73	0.98
	200	0.93	0.23	0.96	1.00	0.18	0.93	0.99
	500	0.99	0.27	1.00	1.00	0.21	1.00	1.00
100	100	0.89	0.22	0.88	1.00	0.19	0.79	1.00
	200	0.94	0.23	0..95	1.00	0.21	0.90	1.00
	500	1.00	0.27	1.00	1.00	0.23	1.00	1.00
200	100	0.91	0.23	0.85	1.00	0.19	0.82	1.00
	200	0.97	0.22	0.98	1.00	0.18	0.92	1.00
	500	1.00	0.29	1.00	1.00	0.24	1.00	1.00

为了比较本文给出基于 LASSO 估计的模型选择正确性，表 3 进一步给出了基于 Massacci（2017）模型识别与检验策略的模型选择准确率，其中 $\delta^0=0.00$ 表示不存在门限情形，IC_{p2} 表示基于 Bai 和 Ng（2002）信息准则的因子个数识别的准确率，IC_{p2}^* 表示基于 Massacci（2017）信息准则的因子个数识别的准确率。比较表 1、表 2 和表 3 的结果可知，对于不存在门限效应情形，LASSO 估计的模型选择正确性和 Massacci（2017）方法相差不大。而对于较小的门限效应（$\delta^0=0.25$），Massacci（2017）方法显著优于本文给出的模型选择方法。相反，当 $\delta^0\geqslant0.50$ 时，基于 LASSO 估计的模型选择的正确率要远远优于 Massacci（2017）方法。

表 3 基于 Massacci（2017）信息准则和检验统计量模型识别与检验

N	T	$\delta^0=0.00$		$\delta^0=0.25$		$\delta^0=0.50$		$\delta^0=1.00$	
		$supWald^{HAC}$	IC_{p2}	$supWald^{HAC}$	IC_{p2}^*	$supWald^{HAC}$	IC_{p2}^*	$supWald^{HAC}$	IC_{p2}^*
50	100	0.961	0.991	0.125	0.576	0.625	0.582	0.647	0.579
	200	0.959	0.992	0.109	0.568	0.698	0.571	0.716	0.571
	500	0.945	0.989	0.217	0.502	0.722	0.519	0.809	0.595
100	100	0.966	1.000	0.297	0.993	0.689	0.994	0.785	0.993
	200	0.956	1.000	0.331	0.995	0.831	0.992	0.843	0.993
	500	0.949	1.000	0.404	0.994	0.887	0.994	0.925	0.992

续表

N	T	$\delta^0=0.00$		$\delta^0=0.25$		$\delta^0=0.50$		$\delta^0=1.00$	
		$supWald^{HAC}$	IC_{p2}	$supWald^{HAC}$	IC_{p2}^*	$supWald^{HAC}$	IC_{p2}^*	$supWald^{HAC}$	IC_{p2}^*
200	100	0.967	1.000	0.388	1.000	0.769	1.000	0.837	0.998
	200	0.970	1.000	0.412	0.998	0.873	0.996	0.963	0.997
	500	0.959	1.000	0.427	0.997	0.902	0.997	0.991	0.998

注：$\delta^0=0.00$ 表示线性因子模型设定，IC_{p2} 表示 Bai 和 Ng（2002）信息准则，IC_{p2}^* 表示信息准则。

五、实证分析

刻画资产的收益率波动及其动态关联性对于资产定价理论有着重要意义，备受学者关注。本文将构建门限因子模型来刻画我国股票市场高维资产收益率波动关联性的非线性特征。为此，借鉴 Massacci（2017），对于 N ×1 维观测值序列 $\{x_t\}_{t=1}^{T}$，记 $\{\omega_{ji}\}_{i=1}^{N}$ 为 N × N 协方差矩阵 $\hat{\Sigma}_{jX}=(NT_j)^{-1}\sum_{t=1}^{T}I_{jt}x_tx'_t$ 的特征值序列（降序排列），j = 1，2。各观测变量之间的关联性被定义为 $C_j(\hat{q})=\frac{\sum_{i=1}^{\hat{q}}\omega_{ji}}{\sum_{i=1}^{N}\omega_{ji}}$，j = 1，2，其中 $\hat{q}$ 为确定的因子个数。

为了关注 2015 年“股灾”前后各收益率序列间波动的关联性，选择以 2017 年 6 月更新的上证 180 指数成分股的日收盘价为研究对象，样本数据的时间跨度为 2013 年 1 月 4 日至 2017 年 12 月 29 日，共计 1215 个观测期，样本数据均来自锐思数据库。剔除交易过程中因停牌等因素导致的存在过度数据缺失的企业，筛选后样本数为 78 家上市企业。我们采用调整的日内对数波动范围（adjusted intra – daily log range）作为波动率代理指标①：

$$x_{it}=\frac{(\log p_{high;it}-\log p_{low;it})^2}{4\log 2},\ i=1,\ \cdots,\ n,\ t=1,\ \cdots,\ T$$

① Alizadeh 等（2002）、Brownlees 和 Gallo（2010）认为，理论上、数值上和经验上，调整后的日内对数波动范围是一种高效的波动率指标，对微观结构噪声具有鲁棒性，因此至少与更复杂的替代方案（例如，已实现的波动率）一样好。

式中，$p_{high;it}$和 $p_{low;it}$分别表示第 i 只股票第 t 日的最高和最低收盘价。

对于以上数据集，忽略门限效应，基于 Bai 和 Ng（2002）信息准则 IC_{p1}、IC_{p2}以及 IC_{p3}识别的因子个数分别为 3、2 和 4。以下考虑门限效应，通过本文给出的惩罚最小二乘模型选择过程选择模型形式。其中，选择上证 180 指数波动率的滞后项 σ_{t-l}（$l=1$，…，8）作为备选的状态变量①，先验因子个数设定为 8，门限值基于标准的格点搜索进行估计，搜索范围设定为状态变量的｛10%，15%，…，85%，90%｝分位数。表 4 给出了模型选择的结论，由结果可知，对所有的状态变量，选择 1 因子两区制的门限因子模型是合适的。如果忽略门槛效应，Bai 和 Ng（2002）信息准则会过度识别真实的因子个数，从而导致模型形式的误设。

表 4 惩罚最小二乘模型选择

滞后阶	1	2	3	4	5	6	7	8
$\hat{M}$	(1, 1)	(1, 1)	(1, 1)	(1, 1)	(1, 1)	(1, 1)	(1, 1)	(1, 1)
E（除以 10^5）	2.63	2.58	2.34	2.29	2.17	2.09	2.05	2.13

进一步通过 Massacci（2017）给出的主成分方法估计门限模型参数，相关结果如表 5 所示。其中，表 5 的第二列给出了估计的门限值，第三、第四列为子样本比例，最后两列给出了两个不同区制下各股波动率的总体关联性。由结论可知，各个股间波动关联性，存在显著的区制转换特征。

表 5 门限因子模型估计

统计量	$\hat{\theta}$	$\hat{\pi}$	$1-\hat{\pi}$	$\hat{C}_1$（$\hat{q}$）	$\hat{C}_2$（$\hat{q}$）
估计值	0.0156	0.251	0.749	0.443	0.579

图 1 刻画了状态变量、门限值估计和对应的区制指示函数。由图 1 可知，门限因子模型可以较好地刻画我国股市波动率的区制转换行为，高波动状态对应了 2013 年的“光大乌龙指”以及 2015 年“股灾”等历史事件，

① 指数日波动率是根据指数日收益数据计算的历史波动率，可分别采用 20 日、60 日简单移动法、指数加权移动平均法和 Garch 模型计算日波动率，详见锐思数据库。本文选择 20 日移动法计算的对数收益波动率。

2014年、2016年以及2017年整体处于低波动状态。从关联性来看，各股波动率之间存在显著的关联性，且关联性随着收益率的不确定性而增加。显然，该结论对于资产定价和风险管理具有一定理论指导意义。

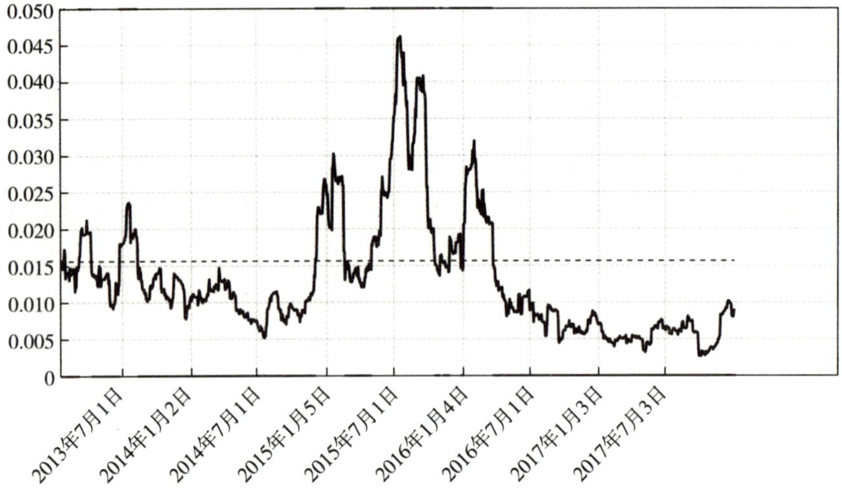

图1 状态变量（实线）、估计的门限值（虚线）以及区制指示函数（边框点图）

六、结论

如何正确设定模型的形式，对于门限因子而言有着重要意义。不同于现有的门限回归模型和因子模型，门限因子模型的设定需要同时考虑因子个数的识别和门限效应推断，且因子个数的识别会进一步影响门限效应检验的功效。现有的研究文献大多针对因子个数和门限效应采取分步推断的策略，先通过信息准则识别因子个数，进一步构造检验统计量对门限效应的存在性进行检验。这一模型设定策略并不能避免因因子个数误设所带来的门限效应检验的势的下降，同时无法统一控制误差所带来的影响。本文基于自适应组 LASSO 技术提出了一种门限因子模型的一致模型选择过程，将因子个数识别和门限效应推断纳于一个统一的分析框架之下，同时实现了误差的统一控制。在计算方面，基于自适应组 LASSO 技术的惩罚最小二乘估计仅需要计算主成分以及求解凸优化问题，具有稳健、易于计算的优点。理论分析结果表明，本文的模型选择过程具有渐近一致性。同时，随机模拟和实证分析结果进一步印证了本文的理论方法的有效性。

参考文献

［1］韩猛，白仲林，缪言．因子模型的一种结构突变检验及其统计性质研究［J］．统计研究，2018，35（6）：99－110.

［2］韩猛，唐亚男，白仲林．因子模型门槛效应的 LM 和 Wald 检验及其统计性质研究［J］．统计研究，2020（1）：7－9.

［3］Alizadeh S，Brandt M W，Diebold F X. Range－based Estimation of Stochastic Volatility Models［J］. The Journal of Finance，2002（57）：1047－1091.

［4］Amengual D，Watson M W. Consistent Estimation of the Number of Dynamic Factors in a Large N and T Panel［J］. Journal of Business and Economic Statistics，2007，25（1）：91－96.

［5］Ang A，Timmermann A. Regime Changes and Financial Markets［J］. Rev. Financ. Econ.，2012（4）：313－337.

［6］Bai J. Inferential Theory for Factor Models of Large Dimensions［J］. Econometrica，2003，71（1）：135－171.

［7］Bai J，Liao Y. Efficient Estimation of Approximate Factor Models via Regularized Maximum Likelihood［J］. SSRN Electronic Journal，2012（1）：7－9.

［8］Bai J，Ng S. Determining the Number of Factors in Approximate Factor Models［J］. Econometrica，2002，70（1）：191－221.

［9］Breitung J，Eickmeier S. Testing for Structural Breaks in Dynamic Factor Models［J］. Journal of Econometrics，2011，163（1）：71－84.

［10］Brownlees C T，Gallo G M. Comparison of Volatility Measures：A Risk Management Perspective［J］. Journal of Financial Econometrics，2010（8）：29－56.

［11］Chen L，Dolado J，Gonzalo J. Detecting Big Structural Breaks in Large Factor Models［J］. Journal of Econometrics，2014，180（1）：30－48.

［12］Caner M，Han X. Selecting the Correct Number of Factors in Approximate Factor Models：The Large Panel Case with Group Bridge Estimators［J］. Journal of Business & Economic Statistics，2014，32（3）：359－374.

［13］Cheng X，Zhipeng L，Schorfheide F. Shrinkage Estimation of High Dimensional Factor Models with Structural Instabilities［J］. Review of Economic Studies，2016，83（4）：1511－

1543.

[14] Han X, Inoue A. Tests for Parameter Instability in Dynamic Factor Models [J] . Econometric Theory, 2015, 31 (5): 1117 – 1152.

[15] Liu X, Chen E. Helping Effects Against Curse of Dimensionality in Threshold Factor Models for Matrix Time Series [J] . Journal of Econometrics, 2019 (1): 7 – 14.

[16] Liu X, Chen R. Threshold Factor Models for High – Dimensional Time Series [J] . Journal of Econometrics, 2018 (1): 9 – 14.

[17] Lu X, L. Su. Shrinkage Estimation of Dynamic Panel Data Models with Interactive Fixed Effects [J] . Working Papers, 2015, 190 (1): 148 – 175.

[18] Massacci D. Least Squares Estimation of Large Dimensional Threshold Factor Models [J] . Journal of Econometrics, 2017, 197 (1): 101 – 129.

[19] Massacci D. Testing for Regime Changes in Large Dimensional Factor Models [J] . Social Science Electronic Publishing, 2018 (1): 7 – 14.

[20] Stock J H, Watson M W. Forecasting Using Principal Components from a Large Number of Predictors [J] . Journal of the American Statistical Association, 2002 (97): 1167 – 1179.

[21] Su L, Wang X. On Time – Varying Factor Models: Estimation and Testing [J] . Journal of Econometrics, 2017, 198 (1): 84 – 101.

[22] Yuan M, Lin Y. Model Selection and Estimation in Regression with Grouped Variables [J] . Journal of the Royal Statistical Society, Series B: Statistical Methodology, 2006, 68 (1): 49 – 67.

[23] Zou H. The Adaptive Lasso and Its Oracle Properties [J] . Journal of the American Statistical Association, 2006, 101 (476): 1418 – 1429.

附录 A 定理 1 和推论 1 的证明过程

根据式（2.2），对于任意的 $l \leqslant q^0$，当 $N^{-1}\|\Psi_l^R - \Lambda_l^R\|^2 \to 0$ 成立时，有 Γ_l^R 和 Γ_l 为零向量。在余下证明中，带上角标 0 的表示真因子载荷矩阵，带上角标 R 的表示标准化的因子载荷矩阵，不带上角标的表示增广的因子载荷矩阵。根据 Γ 的定义，定义 $\Pi = \{l: \Gamma_l \neq 0\}$ 以及 $\Pi^c = \{l: \Gamma_l = 0\}$，可知 $\{q^0+1, \cdots, r\} \subseteq \Pi^c$ 以及 $\Pi \subseteq \{1, \cdots, q^0\}$。

引理 1：假设 A – D、ID、P1、P2 以及假设 T 成立，当 $N, T \to \infty$ 时，有 $N^{-1}\|\hat{\Lambda} - \Lambda\|^2 = O_p(C_{NT}^{-1})$，$Z_\psi^2 = N^{-1}\|\hat{\Psi} - \Psi\|^2 = O_p(C_{NT}^{-1})$，以及 $N^{-1}\|\hat{\Gamma} - \Gamma\|^2 = O_p(C_{NT}^{-1})$。

证明：记 $Z_\lambda^2 = N^{-1}\|\hat{\Lambda} - \Lambda\|^2$，$Z_\psi^2 = N^{-1}\|\hat{\Psi} - \Psi\|^2$，$Z_\gamma^2 = N^{-1}\|\hat{\Gamma} - \Gamma\|^2$。

如果假设 A – D、ID、P1、P2 以及假设 T 成立，可知 $Q(\hat{\Lambda}, \hat{\Gamma}) \leqslant Q(\Lambda, \Gamma)$，从而有 $[M_1(\hat{\Lambda}, \tilde{F}_1) - M_1(\Lambda, \tilde{F}_1)] + [M_2(\hat{\Psi}, \tilde{F}_2) - M_2(\Psi, \tilde{F}_2)] \leqslant [P_1(\Lambda) -$

$P_1(\hat{\Lambda}] + [P_2(\Gamma) - P_2(\hat{\Gamma})]$。记 $P_1^{q0}(\hat{\Lambda}) = \alpha_{NT}\sum_{l=1}^{q0}\omega_l^{\lambda}\|\hat{\Lambda}_l\| \leqslant P_1(\hat{\Lambda}), P_2^{q0}(\hat{\Gamma}) = \beta_{NT}\sum_{l=1}^{q0}\omega_l^{\gamma}\|\hat{\Gamma}_l\| = P_2(\hat{\Gamma})$。定义：

$$p_1 = P_1(\Lambda) - P_1^{q0}(\hat{\Lambda}),\ p_2 = \begin{cases} P_2(\Gamma) - P_2^{q0}(\hat{\Gamma}) & \Gamma \neq 0 \\ 0 & \Gamma = 0 \end{cases} \tag{A.1}$$

易知式(A.1)右边的惩罚项满足 $P_1(\Lambda) - P_1(\hat{\Lambda}) \leqslant p_1$ 以及 $P_2(\Gamma) - P_1(\hat{\Gamma}) \leqslant p_2$。当 $l = q^0 + 1, \cdots, q$ 时，有 $\Lambda_l = 0$ 和 $\Gamma_l = 0$，故可知 $P_1(\Lambda) = \alpha_{NT}\sum_{l=1}^{q0}\omega_l^{\lambda}\|\Lambda_l\|$ 及 $P_2(\Gamma) = \beta_{NT}\sum_{l=1}^{q0}\omega_l^{\gamma}\|\Gamma_l\|$。进一步根据三角不等式以及 Cauchy - Schwarz 不等式，有：

$$p_1 \leqslant \alpha_{NT}\sum_{l=1}^{q0}\omega_l^{\lambda}\|\hat{\Lambda}_l - \Lambda_l\| \leqslant b_{\Lambda}Z_{\lambda},\ b_{\Lambda} = N^{-1/2}\alpha_{NT}\left[\sum_{l=1}^{q0}(\omega_l^{\lambda})^2\right]^{1/2} \tag{A.2}$$

类似地，有 $p_2 \leqslant b_{\Gamma}Z_{\gamma}$。这里 $b_{\Gamma} = \begin{cases} N^{1/2}\beta_{NT}\left[\sum_{l\in \mathbf{Z}}(\omega_l^{\gamma})^2\right]^{1/2} & \Gamma \neq 0 \\ 0 & \Gamma = 0 \end{cases}$。综上可知，

$$[M_1(\hat{\Lambda}, \tilde{F}_1) - M_1(\Lambda, \tilde{F}_1)] + [M_2(\hat{\Psi}, \tilde{F}_2) - M_2(\Psi, \tilde{F}_2)] \leqslant b_{\Lambda}Z_{\lambda} + b_{\Gamma}Z_{\gamma} \tag{A.3}$$

针对等式(A.3)的左边，记 $\tilde{F}_j = (\tilde{F}_j^{1:q0}, \tilde{F}_j^{(q0+1):q})$，这里 $\tilde{F}_j^{1:q0}$ 为 $\tilde{F}_j$ 的前 q^0 列，$\tilde{F}_j^{(q0+1):q}$ 为 $\tilde{F}_j$ 的后 $q - q^0$ 列。记 $F_j^R = (I_{j1}(\theta^0)f_1^R, \cdots, I_{jT}(\theta^0)f_T^R)' = F_j^0 H_j$，并定义 $F_j^+ = (F_j^R, \tilde{F}_j^{(q0+1):q})$。可知 $F_1^+\Lambda' = F_1^R\Lambda^{R'} = F_1^0\Lambda^{0'}$ 和 $\tilde{F}_1\Lambda' = \tilde{F}_1\Lambda' = \tilde{F}_1^{1:q0}\Lambda^{R'}$ 成立。进一步有：

$$F_1\Lambda^{0'} - \tilde{F}_1\hat{\Lambda}' = (F_1^? - \tilde{F}_1)\Lambda' - \tilde{F}_1(\hat{\Lambda} - \Lambda)' = (F_1^R - \tilde{F}_1^{1:q0})\Lambda^{R'} - \tilde{F}_1(\hat{\Lambda} - \Lambda)' \tag{A.4}$$

式(A.4)表明 $F_1\Lambda'$ 和 $\tilde{F}_1\hat{\Lambda}'$ 之间的差异可分解为两个部分，第一个部分来自因子估计残差，第二个部分来自因子载荷估计残差。基于以上分解以及 $X_1 = e_1 + F_1^0\Lambda^{0'}$，有

$$\begin{aligned} M_1(\hat{\Lambda}, \tilde{F}_1) &= (NT)^{-1}\|X_1 - \tilde{F}_1\hat{\Lambda}'\|^2 \\ &= (NT)^{-1}\|e_1 + (F_1^0\Lambda' - \tilde{F}_1^{1:q0}\hat{\Lambda}')\|^2 \\ &= (NT)^{-1}\|[e_1 + (F_1^R - \tilde{F}_1^{1:q0})\Lambda^{R'}] - \tilde{F}_1(\hat{\Lambda} - \Lambda')\|^2 \\ &= M_1 + M_2 + M_3 + M_4 \end{aligned} \tag{A.5}$$

对于 M_1，根据 $X_1 = e_1 + F_1^R\Lambda^{R'}$、$\tilde{F}_1\Lambda' = \tilde{F}_1^{1:q0}\Lambda^{R'}$ 以及 $M_1(\Lambda, F)$ 的定义，有：

$$M_1 = (NT)^{-1}\|e_1 + (F_1^0 H_1 - \tilde{F}_1^{1:q0})\Lambda^{H'})\|^2 = (NT)^{-1}\|X_1 - \tilde{F}_1\Lambda'\|^2 = M_1(\Lambda, \tilde{F}_1) \tag{A.6}$$

对于第二项 M_2，由于 $\tilde{F}'_1\tilde{F}_1/T_1 = I_r$ 以及 Z_{λ} 的定义，有：

$$M_2 = (NT)^{-1}\|\tilde{F}_1(\hat{\Lambda} - \Lambda)'\|^2 = (NT)^{-1}tr((\hat{\Lambda} - \Lambda)\tilde{F}'_1\tilde{F}_1(\hat{\Lambda} - \Lambda)') = \frac{T_1}{T}N^{-1}\|\hat{\Lambda} - \Lambda\|^2 = \frac{T_1}{T}Z_{\lambda}^2$$。

对于第三项，有 $M_3 = -2(NT)^{-1}tr(e'_1\tilde{F}_1(\Lambda - \Lambda)')$。进一步，根据 Cauchy - Schwarz 不等式，有 $(NT)^{-1}\left|tr(e'_1\tilde{F}_1(\hat{\Lambda} - \Lambda)')\right| \leqslant (NT)^{-1}\left|tr(e'_1\tilde{F}_1\tilde{F}'_1 e_1)\right|^{1/2}$

$\|\hat{\Lambda}-\Lambda\| = N^{-1/2}T^{-1}\left|T_1 tr(P_{\tilde{F}_1}e_1 e'_1)\right|^{1/2}Z_\lambda = \frac{C_{3,n}Z_\lambda}{2}$，这里第一个等式来自于 $P_{\tilde{F}_1} = T_1^{-1}\tilde{F}_1\tilde{F}'_1$，$tr(AB) = tr(BA)$，以及 Z_λ 的定义。第二个不等式来自于 von Neumann 的迹不等式，以及 $P_{\tilde{F}_1}$的特征值是由 q 个 1 和 T - q 个 0 构成。由假设 D，有 $C_{3,n} = 2N^{-1/2}T^{-1}\left|NT_1^2 k\rho_1((NT_1)^{-1}e_1e'_1)\right|^{1/2} = 2N^{-1/2}T^{-1}\left|NT_1^2 O_p(C_N^{-2}T)\right|^{1/2} = \frac{T_1}{T}O_P(C_{NT}^{-1}) = O_P(C_{NT}^{-1})$。

综上可知，$M_3 \leqslant C_{3,n}Z_\lambda$。对于第四项 M_4，由于 $M_4 = -2(NT)^{-1}tr(\Lambda^R(F_1^R - \tilde{F}_1^{1:q0})'\tilde{F}_1(\hat{\Lambda}-\Lambda)')$，根据旋转矩阵定义，有$(F_1^R - \tilde{F}_1^{1:q0})'\tilde{F}_1/T_1 = O_p(C_{NT}^{-1})$，进而根据 Cauchy - Schwarz 不等式，有：

$$
\begin{aligned}
&(NT)^{-1}tr(\Lambda^R(F_1^R - \tilde{F}_1^{1:q0})'\tilde{F}_1(\hat{\Lambda}-\Lambda)') \\
&\leqslant (NT)^{-1}\|\Lambda^R\|\|(F_1^R - \tilde{F}_1^{1:q0})'\tilde{F}_1\|\|\hat{\Lambda}-\Lambda\| \\
&= \frac{T_1}{T}(N^{-1}\|\Lambda^R\|^2)^{1/2}\left\|\frac{(F_1^R - \tilde{F}_1^{1:q0})'\tilde{F}_1}{T_1}\right\|(N^{-1}\|\hat{\Lambda}-\Lambda\|^2)^{1/2} = \frac{C_{4,n}Z_\lambda}{2} \qquad (A.7)
\end{aligned}
$$

由于 $\Lambda^R = \Lambda H_1^{-1}$，$H_1^{-1} = O_p(1)$，$\|N^{-1}\Lambda'\Lambda - \Sigma_\Lambda\| \to 0$，故可知

$$
C_{4,n} = \frac{2T_1}{T}(N^{-1}\|\Lambda^R\|^2)^{1/2}\left\|\frac{(F_1^R - \tilde{F}_1^{1:q0})'\tilde{F}_1}{T_1}\right\| = \frac{T_1}{T}O_p(C_{NT}^{-1}) = O_p(C_{NT}^{-1}) \qquad (A.8)
$$

综上，可知 $|M_4| \leqslant C_{4,n}Z_\lambda$，$C_{4,n} = O_p(C_{NT}^{-1})$。进一步，将 M_1，M_2，M_3 以及 M_4 代入（A.5），有：

$$
M_1(\hat{\Lambda}, \tilde{F}_1) - M_1(\Lambda, \tilde{F}_1) \geqslant \frac{T_1}{T}Z_\lambda^2 - C_{a,n}Z_\lambda,\ C_{a,n} = C_{3,n} + C_{4,n} = O_p(C_{NT}^{-1}) \qquad (A.9)
$$

类似地，对于$[M_2(\hat{\Psi}, \tilde{F}_2) - M_2(\Psi, \tilde{F}_2)]$，有：

$$
M_2(\hat{\Psi}, \tilde{F}_2) - M_2(\Psi, \tilde{F}_2) \geqslant \frac{T_1}{T}Z_\psi^2 - C_{b,n}Z_\psi,\ C_{b,n} = O_p(C_{NT}^{-1}) \qquad (A.10)
$$

将（A.9）以及（A.10）代入（A.5）的左边，通过三角不等式可知：

$$
\frac{T_1}{T}Z_\lambda^2 - C_{a,n}Z_\lambda + \frac{T_2}{T}Z_\psi^2 - C_{b,n}Z_\psi \leqslant b_\Lambda Z_\lambda + b_\Gamma Z_\gamma \leqslant (b_\Lambda + b_\Gamma)Z_\lambda + b_\Gamma Z_\psi \qquad (A.11)
$$

对（A.11）重新整理，有：

$$
\pi_1\left(Z_\lambda - \frac{C_{a,n} + b_\Lambda + b_\Gamma}{2\pi_1}\right)^2 + \pi_2\left(Z_\psi - \frac{C_{b,n} + b_\Gamma}{2\pi_2}\right)^2 \leqslant \pi_1\left(\frac{C_{a,n} + b_\Lambda + b_\Gamma}{2\pi_1}\right)^2 + \pi_2\left(\frac{C_{b,n} + b_\Gamma}{2\pi_2}\right)^2 \qquad (A.12)
$$

对于(A.12)，由于 $C_{a,n} = O_p(C_{NT}^{-1})$，$C_{b,n} = O_p(C_{NT}^{-1})$，并通过三角不等式可知 $Z_\lambda = O_p(b_\Lambda + b_\Gamma + C_{NT}^{-1})$，$Z_\psi = O_p(b_\Lambda + b_\Gamma + C_{NT}^{-1})$，$Z_\gamma = O_p(b_\Lambda + b_\Gamma + C_{NT}^{-1})$。此外，根据假设 P1 以及 P2，有 $\omega_l^\lambda = O_p(1)$，$l = 1, 2, \cdots, q$，$\omega_l^\gamma = O_p(1)$，$l \in \prod$。并根据假设 T(i)，有 $b_\Lambda = O_p(C_{NT}^{-1})$和 $b_\Gamma = O_p(C_{NT}^{-1})$。综上可知引理 1 成立。

引理 2：假设 A - D、ID、P1、P2 以及假设 T 成立，当 N，T→∞ 时，有：

（1）当 $l = 1, \cdots, q^0$ 时，$N^{-1}\|\hat{\Lambda}_l - \Lambda_l\|^2 = O_p(C_{NT}^{-2})$；当 $l = q^0 + 1, \cdots, q$ 时，Pr

$(\|\hat{\Lambda}_l\|^2=0)\to 0$；

（2）当 $\Gamma\neq 0$ 时，当 $l=1,\cdots,q^0$，$N^{-1}\|\hat{\Gamma}_l-\Gamma_l\|^2=O_p(C_{NT}^{-2})$；当 $l=q^0+1,\cdots,q$ 时，$Pr(\|\hat{\Gamma}_l\|^2=0)\to 0$；

（3）当 $\Gamma=0$ 时，当 $l=1,\cdots,q$，有 $Pr(\|\hat{\Gamma}_l\|^2=0)\to 0$.

证明：根据引理1，引理2（1）和（2）的上半部分直接可证。

首先，为了证明引理2(1)的下半部分和(2)的下半部分以及(3)，我们记 $\mathbb{R}_1=\{l:(\omega_l^{\lambda})^{-1}=O_p(C_{NT}^{-2d})\}$，$\mathbb{R}_2=\{l:(\omega_l^{\gamma})^{-1}=O_p(C_{NT}^{-2d})\}$。根据假设P1和P2，有 $\{q^0+1,\cdots,q\}\subseteq\mathbb{R}_1$ 以及 $\{q^0+1,\cdots,q\}\subseteq\mathbb{R}_2$，进一步，如果 $\Gamma=0$，有 $\{1,\cdots,q\}=\mathbb{R}_2$。

定义残差矩阵 $e_1(\hat{\Lambda})=X_1-\tilde{F}_1\hat{\Lambda}'$ 以及 $e_2(\hat{\Lambda}+\hat{\Gamma})=X_2-\tilde{F}_2(\hat{\Lambda}+\hat{\Gamma})'$。令 $e_{1,t}(\hat{\Lambda})$ 和 $e_{2,t}(\hat{\Lambda}+\hat{\Gamma})$ 分别为 $e_1(\hat{\Lambda})$ 和 $e_2(\hat{\Lambda}+\hat{\Gamma})$ 的行向量。根据 Buhlmann 和 van de Geer(2011)的引理4.2，对 $l\leqslant q^0$，$\hat{\Lambda}_l=0$ 的充分条件是 $2(NT)^{-1}\left\|\sum_{t=1}^{T}e_{1,t}(\hat{\Lambda})\tilde{f}_{lt}+\sum_{t=1}^{T}e_{2,t}(\hat{\Lambda}+\hat{\Gamma})\tilde{f}_{lt}\right\|<\alpha_{NT}\omega_l^{\lambda}$，这里 $\tilde{f}_t=(\tilde{f}_{1t},\cdots,\tilde{f}_{qt})'$。当上式右边的边际惩罚大于左边的边界时，最优解为 $\hat{\Lambda}_l=0$。进一步，上式可以等价地表示为 $\|e_1(\hat{\Lambda})'\tilde{F}_{1,l}+e_2(\hat{\Lambda}+\hat{\Gamma})'\tilde{F}_{2,l}\|<\frac{NT}{2}\alpha_{NT}\omega_l^{\lambda}$。这里 $\tilde{F}_{j,l}$ 表示 $\tilde{F}_j$ 的第 l 列。根据三角不等式，其充分条件为：

$$\|e_1(\hat{\Lambda})'\tilde{F}_{1,l}\|+\|e_2(\hat{\Lambda}+\hat{\Gamma})'\tilde{F}_{2,l}\|<\frac{NT}{2}\alpha_{NT}\omega_l^{\lambda} \tag{A.13}$$

对于式（A.12）左边第一项，通过加减项以及 Cauchy - Schwarz 不等式和三角不等式，有：

$$\begin{aligned}\|e_1(\hat{\Lambda})'\tilde{F}_{1,l}\| &= \|(e_1+F_1^0\Lambda^{0'}-\tilde{F}_1\hat{\Lambda}')'F_{1,l}\| \\ &\leqslant \|e'_1\tilde{F}_{1,l}+(F_1^R-F_1^{1:q0})\Lambda^{R'}\tilde{F}_{1,l}-\tilde{F}_1(\hat{\Lambda}-\Lambda)'\tilde{F}_{1,l}\| \\ &\leqslant \|e'_1\tilde{F}_{1,l}\|+\|F_1^R-\tilde{F}_1^{1:q0}\|\|\Lambda^R\|\|\tilde{F}_{1,l}\|+\|F_1\|\|\hat{\Lambda}-\Lambda\|\|\tilde{F}_{1,l}\|\end{aligned} \tag{A.14}$$

根据 $T_1^{-1}\tilde{F}'_{1,l}\tilde{F}_{1,l}=1$ 及假设C，有

$$\begin{aligned}\|e'_1\tilde{F}_{1,l}\| &= (NT)^{1/2}\sqrt{\tilde{F}'_{1,l}\frac{e_1e'_1}{NT}\tilde{F}_{1,l}} \\ &\leqslant (NT)^{1/2}T_1^{1/2}\sqrt{\rho_1((NT)^{-1}e_1e'_1)}\sqrt{\frac{\tilde{F}'_{1,l}\tilde{F}_{1,l}}{T_1}} \\ &\leqslant (NT)^{1/2}T_1^{1/2}O_p(C_{NT}^{-1})=O_p(N^{1/2}TC_{NT}^{-1})\end{aligned} \tag{A.15}$$

其次，根据 $\|F_1^R-\tilde{F}_1^{1:q0}\|=O_p(T^{1/2}C_{NT}^{-1})$，$H_1=O_p(1)$，$\|\tilde{F}_{1,l}\|=O(T^{1/2})$ 以及 $\|\Lambda^R\|=O_p(N^{1/2})$，可知 $\|F_1^R-\tilde{F}_1^{1:q0}\|\|\Lambda^R\|\|\tilde{F}_{1,l}\|=O_p(N^{1/2}TC_{NT}^{-1})$。根据 $T_1^{-1}\tilde{F}'_1\tilde{F}_1=I_q$，有 $\|\tilde{F}_{1,l}\|=O(T^{1/2})$ 以及 $\|\tilde{F}_1\|=O(T^{1/2})$。此外，根据引理1，有 $\|\hat{\Lambda}-\Lambda\|=O_p(N^{1/2}C_{NT}^{-1})$。综上，可知：

$$\|e_1(\hat{\Lambda})'\tilde{F}_{1,l}\|=O_p(N^{1/2}TC_{NT}^{-1}) \tag{A.16}$$

类似地，有：

$$\|e_2(\hat{\Lambda}+\hat{\Gamma})'\widetilde{F}_{2,l}\| = O_p(N^{1/2}TC_{NT}^{-1}) \tag{A.17}$$

根据式(A.15)和式(A.16)，可知式(A.12)成立。进一步在假设T(1)下，对所有的$l\in\mathbb{R}_1$，有$N^{-1/2}C_{NT}^{-1}=o_p(\alpha_{NT}\omega_l^{\lambda})$成立，这证明了引理2(1)的下半部分。

类似地，对于引理2（2）的下半部分和引理2（3），$\hat{\Gamma}_l=0$的一个充分条件是：

$$2(NT)^{-1}\left\|\sum_{t=1}^{T}e_2(\hat{\Lambda}+\hat{\Gamma})'\widetilde{F}_{lt}\right\| < \beta_{NT}\omega_l^{\gamma} \tag{A.18}$$

类似式(A.16)的证明可知式(A.17)成立，则在假设T(2)下，对所有的$l\in\mathbb{R}_2$，有$N^{-1/2}C_{NT}^{-1}=o_p(\beta_{NT}\omega_l^{\gamma})$。综上可知引理2(1)的下半部分和(2)的下半部分以及(3)成立。

定理1的证明：首先，对于$l=q^0$情形，根据定理1(1)以及引理1(1)，有$Pr(\|\hat{\Lambda}_l\|>0)\to 1$，进而有$Pr(\hat{q}\geqslant q^0)\to 1$；根据引理2，有$Pr(\hat{q}\leqslant q^0)\to 1$。综上可知，$Pr(\hat{q}=q^0)\to 1$。

其次，当$S=1$时，根据引理2(2)以及假设A，存在某一$l<q^0$，使得$Pr(\|\hat{\Gamma}_l\|>0)\to 1$，因此有$Pr(\hat{S}=1)\to 1$。最后，当模型不存在门限效应，即$S=0$，根据引理2(2)以及(3)，有$Pr(\hat{\Gamma}=0)\to 1$。因此，有$Pr(\hat{S}=0)\to 1$。

推论1的证明：首先，讨论无约束最小二乘(主成分)估计值$\widetilde{\Lambda}$以及$\widetilde{\Gamma}$。注意到无约束最小二乘估计是$\alpha_{NT}=\beta_{NT}=0$时的惩罚最小二乘估计。因此，根据$Z_{\lambda}=O_p(C_{NT}^{-1})$以及$Z_{\gamma}=O_p(C_{NT}^{-1})$，有：

$$N^{-1}\|\widetilde{\Lambda}-\Lambda\|^2=O(C_{NT}^{-2}),\ N^{-1}\|\widetilde{\Gamma}-\Gamma\|^2=O(C_{NT}^{-2}) \tag{A.19}$$

进一步，根据假设A，当$l=1,\cdots,q^0$时，有$Pr(N^{-1}\|\widetilde{\Lambda}_l\|^2\geqslant C)\to 1$，以及当$l\in\Pi$时，有$Pr(N^{-1}\|\widetilde{\Gamma}_l\|^2\geqslant C)\to 1$；此外，当$l>q^0$时，有$N^{-1}\|\widetilde{\Lambda}_l\|^2=O_p(C_{NT}^{-2})$，当$l\in\Pi^c$时，有$N^{-1}\|\widetilde{\Gamma}_l\|^2=O_p(C_{NT}^{-2})$。

接下来我们给出在没有假设P1和假设P2时的定理1。根据式(2.6)以及(A.19)，可知对于$\bar{\Lambda}=\widetilde{\Lambda}$以及$\bar{\Gamma}=\widetilde{\Gamma}$，当$l=1,2,\cdots,q^0$时，有$\omega_l^{\lambda}=O_p(1)$以及$\omega_l^{\gamma}=O_p(1)$成立。根据$\mathbb{R}_1$以及$\mathbb{R}_2$的定义，有$\mathbb{R}_1=\{q^0+1,\cdots,q\}$以及$\mathbb{R}_2=\Pi^c$。根据定义，$\{q^0+1,\cdots,q\}\subseteq\Pi^c$，以及如果$\Gamma=0$，则$\{1,\cdots,q\}=\Pi^c$，这意味着当$\bar{\Lambda}=\widetilde{\Lambda}$以及$\bar{\Gamma}=\widetilde{\Gamma}$时，有$\{q^0+1,\cdots,q\}\subseteq\mathbb{R}_1$以及$\{q^0+1,\cdots,q\}\subseteq\mathbb{R}_2$成立。因此，对于估计值$\bar{\Lambda}=\widetilde{\Lambda}$和$\bar{\Gamma}=\widetilde{\Gamma}$，在不施加假设P1以及P2约束时，引理1和引理2成立。此外，根据定理1的证明过程，模型选择具有一致性。

附录B 定理2的证明过程

根据式(3.5)，可知$q_1(\theta)\geqslant q^0$以及$q_2(\theta)\geqslant q^0$，进而可知对$l=1,\cdots,q^0$，有$N^{-1}\|\Lambda_l^R(\theta)\|^2\geqslant C$和$N^{-1}\|\Psi_l^R(\theta)\|^2\geqslant C$成立。对于任意的$\theta$，记$\Lambda(\theta)=(\Lambda_{1:q^0}^R(\theta),\hat{\Lambda}(\theta)_{q^0+1:q})$，$\Gamma(\theta)=\hat{\Gamma}(\theta)$，以及$\Psi(\theta)=\Lambda(\theta)+\Gamma(\theta)$。基于以上表示，我们有如下引理3成立。

引理 3：假设 A^*、B、C、D、ID 和 R 成立，当 N，$T\to\infty$ 时，有 $N^{-1}\|\hat{\Lambda}(\theta)-\Lambda^+(\theta)\|^2=O_p(C_{NT}^{-1})$，$N^{-1}\|\hat{\Psi}(\theta)-\Psi^+(\theta)\|^2=O_p(C_{NT}^{-1})$ 以及 $N^{-1}\|\hat{\Gamma}(\theta)-\Gamma^+(\theta)\|^2=O_p(C_{NT}^{-1})$关于 θ 一致成立。

证明：引理 3 的证明过程类似于引理 1，这里不再详细给出。

定理 2 的证明：

令 $\tilde{\Psi}_{LS}^-(\theta)$ 表示 $\tilde{\Psi}_{LS}(\theta)$ 的前 $\hat{q}_1$ 列，则式（3.7）的权重满足：

$\omega_l^\lambda(\theta)=(N^{-1}\|\tilde{\Lambda}_{l,LS}(\theta)\|^2)^{-d}$，i = 1，2，$\omega_l^\gamma(\theta)=\max\{(N^{-1}\|\tilde{\Gamma}_{l,LS}(\theta)\|^2)^{-d},(N^{-1}\|\tilde{\Psi}_{l,LS}(\theta)\|^2)^{-d}\}$。

首先，根据引理 3，可知当 $l=q^0$ 时，有 $N^{-1}\|\hat{\Lambda}_l(\theta)-\Lambda_l^R(\theta)\|^2=o_p(1)$关于 γ 一致成立，进而可知 $\Pr(\hat{q}_1=\inf_{\theta\in\Theta}\hat{q}_1(\theta)\geqslant q^0)\to 1$ 成立。

其次，我们将证明当 $\theta=\theta^0$ 时，有 $\Pr(\hat{q}_1(\theta^0)=q^0)\to 1$ 成立，进而有 $\Pr(\hat{q}_1=q^0)\to 1$ 成立。为此，充分条件是证明中 $\Pr(\hat{\Lambda}_l(\theta^0)=0)\to 1$ 对所有的 $l>q^0$ 成立。进一步，$\Pr(\hat{\Lambda}_l(\theta^0)=0)\to 1$ 成立的充分条件是 $\|e_1(\hat{\Lambda}(\theta^0))'\tilde{F}_{1,l}(\theta^0)\|+\|e_2(\hat{\Lambda}(\theta^0)+\hat{\Gamma}(\theta^0))'\tilde{F}_{2,l}(\theta^0)\|<\frac{NT}{2}\phi_l^\lambda$。以 $\hat{\Lambda}(\theta^0)$和 $\hat{\Gamma}(\theta^0)$分别代替引理 1 中的 $\hat{\Lambda}$ 和 $\hat{\Gamma}$，我们有：

$$N^{-1/2}\|\hat{\Lambda}(\theta^0)-\Lambda\|=O_p(\bar{b}_\Lambda+\bar{b}_\Gamma+C_{NT}^{-1}),\quad N^{-1/2}\|\hat{\Gamma}(\theta^0)-\Gamma\|=O_p(\bar{b}_\Lambda+\bar{b}_\Gamma+C_{NT}^{-1}) \tag{B.1}$$

这里 $\bar{b}_\Lambda=N^{1/2}(\sum_{l=1}^{q0}(\phi_l^\lambda)^2)^{1/2}$，$\bar{b}_\Gamma=N^{1/2}(\sum_{l=1}^{q0}(\phi_l^\psi)^2)^{1/2}$。根据假设 R、$N^{-1}\|\Lambda_l^R(\theta^0)\|^2\geqslant C$ 以及 $N^{-1}\|\Psi_l^R(\theta^0)\|^2\geqslant C$，有 $\bar{b}_\Lambda=O_p(C_{NT}^{-1})$和 $\bar{b}_\Gamma=O_p(C_{NT}^{-1})$成立。进一步，有：

$$N^{-1/2}\|\hat{\Lambda}(\theta^0)-\Lambda\|=O_p(C_{NT}^{-1}),\quad N^{-1/2}\|\hat{\Gamma}(\theta^0)-\Gamma\|=O_p(C_{NT}^{-1}) \tag{B.2}$$

参照(A.16)和(A.17)的证明，有 $N^{-1/2}C_{NT}^{-1}=o(\phi_l^\lambda)$成立，这里 $\phi_l^\lambda=E_\xi[\alpha_{NT}(\xi)\omega_l^\lambda]$。通过 $\alpha_{NT}(\xi)=\kappa_1(\theta)N^{-1/2}C_{NT_1(\theta)}^{-d-1}$，我们有 $\phi_l^\lambda=E_\xi[\alpha_{NT}(\xi)\omega_l^\lambda(\xi)]\geqslant\underline{\kappa}_1N^{-1/2}C_{NT}^{-d-1}E_\xi[\omega_l^\lambda(\xi)I_{\{\xi\leqslant\theta 0\}}]$，这里$\underline{\kappa}_1$ 为 $\kappa_1(\theta)$的下界。对于 $\theta\leqslant\theta^0$，$X_1(\theta)$的因子个数为 q^0。因此对于 $l>q^0$，无约束最小二乘估计满足 $N^{-1}\|\tilde{\Lambda}_{LS,l}(\theta)\|^2=O_p(C_{NT}^{-2})$关于 θ 一致成立。因此：

$$\sup_{\theta\leqslant\theta 0}(\omega_l^\lambda(\gamma))^{-1}=\sup_{\theta\leqslant\theta 0}[N^{-1}\|\tilde{\Lambda}_{LS,l}(\theta)\|^2]^d=O_p(C_{NT}^{-2d}),\quad l>q^0 \tag{B.3}$$

因此，对于 $l>q^0$，有：

$$\begin{aligned}N^{-1/2}C_{NT}^{-1}(\phi_l^\lambda)^{-1}&=\underline{\kappa}_1^{-1}C_{NT}^d(E_\xi[\omega_l^\lambda(\xi)I_{\{\xi\leqslant\theta 0\}}])^{-1}\\&\leqslant\underline{\kappa}_1^{-1}C_{NT}^d(\inf_{\theta\leqslant\theta 0}(\omega_l^\lambda(\theta)E_\xi[I_{\{\xi\leqslant\theta 0\}}])^{-1}\\&=\frac{C_{NT}^d\sup_{\theta\leqslant\theta 0}((\omega_l^\lambda(\theta))^{-1}}{\underline{\kappa}_1^{-1}E_\xi[I_{\{\xi\leqslant\theta 0\}}]}=O_p(C_{NT}^{-d}),\end{aligned}$$

这里最后的等式来自于(B.3)以及存在某一固定常数 C 使得 $\bar{\kappa}_1E_\xi[I_{\{\xi\leqslant\theta 0\}}]>C>0$。

这表明对 $l>q^0$，有 $\Pr(\hat{\Lambda}_l(\theta^0)=0)\to1$，即 $\Pr(\hat{q}_1(\theta^0)\leqslant q^0)\to1$。综上可知，$\Pr(\inf_{\theta\in\Theta}\hat{q}_1(\theta)=\hat{q}_1(\theta^0)=q^0)\to1$。

接下来我们证明当存在门限效应时，有 $\Pr(\hat{\Gamma}(\theta^0)\neq0)\to1$。为此，我们需要证明存在某一 $l\in\prod^c$ 使得 $N^{-1}\|\hat{\Gamma}_l(\theta^0)-\Gamma_l^R(\theta^0)\|^2\to q^0$。类似于 $\Pr(\inf_{\theta\in\Theta}\hat{q}_1(\theta)=\hat{q}_1(\theta^0)=q^0)\to1$，易于证明 $\Pr(\inf_{\theta\in\Theta}\hat{q}_2(\theta)=\hat{q}_2(\theta^0)=q^0)\to1$。进一步，根据式(B.2)，可知 $N^{-1}\|\hat{\Gamma}_l(\theta)-\Gamma_l^R(\theta^0)\|^2\to q^0$ 关于 θ 一致成立。综上，有 $\Pr(\hat{S}=1)\to1$。

最后，我们证明当模型不存在门限效应时，有 $\Pr(\hat{\Gamma}(\theta^0)=0)\to1$。以 $\hat{\Lambda}(\theta)$ 和 $\hat{\Gamma}(\theta)$ 分别取代 $\hat{\Lambda}$ 和 $\hat{\Gamma}$，我们有 $N^{-1/2}\|\hat{\Lambda}(\theta)-\Lambda\|=O_p(\bar{b}_\Lambda+C_{NT}^{-1})$ 和 $N^{-1/2}\|\hat{\Gamma}(\theta)-\Gamma\|=O_p(\bar{b}_\Lambda+C_{NT}^{-1})$ 关于 θ 一致成立。这里 $\bar{b}_\Lambda=N^{1/2}(\sum_{l=1}^{q0}(\phi_l^\lambda)^2)^{1/2}$。以上，我们证明了 $\bar{b}_\Lambda=O_p(C_{NT}^{-1})$。以 θ 取代 θ^0，上式成立的一个充分条件是 $N^{-1/2}C_{NT}^{-1}=o_p(\phi_l^\gamma)$，$l=1,\cdots,q$，这里等式左边来自于准则函数的一致收敛速度，而等式右边的为平均惩罚。根据以上证明，我们有 $\{\hat{q}_1=\hat{q}_2=q^0\}$ 的概率收敛于 1。此外，根据 $\beta_{NT}(\theta)=\kappa_2(\theta)N^{-1/2}C_{NT_1}^{-d-1}$，我们有：

$$\phi_l^\gamma=E_\xi[\beta_{NT}(\xi)\omega_l^\gamma(\xi)]\geqslant\underline{\kappa_2}N^{-1/2}C_{NT}^{-d-1}E_\xi[\omega_l^\gamma(\xi)] \tag{B.4}$$

对于 $l>q^0$，根据 ω_l^γ 的定义，对任意的 θ 有

$$(\omega_l^\gamma(\theta))^{-1}=(\omega_l^\gamma(\theta))^{-1}\leqslant(N^{-1}\|\tilde{\Gamma}_{l,LS}(\theta)\|^2)^d=O_p(C_{NT}^{-2d}) \tag{B.5}$$

以概率 1 成立。另一方面，对 $l\leqslant q^0$，以及任意的 θ，根据假设 R 有

$$(\omega_l^\gamma(\theta))^{-1}\leqslant(N^{-1}\|\tilde{\Psi}_{l,LS}^{-}(\theta)w(\theta)-\tilde{\Lambda}_{l,LS}(\theta)\|^2)^d=O_p(C_{NT}^{-2d}) \tag{B.6}$$

以概率 1 成立。综合(B.5)和(B.6)，我们有 $\sup_{\theta\in\Theta}(\omega_l^\gamma(\theta))^{-1}=O_p(C_{NT}^{-2d})$，$l=1,\cdots,q$。因此，对于 $l=1,\cdots,q$，有：

$$\begin{aligned}N^{-1/2}C_{NT}^{-1}(\phi_l^\gamma)^{-1}&=\underline{\kappa_2}^{-1}C_{NT}^d(E_\xi[\omega_l^\lambda(\xi)])^{-1}\\&\leqslant\underline{\kappa_2}^{-1}C_{NT}^d(\inf_{\theta\in\Theta}(\omega_l^\lambda(\theta))^{-1}\\&=\underline{\kappa_2}^{-1}C_{NT}^d\sup_{\theta\in\Theta}(\omega_l^\lambda(\theta))^{-1}=O_p(C_{NT}^{-d})\end{aligned} \tag{B.7}$$

根据(B.7)可知 $N^{-1/2}C_{NT}^{-1}=o_p(\phi_l^\gamma)$，$l=1,\cdots,q$ 成立。综上，有 $\Pr(\hat{S}=0)\to1$。

基于高频数据的 light GBM 算法的空气质量指数实时预报及多期预测研究*

刘 超 梁 海 张庆雯

摘 要 研究目标，在大数据和城市数字化的时代背景下，利用高频数据来实现空气质量指数的实时预报和多期预测。研究方法，基于 IQAir 海量高频数据，以 OLS 作为基准，系统讨论不同的数据处理方式对空气质量指数预测结果的影响，综合比较了 light GBM 算法与基准模型在多种评价指标下的实时预报效果和多期预测情况。研究发现，与基准模型的评价指标对比，light GBM 算法在空气质量指数实时预报以及多期预测中均取得较好的结果，有效降低 10% ~40% 的预测误差。研究创新，使用了四种评价指标综合分析了 light GBM 算法的预测效果，可以较为精准地实现空气质量指数的实时预报和多期预测。研究价值，利用 light GBM 算法进行实时预报及多期预测，可以有效降低由于空气质量指数预测偏误所带来的损失、提高社会运行效率。

关键词 空气质量指数；light GBM 算法；实时预报；多期预测

一、前言

近年来，我国各级政府在空气质量治理方面积极采取有利政策，社会

* 本文获得国家社会科学基金项目“京津冀地区灰霾污染的数据挖掘与治理决策支持系统研究”（71503127）的资助。

公众积极响应国家号召，空气质量的治理工作取得了阶段性成效。但某些重点区域仍会出现短期大面积空气污染问题，因此提高空气质量指数预测的科学性和精准性具有重要作用。一方面，空气质量预测在社会工作发展方面发挥着极其重要的作用。比如，APEC 会议、新中国成立 70 周年纪念活动等国际大型活动期间，空气质量的预测工作是保障每场活动成功举办的重要环节。开展空气质量预测对于城际交通运行、体育赛事举办、供电供水系统运营、作物生长等均产生重要的影响。科学精准的空气质量指数预测可以提高工作效率、降低成本损失、保证经济社会工作的正常进行。另一方面，空气质量预测对于特定患者的日常生活也具有重要的现实意义。通过空气质量指数的预测工作，呼吸系统、心血管系统疾病患者可以提前做好个人防护工作，合理安排个人出行活动。

随着空气质量指标数据的海量积累，使用机器学习的方法可以更有效地挖掘其中的动态非线性关系。与此同时，由于数据的可得性，空气质量指数实时预报工作完成难度较大，各时间段的预测也均需要多元异构数据的支持，时效性较差。因此，本文尝试采用了单变量的 light GBM 算法来分析高频空气质量指数数据，对比四个评价指标，在多个预测时段探讨了 light GBM 算法对比基准模型的优势，具有一定的学术意义和实践价值。

在空气质量研究方面，已具有了较为丰富的研究成果，为空气质量预测的实证分析提供了参考和借鉴。现有的空气质量研究大致可划分为以下三个方面：一是聚焦于研究空气质量的方法模型。如梅波和田茂再（2016）应用贝叶斯时空分位回归模型对北京市的空气质量指数展开研究；罗静和田茂再（2017）运用负二项回归模型和广义线性混合效应模型对我国 18 个城市的空气质量指数进行比较分析。二是侧重于空气质量的关系研究。如严雅雪和齐绍洲探讨外商直接投资与空气质量指数的关系问题，空气质量指数随着外商直接投资存量的增加而升高；魏巍贤和罗庆鹤（2017）探究空气质量治理与居民支付意愿及行为选择的关系问题。三是阐述影响空气质量的因素。如刘华军和裴延峰（2017）研究表明，影响空气质量的正向因素包括经济规模、产业结构和人口密度，而经济密度则为负向因素；刘华军和杜广杰（2018）研究表明，自然因素和经济社会活动因素均会对空气质量指数产生影响。

已有的研究为我国空气质量预测工作提供了参考和借鉴，但仍具有进一步探索的空间。在现有的研究中，为了预测空气质量指数，首先需要对影响因素进行预测，而选取的影响因素在未来预测区间上大多具有未知性和不确定性，基于空气质量影响因素得到的预测结果存在局限性。本文采用 light GBM 算法，突出了时间序列自身在预测中的作用，同时选用了 8 个时间序列，综合比较不同时间序列下的预测性能，为提高空气质量指数预测精准度提供科学依据。

二、空气质量指数实时预报及多期预测的机理分析

1. light GBM 模型原理

light GBM 为微软亚洲研究院发布的基于 GBDT 的高效实现。相比其他 GBDT 的实现，light GBM 具有更高准确率，更快训练耗时，更少内存占用并且支持分布式兼容缺失值、分类型变量等的优点。

在 light GBM 模型中，树的结构函数和复杂度函数为：

$$f_t(x)=w_q(x) \tag{1}$$

$$\Omega(f_t) = \gamma T + \frac{1}{2}\lambda\sum_{j=1}^{T} w_j^2 \tag{2}$$

式中，$w \in R^T$ 为叶节点的向量，q：R^d 为树的结构，T 为叶节点个数，w_j 的平方代表叶节点权重的 L2 范数。

在 light GBM 模型中，K 棵树预测结果相加作为整个模型的预测值。

$$\hat{y}_t = \sum\nolimits_{k=1}^{K} f_k(x) \tag{3}$$

由于该模型过于复杂，为了避免模型存在过拟合的情况发生，因此需要添加正则项至目标函数。那么有如下目标函数：

$$\mathcal{L}(\phi) = \sum\nolimits_i l(\hat{y}_i, y_i) + \sum\nolimits_k \Omega(f_k) \tag{4}$$

式中，$l(\hat{y}_i, y_i)$ 为其损失函数，描写了预测值与真实值之间的差异。

然后对目标函数展开至泰勒二阶进行逐棵树训练。在此基础上，light GBM 创新了两种算法以减少维度大数据量多时 GBDT 模型运行速度慢的问题。其原因在于，对于每个特征，旧算法都需要遍历每个样本，对每个可能的分割点都要计算信息增益。

light GBM 模型主要有两个新算法：GOSS（Gradient - based One - Side Sampling）和 EFB（Exclusive Feature Bundling）。其中，GOSS 会将梯度取绝

对值后排序，再选取 a * 100% 的大梯度样本，然后对剩余部分样本随机采样 b * 100% 。之所以这样做是因为梯度较大的样本含有未学习信息较多，而梯度较小的样本则被认为已经得到充分训练。经过这个过程既减少了训练量，同时也没有改变原始数据的分布；在高维大样本的机器学习中，通常数据是稀疏的并且是互斥的，即有些特征通常不同时为零，EFB 算法可以将这些特征绑定作为单一特征，从而建立相同特征直方图作为单一特征。这样做可以牺牲较小的误差损失甚至能够减少误差从而加速 GBDT 的训练。

对 light GBM 算法的调优主要由以下几个参数进行：Learning_ rate 即学习率，能够调整 GBDT 学习的速率，太大则容易欠拟合，太小则容易过拟合；Num_ leaves 为树的叶子数，每棵树的叶子应该保持在合理的范围；Feature_ fration 为特征的采样比例，这里需要特别注意的是，对于时间序列来说不需要进行特征采样，故设置为 1 即可；Bagging_ fration 为样本的采样比例，越近的数据越应该被训练，而如果采用 bagging 的方法会使得部分数据并没有进入模型学习，并不利于时间序列模型的预测；Min_ data_ in_ leaf 能够控制叶子中的数据，数据太大会导致欠拟合，数据太小容易导致过拟合。

2. 实时预报及多期预测的预测方式

本文实时预测方法采用多步预测法，实时预测未来 24 小时的空气质量。light GBM 和 OLS 方法都支持多种训练方式。

第一，递归法。每一步均使用同一个模型，使用预测值进入模型训练。这样训练的好处是增大了样本量。但同时也有一个非常严重的问题，错误累积。当进行长期预测时，会使用过多的估计从而使得估计的方差增大。递归法公式为：

$$y_{t+1} = f(y_t, \cdots, y_{t-n+1}) + w_{t+1}$$
$$t \in \{n, \cdots, N-1\} \tag{5}$$

第二，直接法。对于不同步数预测，可以使用不同的模型进行预测。由于不使用任何估计值来预测，所以不会出现错误累积的情况。其缺点也显而易见，由于使用独立的模型进行估计，所以没有刻画出时间序列的依赖关系且还需要消耗大量的资源，这就意味着虽然其方差小，但是其偏差较大。直接法公式为：

$$y_{t+h} = f_h(y_t, \cdots, y_{t-n+1}) + w_{t+h}$$
$$t \in \{n, \cdots, N-H\} \text{ and } h \in \{1, \cdots, H\} \tag{6}$$

第三，融合法。融合法则融合了直接法和递归法的结构及算法，在递归地预测时，也使用不同的模型进行训练。这样做能够使得偏差和方差中间存在一个平衡。融合法公式为：

$$y_{t+h}=f_h(y_t, \cdots, y_{t-n+1})+w_{t+h}$$
$$t\in\{n, \cdots, N-H\} \text{ and } h\in\{1, \cdots, H\} \tag{7}$$

综上所述，融合法能够使得模型在方差和偏差之间平衡，因此下面的空气质量指数预测模型训练使用融合法来进行。

3. 实时预报及多期预测的评价方式

不同评价方法其评价的范围、重点均不同，故使用多样的评价指标有利于更全面地掌握一个模型的表现。综合地，本文采用了四种评价指标：RMSE，MAE，MAPE，SMAPE，计算公式分别为：

$$RMSE=\sqrt{\frac{1}{n}\sum_{i=1}^{n}(\hat{y}_i-y_i)^2} \tag{8}$$

$$MAE=\frac{1}{n}\sum_{i=1}^{n}|\hat{y}_i-y_i| \tag{9}$$

$$MAPE=\frac{100\%}{n}\sum_{i=1}^{n}\left|\frac{\hat{y}_i-y_i}{y_i}\right| \tag{10}$$

$$SMAPE=\frac{100\%}{n}\sum_{i=1}^{n}\frac{|\hat{y}_i-y_i|}{(|\hat{y}_i|+|y_i|)/2} \tag{11}$$

在这四种评价指标中，RMSE 能够惩罚较大的误差，相比关注样本集中的部分，它更关注样本中拟合不好的部分；MAE 则能够施加更多的惩罚给样本集中的部分，而没有关注预测误差较大的部分；MAPE 能够评价预测值和真实值的差异的百分比，其考虑了误差和真实值的比例；SMAPE 改进了 MAPE，同时考虑预测值和真实值的大小以及相对误差。上述指标各有侧重，能够有效衡量空气质量指数预测模型的拟合性能。

三、空气质量指数实时预报及多期预测的实证分析

1. 空气质量指数的数据来源

本文数据获取自 IQAir 网站，该网站是全球较大 AQI 实时监测网站之一，我们能够在该网站获取 AQI 的历史数据。所选取的时间为 2020 年 2 ~5

月，同时选取了8个具有代表性地区的空气质量指数，共计16123条小时级数据。

表1 空气质量指数（分月份）

月份	AQI
2月	84.14
3月	68.25
4月	56.29
5月	63.65

表1说明，不同月份之间的AQI具有较大的差异，尤其是2月的AQI明显高于其他月份。整体来看上半年的AQI趋于下降。

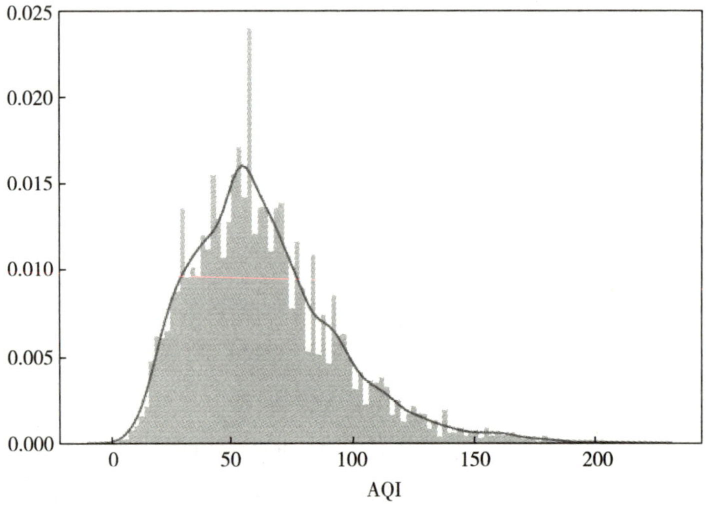

图1 空气质量指数直方图及核密度估计曲线

如图1所示，数据呈现右偏分布，说明AQI数值高的出现概率高于正态分布。从峰度来看，相比正态分布，AQI分布较平缓，说明AQI数值并不是非常集中。并且值得注意的是，由于AQI本身数值大于0，因此左侧处数据较为集中。

2. 空气质量指数预处理

数据的预处理对于时间序列来说是非常重要的。处理缺失值是时间序列必要而且关键的一环。处理好缺失值能够使得模型学习到更多信息，而处理不好则会增加混杂信息，加重模型的学习成本。一般而言，有三种处理缺失值的方法：第一，统计量填充，这通常会损失数据的前后关联性；第二，前后填充，线性插值，这是最简单的考虑前后关联的方法，但需要谨慎选择合适的填充方法；第三，使用模型法，利用各种模型填充缺失值，这种方法风险与收益并存。下面给出缺失值的相关信息用以选择合适的处理方法。

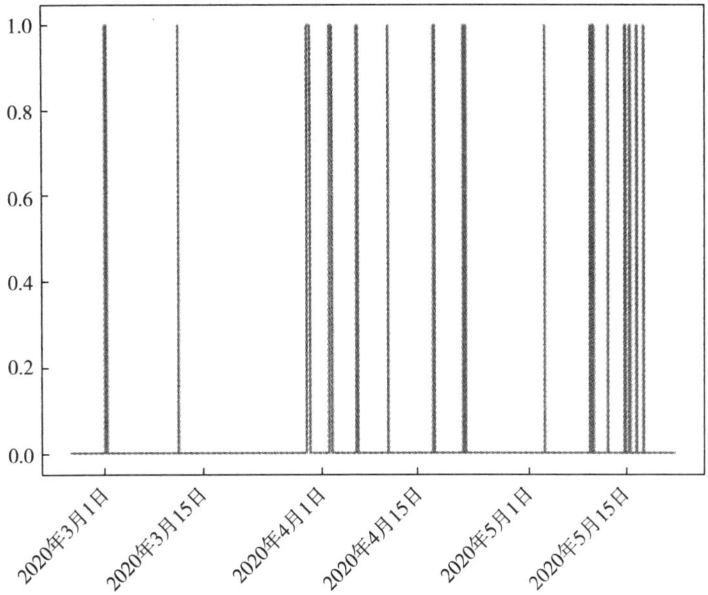

图 2　空气质量指数缺失值分布

从图 2 可以看到数据存在缺失的情况，而且缺失值具有集群出现的特点。但从绝对值来说并不算多，因此可以使用前向填充或者线性插值来填充缺失值。包含缺失值的空气质量指数时间序列如图 3 所示。

从图 3 可以看到，空气质量指数的缺失值用线性插值更能反映真实情况。如果使用前向或者后向填充会导致时间序列存在割裂，并不利于模型学习。

如图 4 所示，进行线性插值后，空气质量指数明显更为合理，能够在一定程度上代表缺失值。

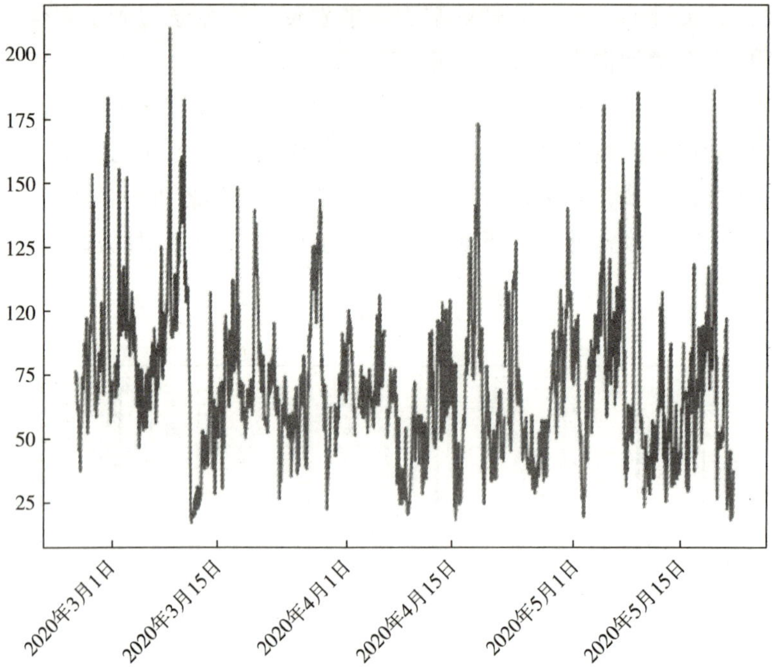

图3　带有缺失值的空气质量指数时间序列图

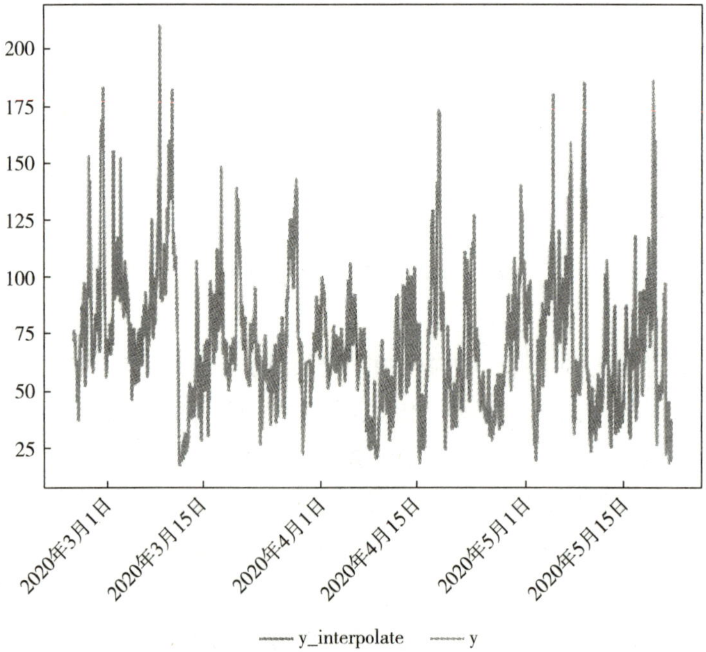

图4　进行插值后的空气质量指数对比图

而无论是对于多元回归这样的传统模型，还是机器学习模型，都需要一个平稳的时间帮助其更好地预测，得到稳定的结果。尽管有文献表明机器学习方法能够有效建模任何类型的数据模式，但其他文献和实践中，如果不进行适当的预处理，机器学习方法会变得不稳定并导致局部最优。

本文的数据处理使用了两种方法：第一，数据转换（对数转换），对数转换能够使得时间序列在方差上平稳，减缓极端值对模型的影响；第二，季节性调整，在一些数据中往往存在明显的季节性因素，比如雪糕的销量，就存在明显的季节性因素。在这种情况下，可以使用经典统计下的乘法模型或加法模型去除季节性的影响。首先去除季节性的影响，使用调整后的数据进行训练，然后得到预测值时加上季节性因素得到最终预测值。

本文将原序列与经对数化后的序列进行对比，如图5所示。从图5可以看出，经过对数化之后的序列比原序列更偏向正态分布，左右分布更为均匀，不再呈现偏态分布。

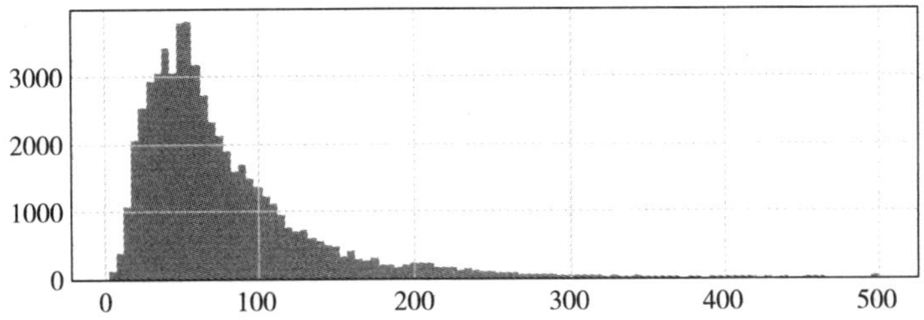

（a）原序列

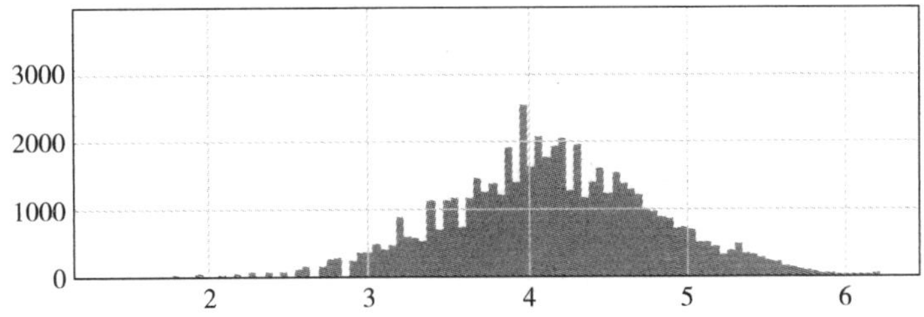

（b）对数化后的序列

图5　空气质量指数直方图与对数化后空气质量指数直方图

然后运用不调节参数的 light GBM 模型以及作为基准的 OLS 模型展示取对数后的效果。从表2可以看出，对于 light GBM 而言，经过对数化处理之后的序列，MAE、MAPE、SMAPE 的数值都有所增大，但 RMSE 的数值有所降低，说明取对数后 light GBM 更偏向惩罚误差较大的样本，而放松了对小误差的惩罚。而对 OLS 而言，取对数后所有指标都实现较大程度的下降，这得益于取对数后的自变量能够较好地满足 OLS 的前提假设，因此估计的准确度能够大幅上升。综上所述，这里选用取对数后数据进行训练。

表 2 空气质量指数是否取对数效果对比表

	原序列		对数序列	
	OLS	light GBM	OLS	light GBM
RMSE	33.606390	11.188756	16.978657	10.942258
MAE	27.136322	7.284303	10.890290	7.548490
MAPE	67.929409	18.678297	25.380291	18.793306
SMAPE	48.828274	16.504010	21.191722	17.404953

3. 空气质量指数特征提取

在机器学习模型以及多元线性回归模型中都需要提取特征来构造特征（自变量）和目标变量（因变量）以进行模型拟合。构造合理的特征能够使得模型更好地学习其中的规律，不仅能够加快训练的过程以节省资源，更能够得到更好的准确度。本文提取了三个特征。第一，滞后序列。滞后序列可以使得模型能够需要学习滞后的观测值，学习以往的序列模式。第二，移动平均序列，即在一定的窗口大小下的时间序列平均值，能够使得序列排除噪声的影响。第三，增长率序列。对于不同水平的数据，差分序列使得模型能够学习到序列的增长率情况，在不同的增长模型中找到合适的预测。

4. 空气质量指数的实时预报及多期预测分析

在 light GBM 算法中根据实时预测以及多期预测所选择参数如表 3 所示。在表 3 中，各个参数均为人为调整过，并且使用贝叶斯优化进行微修。从模型训练过程结果看，训练集和测试集的误差同步下降直至误差最小，达到指定停止阈值。因此可以认为模型不存在过拟合的情况。

表 3 light GBM 算法参数表

参数	数值
Learning_ rate	0.02
Num_ leaves	80

续表

参数	数值
Feature_ fraction	1
Bagging_ fraction	1
Min_ data_ in_ leaf	200

本文将多期预测分为实时（未来 8 小时内），中期（未来 8～16 小时）和长期（未来 16～24 小时），这样能够充分度量实时预报的稳定性，不仅能够度量未来几小时的空气质量实时预报情况，还能够度量未来 24 小时的实时预报质量情况，提供更多样的决策信息。

表 4　空气质量指数的实时预报分析

	RMSE	MAE	MAPE	SMAPE
OLS	14.746	10.188	19.271	21.981
light GBM	**11.839**	**7.942**	**16.238**	**18.084**
精度提升占比	-19.72%	-22.04%	-15.74%	-17.73%

从表 4 的实时各指标看，light GBM 模型均比基准模型要减少误差 15%以上；light GBM 模型对于 OLS 模型的提升最大的是 MAE 指标，这说明，相比 OLS，light GBM 模型在实时预报方面相对更擅长预测 AQI 值集中的部分。

表 5　空气质量指数的中期预测分析

	RMSE	MAE	MAPE	SMAPE
OLS	18.708	11.801	**18.841**	21.472
Light GBM	**11.325**	**7.884**	19.374	**17.959**
精度提升占比	-39.46%	-33.20%	2.83%	-16.36%

从表 5 的中期各指标看，light GBM 模型在三项指标中占据较大的优势，至少减少了 39.46% 的误差；只有在 MAPE 上，OLS 要比 light GBM 略胜一筹。说明了 OLS 在中期预测中更擅长数值偏小的空气质量指数，而 light GBM 在空气质量指数较高时预测更为准确。

表6 空气质量指数的长期预测分析

	RMSE	MAE	MAPE	SMAPE
OLS	16.979	10.575	17.355	19.950
Light GBM	**9.379**	**6.792**	**15.346**	**16.025**
精度提升占比	-44.77%	-35.78%	-11.58%	-19.68%

从表6中长期的各指标看，light GBM模型的预测比基准模型的优势明显，能够减少基准模型44.77%的误差。

从各个指标看，无论哪个指标light GBM模型均比OLS模型的预测准确度要高（除了在中期时的指标下OLS略胜一筹外，但由于不能排除抽样的影响，因此这个并不影响总体的结论）。而从预测时期看，各个时期的预测偏差差异并不明显，light GBM的RMSE偏差在10左右，而MAE则在7左右，MAPE在15~20，SMAPE则在16~18；OLS的RMSE在14~18，MAE则比较稳定在11左右，MAPE在18左右，SMAPE在20左右。因此无论从准确度还是预测时期不同的稳定性来看，light GBM都比OLS更胜一筹。

5. light GBM算法的解释性分析

light GBM模型的解释性在于，构造梯度提升树时会在众多特征中选择其中一个使得不确定性下降最大的特征，因此如果使用次数最多的特征即为最重要的特征，按照次数进行线性变换至0%~100%即可得到贡献率。

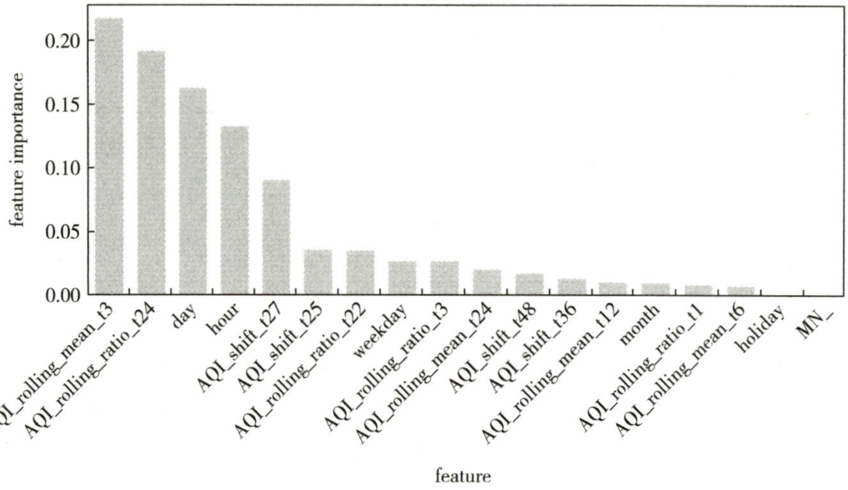

图6 light GBM模型特征重要性图

从图 6 可知，light GBM 模型中特征贡献率超过 20% 的仅有一个，即空气质量指数过去三期的平均指数。而贡献率在 10% ~20% 的特征有空气质量指数环比增长率，天数（一个月中的第几天），小时数（一天中的第几个小时）。剩下其他变量的贡献度不足 10%。

表 7 OLS 系数表

变量	系数	标准误	t 值	P 值	95% 置信区间	
const	0.393	0.026	14.815	0.000	0.341	0.444
AQI_ shift_ t25	-0.770	0.017	-45.123	0.000	-0.804	-0.737
AQI_ shift_ t27	-0.377	0.012	-30.636	0.000	-0.401	-0.353
AQI_ shift_ t36	0.012	0.007	1.793	0.073	-0.001	0.025
AQI_ shift_ t48	-0.024	0.005	-5.268	0.000	-0.033	-0.015
AQI_ rolling_ mean_ t3	1.977	0.024	81.636	0.000	1.929	2.024
AQI_ rolling_ mean_ t6	0.102	0.031	3.269	0.001	0.041	0.163
AQI_ rolling_ mean_ t12	-0.041	0.018	-2.292	0.022	-0.076	-0.006
AQI_ rolling_ mean_ t24	0.027	0.015	1.766	0.077	-0.003	0.057
AQI_ rolling_ ratio_ t1	-0.040	0.028	-1.409	0.159	-0.096	0.016
AQI_ rolling_ ratio_ t3	0.085	0.020	4.365	0.000	0.047	0.124
AQI_ rolling_ ratio_ t12	0.256	0.013	19.812	0.000	0.231	0.282
AQI_ rolling_ ratio_ t24	3.349	0.014	231.518	0.000	3.321	3.378

通过表 7，对比 light GBM 的特征重要性，OLS 的特征在于 hour 变量并不是非常重要甚至大部分 hour 变量是不显著的，而对于 light GBM 来说，hour 变量是所有变量中第三重要的。这可能是由于 light GBM 更能发现变量中非线性部分，而对于 OLS 而言 hour 变量所蕴含的信息已经被其他变量提取完成。从重要性看，对于 OLS 来说日期变量也是非常重要的变量，几乎所有日期变量都是显著的，而对于 light GBM 来说 day 变量是仅次于 hour 变量的重要变量。

四、结语

通过上述分析可以发现，对比常见的多元线性模型，运用 light GBM 算法进行预测可以有效提高 AQI 的预测精准度，同时对比发现 light GBM 算法可以充分利用 hour 变量提高预测准确度，light GBM 算法能至少减少 10% 以上的预测误差。Light GBM 算法能更有效地实时预报空气质量指数；与此同时，经过多期预测的对比，light GBM 算法预测更稳定，并能够兼顾大小误差的预测，保证了实时预报、中期预测和长期预测的可靠性。

参考文献

[1] 梅波，田茂再. 贝叶斯时空分位回归模型及其对北京市 PM2.5 浓度的研究[J]. 统计研究，2016，33（12）：91 - 100.

[2] 罗静，田茂再. 基于负二项回归模型的空气质量指数分析[J]. 统计与信息论坛，2017，32（7）：88 - 94.

[3] 严雅雪，齐绍洲. 外商直接投资与中国雾霾污染[J]. 统计研究，2017，34（5）：69 - 81.

[4] 魏巍贤，罗庆鹤. 京津冀 PM2.5 治理的居民支付意愿及行为选择的实证分析[J]. 统计研究，2017，34（3）：55 - 64.

[5] 刘华军，裴延峰. 我国雾霾污染的环境库兹涅茨曲线检验[J]. 统计研究，2017，34（3）：45 - 54.

[6] 刘华军，杜广杰. 中国雾霾污染的空间关联研究[J]. 统计研究，2018，35（4）：3 - 15.

[7] 马晓君，沙靖岚，牛雪琪. 基于 Light GBM 算法的 P2P 项目信用评级模型的设计及应用[J]. 数量经济技术经济研究，2018，35（5）：144 - 160.

人口普查净误差估计*

胡桂华　范署姗　叶宝红

摘　要　研究目标，构造理论完备并具有实际使用价值的双系统估计量及合成双系统估计量，以解决我国和其他许多国家，在使用双系统估计量估计人口普查净误差时所存在的未对总体人口事后分层，未估计小区域人口数及净误差等诸多问题。研究方法，采用数理模型分析技术，从理论和实际操作层面阐释双系统估计量及小区域合成双系统估计量的构造原理，研究双系统估计量构成要素的估计，双系统估计量的抽样方差估计。研究发现，双系统估计量应该在事后层建立，否则产生异质性偏差，低估总体实际人口数；分层刀切法适合于双系统估计量的抽样方差计算；小区域净误差估计宜采用合成双系统估计量；计算总体净误差的抽样方差，不能忽视事后层之间的协方差。研究创新，设计了适合于中国人口特点的事后分层方案；将美国的小区域普查净误差估计技术引入我国，解决了我国长期以来一直未予以关注的小区域人口普查登记质量评估问题。研究价值，通过实证分析，全面演示了双系统估计量计算的全过程，为双系统估计量应用于我国人口普查净误差估计提供了具体算法或程序。

关键词　政府统计；抽样调查；抽样方差；双系统估计量

* 本文获得教育部人文社会科学研究项目“人口普查漏报估计研究”（20YJA910002）和全国统计科学研究重点项目“人口普查登记误差估计研究”（2019LZ28）的资助。

一、引言

人口普查质量评估的核心目标是估计净误差。人口普查净误差估计有两个途径。一是在使用双系统估计量或人口统计分析模型估计总体实际人口数后，将其减去普查登记人口数，得到普查净误差。二是将普查漏报与普查多报人口数之差作为普查净误差。少数国家，如加拿大，同时采用这两种路径估计净误差。中国自 1982 年起在估计普查漏报与多报之后，将其差作为净误差。第一个途径不仅能够提供普查净误差估计值，还能估计全国实际人口总数及主要类别人口的实际人口数，而第二个途径只能估计普查净误差。因此，应该采用第一个途径估计净误差。

人口普查目标是不重不漏地登记总体内的全部人口，然而这一目标难以实现。于是各国政府统计部门开始评估普查数据的质量。体现普查数据质量的核心指标是人口普查净误差（Robert 等，2019；胡桂华等，2020）。从估计净误差第一个途径看，净误差估计的关键是总体实际人口数的估计。估计总体实际人口数有两个基本方法：一是人口统计分析模型。该模型利用既往到本次普查期间的出生，死亡，迁移人口数及最近一次的普查人数估计总体主要类别的人口数（Coale，1955；Himes 和 Clogg，1992）。这种方法的优势是无支付数据采集成本。二是事后计数抽样调查，其核心工作是构造估计总体实际人口数的估计量（Hogan，1998；胡桂华和武洁，2016）。在这项调查中，收集样本普查小区的三份人口名单，即事后计数调查人口名单，普查人口名单和行政记录人口名单。依据事后计数调查人口名单构造的人口数估计量称为单系统估计量（胡桂华和杜艾卿，2018）。依据前两份人口名单构造的估计量为双系统估计量（胡桂华等，2018；孟洁和杨贵军，2018）。依据三份人口名单构造的估计量为三系统估计量（Griffin，2014；胡桂华等，2017；胡桂华和薛婷，2018；孟杰和沈文静，2018；史龙梅和徐霭婷，2019）。单系统估计量覆盖总体人口范围较小，为有偏估计量，低估总体实际人口数，不适合于净误差估计。目前各国政府统计部门主要采用人口统计分析模型和双系统估计量估计总体实际人口数。应用人口统计分析模型的前提条件是拥有健全的人口行政记录资料，而绝大多数发展中国家尚不具备这一条件。采用人口统计分析模型的国家主要有美国、加拿大、澳大利亚、英国等发达国家。我国和其他发展中国家尚未在净误差估计中使用人口统计分析模型。三系统估计量也需要健全的人口行政记录资料，而且理论难度较大，所有国家迄今尚未使用三系统估计量估计净误差（胡桂华，2018）。我国从 2000 年起开始使用双系统估计量估计净误差。在这之前，国家统计局聘请两名美国普查局专家来我国讲解双系统估计量基本理论。联合国统计司建议各国使用双系统估计量（胡桂华等，2018）。截至 2010 年，世界上有 160 多个国家在净误差估计中使用双系统估计量。美国 2010 年人口普查质量评估后，曾经计划在 2020 年使用三系统估计量，后来由于未建立起抽样登记的三系统估计量，以及就如何构建人口行政记录名单未形成统一的共识，于是 2020 年仍然采用双系统估计量。

与人口统计分析模型相比，双系统估计量优势明显。它可以估计总体中各个类别人口的实际人数，而人口统计分析模型只能估计总体中主要类别人口数，如不同年龄、性别及种族的人口数；它可以估计全国的实际人数，还可以估计全国以下各个地区的实际人数，而人口统计分析模型不适合于估计各地区的人口数，因为缺少地区之间及国际迁移的准确人口数；它不受资料的限制，而人口统计分析模型建立在完整、质量高的人口行政记录资料的基础上；它利用了对本次总体实际人口数估计值有较大影响的本次普查微观资料，而人口统计分析只是利用了最近一次的普查资料。由于这些优势，美国普查局在净误差估计中，一直以双系统估计量为主，人口统计分析模型作为其补充。

科学研究的价值在于创新。本文创新体现在三个方面。第一，在对美国、英国、澳大利亚，瑞士和其他一些国家事后分层方案及我国历次人口普查质量评估方案研究的基础上，提出适合于我国人口特点的事后分层变量选择及事后层形成方法，为净误差估计提供具体的事后分层方案，避免了在非事后层应用双系统估计量可能导致的异质性偏差。我国在历次净误差估计中，都缺少事后分层环节。第二，使用事后层的普查覆盖修正因子构造合成双系统估计量，为我国评估省（自治区、直辖市）及省级以下行政区域普查登记质量或修正普查人口数提供新思路或新方法，从而扩大了我国人口普查质量评估范围。我国一直只是评估全国人口普查的登记质量。这不利于全国以下各个地区人口普查登记质量的提高，也与国家统计局所要求的工作方法要尽可能同国际接轨的总体思路不符。第三，利用实际个人微观数据，全面演示了双系统估计量及其抽样方差估计量的计算过程，包括抽样设计，数据获取及处理，估计结果及分析。这有助于读者理解和掌握双系统估计量，也为政府统计部门应用双系统估计量提供了计算程序与步骤。无论国内还是国外，很少有学者做这样的基础性计算工作。他们主要是从理论上研究双系统估计量，对如何应用双系统估计量关注甚少。

二、文献综述

双系统估计量起源于捕获—再捕获模型。丹麦鱼类学家 Petersen 及美国鸟类学者 Lincoln 是捕获—再捕获模型的奠定人，也是双系统估计量的创始人（Lincoln，1930；Goudie 等，2007）。法国数学家 Laplace （1989） 依据概率论原理推出双系统估计量的初始公式。Sekar 和 Deming （1949） 第一次使用双系统估计量估计印度村庄的出生人数。20 世纪 70 年代，发展中国家使用双系统估计量估计出生人数及死亡人数。不久，在事后计数调查中应用双系统估计量这一思想逐步形成。美国学者 Marks 等 （1974） 详细论述了双系统估计量在人口普查质量评估中的作用。

美国普查局在双系统估计量研究方面居于世界前列，为双系统估计量理论与实践发展做出了重要贡献（胡桂华，2010）。

第一，提出了若干重要概念。①E 样本和 P 样本。E 样本由普查中的数据定义人口构成，估计普查多报。P 样本由事后计数调查人口组成，估计普查漏报。这两个样本结合在一起构造双系统估计量估计总体实际人口数。②普查数据定义人口。这个定义的对象是普查目标总体的所有人口，如果普查表登记了某人全部普查项目（年龄，性别，与户主关系，婚姻，文化程度，等等）中的两个或以上，那么这个人就是普查数据定义人口。不符合这个标准的就是普查数据未定义人口。③不足普查信息人口。这些人在普查表中登记的信息量很少，包括数据未定义人口及所有特征估算人口。④足够比对信息人口。这意味着无论是 E 样本还是 P 样本中的个人记录，都包括了足够的信息量（最重要的信息是姓名），满足精确比对及后续调查对信息的需要，缺少这些信息的人口记录，从比对、数据处理及估计中剔除。为了获得 E 样本，从抽样框中剔除未普查数据定义人口及特征全部估算的普查记录，抽取普查数据定义人口，检查姓名和其他信息。不足普查信息人口不同于不足比对信息人口，前者未包括在 E 样本中，后者包括在 E

样本中。⑤搜索区域。为提高双系统估计量P样本的匹配率及E样本的普查正确登记率，将E样本和P样本的比对范围由本样本普查小区扩大到其周围邻近区域，以找到更多的匹配人口和普查正确登记人口。

第二，为满足双系统估计量在事后层建立的要求，美国在事后计数调查样本抽取之后，对总体人口进行分层。这种分层在事后计数调查样本抽取后进行，故称为事后分层。每个人在普查中的登记概率都无法精确测算。美国人口普查质量评估专家提出，使用反映人口在普查中登记概率的变量对总体分层。这些变量包括：人口的种族及是否西班牙血统，人口年龄及性别，人口常住地所在地区的城市类型，人口对住房是否拥有所有权，人口常住地所在地区普查表回收率，人口常住地所在地区的地理位置类型。对上述变量交叉分层，得到若干事后交叉层。如果样本量有限，则压缩一些事后交叉层，确保每个事后层构造的双系统估计量估计的实际人口数估计值的抽样方差在可控范围内。美国最先以州为范围，对州的人口按这些变量分层，事后层便局限在州的范围。后来，美国以全国为范围，对全国人口总体事后分层，每个事后层由原来的州扩大到全国。这么做的理由是，各个州的事后层人口具有一定程度的同质性。例如，加利福尼亚的亚裔人和佛罗里达的亚裔人在性格、收入、工作性质、社会地位、肤色等方面差异较小。

第三，为修正普查登记人口数，提出小区域净误差估计方法。具体做法是，将小区域划分为若干事后层，计算总体中每个事后层的普查覆盖修正因子，把小区域各个事后层的普查登记人口数乘以相应事后层的覆盖修正因子并相加，得到小区域的实际人口数估计值。通过逐级汇总得到全国以下各个地区的实际人口数估计值。依据实际估计值修正各地区普查登记人口数。

第四，构造人口移动双系统估计量。将事后计数人口分为三类，即无移动人口、向内移动人口和向外移动人口。如果不考虑普查日与事后计数调查日之间的人口移动（通过缩短这两项调查时间间隔），事后计数调查人口由无移动人口构成。如果考虑这两项调查之间人口移动，事后计数调查人口由无移动人口和向内人口构成，或者由无移动人口和向外移动人口组成。

第五，测算双系统估计量的交互作用偏差。如果双系统估计值系统性地高估或低估总体实际人口数，则认为这些估计值内含偏差。它一方面源于双系统估计量构成部分估计值的偏差导致的双系统估计值偏差，另一方面源于普查与事后计数调查之间的独立性假设失败而引起的交互作用偏差。其中，独立性失败表现在两个方面。一是随机相关性，即在普查中登记者有更大或更小的可能性在或不在事后计数调查中登记，使双系统估计量高估或低估总体实际人口数。二是异质性，即事后层中的人口在普查或事后计数调查中有不同的登记概率，使双系统估计量低估总体实际人口数。对因随机相关性引起的交互作用偏差，则把人口统计分析与双系统估计量估计的实际人口数之差作为交互作用偏差。对因异质性引起的交互作用偏差，用$[-ND(1-c)(1-m)/(1+dcm)(d+1)]$计算的结果作为交互作用偏差。其中，N 为双系统估计量估计的总体实际人口数，D 为移动人口数目除以无移动人口数目，c 为移动人口的普查覆盖率除以无移动人口的普查覆盖率，d 为移动人口的事后计数调查覆盖率除以无移动者的事后计数调查的覆盖率，覆盖率指匹配人口数除以普查或事后计数调查人口数。上述贡献推动了双系统估计量理论发展，使双系统估计量趋于成熟。

然而，美国在双系统估计量取得的成果并未在其他国家得到正确推广应用（冯乃林等，2012）。以中国、乌干达、南非和卢旺达为代表的发展中国家迄今仍直接在总体人口内使用双系统估计量、有偏估计总体实际人口数，未采取科学有效的方法计算双系统估计量的抽样方差，未构造人口移动双系统估计量，直接把普查登记人口数当作双系统估计量的普查正确登记人口数估计量。与美国所不同的是，澳大利亚使用事后计数调查样本最终个人抽样权数之和估计全国实际人口数。最终个人抽样权数分四步确定。第一步是确定住宅设计权数；第二步是根据住宅所在地区，住宅结构，居住用还是非居住用对住宅设计权数进行修正得到住宅初始修正权数；第三步是根据住宅无答复对住宅初始修正权数进行再次修正得到最终住宅抽样权数，并且作为个人初始抽样权数；第四步是根据人口统计特征（性别，年龄，出生国家，婚姻状况）对初始个人抽样权数进行修正得到最终个人抽样权数。英国使用双系统估计量估计全国实际人口数。其基本思路是，先使用双系统估计量估计每个行政区的实际人口数，然后把估计的每个行政区的实际人口数汇总得到某个设计区（由若干行政区构成）实际人口数的估计值，汇总所有设计区实际人口数估计值，得到全国实际人口数。每个行政区的实际人口数估计值分五步确定：第一步，计算第 k 抽样层第 i 样本邮政编码第 j 年龄/性别组的实际人口数估计值；第二步，计算第 k 抽样层第 i 样本邮政编码第 j 年龄/性别组的普查覆盖修正因子；第三步，根据普查覆盖修正因子计算第 k 抽样层所有邮政编码第 j 年龄/性别组实际人口数估计值；第四步，计算第 k 抽样层所有邮政编码所有年龄/性别组真实人口数估计值；第五步，计算行政区实际人口数估计值。

三、双系统估计量理论

双系统估计量相关理论包括对总体人口事后分层，在事后层建立双系统估计量，总体双系统估计量建立，双系统估计量的抽样方差，小区域双系统估计量及其抽样方差估计量，人口普查净误差及抽样方差估计。

1. 事后分层

把在普查中登记概率差不多的人划分到同一个层内，把在普查中登记概率差别较大的人划分到不同的层，这是分层的目标。由于一个人在人口普查中登记的概率并不能够明确地表现出来，所以不能把它作为分层变量。为了达到分层目标，尚需另外选择恰当的分层变量。选择分层变量的标准是：第一，它是一个人的能够明确地表现出来的特征；第二，它足以影响一个人在人口普查中的登记概率。本文将结合我国人口分布及其特征，说明分层变量的选择以及用所选择的分层变量所形成的交叉层。事后分层是在全国范围内展开的，是针对总体人口，而不是针对样本人口。事后分层包括两个重要环节：一是选择分层变量及确定变量值；二是综合考虑各种因素后形成最终事后层。

基于对我国人口状况的分析，选择 7 个变量及确定相应的变量值。它们分别是：人口常住地所在的地理地区，包括北方地区，南方地区，西北地区和青藏地区；人口所在地城乡，包括城市和乡村；人口所在住房单元是否拥有房屋所有权，包括人口所在住房单元拥有房屋所有权和人口所在住房单元没有房屋所有权；人口民族，包括汉族和少数民族；人口文化程度，包括文盲，小学，初中，高中和大学；人口年龄，包括 0～14 岁，15～59 岁，60 岁及以上；人口性别，包括男性和女性。

理论上看，上述 7 个分层变量及其变量值最多形成 $4 \times 2 \times 2 \times 2 \times 5 \times 3 \times 2 = 960$ 个事后层。我国 2000 年人口普查事后计数调查全国样本总量 602 个普查小区。平均每个事后层只有 0.6271 个样本普查小区。显然，这无法进行与双系统估计量有关的工作。因此，必须压缩事后层数目或减少分层变量，或减少变量值。美国2000年全国样本街区群总数目为11303个，最终事后层总数目为416个，平均每个事后层有27个样本街区群。按照美国标准，在样本总规模不变的情况下（602），我国事后层的总层数为23个，事后层总层数要减少937个。按照平均每个事后层至少10个样本普查小区计算，我国事后层的总层数为60个，事后层总层数要减少900个。这些数据分析表明：事后层的总层数与样本总规模，分层变量的数目，每个变量的变量值数目关系较大。

如果确定事后层的总层数60个，那么应该对现有的960个事后层进行压缩。压缩事后层的层数从三方面展开。①压缩事后分层变量的数目。相比人口常住地所在的地理地区，人口所在住房单元是否拥有房屋所有权，人口所在地城乡，人口的年龄及性别，人口的文化程度对总体中的人口在普查中的登记概率影响较小。我们曾经在《数理统计与管理》发表过论文“人口普查质量评估中抽样后分层变量的选择”。在这篇论文中，利用收集的资料，采用优比方法比较年龄，性别和文化程度对总体中的人口在普查中登记概率影响的大小。结果发现年龄影响最大，文化程度影响最小（胡桂华，2015）。因此，文化程度先不作考虑。美国在历次人口普查质量评估中将种族作为事后分层的重要变量。按照种族将总体中的人口分为7类：居留地上的美洲印第安人或阿拉斯加土著居民，非居留地上的美洲印第安人或阿拉斯加土著居民，西班牙血统居民，非西班牙血统黑人，土著夏威夷人或太平洋岛居民，非西班牙血统亚裔人和非西班牙血统白人或其他种族。这与美国存在严重的种族歧视有直接关系。部分黑人、墨西哥人、亚裔人由于害怕身份暴露被遣送回国而躲避人口普查。在2010年人口普查中，美国唐人街垃圾箱发现大量被扔掉的普查表。与美国相比，我国少数民族和汉族人口参与普查的积极性差异甚小，因而可以不作为事后分层变量。②根据我国人口及居住状况的实际情况，合并某些事后层。我国乡村人口几乎都有属于自己的房子，对乡村人口无须按照房屋所有权再分层。也就是说，把乡村下设的拥有房屋和非拥有房屋两个事后层合并。我国城市人口则不同，其中有些人并没有属于自己的房子。是否拥有属于自己的房子，对普查登记概率有明显影响。有房子的人比无房子的人在普查中的登记概率大。因此，保留房屋所有权变量对城市人口再分层。美国在2000年事后分层中，将土著夏威夷人或太平洋岛居民依据普查表回收率及城市类型两个分层变量形成的事后层予以合并。③地区人口规模。相比北方地区、南方地区、西北地区，青藏地区人口规模小许多，于是省去由房屋所有权及城乡两个分层变量形成的事后层。通过压缩，最终形成了60个事后层，如表1所示（表中各组格中的数字表示60个层的编号）。

表1　除去文化程度和民族以外其他五个分层变量交叉形成的60个事后层

人口常住地所在的地理地区	人口所在地城乡	人口所在住房单元是否拥有房屋所有权	人口性别					
			男			女		
			人口年龄			人口年龄		
			0～14岁	15～59岁	60岁及以上	0～14岁	15～59岁	60岁及以上
北方地区	城市	人口所在住房单元拥有房屋所有权	1	2	3	4	5	6
		人口所在住房单元没有房屋所有权	7	8	9	10	11	12
	乡村		13	14	15	16	17	18
南方地区	城市	人口所在住房单元拥有房屋所有权	19	20	21	22	23	24
		人口所在住房单元没有房屋所有权	25	26	27	28	29	30
	乡村		31	32	33	34	35	36
西北地区	城市	人口所在住房单元拥有房屋所有权	37	38	39	40	41	42
		人口所在住房单元没有房屋所有权	43	44	45	46	47	48
	乡村		49	50	51	52	53	54
青藏地区			55	56	57	58	59	60

从以上分层可以看出事后分层有三个特点。一是事后层的总层数与在人口普查登记工作结束之后组织的事后计数调查的样本规模呈正向关系。二是用于事后分层变量的变量值要能比较容易获得。个人性格及对待普查的态度虽然影响一个人参与普查登记的概率，但其变量值难以取得，因而不宜作为事后分层变量。三是根据各国实际情况选择事后分层变量及合并

某些事后层。没有适合于所有国家的事后分层变量及合并事后层的方法。对同一个国家，事后分层方案也要做调整。

2. 在事后层建立双系统估计量

用v表示事后层。在每一个事后层v构造双系统估计量。为叙述便利，省去符号v。双系统估计量分两步构造。第一步，构造事后计数调查假定对事后层全面调查情况下的双系统估计量。第二步，构造事后计数调查实际对事后层抽样调查情况下的双系统估计量的估计量。用N_{11}表示事后层在普查及事后计数调查同时登记的人口数，N_{12}为在普查登记但未在事后计数调查登记的人口数，N_{21}为未在普查登记但在事后计数调查登记的人口数，N_{22}为同时未在这两项调查登记的人口数。把这4个指标写在表2中。

表2 事后层的双系统估计量

	在事后计数调查中	不在事后计数调查中	总和
在普查中	N_{11}	N_{12}	N_{1+}
不在普查中	N_{21}	N_{22}	N_{2+}
总和	N_{+1}	N_{+2}	N_{++}

除N_{22}外，表2中的其他单元的人口数是已知的，包括这些其他单元的边际人口数也是可以直接得到的。双系统估计量假设普查和事后计数调查独立。这意味着事后层的每一个人在第ik单元的概率p_{ik}等于相应的边际概率的乘积（$p_{i+}p_{+k}$），$i=1$，2，$k=1$，2。在独立性假设下的事后层的总体规模估计量为：

$$\widehat{DSE}=\hat{N}_{++}=\frac{N_{1+}N_{+1}}{N_{11}} \quad (1)$$

独立性假设可能并不成立，或者由于普查和事后计数调查的相关性，或者源于事后层登记概率的异质性（孟杰，2019）。如果一个人参与或没有参与普查，则会影响到他或她参与事后计数调查的态度。例如，有些答复了普查的人，认为已经做得足够多了，因而不愿意与事后计数调查合作。另外的一个例子是，有些人认为参与了事后计数调查，就没必要参与普查，因为已经登记过了。然而，即使普查与事后计数调查对所有人独立，即$p_{ik}=p_{i+}p_{+k}$，独立性假设也可能由于异质性而被违背。事后层的所有人在普查中的登记概率p_{i+}或事后计数调查中的登记概率p_{+k}必须相同。这意味着不要求同时在这两项调查中登记的人具有同质性。例如，有些人可能设法躲避同时在普查及事后计数调查中登记，结果这些人比其他人在这两项调查中同时登记的概率要小。人口普查质量评估专家把统计相关性或异质性引起的独立性假设失败造成的误差称为交互作用偏差。

事后层内的人有大致相同的在普查中登记的概率。在事后层建立和使用双系统估计量能够减少交互作用偏差。为便于后面叙述，我们把式（1）变为式（2）：

$$\widehat{DSE} = N_{1+}\left(\frac{N_{+1}}{N_{11}}\right) \tag{2}$$

式（2）表明，事后层的总人口数为事后层的普查人数与事后计数调查人口数除以两项调查匹配人口数的比率的乘积。

式（1）或式（2）是在事后计数调查对事后层全面调查这一假设条件下的估计公式。实际上，事后计数调查是对事后层人口的抽样计数。在事后计数调查实际为抽样计数并且考虑普查日与质量评估调查日之间人口移动的情况下，式（2）变为式（3），式（3）进一步变为式（4）：

$$\widehat{\widehat{DSE}} = C\left(\frac{\widehat{CE}}{C}\right)\left(\frac{\hat{N}_p}{\hat{M}_p}\right) = \widehat{CE}\left(\frac{\hat{N}_p}{\hat{M}_p}\right) = DD \times \frac{\widehat{CE}}{\hat{N}_e} \times \frac{\hat{N}_p}{\hat{M}_p} \tag{3}$$

$$\widehat{\widehat{DSE}} = DD\left(\frac{\widehat{CE}}{\hat{N}_e}\right)\left[\frac{\hat{N}_n + \hat{N}_o}{\hat{M}_n + \hat{M}_o}\right] \tag{4}$$

在式（3）和式（4）中，DD 代表事后层在事后计数调查比对工作开始时得到的普查数据定义的普查登记人口数，$\widehat{CE}$代表依据 E 样本估计的事后层的正确普查登记人口数，$\hat{N}_e$ 代表依据 E 样本估计的事后层的普查登记人口数，$\hat{N}_p$ 代表依据 P 样本估计的事后层的总人口数，进一步分为无移动者人数$\hat{N}_n$ 和向外移动者人数$\hat{N}_o$ 之和，即$\hat{N}_p = \hat{N}_n + \hat{N}_o$，无移动者是指普查和事后计数调查都在本样本普查小区的人口，向外移动者指普查日在本样本小区，事后计数调查日在其他小区的人口，$\hat{M}_p$ 代表依据与 E 样本匹配的 P 样本估计的事后层的总人口数，进一步分为无移动者的匹配人数$\hat{M}_n$ 和向外移动者的匹配人数$\hat{M}_o$ 之和，即$\hat{M}_p = \hat{M}_n + \hat{M}_o$，匹配者指同时登记在普查与事后计数调查的人口。注意，群体住处及在 E 样本确认后得到的人口一律从上述各项中剔除。

对式（4）需要进一步讨论的问题是，如何获得或判断样本普查小区的向外移动者及其匹配者。向外移动者普查时点居住在本样本小区，事后计数调查时点居住在其他小区。那么如何知悉向外移动者普查时点居住在本样本小区呢？一是询问其邻居；二是询问居住在向外移动者住房单元的向内移动者；三是由事后计数调查员找到向外移动者；四是在事后计数调查问卷设置项目“普查时点居住地”和“事后计数调查时点居住地”；五是查询本样本小区的普查人口名单。事后计数调查人口名单应该登记事后计数调查时点居住在样本普查小区或普查时点居住在本小区但现在居住在其他地方的全部人口，包括无移动者、向内移动者和向外移动者。对前两者，由于他们事后计数调查日居住在本样本小区，事后计数调查人口名单登记他们不会遇到困难。但向外移动者，事后计数调查日居住在其他地方，登记他们可能遇到困难。如果事后计数调查员能够找到向外移动者，或者向内移动者和向外移动者的邻居知悉向外移动者去向，登记向外移动者才有可能。如果向外移动者普查时点登记在普查人口名单，则作为向外移动者的匹配者。采用“无移动者和向外移动者”组合构造人口移动的双系统估计量式（4），因为前者是普查时点居民，而双系统估计量所要估计的是普查时点的全国或全国以下地区的实际人口数。

现在讨论式（4）每个构成部分的估计。每个构成部分的一般表达式用 $\hat{T}_y$ 表示，y 表示所有样本普查小区在事后层 v 的这些构成部分的人口数。

$$\hat{T}_y = \sum_i w_i y_i \tag{5}$$

式（5）中，w_i 表示第 i 样本普查小区的抽样权数，y_i 表示第 i 样本小区在事后层的普查正确登记人口数、普查登记人口数、无移动者人口数、匹配人口数，等等。

为构造式（5）的估计量，需要确定事后计数调查的抽样方法（金勇进，2010；冯士雍等，2012）。不同国家基于不同国情，采用不同的抽样方法。新西兰采取分层不等概率抽样法抽取普查小区样本。澳大利亚使用分层三阶段抽样抽取样本。美国采取分层多重抽样，外加目标延伸搜索环节。中国、南非、乌干达等发展中国家采取分层整群抽样。这些国家和其他许多国家，以省级单位为抽样范围，以普查小区为抽样单位。我们采取分层二重抽样。此时式（5）有两种不同的点估计量，双重扩张估计量（DEE）：

$$\hat{T}_y = DEE = \sum_g \sum_{i \in A_2} \frac{n_g}{r_g} w_i x_{ig} y_i \tag{6}$$

式（6）中，A_2 为第二重样本普查小区集合，g 为对第一重样本小区所分的新层，n_g 为第一重样本在 g 层的总小区数，r_g 为 g 层进入第二重样本的小区数，x_{ig}为示性函数，如果第一重样本小区 i 进入 g 层，$x_{ig}=1$，否则 $x_{ig}=0$。

另外一个点估计量为再加权扩张估计量（REE）：

$$\hat{T}_y = REE = \sum_g \sum_{i \in A_2} \left(\frac{\sum_{i \in A} w_i x_{ig}}{\sum_{i \in A_2} w_i x_{ig}} \right) w_i x_{ig} y_i \tag{7}$$

式（7）中，A 为第一重样本普查小区集合。

由于 $n_g = \sum_{i \in A} x_{ig}, r_g = \sum_{i \in A_2} x_{ig}$，所以

$$\hat{T}_y = DEE = \sum_g \sum_{i \in A_2} \frac{n_g}{r_g} w_i x_{ig} y_i = \sum_g \sum_{i \in A_2} \left(\frac{\sum_{i \in A} x_{ig}}{\sum_{i \in A_2} x_{ig}} \right) w_i x_{ig} y_i$$

$$= \sum_g \sum_{i \in A_2} \left(\frac{\sum_{k \in A} w_k x_{kg} w_k^{-1}}{\sum_{k \in A_2} w_k x_{kg} w_k^{-1}} \right) w_i x_{ig} y_i \tag{8}$$

DEE 重新改写式（8）后，与 REE 十分类似。这启发我们 DEE 和 REE 可以用一个公式 $\hat{T}_{y2}$表示：

$$\hat{T}_{y2} = \sum_{i \in A_2} \alpha_i y_i \tag{9}$$

$$\alpha_i = \sum_g \left(\frac{\sum_{k \in A} w_k x_{kg} q_k}{\sum_{k \in A_2} w_k x_{kg} q_k} \right) w_i x_{ig} \tag{10}$$

式（10）中，对 REE，$q_k=1$，对 DEE，$q_k=w_k^{-1}$。

在分层二重抽样下，如果每重抽样采取简单随机抽样，式（10）为：

$$\alpha_i = \frac{N_h}{n_h} \frac{n_g}{r_g} \tag{11}$$

式（11）中，N_h 为 h 层的总体调查小区数，n_h 为 h 层第一步样本的样本量。

式（4）每个构成部分（除 DD 外）统一用式（9）表示，即得到式（4）的$\widehat{DSE}$。

3. 事后层及总体双系统估计量的抽样方差估计

在构造式（4）后，还要构造式（4）的抽样方差估计量（Efron，1979）。构造这样一个抽样方差估计量，与事后计数调查样本的抽取方法相关。本文采取的分层多重抽样不同于分层多阶段抽样。后者各个阶段分层的信息是已知的，而前者在完成前面抽样之前，各个阶段的分层信息是未知的。由于多重抽样设计的本质，需要建立新的抽样方差估计量。

没有精确计算双系统估计量抽样方差的方差估计量。泰勒线性方差估计量非常复杂。这使得复制方法是唯一实际可用的方差估计量。具体地说，分层刀切方差估计量是复制方法之一。复制的次数等于第一重样本普查小区的总数目。复制方法的关键是复制权数的计算。复制权数是指，每剔除第一重样本一个普查小区，重新计算其余样本小区的抽样权数。被剔除的那个样本小区的复制权数为零。这里特别需要注意两点。一是刀切对象为第一重样本普查小区，而且是一个一个地刀切，有多少个小区，就刀切多少次。二是虽然可以计算第一重样本所有普查小区的复制权数，但由于在双系统估计量构造及使用实际用到的是进入第二重样本的普查小区，因而只需要计算第二重样本普查小区的复制权数，不需要计算未进入第二重样本的复制权数。

式（5）的剔除层 s 的第一重样本普查小区 t 的复制估计量为：

$$\hat{T}_y^{(t)} = \sum_i w_i^{(t)} y_i \tag{12}$$

进一步写出式（9）的复制估计量：

$$\hat{T}_{y2}^{(t)} = \sum_{i \in A_2} \alpha_i^{(t)} y_i \tag{13}$$

$$\alpha_i^{(t)} = \sum_g \left(\frac{\sum_{k \in A} w_k^{(t)} x_{kg} q_k}{\sum_{k \in A_2} w_k^{(t)} x_{kg} q_k} \right) w_i^{(t)} x_{ig} \tag{14}$$

式（4）事后层 v 的复制估计量为：

$$\widehat{\widehat{DSE}}_v^{(t)} = DD_v \left(\frac{\widehat{CE}_v^{(t)}}{\hat{N}_{e,v}^{(t)}} \right) \left[\frac{\hat{N}_{n,v}^{(t)} + \hat{N}_{o,v}^{(t)}}{\hat{M}_{n,v}^{(t)} + \hat{M}_{o,v}^{(t)}} \right] \tag{15}$$

式（15）每个构成部分依据式（13）和式（14）确定。

现在给出剔除层 s 的第一重样本普查小区 t 后各种情况的式（14）的复制权数 $\alpha_i^{(t)}$：

$$\alpha_i^{(t)} = \begin{cases} 0, & \text{如果 } h = s,\ t \in A,\ t \in A_2,\ i = t \\ \dfrac{r_g}{r_g - 1} \dfrac{n_h - 1}{n_h} \dfrac{n_h}{n_h - 1} \alpha_i, & \text{如果 } h = s,\ t \in A,\ t \in A_2,\ i \neq t \\ \dfrac{n_g - 1}{n_g} \dfrac{n_h}{n_h - 1} \alpha_i, & \text{如果 } h = s,\ t \in A,\ t \notin A_2,\ i \neq t \\ \dfrac{n_h}{n_h - 1} \alpha_i, & \text{如果 } h = s,\ t \notin A,\ i \neq t \\ \alpha_i, & \text{如果 } h \neq s \end{cases} \tag{16}$$

式（4）事后层 v 的方差估计为：

$$var\left(\widehat{DSE}_v\right) = \sum_{h=1}^{H}\sum_{t=1}^{n_h}\frac{n_h - 1}{n_h}\left(\widehat{DSE}_v^{(t)} - \widehat{DSE}_v\right)^2 \tag{17}$$

式（17）默认样本采取重复抽样的方法。如果样本采取不重复抽样，那么式（21）中要乘以 1 与抽样比 $f = n_h/N_h$ 的差。后面的式（21）也做类似处理。

在构造了事后层 v 的双系统估计量后，再建立总体的双系统估计量，用 $\widehat{DSE}_T$ 表示：

$$\widehat{DSE}_T = \sum_{v=1}^{V}\widehat{DSE}_v \tag{18}$$

总体的抽样方差估计量为：

$$var\left(\widehat{DSE}_T\right) = \sum_{v}\sum_{v'}Cov\left(\widehat{DSE}_v, \widehat{DSE}_{v'}\right) \tag{19}$$

式（19）中，

$$Cov\left(\widehat{DSE}_v,\ \widehat{DSE}_{v'}\right) = var\left(\widehat{DSE}_v\right) \tag{20}$$

$$Cov\left(\widehat{DSE}_v,\ \widehat{DSE}_{v'}\right) = \sum_{h=1}^{H}\sum_{t=1}^{n_h}\frac{n_h - 1}{n_h}\left(\widehat{DSE}_v^{(t)} - \widehat{DSE}_v\right)\left(\widehat{DSE}_{v'}^{(t)} - \widehat{DSE}_{v'}\right) \tag{21}$$

4. *事后层的人口普查净误差及抽样方差*

前面说过，普查净误差（Census Net Error）为双系统估计量与普查登记人口数之差，即

$$\widehat{CNE}_v = \widehat{DSE}_v - C_v \tag{22}$$

在把事后层的普查登记人口数 C_v 视为常数的情况下，式（22）的抽样方差为式（23）。从理论角度看，为了保证式（22）形式上的一致性，即等号左右两边都为估计量，C_v 应该使用抽样权数与样本人口数估计，即为线性估计量。联合国统计司建议构造 C_v 的线性估计量。南非也是使用 C_v 的估计量，即无移动者匹配人口数估计量、向外移动者匹配人数估计量、普查多报估计量和在普查中正确登记但未登记在事后计数调查人数估计量之和。为了计算便利，包括美国在内的各国政府统计部门在计算净误差时使用的是对外发布的普查登记人口数。

$$var\left(\widehat{CNE}_v\right) = var\left(\widehat{DSE}_v\right) \tag{23}$$

从式（23）可以看出，净误差的抽样方差其实是双系统估计量的抽样方差。由于这个原因，有些国家并未计算净误差的抽样方差，而只是计算双系统估计量的抽样方差。

5. 总体的人口普查净误差及抽样方差

总体的人口普查净误差（Total Census Net Error），为总体实际人口数估计量$\widehat{DSE}_T$与总体普查登记人口数之差：

$$\widehat{TCNE} = \widehat{DSE}_T - \sum_{v=1}^{V} C_v \tag{24}$$

$$var(\widehat{TCNE}) = var(\widehat{DSE}_T) \tag{25}$$

6. 事后层覆盖修正因子

在构造了事后层的双系统估计量后，还要构造事后层的覆盖修正因子（Coverage Correction Factor，CCF）。它有两个功能：计算人口普查净误差率；修正小区域普查登记人口数及计算小区域净误差。

$$\widehat{CCF} = \frac{\widehat{DSE}_v}{C_v} \tag{26}$$

式（26）中，C_v为事后层v最终普查登记人口数，包括数据定义普查登记人口数，不足信息的普查登记人口数（数据未定义普查人口数和全部特征估算普查人口数）和事后计数调查比较工作开始时仍然未送达比较办公室的普查人口数（后期加入的普查登记人口数）。式（26）的分子按照普查数据定义人口计算，而分母依据普查数据定义人口和普查数据未定义人口及后期加入的普查登记人口计算。因此，这里隐含一个假设，即普查数据未定义人口和后期加入的普查登记人口与普查数据定义人口有同样的普查遗漏率。例如，覆盖修正因子1.05，意味着在既定事后层，每100人中，有5人在普查中遗漏。

7. 双系统估计量的无偏性，有效性，一致性及充分性

美国学者（Mary 和 Donna，2006）在其撰写的研究报告“Framework for census coverage error components”中讨论了双系统估计量的无偏性。他们给出了双系统估计量为无偏估计量的三个假设条件：①人口普查登记的目标总体人数与目标总体实际人数的比值等于人口普查登记的人口普查质量评估调查人数与人口普查质量评估调查人数的比值；②人口普查质量评估调查登记的普查项目登记完整人数与普查项目登记完整人数的比值等于人口普查质量评估调查登记的普查登记人数与人口普查登记的目标总体人数的

比值；③普查项目登记完整且登记地点正确的普查登记人数与普查项目登记完整人数的比值等于人口普查质量评估调查登记的普查项目登记完整且登记地点正确的普查登记人数与人口普查质量评估调查登记的普查项目登记完整的人数的比值。人口普查质量评估实践表明，三个假设条件没有一个是成立的，因此双系统估计量实际上是有偏估计量。胡桂华等在“论双系统估计量的无偏性”一文中指出（丁杨等，2017），如果普查与事后计数调查独立且总体中的每个人在普查或事后计数调查中的登记概率相同，那么双系统估计量是无偏估计量。这表明这两个条件中的一个如果不成立，那么双系统估计量为有偏估计量。实际上，这两个条件并不成立，因此双系统估计量为有偏估计量。

判断某个估计量是否符合有效性的前提条件是，其与另外一个估计量都是无偏估计量。如果双系统估计量是有偏估计量，就无法进行双系统估计量和其他估计量的比较。与其他研究领域所不同的是，各国政府统计部门采取什么估计量评估人口普查的登记质量都是一定时代的产物。也就是说，在某个特定时代，通常只会使用一种估计量。美国自 1980 年起，在每次人口普查净误差估计中都是采用有偏双系统估计量。尚未见到任何国家的政府统计部门讨论双系统估计量的性质。虽然在此期间，美国普查局也使用人口统计分析模型估计净误差，但只是用来验证双系统估计量的估计结果，作为其辅助手段。中国自 1982 年起，在每次人口普查净误差估计中，使用漏报率与多报率之差作为净误差率。这即是说，在人口普查质量评估实际工作中，比较估计量的效性意义不大。

双系统估计量依据最大似然估计法构造。在一定条件下（如样本规模超过 30），具有一致性。

如果一个估计量充分利用了样本中关于待估计参数的全部信息，则称这样的估计量具有充分性。双系统估计量目标是估计总体规模。与总体规模估计有关的信息主要包括样本普查小区的本次普查人口名单、事后计数调查人口名单和行政记录人口名单。双系统估计量同时利用了两份人口名单；单系统估计量只利用了事后计数调查人口名单；三系统估计量除了同时利用两份人口名单外，还利用了行政记录人口名单。人口统计分析模型未利用对总体规模估计有重大影响的本次普查人口名单。从信息利用的角度看，三系统估计量无疑最优，而双系统估计量次之。

8. 小区域实际人口数及普查净误差估计

人口普查质量评估调查抽样设计，往往服务于全国质量评估调查的需要，满足样本对全国的代表性。样本对全国有代表性，并不意味着对全国以下地区有代表性。把全国以下地区称为小区域。具体来看，小区域包括省级行政区，省级以下单位，如市、县、镇、街道、乡村和普查区或普查小区。省级单位虽然属于小区域，不过是特殊的小区域，样本规模一般满足其人口数估计精度的要求。由于全国样本规模有限，省级以下小区域分配的样本量可能很少，甚至一个样本单位也可能没有。

不难理解，使用双系统估计量估计全国及省级单位小区域实际人口数，抽样误差可控，抽样估计精度能够得到保障。在省级以下小区域虽然也可以使用双系统估计量，但估计的人口数的抽样误差较大。或许有学者认为，没有必要估计全国以下地区的人口数。虽然人口普查质量评估主要是估计并发布全国净误差，但对于省级及以下单位的决策者们来说，尽管并不关注管辖范围内的普查净误差，但关注其普查人口数能否用来制定人口或与人口有关的政策及计划。为提高判断普查数据质量的科学性，他们同样需要管辖范围内的实际人口数估计值。

为解决小区域人口数直接使用双系统估计量估计可能导致较大抽样误差的问题，美国学者发明了合成双系统估计量。合成双系统估计量来源于小区域合成估计模型。合成估计模型的基本思想是，对一个大区域，从样本中可以获得无偏估计值；当使用这个估计值获得小区域估计值时，如果小区域与大区域有同样的特征，小区域的估计值就是合成估计值。美国全国卫生统计中心利用全国卫生调查数据，使用合成估计模型估计每个州的身体残疾者人数。小区域合成估计模型的优势是，使用便利和利用了辅助信息，另外无须抽取新样本和采集新数据，从而节约了成本开支。美国普查局把小区域合成估计模型移植到人口普查质量评估领域构造合成双系统估计量。构造合成双系统估计量需要经过两个步骤。第一步是计算每个事后层的覆盖修正因子，它等于普通双系统估计量除以该层的普查人口数。第二步是将小区域划分成若干更小部分，每个小部分对应一个层，每个层有一个覆盖修正因子，将每个更小部分的普查人口数乘以覆盖修正因子，并汇总得到小区域合成双系统估计量。

合成双系统估计量建立在事后层的覆盖修正因子不变的假设条件上，即事后层内的每个部分的覆盖修正因子相同，或者净误差率相同。该假设通常不成立，合成双系统估计量是有偏差的。合成估计的精度取决于每个覆盖修正因子在相应的事后层内的同质性，同质性越高，估计精度也越高。另外还与小区域的规模有关。偏差随着小区域规模增加而减少，规模越大，偏差越小。对省级单位，偏差几乎可以忽略。

美国在2000年使用合成双系统估计量估计50个州和哥伦比亚特区，某些县，市，街区群和街区的人口数。中国尚未使用合成双系统估计量估计各省（自治区，直辖市），县，市，街道，普查区，普查小区的人口数。中国也未使用普通双系统估计量估计全国实际人口数。

研究小区域合成双系统估计量意义体现在三个方面。一是将美国合成双系统估计量引入中国，带动中国其他学者投身到合成双系统估计量研究中。迄今中国尚无其他学者研究合成双系统估计量。二是改变中国只评估全国，而不评估各个省（自治区和直辖市）及部分县和市普查登记质量的状况，使评估工作更加细化和具体化。三是为估计全国以下地区人口数提供新的计算方法。

假设小区域 t 分为 v 个事后层，每个事后层 v 的覆盖修正因子为 CCF_v，最终的未修正的普查登记人口数为 $C_{v,t}$，合成双系统估计量 $\widehat{SYNDSE}_t$ 为：

$$\widehat{SYNDSE}_t = \sum_{v=1}^{V} C_{v,t} \times CCF_v. \tag{27}$$

式（27）传递两个信息：一是获得事后层某个部分的人口数估计值，实际上是按照该部分普查人口数占该事后层普查人口数的比例分配普通双系统估计量估计的这个事后层的实际人口数；二是事后层内部各个部分的普查覆盖修正因子相同，只要知道各个部分的普查人口数比例，将其乘以普查覆盖修正因子，即可算出各个部分的实际人口数。将每个部分的实际人口数减去其普查人口数，得到净误差，将净误差除以这部分实际人口数，得到净误差率。

式（27）的抽样方差依然采取分层刀切法近似计算：

$$\begin{aligned}
var\left(\widehat{SYNDSE}_t\right) &= var\left(\sum_{v=1}^{V} C_{v,t} \times CCF_v\right) \\
&= \sum_{v=1}^{V}\sum_{v'=1}^{V} Cov(C_{v,t} \times CCF_v, C_{v',t} \times CCF_{v'}) \\
&= \sum_{v=1}^{V}\sum_{v'=1}^{V} (C_{v,t} \times C_{v',t} \times Cov(CCF_v, CCF_{v'})) \\
&= \sum_{v=1}^{V}\sum_{v'=1}^{V} C_{v,t} \times C_{v',t} \times Cov\left(\frac{\widehat{DSE}_v}{C_v}, \frac{\widehat{DSE}_{v'}}{C_{v'}}\right)
\end{aligned}$$

$$= \sum_{v=1}^{V} \sum_{v'=1}^{V} \frac{C_{v,t} \times C_{v',t}}{C_v \times C_{v'}} \times Cov\left(\widehat{DSE}_v, \widehat{DSE}_{v'}\right) \quad (28)$$

四、实证分析

本文实证对象是广西南宁西乡塘区北湖街道。实证目标是估计 2010 年 11 月 1 日零时实际人口数及净误差。该街道共有 1000 个普查小区，采取分层二重抽样从中抽取普查小区 8 个。在抽取二重样本之前，将北湖街道的 1000 个普查小区按照规模划分在两层：规模大普查小区层，该层每个普查小区包括住房单元数在 80 个及以上；其他小区层，该层每个普查小区包括住房单元数在 80 个以下。规模大普查小区层共有小区 600 个，其他小区层共有小区 400 个。用符号表示就是 $H=2$，$N_1=600$，$N_2=400$。在每一层，以普查小区为抽样单位，分别抽取 7 个和 6 个普查小区，即 $n_1=7$，$n_2=6$。对第一重样本普查小区，按照流动人口占比是否超过 30% 再分为两层：超过 30% 层为 G_1；未超过 30% 层为 G_2。$M_{11}=4$，，$M_{12}=3$，$M_{21}=3$，$M_{22}=3$。在每个 hg 层，仍然以普查小区为抽样单位，抽取第二重样本，样本量分别为 $m_{11}=2$，$m_{12}=2$，$m_{21}=2$，$m_{22}=2$。结果见表 3。

对抽取的 8 个样本普查小区，使用问卷和现场核实方法获得 8 个样本小区 2010 年 11 月 1 日零时的普查人口名单及事后计数调查人口名单。比较这两份名单获得匹配人口登记名单。按照民族，年龄和性别对总体人口事后分层，共分为 12 层：①汉，男，0~14 岁；②汉，男，15~59 岁；③汉，男，60 岁及以上；④汉，女，0~14 岁；⑤汉，女，15~59 岁；⑥汉，女，60 岁及以上；⑦少，男，0~14 岁；⑧少，男，15~59 岁；⑨少，男，60 岁及以上；⑩少，女，0~14 岁；⑪少，女，15~59 岁；⑫少，女，60 岁及以上。将 8 个样本小区的 3 份人口名单的人数分配到相应的事后层。用 1、2、5、6、8、9、11 和 12 表示抽取的第二重样本小区。结果见表 4。为使表 4 容纳 8 个样本小区的普查正确登记人口数、事后计数调查人口数和匹配人口数，未列出 N_p 及 M_p 分别进一步细分的 N_n，N_o 及 M_n，M_o，如此处理不影响估计结果。

表 3　抽样层及样本量

第一重抽样层	第一重抽样层的小区总数	第一重样本量	第二重抽样层	第二重抽样层的小区总数	第二重样本量
$h=1$	$N_1=600$	$n_1=7$	$g=1$	$M_{11}=4$	$m_{11}=2$
$h=1$	$N_1=600$	$n_1=7$	$g=2$	$M_{12}=3$	$m_{12}=2$
$h=2$	$N_2=400$	$n_2=6$	$g=1$	$M_{21}=3$	$m_{21}=2$
$h=2$	$N_2=400$	$n_2=6$	$g=2$	$M_{22}=3$	$m_{21}=2$

表 4　样本普查小区人口数据

事后层 v	小区 1			小区 2			小区 5			小区 6		
	CE	N_p	M_p	CE	N_p	M_p	CE	N_p	M_p	CE	N_p	M_p
汉，男，0～14 岁	16	17	16	17	18	17	18	20	18	18	19	18
汉，男，15～59 岁	49	50	48	50	51	49	51	49	47	53	50	48
汉，男，60 岁及以上	10	10	9	11	11	10	12	13	12	13	14	13
汉，女，0～14 岁	15	16	15	16	17	16	17	17	16	18	19	18
汉，女，15～59 岁	46	47	45	46	47	45	47	48	46	47	46	44
汉，女，60 岁及以上	9	9	8	10	10	9	10	11	10	11	12	11
少，男，0～14 岁	10	10	9	11	12	11	12	11	10	13	13	12
少，男，15～59 岁	28	30	28	30	31	30	31	30	29	32	34	32
少，男，60 岁及以上	8	9	8	8	8	7	9	11	9	9	10	9
少，女，0～14 岁	9	7	6	10	10	9	10	11	10	11	12	11
少，女，15～59 岁	26	23	22	25	25	24	26	26	25	26	27	26
少，女，60 岁及以上	6	7	6	6	7	6	7	8	7	9	8	7

事后层 v	小区 8			小区 9			小区 11			小区 12		
	CE	N_p	M_p	CE	N_p	M_p	CE	N_p	M_p	CE	N_p	M_p
汉，男，0～14 岁	15	16	15	19	20	19	13	14	13	20	20	19
汉，男，15～59 岁	46	47	45	51	52	50	43	44	42	50	50	48
汉，男，60 岁及以上	8	8	8	12	13	12	10	10	10	13	14	13
汉，女，0～14 岁	13	14	13	17	19	17	15	16	15	19	19	18
汉，女，15～59 岁	44	46	44	47	49	47	43	44	42	47	45	43
汉，女，60 岁及以上	10	9	8	10	10	9	9	7	6	10	9	8
少，男，0～14 岁	8	9	8	11	12	11	9	8	7	12	13	12
少，男，15～59 岁	26	27	26	30	31	30	30	28	27	34	35	34

续表

事后层 v	小区 8			小区 9			小区 11			小区 12		
	CE	N_p	M_p	CE	N_p	M_p	CE	N_p	M_p	CE	N_p	M_p
少，男，60 岁及以上	9	10	9	7	7	7	8	8	8	10	9	8
少，女，0～14 岁	9	7	6	12	12	12	10	11	10	11	10	9
少，女，15～59 岁	24	23	22	26	26	25	25	26	25	25	26	25
少，女，60 岁及以上	6	7	6	8	8	8	7	8	7	7	8	7

根据式（3）和式（5）至式（28）以及表 3 至表 4 数据，得到每个事后层及总体的估计结果，如表 5 至表 7 所示。

表 5　事后层及总体抽样方差及协方差

事后层	1	2	3	4	5	6
1	805644	819161	576728	586199	462967	97151
2	819161	1023384	679827	687029	512773	158929
3	576728	679827	554861	560649	357341	99000
4	586199	687029	560649	566818	361652	100483
5	462967	512773	357341	361652	291684	44124
6	97151	158929	99000	100483	44124	72160
7	402470	484910	391067	396488	242202	89367
8	520174	636514	61672	568245	324459	117823
9	174439	91126	20041	26143	63479	34009
10	178788	247976	193526	194898	111454	55386
11	51233	74217	69195	69551	67770	-40994
12	63692	206058	156142	158089	66152	63517
总体	4738646	5621904	4220049	4276244	2906057	890955

事后层	7	8	9	10	11	12	总体
1	402470	520174	174439	178788	51233	63692	4738646
2	484910	636514	91126	247976	74217	206058	5621904
3	391067	561672	20041	193526	69195	156142	4220049
4	396488	568245	26143	194898	69551	158089	4276244
5	242202	324459	63479	111454	67770	66152	2906057
6	89367	117823	34009	55386	-40994	63517	890955

续表

事后层	7	8	9	10	11	12	总体
7	288818	413099	41422	142106	33984	135170	3061103
8	413099	651224	67991	206101	50080	211683	4329065
9	41422	67991	262877	-1547	-59075	-21344	699561
10	142106	206101	-1547	78548	7411	77527	1492174
11	33984	50080	-59075	7411	91952	31380	446704
12	135170	211683	-21344	77527	31380	167699	1315765
总体	3061103	4329065	699561	1492174	446704	1315765	33998232

注意：1~12 分别表示第 1~12 事后层。

表 5 从左上角到右下角对角线上的数据表示每个事后层双系统估计值的抽样方差。表 5 表明，总体抽样方差并不等于所有事后层抽样方差之和。这源于事后层之间存在相关性，协方差一般不为零。有些事后层之间正相关，使总体抽样方差增加；也有些事后层之间负相关，使总体抽样方差减少。忽视事后层协方差，会高估或低估总体抽样方差。

表 6　覆盖修正因子，实际人口数及净误差估计值

事后层	普查人数	实际人数	覆盖修正因子	净误差	抽样标准误差
汉，男，0~14 岁	17950	18123	1.0096	173	898
汉，男，15~59 岁	50012	51430	1.0283	1418	1012
汉，男，60 岁及以上	11000	11941	1.0855	941	745
汉，女，0~14 岁	17000	17332	1.0195	332	753
汉，女，15~59 岁	47258	48019	1.0161	761	540
汉，女，60 岁及以上	9998	10989	1.0991	991	269
少，男，0~14 岁	10816	11891	1.0993	1075	537
少，男，15~59 岁	31045	31370	1.0104	325	807
少，男，60 岁及以上	9560	9430	0.9864	-130	513
少，女，0~14 岁	11898	11177	0.9394	-721	280
少，女，15~59 岁	26070	26482	1.0158	412	303
少，女，60 岁及以上	7345	7851	1.0688	506	410
总体	249952	256035	1.0243	6083	5831

从表6可以看出：①总体（广西南宁西乡塘区北湖街道）的人口普查净误差为6083人，净误差率为2.38%，表明普查人口数低于实际人口数，或者说普查漏报比多报严重。②有些事后层净误差为正，也有些事后层净误差为负，为正表示净漏报，为负表示净多报。如果使用估计的净误差率修正普查人口数，那么有些事后层的普查人口数会减少，例如“少，男，60岁及以上”和“少，女，0～14岁”，而其他事后层通过修正普查人口数会增加。也可能是全局性的。③少数民族比汉族的净误差小得多，表明少数民族对普查的合作意愿程度相对汉族高得多。④性别和年龄对净误差有比较大的影响，不同年龄和性别的净误差差异较大。⑤不同事后层的普查覆盖修正因子有较大差异，有的大于1，有的小于1，大于1表示净漏报，小于1表示净多报。⑥各个事后层净误差估计值的抽样标准误差存在较大差异，最小的是“汉，女，60岁及以上”的269人，最大的是“汉，男，15～59岁”的1012人，表明前者估计精度最高，后者估计精度最低。

表7 某普查小区估计值

事后层	普查人数	覆盖修正因子	实际人数	净误差	抽样标准误差
汉，男，0～14岁	17	1.0096	17.1632	0.1632	0.8504
汉，男，15～59岁	52	1.0283	53.4716	1.4716	1.0522
汉，男，60岁及以上	12	1.0855	13.026	1.026	0.8127
汉，女，0～14岁	16	1.0195	16.312	0.312	0.7087
汉，女，15～59岁	49	1.0161	49.7889	0.7889	0.5599
汉，女，60岁及以上	11	1.0991	12.0901	1.0901	0.2959
少，男，0～14岁	11	1.0993	12.0923	1.0923	0.5461
少，男，15～59岁	29	1.0104	29.3016	0.3016	0.7538
少，男，60岁及以上	9	0.9864	8.8776	－0.1224	0.4826
少，女，0～14岁	10	0.9394	9.394	－0.606	0.2353
少，女，15～59岁	27	1.0158	27.4266	0.4266	0.3138
少，女，60岁及以上	7	1.0688	7.4816	0.4816	0.3907
本小区	250	1.0240	256.4255	6.4255	5.8320

表7表明：①要估计某个小区域（如普查小区）的实际人口数及净误差，首先要找到覆盖它的所有事后层及其覆盖修正因子，将每个事后层在

这个小区域的普查人口数乘以该事后层的覆盖修正因子，得到这部分的实际人口数，然后汇总这些实际人口数估计值，得到该小区域的实际人口数及净误差估计值。②该小区域实际人数为256.4255人，而普查人数为250人，表明该小区普查漏报大于多报。从该普查小区内部看，漏报存在差异，有的地方甚至是多报比漏报严重。③普查小区内部各个地方的实际人口数估计精度存在一定程度的差异，估计精度最高的是“少，女，0~14岁”覆盖的那部分，其抽样标准误差最小，为0.2353人，而估计精度最低的是“汉，男，15~59岁”所覆盖的那一部分，其抽样标准误差为1.0522人。

五、结论

第一，人口统计分析模型和事后计数调查是目前估计人口普查净误差的两种主要方法。人口统计分析模型的估计精度取决于人口出生，死亡及迁移等行政记录数据的质量。发展中国家及大多数发达国家难以满足这一要求。事后计数调查不受这类资料的限制。因此，在人口普查登记工作结束后一段时间组织的事后计数调查便成为各国政府统计部门开展人口普查质量评估工作的主要方法，其核心工作是构造双系统估计量估计总体实际人口数及人口普查净误差。虽然在事后计数调查中也能构造单系统估计量估计总体实际人口数，但由于单系统估计量覆盖样本小区人口不足，所以为有偏估计量，低估人口数。

第二，双系统估计量以捕获—再捕获模型为理论基础。该模型所用的估计量是以多项分布为试验背景推出的。这一试验背景规定了应用捕获—再捕获模型必须遵守的三个原则，即总体封闭原则、个体同质原则和独立性原则。在符合三个原则的条件下，上述估计量是无偏估计量。在人口普查质量评估工作中，用普查和事后计数调查两个全面调查名单人口数的乘积除以二名单匹配部分的人口数，称之为双系统估计量。在符合下列两个原则的条件下，这个估计量是目标人口总体人数的无偏估计量。这两个原则是：第一，人口普查与事后计数调查相互独立；第二，人口总体中的每一个人被登记的概率相同。在实际工作中，通过对人口普查质量评估工作进行一系列的制度规定以满足第一个原则。至于第二个原则，则通过对总体进行登记概率同质性分层来满足。具体来说，是寻找适当的人口统计特征作为分层变量。这些分层变量应能够做到，把人口普查登记概率大致相同人口放在同一个层，把登记概率不同的人口放在不同的层。如果样本量有限，则对所有变量按照对人口登记概率影响程度的大小排序，依次选择影响程度较大的变量，舍弃影响程度较小的变量。加权优比排序法比较好地解决了如何在样本量有限情况下，选择重要分层变量对总体人口分层的技术难题。如果某层的样本人数太少甚至为0，则与其他事后层合并。

第三，双系统估计量公式中含有下列7个指标：人口普查登记人数，人口普查正确登记人数，无移动人数，向内移动人数，向外移动人数，无移动者中匹配人数，向外移动者中匹配人数。这里说的这7个指标都是总体值。在对人口有限总体实施概率抽样的条件下，须依据所用的抽样方法构造7个指标的估计量，用以代替公式中的7个指标。这样得到的结果是双系统估计量的估计量。人口普查质量评估中所使用的抽样方法属于复杂抽样设计，双系统估计量的估计量方差不能用数学解析式直接计算，而需要选择适当的近似方法估计。分层刀切抽样方差估计量适合于近似计算双系统估计量的抽样方差。双系统估计量的抽样方差有两个方面的含义：一是用目标人口总体全面调查结果构造双系统估计量时所产生的方差；二是事后计数调查采用有限总体概率抽样时所产生的方差。要把二者结合起来计算一个完整的方差，靠一个简单的表达式难以实现。在使用刀切法时特别要注意两点：一是由于各事后层之间并不是相互独立，因此需要计算事后层之间的协方差；二是由于事后层或总体的普查登记人口数为常数，所以双系统估计量的抽样方差等于净误差的抽样方差。

第四，在净误差估计中，不可只估计全国的人口普查净误差，还要估计省级单位，甚至是小区域的人口普查净误差。在利用双系统估计量估计全国的人口普查净误差之后，对于全国以下的小区域单位的实际人口数及净误差还不得而知，但这是反映本次全国普查数据登记质量不可忽视的关键信息。如果继续使用双系统估计量估计小区域的实际人口数，会因为样本量少而抽样误差很大。合成双系统估计量利用覆盖修正因子估计小区域净误差可以一定程度上避免这个问题。合成双系统估计量的抽样方差依然采用分层刀切法近似计算。

参考文献

[1] Coale A. The Population of the United States in 1950 Classified by Age, Sex, and

Color A Revision of Census Figures [J] . Journal of the American Statistical Association, 1955, 50 (269): 16 -54.

[2] Efron B. Bootstrap Methods: Another Look at the Jackknife [J] . The Annals of Statistics, 1979, 7 (1): 1 -26.

[3] Mary H. M. , Donna K. K. Framework for Census Coverage Error Components [R]. Washington, DC: U. S. Census Bureau, 2006.

[4] Himes C, Clogg C. An Overview of Demographic Analysis as a Method for Evaluating Census Coverage in the United States [J] . Population Index, 1992, 58 (4), 587 ~607.

[5] Hogan H. , Wolter K. Measuring Accuracy in a Post - Enumeration Survey [J]. Survey Methodology Journal, 1988, 14 (1): 99 -116.

[6] Griffin R. Potential Uses of the Administrative Records for Tripe System Modeling for Estimation of Census Coverage Error in 2020 [J] . Journal of Official Statistics, 2014, 30 (2): 177 -189.

[7] Goudie I. B. J. Goudie M. , Who Captures the Marks for the Petersen Estimator [J]. Journal of the Royal Statistical Society: Series A (Statistics in Society), 2007, 170 (3): 825 ~839.

[8] Lincoln F. Calculating Waterfowl Abundance on the Basis of Banding Returns [J]. Circular of the Department of Agriculture, 1930, 118 (6): 1 -4.

[9] Laplace P. S. About birth, Marriage and Death [J] . The History of the Royal Academy of Sciences, 1783 (1786): 693 -702.

[10] Sekar C. C. , Deming W. E. On a Method of Estimating Birth and Death Rates and Extent of Registration [J] . Journal of the American Statistical Association, 1949, 44 (245): 101 -115.

[11] Marks E. S. , Seltzer W. , Krotki K. J. Population Growth Estimation: A Handbook of Vital Statistics Measurement [J] . The Population Council, 1974, 47 (1): 92 -92.

[12] 丁杨，陈新华，杜艾卿，胡桂华. 论双系统估计量的无偏性 [J] . 数理统计与管理，2017 (2) .

[13] 冯乃林，李希如，武洁，胡桂华，李桂芝，权少伟. 人口普查的事后质量抽查 [R] . 北京：国家统计局人口和就业统计司，2012.

[14] 冯士雍，倪加勋，邹国华. 抽样调查理论与方法 [M] . 北京：中国统计出版社，2012.

[15] 胡桂华，丁宣浩，陈义安，杨炜明. 人口普查覆盖误差估计量的研究 [J] . 数理统计与管理，2018 (1) .

[16] 胡桂华，杜艾卿. 基于单系统估计量的人口普查内容误差估计 [J] . 数理统计与管理，2018 (6) .

[17] 胡桂华. 美国2000年和2010年人口普查质量评估方法解读［J］. 数理统计与管理, 2010（2）.

[18] 胡桂华, 漆莉, 吴婷等. 基于比率估计量的人口普查内容误差估计［J］. 工程数学学报, 2018（6）.

[19] 胡桂华. 人口普查净误差估计综述［J］. 数理统计与管理, 2018（5）.

[20] 胡桂华. 人口普查质量评估中抽样后分层变量的选择［J］. 数理统计与管理, 2015（2）.

[21] 胡桂华, Robert M, Lara C. 人口普查净误差估计中的三系统估计量研究［J］. 统计研究, 2017（6）.

[22] 胡桂华, 武洁. 人口普查质量评估理论与实践［M］. 北京: 中国社会科学出版社, 2016.

[23] 胡桂华, 吴婷, 范署姗. 人口普查质量评估中的三系统估计量［J］. 数量经济技术经济研究, 2020（8）.

[24] 胡桂华, 薛婷. 中国户籍登记系统覆盖评估研究［J］. 统计与信息论坛, 2018（7）.

[25] 金勇进. 抽样: 理论与应用［M］. 北京: 高等教育出版社, 2010.

[26] 孟杰, 沈文静. 人口名录库及其在人口普查中的应用［J］. 统计与信息论坛, 2018（10）.

[27] 孟杰. 双系统估计量的交互作用偏差研究［J］. 数理统计与管理, 2019（5）.

[28] 孟杰, 杨贵军. 基于双系统估计量的中国非普查年人口总数估计［J］. 数理统计与管理, 2018（2）.

[29] Robert Mccaa, 胡桂华, 廖金盆. 人口普查内容误差评估［J］. 系统科学与数学, 2019（11）.

[30] 史龙梅, 徐蔼婷. 西班牙组合模式人口普查: 经验及启示［J］. 统计与信息论坛, 2019（4）.

2. 宏观经济、财政税收

重大突发事件不确定性对经济需求侧增长的时变冲击测度研究

——基于 TVP－SV－VAR 模型的实证研究

胡晨沛　陈璇璇　张　旭

摘　要　基于我国宏观经济内外部运行环境不确定性明显提高的事实，利用熵权法构建2000年1月以来月度重大突发事件不确定性指数。在此基础之上，运用随机波动向量自回归模型（TVP－SV－VAR）对突发事件与我国经济需求侧增长之间的时变关系展开研究。等间隔脉冲响应结果显示，重大突发事件不确定性对我国经济需求侧增长冲击具有明显时变性特征，不同阶段冲击大小存在一定差异。分领域看，出口受到不确定的冲击最大，投资次之，消费受到的冲击相对最小。时点脉冲响应冲击结果显示，新冠肺炎疫情对我国内需增长造成明显冲击，一单位不确定性能分别引起消费、投资增速产生0.31个和0.49个单位的负向冲击，冲击明显大于“非典”和国际金融危机时期；在稳外贸政策支撑下，出口受到0.64个单位负向冲击，影响小于国际金融危机时期。

关键词　重大突发事件不确定性指数；TVP－SV－VAR 模型；时变冲击；脉冲响应；需求侧增长

一、引言

21世纪以来，重大突发事件在国内国际屡有发生，如2003年“非典”、

2008年国际金融危机、2018年中美经贸摩擦以及2020年的新冠肺炎疫情等，重大突发事件本身所特有的不确定性给我国经济发展带来极大挑战。党的十九大明确提出，坚决打好防范化解重大风险、精准脱贫、污染防治三大攻坚战，并把防范化解重大风险摆在重要位置，有效应对突发事件带来的不确定性是未来我国经济行稳致远的重要保障。近年来，无论是国内经济还是世界经济，都已经并且正在经受着各种突发冲击的影响，这些影响虽然形式多样，严重程度不同，但都给宏观经济的秩序稳定和经济成果造成一定挑战。准确认识重大突发事件对我国宏观经济运行的影响并加以量化，对于新形势下我国经济平稳健康发展具有重要的理论价值和现实意义。

现有关于重大突发事件对宏观经济影响的研究中，绝大多数学者直接聚焦于重大突发事件对经济增速的影响，而忽略了事件本身对经济结构的异质性冲击。根据国民经济核算理论，一国经济产出可划分为消费、投资和净出口三大部分，而消费、投资和出口也被视为拉动经济增长的需求侧“三驾马车”，通过历史数据比较发现，在面对重大突发事件时，我国需求侧“三驾马车”往往会出现增速放缓甚至负增长现象。例如，国际金融危机对我国外需造成明显冲击，我国出口增速连续13个月负增长；2020年初新冠肺炎疫情则使我国消费、投资和出口均出现两位数以上降幅。由此可见，重大风险事件会进一步加大宏观经济内外部环境不确定性，对经济运行体系产生明显冲击，对需求侧增长产生严重挤压。而在重大突发事件下，宏观经济政策的制定往往又取决于对不同需求因素受冲击程度的大小，例如，为应对金融危机对内需的影响，2008年下半年出台的“四万亿”投资政策避免了投资增速出现大幅滑坡；为应对新冠肺炎疫情对消费、出口的冲击，党中央和国务院出台了“发放消费券”刺激消费、稳外贸稳外资等系列政策。因此，准确量化重大突发事件对需求侧各因素增长的冲击，不仅有助于客观认识突发事件对宏观经济增长冲击的影响机制，还能为做好政策应对提供重要参考。

二、文献综述

（一）国内外相关研究成果梳理及研究动态

目前关于重大突发事件对宏观经济的冲击已有一定研究成果，但出于研究目的差异，学者在重大突发事件的选择上不尽相同。不少学者考察了地震、飓风等自然地质灾害对经济运行的冲击，既包括对企业财务、家庭收支等微观主体的影响（卓志和周志刚，2013；祝继高等，2017；Deryugina et al.，2018），也包括对金融市场、产业结构调整等宏观经济运行的冲击（刘庆富等，2011；吴先华等，2014；Tunc et al.，2019）；也有学者结合近年来频繁暴发的公共卫生事件，研究 H1N1 疫情、禽流感、非洲猪瘟等事件对产业和宏观经济的影响（Aguero et al.，2017；王琴，2018；康海琪和肖海峰，2020）。Ramiah（2016）、Wagner 等（2017，2018）等学者则聚焦于美国总统选举、英国脱欧等地缘政治事件带来的经济影响。考虑到单类事件研究的局限性，也有学者基于目前文献多是基于某一类或某一个事件的不足，通过构建重大风险事件的随机波动模型开展经济事件、政治事件和自然灾害等系列突发事件的综合研究（刘庆富和华仁海，2012）。

目前学界关于重大突发事件对经济领域冲击的研究，主要集中在三个方面：一是对金融市场的冲击（Maggio et al.，2017；Dicks and Fulghieri，2019；杨子晖，2020；张晓晶和刘磊，2020），包括对股票市场（郭红玉等，2016；Kilic et al.，2015；邹文理等，2020；尹志超等，2020）和汇率市场（郭维，2017；Usmanova et al.，2018；Filletti，2020；王璐，2020）。二是对商品价格的冲击，包括对大宗商品价格（张珣等，2009；Ju et al.，2014；尹佳音和唐葆君，2016）、居民生活品消费价格（黎东升等，2014；Agarwal et al.，2017）。三是对宏观经济的冲击，例如，Gourio（2012）将灾难风险与 RBC 模型结合，详细探讨了灾难风险对美国等发达经济体宏观经济波动的影响；陈国进等（2014）通过区分全要素生产率灾难、资本灾难与双重灾难三种灾难形式，量化灾难事件对宏观经济的影响以及政府财政政策支持对灾后经济复苏的作用。

在量化重大突发事件对经济冲击的方法选择上，早期学者多基于总量数据时间序列趋势分析或事件研究法进行评估（McKercherand，2004；居卫，2007；Beutels et al.，2009；张凌云和朱新芝，2010）。随着计量经济模型发展，双重差分法（DID）、合成控制法（SCM）等能够进行反事实估计的方法近年来得到广泛运用，杨霞等（2020）利用 PSM－DID 方法实证检验了 SARS 为代表的重大公共卫生事件对保险需求的影响；薛熠和王若翰（2020）利用人工反事实研究发现，2003 年非典事件这一公共卫生事件对地区 GDP 增长有显著长期负面影响。也有文献使用可计算一般均衡模型

（CGE）和动态随机一般均衡模型（DSGE）构建重大突发事件的冲击机制，并基于总量数据模拟不同场景下冲击的经济影响，估计突发事件冲击下的一般均衡和反事实（王国静和田国强，2014；Pham et al.，2019），例如，Carrera（2014）利用CGE研究洪涝灾害对区域经济造成的冲击，研究发现，间接损失对灾害具有重要影响，并指出间接影响的准确评估对于全面了解自然灾害的经济后果至关重要。吴先华等（2018）基于CGE模型评估发现钓鱼岛事件给我国造成经济产出损失约6380.7亿元，占2012年总产值的0.5%。然而基于模拟的结构模型依赖于正确模型设定，若不能有效刻画冲击作用机制，将难以提供突发事件影响效应的准确估计（薛熠和王若翰，2020）。

（二）已有相关文献评述

重大突发事件对经济的影响实证研究已有大量成果，但仍存待完善之处：

第一，在事件选择和测度方面，现有研究主要侧重于某一个或一类重大突发事件的影响，由于此类事件持续时间较短，时间跨度也相对较短，容易产生"维度诅咒"问题（Marcellino et al.，2016）。尽管不同突发事件对经济影响传导机制存在一定差异，但研究发现，在突发事件影响下，一些反映经济不确定性的指标往往表现出相似走势（刘庆富等，2012），因此能够将不同类型重大事件同时纳入研究范围之中。在对事件量化上，多数文献按发生与否进行二分变量划分，但不同突发事件本身带来的不确定性必然不同，简单定性划分易忽视事件本身不确定程度差异。

第二，在研究方法选择方面，时间序列和事件研究法操作简单且便于推广，但存在一定缺陷：一是只能研究单个事件而非多个事件的影响；二是受样本估计窗口和事件窗口选择限制，仅能进行事件前后的对比分析，很少就事件本身对经济影响进行全面长期考察（Boehm et al.，2019）。而反事实估计虽能克服事件研究法的部分缺点，可以研究单个或多个事件的影响冲击，但同样受样本数量选择的制约。

第三，现有研究多是针对股票市场、期货市场某一领域的影响，缺少对宏观经济影响进行深入探讨。从核算角度看，经济增长主要由消费、投资和出口三大需求构成，需求侧增长情况将直接影响宏观经济整体增速。因此，有必要从需求侧出发，研究重大突发事件对宏观经济增长的传导特征，从而量化事件对经济增长产生的冲击。

基于对已有研究成果的梳理，本文尝试从研究视角、方法等方面进行创新，可能存在的学术边际贡献包括以下三个方面：第一，在突发事件的量化上，充分考虑国内国际经济不确定性，从经济景气、经济政策、商品价格、金融市场、经济活跃度等维度出发，构建能够进行量化的重大突发事件不确定性指数。第二，在研究对象的选择上，考虑到宏观经济增长可分解为需求侧“三驾马车”的增长，因此通过量化重大突发事件不确定性对我国需求侧经济的增长，可以探讨突发事件对宏观经济增长的传导路径。第三，在方法的选择上，选择 TVP - SV - VAR 模型量化不确定性对需求侧“三驾马车”增长的时变性冲击。选择这一模型，一方面是由于该模型等间隔脉冲响应拓宽了传统 VAR 和贝叶斯 VAR 模型参数不变假定，实现了参数的时变性估计，更符合我国渐进式发展的经济国情；另一方面模型的时点脉冲响应能够捕捉特定突发事件对我国消费、投资和出口增长的异质性冲击。

三、重大突发事件不确定性指数的构建

（一）指标选择

目前学术界还缺乏对经济不确定性的确切定义，本文主要从以下两方面对重大突发事件不确定性进行考量：一是从市场范围看，随着我国经济增长与世界经济环境联系日益密切，经济不确定性应包括国内宏观经济和国际经济两个维度；二是从经济领域看，不确定性既可以表现为政策不确定性、地缘风险等传统指标，也可表现为物价明显波动、资本市场动荡等领域的变化。考虑到数据可获得性和适用性，选取以下月度指标作为衡量突发事件不确定性的基础指标：

一方面是国内经济不确定性指标，包括经济景气不确定性（中国 OECD 景气指数 X1）、经济政策不确定性（中国经济政策不确定性指数 X2）、商品价格不确定性（CPI 波动率 X3）、金融市场不确定性（上证综合指数涨跌幅 X4）、经济活跃不确定性（克强指数 X5）；另一方面是国际经济不确定性指标，包括经济景气不确定性（全球 OECD 景气指数 X6）、经济政策不确定性（全球经济政策不确定性指数 X7）、商品价格不确定性（黄金原油价格比 X8）、金融市场不确定性（VIX 恐慌指数 X9）、地缘政治不确定性

（地缘政治风险指数 X10）、经济活跃不确定性（美国 ECRI 领先指标同比增速 X11、彭博经济全球 GDP 月度跟踪 X12）。为进一步展示各变量数据的基本特征，计算各变量原始序列的描述性统计结果，结果如表 1 所示。

表 1　各变量描述性统计结果

变量	最小值	下四分位数	中位数	均值	上四分位数	最大值	标准差
X1	89.6	99.5	100.3	100.0	100.8	102.7	1.4
X2	9.1	84.3	129.4	205.9	243.8	970.8	204.5
X3	0	0.5	1	1.5	2.3	6.4	1.3
X4	-27.4	-3.8	0.7	0.6	4.8	24.7	7.5
X5	-3.5	7.5	12.6	12.2	16.1	36.8	6.5
X6	95.9	99.5	100.1	99.9	100.5	101.6	1.0
X7	48.4	84	110.4	124.3	150.2	348.6	56.8
X8	6.7	10.6	13.5	15.2	18.4	48.3	6.6
X9	10.1	14.0	17.4	19.7	23.1	62.6	8.6
X10	27.2	61.1	82.8	104.9	127.4	545.1	71.9
X11	-40.3	-2.3	1.3	0.8	4.5	27.0	8.0
X12	-7.4	2.8	3.8	3.5	4.7	6.8	2.0

考虑到不同指标之间衡量的方式、代表的性质均存在差异，使用“最小—最大标准化”法将全部指标转化为可比的无量纲数值，具体计算方式为：

正向指标：$p_{ij}=\frac{X_{ij}-\min(X_j)}{\max(X_j)-\min(X_j)}$；逆向指标：$p_{ij}=\frac{\max(X_j)-X_{ij}}{\max(X_j)-\min(X_i)}$

式中，p_{ij}为无量纲数值，X_{ij}为原始数据，i 为时间标识，j 为指标标识。

（二）指数构建方法

本文所构建的重大突发事件不确定性指数本质是一系列不确定性指数的加权之和，在权重方法的确定上，采用熵权法进行赋值。熵权法是一种可以运用于多对象、多指标的综合评价方法，其评价结果主要取决于客观数据资料，几乎不受主观因素影响。赋权步骤：第一步是确定赋权对象，建立权重指标水平矩阵；第二步是对权重矩阵进行标准化；第三步是计算评价指标的熵，具体计算公式为：

$$H_j=-k\sum_{i=1}^{m}f_{ij}\times\ln f_{ij}$$

$$f_{ij} = \frac{r_{ij}}{\sum_{i1}^{m} r_{ij}}$$

$$k = \frac{1}{\ln m}$$

$$f_{ij}\ln f_{ij} = 0 \quad 当\ f_{ij}k = \frac{1}{\ln m} \approx 0\ 时$$

式中，H_j 为第 j 个不确定性指标的熵；r_{ij}为标准化后的第 i 个月在第 j 个不确定性指数上的得分；m 为全部时间样本个数。

第四步为计算熵权，具体公式为：

$$w_j = \frac{1 - H_j}{\sum_{j=1}^{n}(1 - H_j)}$$

式中，$1 - H_j$ 为第 j 个不确定性指标的差异系数，即对于第 j 个不确定性指标熵值越小，指标值变异程度越大。需要注意的是，熵权并非重要性系数，而是各指标在竞争意义上相对激烈程度。熵权取值为［0，1］，如果熵权为 0，则该指标可以取消。

第五步构建单个不确定性指标 S_{ij} 以及重大突发事件综合的不确定性指数 $Index_i$：

$$S_{ij} = w_j \times p_{ij}$$

$$Index_i = \left(\sum_{j}^{n} S_{ij}\right) \times 100$$

根据前文所利用的熵权法，对各指标权重进行测算，计算结果如表 2 所示。国内市场中，权重较大的不确定性指标为经济政策和商品价格，权重分别达到 0. 160 和 0. 146；国际市场中，权重较大的不确定性指标为金融市场和地缘政治，权重分别为 0. 130 和 0. 128。

表 2　重大突发事件不确定性指数各指标熵值和权重

一级指标	维度分类	二级指标	具体指标	熵值	指标权重
重大突发事件不确定性指数	国内市场	经济景气	中国 OECD 景气指标	0. 978	0. 048
		经济政策	中国经济政策不确定性指数	0. 926	0. 160
		商品价格	CPI 波动率	0. 933	0. 146
		金融市场	上证综合指数涨跌幅	0. 991	0. 020
		经济活跃	克强指数	0. 993	0. 015

续表

一级指标	维度分类	二级指标	具体指标	熵值	指标权重
重大突发事件不确定性指数	国际市场	经济景气	全球 OECD 景气指标	0.968	0.068
		经济政策	全球经济政策不确定性指数	0.953	0.102
		商品价格	黄金原油价格比	0.952	0.103
		金融市场	VIX 恐慌指数	0.940	0.130
		地缘政治	地缘政治风险	0.941	0.128
		经济活跃	美国 ECRI 领先指标同比增速	0.991	0.019
			全球 GDP 跟踪	0.972	0.060

（三）指数构建结果

根据权重计算结果得到重大突发事件不确定性指数走势（见图1），指数的阶段性高点与重要突发事件发生时间较为吻合：例如，2003 年 2 月对应"非典"；2008 年 12 月 ~2009 年 3 月对应国际金融危机；2011 年 9 月对应欧债危机；2020 年初对应的是新冠肺炎疫情。由此可见，本文所构建的不确定性指数能较好地反映国内外突发事件对宏观经济产生的不确定性。

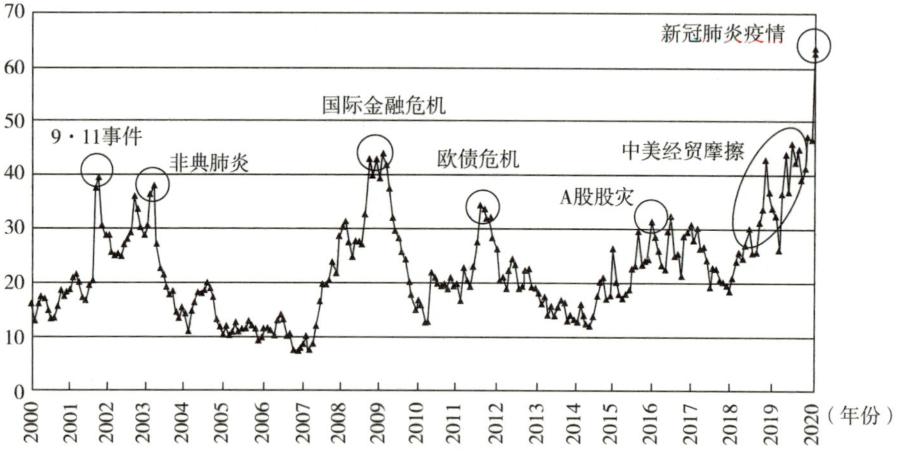

图1　重大突发事件不确定性指数走势

四、重大突发事件不确定性对需求侧增长的时变冲击测度

（一）变量说明

经济需求侧“三驾马车”包括消费、投资和出口，本文选择2000年1月~2020年4月社会消费品零售总额、固定资产投资（不含农户）、货物出口月度同比增速作为消费、投资和出口增长的代理变量。在数据处理上需说明的是：第一，在数据形式上，由于国家统计局各月公布的固定资产投资（不含农户）增速为累计增速，所以本文将累计增速转化为月度增速。第二，从统计制度来看，为更好地规避春节因素扰动，通常把1月、2月主要指标合到一起统计，因此假定1月、2月保持相同增速。

（二）模型设定

采用TVP－SV－VAR模型量化分析重大突发事件不确定性对中国经济需求侧增长的冲击。TVP－SV－VAR是基于结构向量自回归模型（SVAR）发展而来，自Sims（1980）提出SVAR以来，不变参数SVAR模型在宏观经济研究中得到广泛运用，该模型基本形式为：

$$Ay_t = F_1 y_{t-1} + \cdots + F_s y_{t-s} + \mu_t,\ t = s+1,\ \cdots,\ n$$

式中，y_t 为 $k \times 1$ 维观测向量，A 为 $k \times k$ 维联立系数矩阵，F_i 为 $k \times k$ 维的滞后系数矩阵，扰动项 μ_t 为 $k \times 1$ 维结构性冲击，$\mu_t \sim N\left(0, \sum^2\right)$。假定结构冲击间的关系服从递归识别，即矩阵A为下三角矩阵，其中：

$$A = \begin{bmatrix} 1 & 0 & \cdots & 0 \\ a_{21} & 1 & \cdots & 0 \\ \vdots & \ddots & \ddots & \vdots \\ a_{k1} & \cdots & a_{k,k-1} & 1 \end{bmatrix}, \sum = \begin{bmatrix} \sigma_1 & 0 & \cdots & 0 \\ 0 & \sigma_2 & \cdots & 0 \\ \vdots & \ddots & \ddots & \vdots \\ 0 & \cdots & 0 & \sigma_k \end{bmatrix}$$

因此，可以将SVAR模型改写为如下形式：

$$y_t = B_1 y_{t-1} + \cdots + B_s y_{t-s} + A^{-1} \sum \varepsilon_t, \varepsilon_t \sim N(0, I_k)$$

式中，$B_i = A^{-1} F_i$，$i = 1,\ \cdots,\ s$。通过将 B_i 中的元素进行堆叠形成列向

量 β，上式可以进一步表示成：

$$y_t = X_t\beta + A^{-1}\sum\varepsilon_t$$

式中，$X_t = I_k \otimes (y'_{t-1}, \cdots, y'_{t-s})$，⊗表示克罗内克积。SVAR 模型中所有参数均为不变常数。随着现代计量经济学进一步发展，Primiceri（2005）、Nakajima（2011）拓宽参数不变假定，对 SVAR 模型进行时变处理，假定参数随时间不断变化，构造时变参数随机波动向量自回归（TVP－SV－VAR）模型，具体形式为：

$$y_t = X_t\beta_t + A_t^{-1}\sum{}_t\varepsilon_t, \quad t = s+1, \cdots, n$$

式中，系数 β_t、联立方程系数 A_t 和随机波动协方差矩阵 $\sum_t$ 都服从时变特征。借鉴 Nakajima（2011）等学者的做法，把下三角矩阵 A_t 中非 0 和 1 元素拉直成列向量，即令 $a_t = (a_{21}, a_{31}, a_{32}, a_{41}, \cdots, a_{k,k-1})$，同时令 $h_t = (h_{1t}, \cdots, h_{kt})$，其中 $h_{it} = \log(\sigma_{it}^2)$，$i = 1, \cdots, k$；$t = s+1, \cdots, n$。并假定参数服从以下随机游走过程：

$$\beta_{t+1} = \beta_t + \mu_{\beta t}$$

$$a_{t+1} = a_t + \mu_{at}, \quad t = s+1, \cdots, n$$

$$h_{t+1} = h_t + \mu_{ht}$$

式中，$\beta_{s+1} \sim N(\mu_{\beta_0}, \sum_{\beta_0})$，$a_{s+1} \sim N(\mu_{A_0}, \sum_{A_0})$，$h_{s+1} \sim N(\mu_{h_0}, \sum_{h_0})$。

（三）模型估计结果

1. 单位根检验

在进行模型估计前，为避免模型出现伪回归现象，需对各变量平稳性进行单位根检验（见表 3）。结果表明，不确定性指数以及消费、投资和出口同比增速均为平稳序列。其中，不确定性指数和消费增速均通过 5% 的显著性检验；投资和出口增速均通过 1% 的显著性检验。说明各变量均不存在单位根，可用于构建 TVP－SV－VAR 模型。

表 3　变量单位根检验结果

变量	检验类型（C，T，K）	ADF 统计	5% 水平临界值	P 值	检验结果
不确定性指数	(1，0，0)	－2.964	－2.881	0.038	平稳
消费增速	(1，0，0)	－3.317	－2.881	0.014	平稳
投资增速	(1，0，0)	－7.372	－2.881	0.000	平稳
出口增速	(1，0，0)	－6.245	－2.881	0.000	平稳

2. 滞后阶数确定

在进行 MCMC 模拟之前，参照 Nakajima（2011）的研究对 TVP - SV - VAR 模型时变参数初始值进行设定。在滞后阶数的选取上，根据常系数 VAR 模型 AIC 准则、HQIC 准则和 SBIC 准则，确定 TVP - SV - VAR 模型的滞后阶数等于2，如表4所示。

表4 滞后期数检验结果

Lag	LL	LR	df	p	AIC	HQIC	SBIC
0	-2784.63				28.31	28.34	28.38
1	-2357.08	855.1	16	0.000	24.13	24.27	24.47
2	-2306.42	101.32	16	0.000	23.78*	24.02*	24.38*
3	-2292.77	27.292*	16	0.038	23.80	24.16	24.67

注：* 代表在10%的水平上显著。

3. 模型估计结果

运用 matlab 软件对 TVP - SV - VAR 模型进行 10000 次模拟，其中前 1000 次为预模拟，由于其不稳定性将其舍弃。表5为 TVP - SV - VAR 模型参数后验分布的均值、标准差、95%置信区间、CD 收敛诊断值以及无效因子，CD 统计量和无效因子是由 Gewake（1991）提出的，可用于诊断模型的估计效果。结果显示，各参数的 CD 统计量均未超过5%的置信水平临界值 1.96，不能拒绝趋于后验分布的原假设，表明预抽样能使马尔科夫链趋于集中。无效因子表示为得到不相关样本所需要抽样的次数，无效因子越低，表明样本越有效，表5中，除（$\sum_h$）$_1$ 略高以外，其他参数的无效因子均较小，说明模型抽样总体有效。

表5 TVP - SV - VAR 模型参数估计结果

参数	均值	标准差	95%置信区间	CD 统计量	无效因子
$(\Sigma_\beta)_1$	0.0023	0.0003	[0.0018, 0.0028]	0.554	8.22
$(\Sigma_\beta)_2$	0.0023	0.0003	[0.0018, 0.0028]	0.173	10.87
$(\Sigma_\alpha)_1$	0.0051	0.0012	[0.0032, 0.0081]	0.121	58.00
$(\Sigma_\alpha)_2$	0.0053	0.0014	[0.0032, 0.0087]	0.051	73.64
$(\Sigma_h)_1$	0.0060	0.0027	[0.0034, 0.0133]	0.939	163.59
$(\Sigma_h)_2$	1.1993	0.1766	[0.8786, 1.5713]	0.793	44.26

图2中，上中下三行分别表示表5相应参数的样本自相关系数、模拟路径和后验分布密度函数，在剔除预模拟样本后，样本自相关系数稳步减小，样本模拟路径呈现明显波动聚类特征，样本后验分布密度函数也体现出较强正态分布特征，可见通过MCMC抽样，可以有效模拟参数的分布情况。

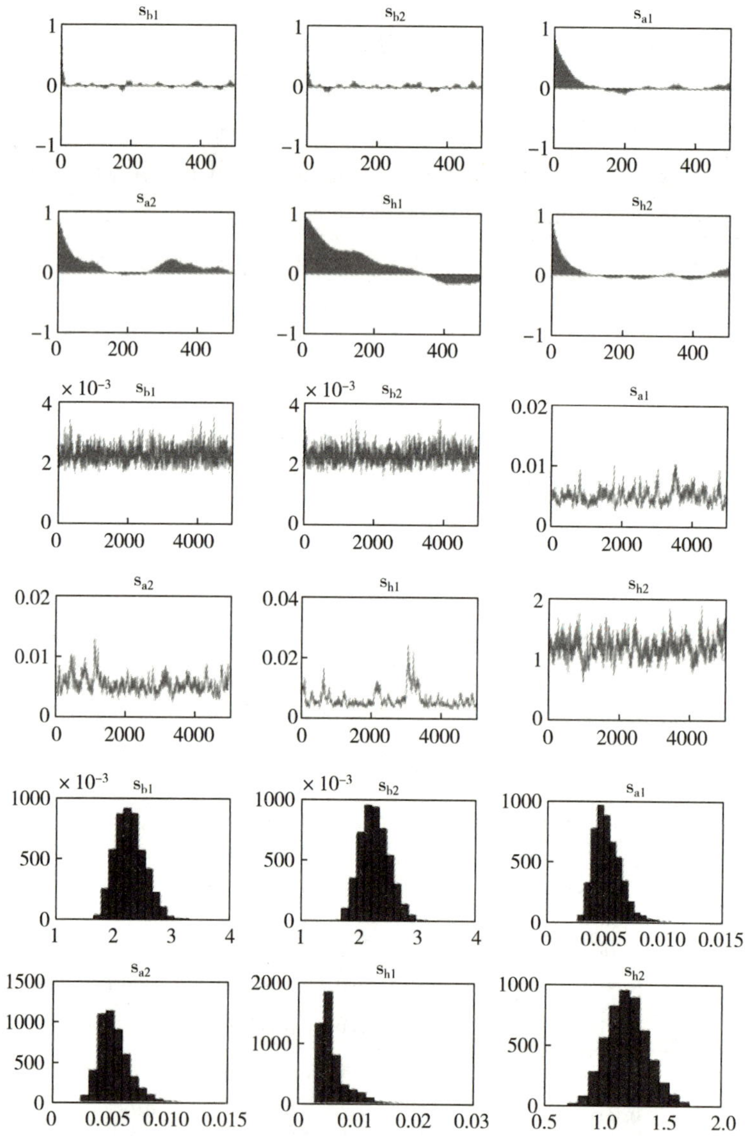

图2　样本自相关系数（上）、样本路径（中）、后验分布（下）

图3为不确定性指数以及消费、投资、出口增速后验波动率，从图中可知，突发事件不确定性波动率近年来明显上升；消费增速波动率在新冠肺炎疫情期间急剧升高；投资增速波动率幅度大于消费和出口，其阶段性高点与突发事件较为吻合；出口增速波动率总体较为稳定，但近年来波动程度较此前有一定增加。

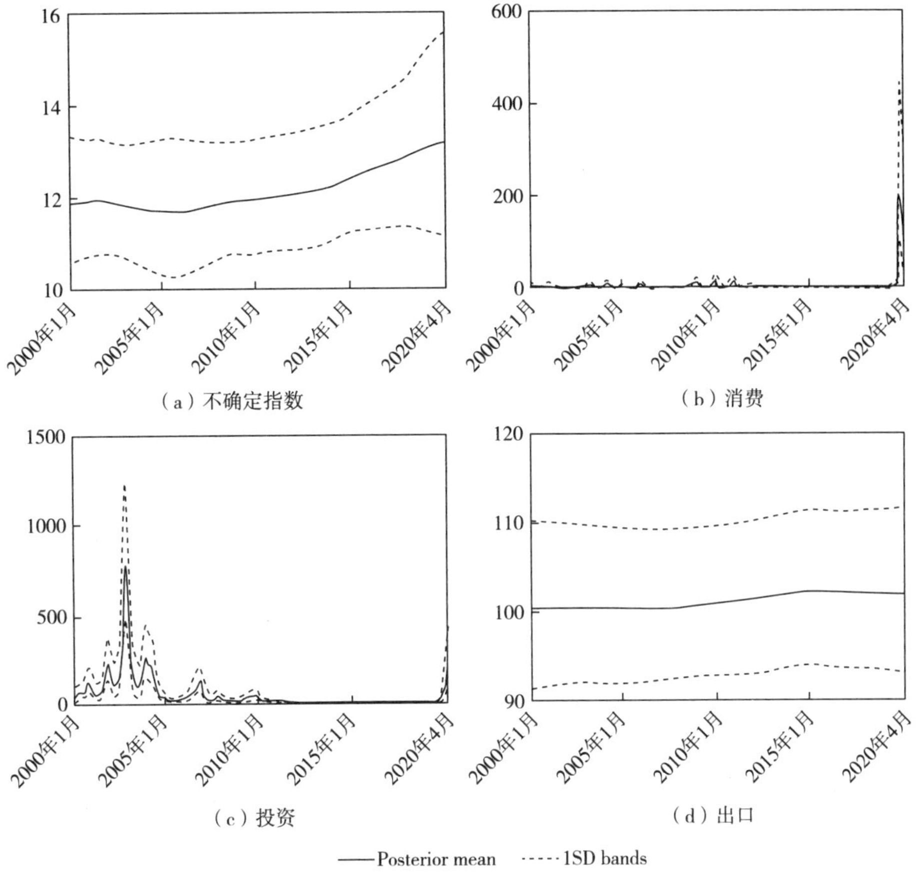

图3　不确定性指数、需求侧增长的后验波动率

（四）等间隔脉冲响应分析

本文同时采用等间隔脉冲响应函数和时点脉冲响应函数两种不同类型的脉冲响应函数检验重大突发事件不确定性对消费、投资、出口增长效应的时变特征。其中，等间隔脉冲响应函数可捕捉不确定指数对需求侧“三驾马车”冲击在不同时期的动态特征，并考察不确定性对需求侧传递短期效应和长期效应的差异性。

图4三维立体图依次代表消费、投资和出口增速对不确定性指数的动态响应过程。结果显示，当不确定性受到一单位正向冲击后（即不确定性上升），消费、投资、出口增速受到不同程度影响，不确定性对需求侧的传递效应不仅具有显著时变性特征，而且冲击大小存在一定差异。以滞后2期以上为例：第一，消费增长方面，消费是“三驾马车”中最稳定的因素，自2000年以来总体表现较为稳健，不确定性对消费增长冲击长期在0值上下波动。同时，通过和投资、出口比较发现，消费受到不确定冲击最小，冲击大小基本在区间［-0.5，0.5］。第二，投资增长方面，相较于消费而言，投资受到不确定性冲击更大，冲击波动区间在［-0.94，0.83］，且多数时期冲击处于负向区间，以间隔2期为例，2000年以来超过85%的月度时点冲击为负向冲击。第三，出口增长方面，通过比较发现，重大突发事件不确定性对出口的冲击明显大于对消费和投资的冲击，具体表现为当重大突发事件不确定性指数受到一单位冲击时，出口的波动区间在［-2.70，1.19］，整体处于负脉冲响应区间。

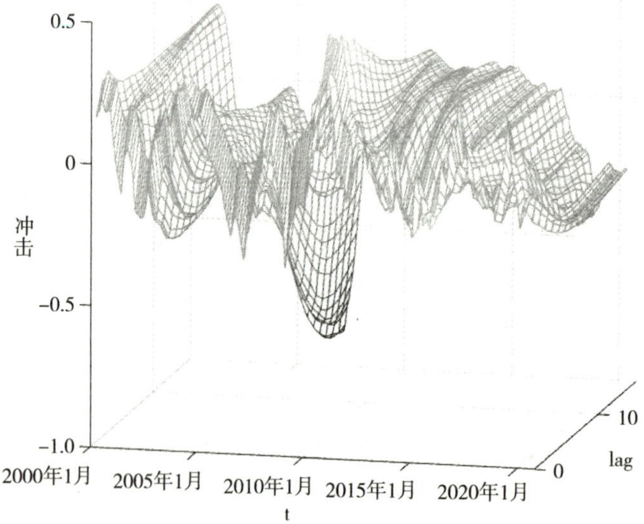

（a）对消费的冲击

图4 重大突发事件不确定性指数对需求侧增长的三维立体冲击

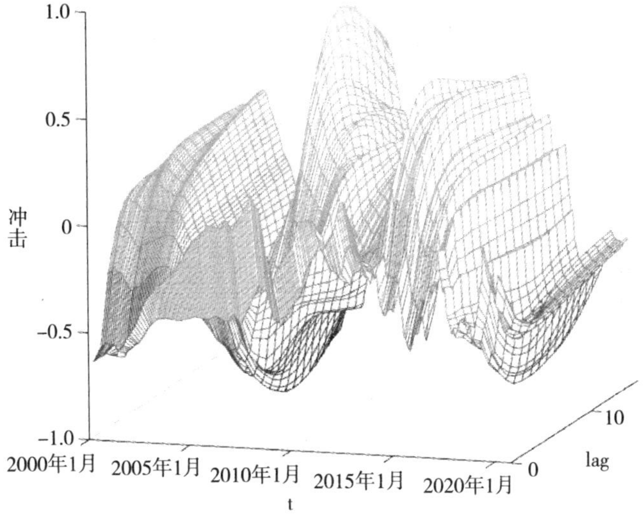

（b）对投资的冲击

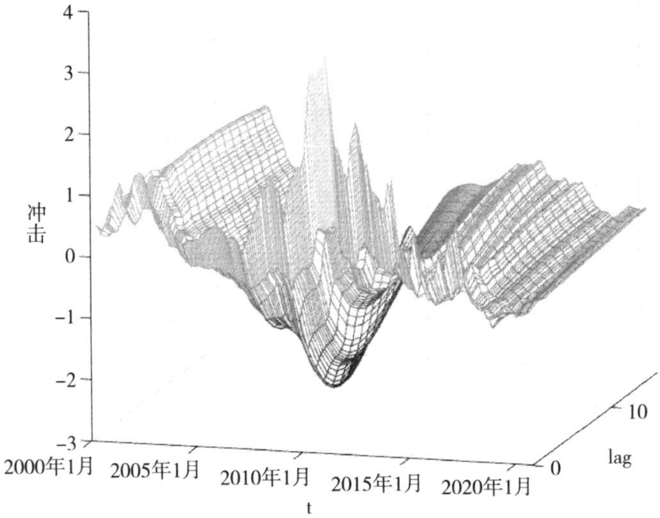

（c）对出口的冲击

图 4　重大突发事件不确定性指数对需求侧增长的三维立体冲击（续）

图 5 为滞后 2 个月、4 个月和 8 个月的等间隔脉冲响应图。结果显示：对于消费而言，不确定性冲击在 2013 年之前的波动较大，从 2013 年开始，

冲击明显减小，而通过比较同期消费增速可以发现，从2013年开始我国消费增速出现长期缓慢下降的情况，但消费受到不确定性的冲击反而减弱，在一定程度上说明这一时期在我国居民收入不断提高的背景下，消费增长质量更高、抵御外部冲击能力更强。对于投资而言，除2009年（四万亿计划）和2014年末（不确定性和投资增速同步下降）出现两个阶段性高点之外，其余时期不确定性对投资均有较为明显的负向冲击。对于出口而言，除在加入WTO初期带来的开放红利使脉冲响应为正之外，2004年开始，重大突发事件不确定性对出口的脉冲响应持续为负，并在2008年末2009年初国际金融危机期间跌至最低水平，近年来出口受到的负向冲击虽有所减小，但总体仍明显大于不确定性对消费和投资的冲击。

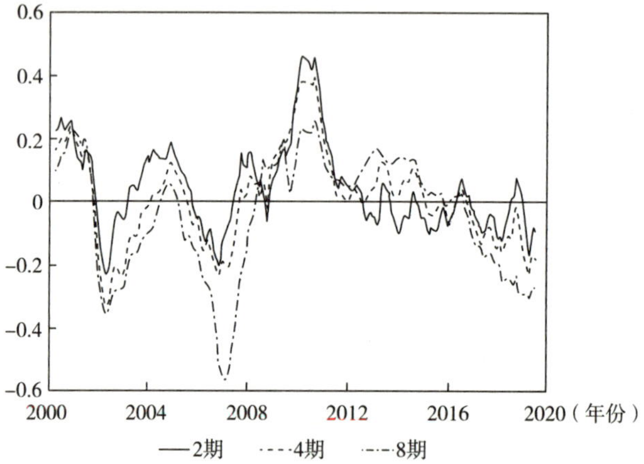

（a）对消费的冲击

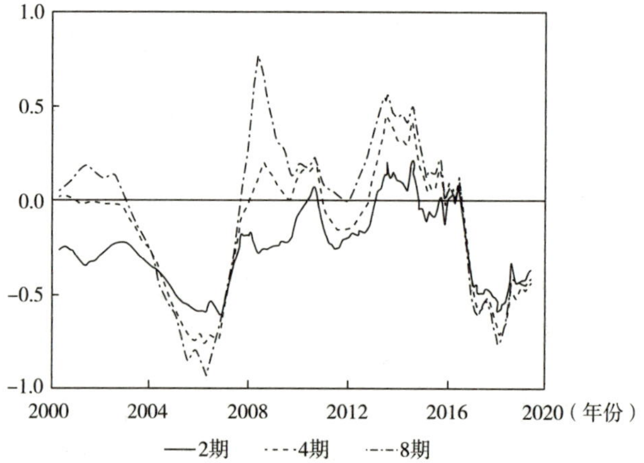

（b）对投资的冲击

图5 TVP－SV－VAR模型等间隔脉冲响应

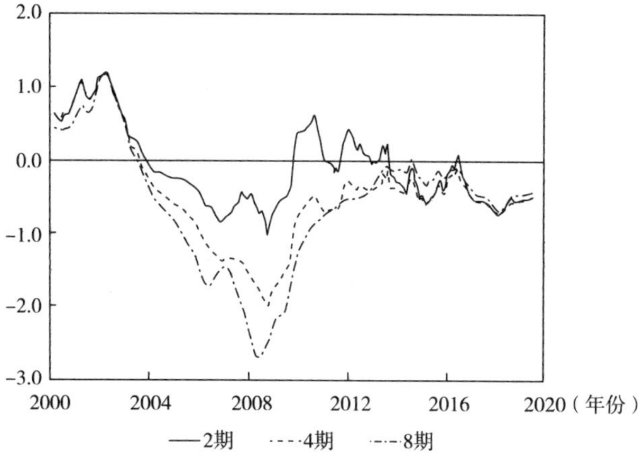

（c）对出口的冲击

图 5　TVP－SV－VAR 模型等间隔脉冲响应（续）

（五）时点脉冲响应分析

时点脉冲响应函数反映的是重大突发事件对需求侧冲击的传递效应在不同时点变化特征，通过选取特定的冲击时点，可以研究在特定重大突发事件下不确定性与需求侧的关联性。利用时点脉冲响应分别针对不同突发事件对消费、投资、出口冲击效应变化特征进行分析。选择冲击时点依次为 2003 年 2 月、2008 年 4 月和 2020 年 1 月，分别对应“非典”、国际金融危机、新冠肺炎疫情三个突发事件（见图 6）。研究结论如下：

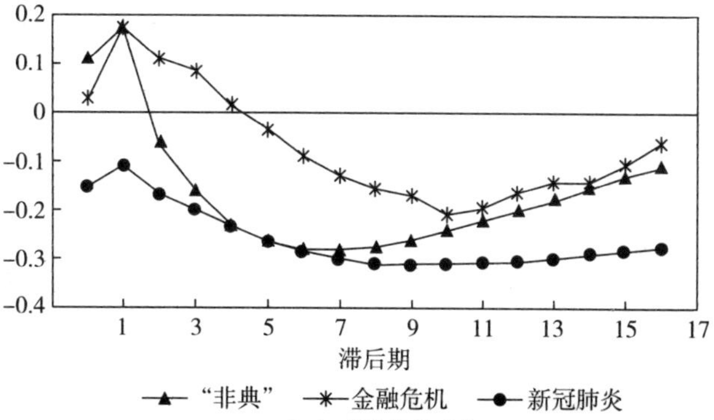

（a）对消费的冲击

图 6　TVP－SV－VAR 模型时点脉冲响应

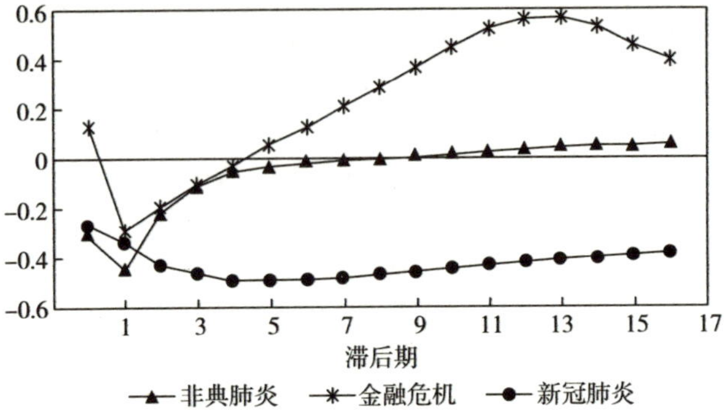

(b) 对投资的冲击

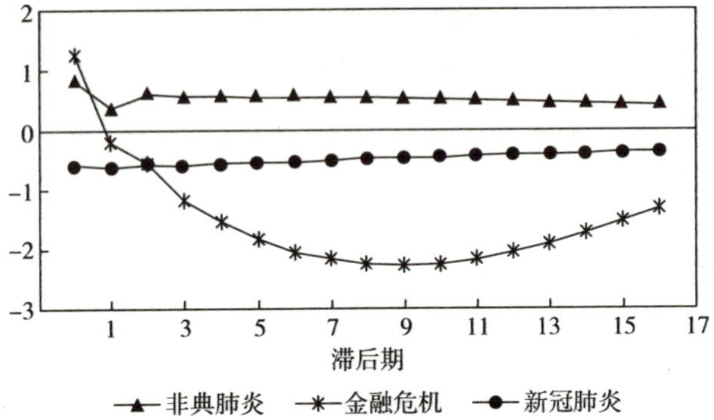

(c) 对出口的冲击

图6　TVP－SV－VAR模型时点脉冲响应（续）

第一，“非典”时期，重大突发事件不确定性对内需影响较大，消费、投资受到最大冲击分别达到－0.28个和－0.44个单位，明显大于对出口的冲击；出口表现稳健，2003年各月，我国出口增速均在25%以上，未出现明显下滑。

第二，国际金融危机时期，金融危机作为全球性经济突发事件，对我国外需冲击最为明显，对出口冲击表现为两个特点：一是冲击程度大，不确定性一单位冲击对出口产生最大－2.26个单位冲击；二是持续时间长，即便是滞后15期，出口仍然存在较大负向冲击，数据显示2008年4月起，出口增速进入较长时间下行通道，并出现连续13个月负增长。相较而言，金融危机时期消费表现稳健，而四万亿计划使投资在经历较短时期负向冲击后迅速转正。

第三，新冠肺炎疫情时期，疫情对我国需求侧“三驾马车”均产生较大程度的冲击，尤其是在对内需冲击上，冲击明显大于“非典”和金融危机。一般而言，消费是“三驾马车”中最稳定的因素，讨论总需求波动更多是关注出口和投资（徐奇渊，2020），但新冠肺炎疫情冲击下，消费需求失去稳定性，不确定性对消费最大冲击为 -0.31，且冲击持续性较长，在滞后 15 期仍然存在一定冲击；对投资最大冲击为 -0.49，从滞后第 5 期开始，对投资冲击逐渐减弱。而出口最大受到 -0.64 个冲击，影响大于“非典”但小于国际金融危机，说明在稳外贸政策背景下，出口受到的冲击得到较好控制。

（六）稳健性检验

为了进一步验证前文所构建模型的稳健性，本部分通过两种方法对模型进行稳健性检验。第一种方法采用贝叶斯向量自回归（BVAR）模型，这一模型无法实现冲击的时变性估计，但能从更全局的角度观察冲击的平均效应，脉冲响应结果如图 7 所示，可以看出，出口仍是受到最大的冲击，内需方面投资受到的冲击大于消费受到的冲击，这与前文所得结论相一致。

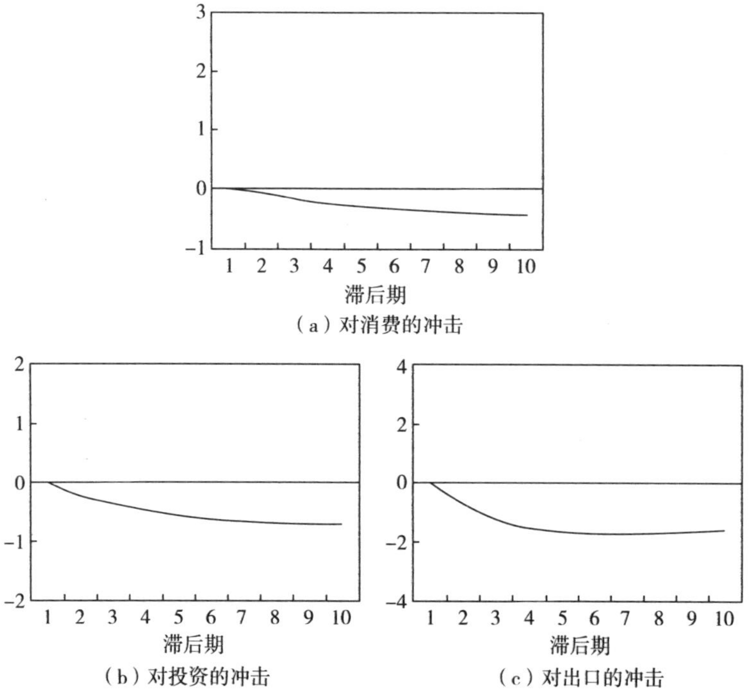

图 7　BVAR 模型脉冲响应

第二种方法采用更为低频的季度数据代替前文的月度数据进行测算。根据图8模型季度脉冲响应图可以看出，一方面脉冲响应整体走势与前文月度脉冲走势较为接近；另一方面从重大突发事件时间点看，在2020年新冠肺炎疫情冲击下，消费和投资受到的冲击均明显大于前期的冲击，而出口虽然也受到较大冲击，但略小于国际金融危机时期，这说明前文所构建的模型是稳健的。

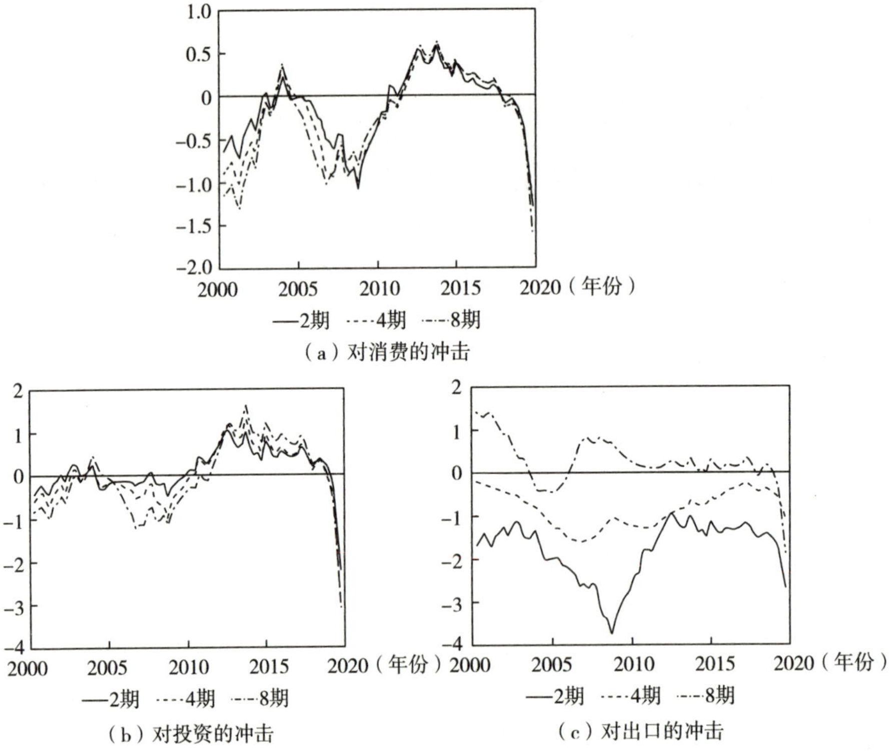

图8 TVP-SV-VAR模型季度等间隔脉冲响应

五、研究结论与展望

（一）研究结论

本文基于国内国际两个维度宏观经济指标，编制2000年1月以来重大突发事件不确定性月度指数。总的来看，所编制的不确定性指数能够较好地反映21世纪以来重大突发事件本身的不确定性，利用TVP－SV－VAR模型研究指数对经济需求侧的冲击，等间隔脉冲响应结果显示，重大突发事件不确定性对中国经济需求侧增长冲击存在明显的异质性。引入TVP－SV－VAR模型研究不确定性对中国经济需求侧增长冲击，结果表明：三大需求增速对不确定性冲击响应存在一定差异，具体表现为消费受到冲击最小，冲击大小基本在区间［－0.5，0.5］内波动；投资受到冲击次之，冲击波动区间在［－0.94，0.83］，且长期为负向冲击；出口受到冲击最大，最大冲击程度达到－2.70。利用时点脉冲响应量化“非典”、国际金融危机、新冠肺炎三个重大突发事件对需求侧的冲击。结果显示：非典肺炎时期，消费、投资受到冲击最大分别达到－0.28个和－0.44个单位，出口表现相对稳健；金融危机时期，一单位不确定性冲击对出口产生最大2.26个单位负向冲击，内需受到冲击相对较小；新冠肺炎时期，消费和投资受到冲击明显大于“非典”和金融危机，而出口最大受到－0.64个冲击，冲击略小于国际金融危机。

（二）研究展望

第一，继续完善重大突发事件不确定性指数的编制。本文构建的重大突发事件不确定性指数在指标构建、方法选择上仍存在进一步完善空间，尤其是在拓展统计数据的获取渠道方面，可以利用微观数据、行业数据，通过整合和分析，打造更加全面的重大突发事件不确定指数指标体系，满足不同社会层次对统计服务的需要。

第二，拓展重大突发事件不确定性对宏观经济的多维冲击。本文主要聚焦不确定性对我国经济需求侧的影响，但从更广义角度看，供给侧也将受到重大突发事件冲击，如在新冠肺炎疫情期间，我国城镇调查失业率明显上升，影响劳动力供给。因此，未来可以进一步拓宽研究方向，重点考察突发事件对宏观经济的全局影响。

第三，利用重大突发事件不确定性指数加强对突发事件下宏观经济增长的监测。根据本文研究，不确定性指数对经济需求侧增长有一定冲击。下阶段，可以发挥不确定性指数的监测作用，构建动态的预警模型对消费、投资、出口的运行进行实时高频监测，加强对经济增长的预测研判。

参考文献

[1] 陈国进，晁江锋，武晓利，赵向琴．罕见灾难风险和中国宏观经济波动［J］．经济研究，2014，49（8）：54－66.

[2] 郭红玉，许争，佟捷然．日本量化宽松政策的特征及对股票市场短期影响研究——基于事件分析法［J］．国际金融研究，2016（5）：38－47.

[3] 郭维．美国政治施压事件对人民币汇率的影响研究：2005～2016年［J］．世界经济研究，2017（1）：28－40＋135.

[4] 郝清民，郑鹤．政策事件干预股市的平滑转换随机波动模型［J］．系统工程，2015，33（5）：25－32.

[5] 刘庆富，华仁海．重大风险事件对中国商品期货市场的冲击效应——基于学生分布的随机波动模型［J］．数量经济技术经济研究，2012，29（5）：89－103.

[6] 刘庆富，周程远，张婉宁．地震灾难对中国股票市场的冲击效应［J］．财经问题研究，2011（4）：61－67.

[7] 黎东升，李静，马敬桂．国内外随机事件对中国食品价格波动影响研究［J］．农业经济问题，2014，35（3）：68－74＋111.

[8] 王国静，田国强．金融冲击和中国经济波动［J］．经济研究，2014，49（3）：20－34.

[9] 王璐，黄登仕，马锋，刘文佳．重大突发事件对国际外汇市场影响分析：基于英国脱欧公投事件［J］．数理统计与管理，2020，39（1）：174－190.

[10] 吴先华，王长源，郭际，谭玲．基于CGE的政治争端事件对中国经济的影响研究——以中日2012年“钓鱼岛事件”为例［J］．中国软科学，2018（4）：165－171.

[11] 谢建国，贾珊山．公开市场表态稳定了人民币汇率吗——基于2014～2017年人民币汇率干预事件的研究［J］．世界经济研究，2019（1）：18－30＋135.

[12] 杨欣，吕本富．突发事件、投资者关注与股市波动——来自网络搜索数据的经验证据［J］．经济管理，2014，36（2）：147－158.

[13] 杨子晖，陈雨恬，张平淼．重大突发公共事件下的宏观经济冲击、金融风险传导与治理应对［J］．管理世界，2020，36（5）：13－35＋7.

[14] 尹志超，路慧泽，潘北啸．中美贸易战对中国股市的影响——基于事件研究法的分析［J］．管理学刊，2020，33（1）：18－28.

[15] 张晓晶，刘磊．宏观分析新范式下的金融风险与经济增长——兼论新型冠状病毒肺炎疫情冲击与在险增长［J］．经济研究，2020，55（6）：4－21.

[16] 张珣，余乐安，黎建强，汪寿阳．重大突发事件对原油价格的影响［J］．系统工程理论与实践，2009，29（3）：10－15.

[17] 邹文理，王曦，谢小平．中央银行沟通的金融市场响应——基于股票市场的

事件研究［J］．金融研究，2020（2）：34－50.

［18］祝继高，辛宇，仇文妍．企业捐赠中的锚定效应研究——基于“汶川地震”和“雅安地震”中企业捐赠的实证研究［J］．管理世界，2017（7）：129－141＋188.

［19］Aguero J M，Beleche T. Health Shocks and Their Long－lasting Impact on Health Behaviors：Evidence from the 2009 H1N1 Pandemic in Mexico［J］．Journal of Health Economics，2017，54（7）：40－55.

［20］Deryugina，Tatyana，Kawano，et al.．The Economic Impact of Hurricane Katrina on Its Victims：Evidence from Individual Tax Returns［J］．American Economic Journal Applied Economics，2018（1）：7－14.

［21］Gourio. Disasters Risk and Business Cycles［J］．American Economic Review，2012（102）：1734－1766.

［22］Ju K，Zhou D，Zhou P，et al. Macroeconomic Effects of Oil Price Shocks in China：An Empirical Study Based on Hilbert－Huang Transform and Event Study［J］．Applied Energy，2014（136）：1053－1066.

［23］Kilic，Mete，Wachter，et al. Risk，Unemployment，and the Stock Market：A Rare－Event－Based Explanation of Labor Market Volatility［J］．The Review of Financial Studies，2018（1）：7－14.

［24］Ramiah V，Pham H N A，Moosa I. The Sectoral Effects of Brexit on the British Economy：Early Evidence from the Reaction of the Stock Market［J］．Applied Economics，2016（1）：1－7.

［25］Wagner A，Zeckhauser R J，Ziegler A. Company Stock Reactions to the 2016 Election Shock：Trump，Taxes and Trade［J］．NBER Working Papers，2017（1）：7－14.

政府管理关系、财政分权与经济增长

——基于市县级面板数据的分析

肖　洁　杨龙见　龚六堂

摘　要　本文理论分析了中国地方官员特征和财政分权在地方经济发展中的重要作用，并采用2002～2009年市县级数据实证分析了两个因素对经济增长的影响。研究表明，中国特色的政府管理体制与财政分权共同作用能够促进经济增长，其主要原因在于集中的政府管理体制保障了下级官员发展经济的激励。本文的研究从理论和实证两方面支持了十九大报告提出的有关加强党的集中领导的重要指示。

关键词　地方官员特征；政府管理；财政分权；经济增长

一、引言

改革开放前后，中国的财税体制经历了从“一放就乱，一乱就收，一收就死”的循环到“有效财政分权”的常态，经济增长也逐渐步入了高速发展的轨道。这一事实吸引了国内外诸多学者进行研究，已有的研究主要集中在对外开放、财税改革、金融创新、政治体制改革等。其中，财政工具作为影响经济最直接的手段，成为学者们研究的重点。

传统的经济学理论认为，联邦制下的分权有利于经济发展，究其原因：一是地方政府的信息优势提高了资源的配置效率（Hayek，1945）；二是财政分权促进了地方政府间的竞争，提供了公共物品的供给质量（Tiebout，1956）。然而，这些理论天然的假设地方政府会执行中央政府最大化社会福利或者经济发展的目标，隐含的一个基本前提是财政分权对地方政府的有效激励（尹恒和杨龙见，2014）。这也是第二代分权理论中，市场保护型机制形成的重要因素（Qian and Weingast，1997）。

已有大量文献分别从理论和实证的角度研究了中国财政分权对于经济发展的作用，但结论并不统一。Lin 和 Liu（2000）研究表明，财政分权对中国经济的影响是正的；其他一些学者构建了不同的财政分权度量指标并发现财政分权对经济有负面作用（Zhang and Zou，1998；Jin and Zou，2005）。张晏和龚六堂（2005）研究表明，财政分权对经济的影响在 1994 年分税制前后存在截然不同的差异：分税制改革之前为负，改革之后为正。已有研究的结论不一让学者们感到困惑，财政分权确实给予了地方政府发展经济的“资本”，但是否还存在其他因素影响并带来了中国改革开放后几十年的高速发展？本文试图从地方官员领导特征的角度给出一个全新的解释。

与西方的财政联邦体制不同，中国地方政府官员的激励机制是不能忽视的影响因素。周业安和章泉（2008）认为，我国的财政分权是局部的、不完全的，地方官员所受的制约来自上级政府，而不是居民。Blanchard 和 Shleifer（2000）认为，来自上级政府的约束使得地方政府以经济发展为目标，同时减少了地方政府私下寻租的风险和范围。这表明在委托代理机制下，对地方政府的有效约束是财政分权的基础，而具有中国特色的政府管理体制可能正是激发地方政府发展经济的有效机制。Oi（1992）对中国的乡村进行了考察，发现基层党委执掌经济发展权力，在当地发展中起着先锋作用。Qian 和 Weingast（1997）探讨了地方政府激励的根源，认为上级政府必须对参与经济的个体做出可信有效的承诺（奖励经济成功，惩罚经济失败）才能促进经济发展。

近些年，有学者开始反思中国与俄罗斯、印度在 20 世纪 90 年代之后的经济发展差异（Zhuravskaya，2000；Bardhan，2006），认为中国特色的行政管理体制是保障财政分权和经济增长的关键因素（Qian and Weingast，1997；Roland，2000；Xu，2011）。然而，对这一模式的总结还仅限于思辨层面，缺乏相应微观机制的探讨。鉴于此，考察中国特色的政府管理体制，抓取地方官员特征并结合财政分权共同探讨我国改革开放以来经济增长的驱动因素，便成为本文的题中之意。

在中国特有的政府管理体系中，上级政府有能力对下级政府的经济表现做出奖惩（包括选任、委任和聘任）（周黎安，2007），从而实现中央政府对地方官员的支配和激励，进而保证了后者在充分财政分权上的有限约束。财政分权为地方政府提供了发展经济的“工具”，而中国特色的政府管理制度则为地方官员创造了发展经济的“动机”，只有“工具”和“动机”同时存在，地方经济才能得到持续有效的发展。然而，目前为止，研究中国特色政府管理体制与经济增长的文献主要集中在理论和逻辑阐述方面，还没有相关的经验研究，主要的困难在于政府管理集中程度是一个较为虚化的概念，很难对其进行度量。本文利用地方官员的部分特征作为政府管理集中程度的部分体现，用实证方法对以上理论做出证明。

本文首先利用一个简单模型说明了政府管理和财政分权在地方政府决策中所起的作用，然后利用市委书记是否来自于本市市长这一信息作为衡量市级政府管理集中程度的指标，并结合县域经济财政数据，研究政府管理和财政分权对于县域经济的影响。研究表明，二者共同作用保证了地方政府发展经济的激励，能够有效促进经济增长。本文的主要贡献：①已有文献对政府集中管理的研究仍停留在理论阐述阶段，本文利用中国市县级数据对政府管理之于经济增长的影响进行了实证研究，填补了经验研究方面的空白。②文章详细梳理了地方官员的个人特征，通过刻画官员的来源、去向等，打破了地方政府行为研究中的同质性假设，为研究地方政府治理上的差异提供了新的视角。③研究表明，政府管理与财政分权共同作用能够更好地促进经济增长，这一结论为行政管理体制和财税体制的进一步改革提供了经验建议。

本文主要分为六个部分：第二部分是文献综述，第三部分建立了一个简单的理论模型，对政府管理和财政分权影响经济发展的作用机制进行说明，第四部分进行数据描述和衡量指标说明，第五部分为实证结果和稳健性检验，第六部分是总结性评论。

二、文献综述

（一）财政分权文献

财政分权是指给予地方政府一定的税收权利和支出责任范围，并允许其自主决定预算支出规模与结构，使处于基层的地方政府能自由选择其所需要的政策类型，并积极参与社会管理，其目的是使地方政府能够提供更多、更好的服务。Musgrave（1959）和 Oates（1972）提出了财政分权的基本思想：资源配置政策应根据各地居民的偏好不同而有所差别，在这方面，地方政府比中央政府更适合，更有利于提高经济效益和改进社会福利水平。已有文献支持了以上理论：Lin 和 Liu（2000）利用 1970 ~ 1993 年的省级数据，发现财政分权提高了省级人均 GDP 的增长率；张晏和龚六堂（2004）、张晏（2005）利用 1986 ~ 2002 年的数据分析了分税制前后财政分权对经济的影响，发现分税制前财政分权对经济的影响是负面的，而分税制改革后是正向的。刘金涛等（2006）利用 1982 ~ 2000 年数据的结果表明，财政分权整体上对中国经济的影响是负的，但分税制改革后的影响是正的。温娇秀（2006）用 1980 ~ 2004 年的省级数据发现，财政分权整体上促进了中国经济的发展。但是也有一些文献得到了相反的结果：Zhang 和 Zou（1998）基于 1980 ~ 1992 年数据的研究发现财政分权与经济增长之间存在显著的负相关。Jin 和 Zou（2005）区分了分税制改革前后的时间段，发现采用不同的财政分权度量方法（按支出计算和按收入计算）得到了完全不同的结果。

如何协调以上结论？周业安和章泉（2008）认为，中国的政治体制使得我国的财政分权是不完全的，地方政府会受到上级政府的制约，而不是居民的制约。因此，本文在考虑中国政府管理体制的背景下再次分析和探讨财政分权对经济的影响，这一经验研究更加符合中国国情。此外，已有的财政分权文献几乎都是基于省级层面数据的研究，对更加微观级别的市县财政分权研究十分缺乏（Bardhan，2002）。据我们所知，Zhang（2006）利用 1993 ~ 2000 年的县级数据探讨了财政分权和政府结构对地区间分配的影响。但在 2000 年后中国又进行了多次改革，经济发展产生了新的变化，也有更多的数据可供利用和分析。因此，对已有研究进行时间和空间上的扩展同样十分重要。本文的实证研究利用 2002 ~ 2009 年县域经济财政数据对已有文献进行了补充，结果支持了 Musgrave（1959）和 Oates（1972）的财政分权理论：在控制了地方官员特征变量后，县级财政分权对县域经济发展有促进作用。

（二）中国特色政府管理的相关文献

关于中国特色政府管理的文献主要分为两类：第一类是周黎安等（2005）

提出的官员政治锦标赛理论，主要从官员个人晋升层面分析以 GDP 为主要绩效的考核和上级任免制度。这类文献主要集中在官员个人层面的研究，缺乏进一步的宏观计量分析。第二类是用理论说明和逻辑阐述的方法分析政府集中管理对中国经济发展的影响。Blanchard 和 Shleifer（2000）分析了中国和俄罗斯经济发展形成巨大差异的原因：中国政府有足够且可信的政治激励使得地方政府偏好发展经济，而俄罗斯政治权力较为分散（中央政府和大型国有企业、老牌公司互相牵制），地方政府可能通过税收、管制或腐败等手段阻碍了经济发展。与大型国有企业的势力相比，俄罗斯中央政府的权力相对较弱，既无法贯彻实行有利于国家发展的计划和政策，也无法制定明确的规则来分配经济发展所带来的收入，因而地方政府发展经济的激励较弱（Shleifer and Treisman，1999；Treisman，1999）。Huang（1998）认为，强有力的政治权力能够使中央政府对下级官员做出有效的奖惩承诺，减少地方政府的寻租行为。

近年来，国内学者对中国特色政府管理的特征进行了深入分析。张志海（2007）通过模型说明，在不考虑居民之间利益冲突的情况下，政治考核与任免和选举一样可以较为有效地约束辖区政府政治家的行为并具有挑选改进作用。还有一些学者对政府集中管理和财政分权之于经济发展的影响机制进行了更细致的探讨。孙德超（2011）认为，中国的财政分权伴随着预算外资金的不断膨胀，对经济增长的影响是双重的。政治集权限制了财政分权的负面影响，保证了中国持续三十多年的经济增长。杨龙和张振华（2011）表示，政治集权和财政分权使得地方政府受到很强的增长激励，为地方政府创新和竞争提供了广阔空间。它还使得政府间纵向关系保持着足够弹性，能够根据形势的变化做出适应性调整。梁学伟（2008）认为，政治集权和财政分权相结合有利于充分发挥两个积极性，既加强了中央对全国的宏观经济调控权，也赋予地方以地区经济调控权。受到以上理论的启发，本文利用市委书记是否来自于本市市长这一官员特征作为地级市政府管理的指标，并结合县域经济财政数据，研究了政府管理和财政分权对于县域经济的影响。我们的结论支持以上理论：政府集中管理和财政分权的共同作用有利于经济增长。

三、理论模型

参照 Blanchard 和 Shleifer（2000）的研究，我们利用一个简单的两级政府模型说明政府管理关系和财政分权在地方政府决策中起到的作用。为方便起见，我们假设经济中有两级政府：中央政府和地方政府（同样适用于分析省与市、市与县，可以理解为上级政府和下级政府）。

假设地方政府仅有一个决策问题：是否要发展经济。如果选择发展经济，地方政府需要充分有效地利用资金，发展最具潜能的企业和项目，以促进生产、增加整个社会的收入。相反，地方政府如果选择不发展经济，他们可以通过各种隐蔽手段使自身获利（如保护既得利益企业以收取贿赂等）。我们假设若地方政府选择发展经济使得整个社会的收入增加，地方政府得到的收益为 F，这一收益与中央政府对地方的财政分权程度有关；若地方政府选择不发展经济，得到的收益为 C。这里 C 可以理解为地方政府不发展经济，保护既得利益企业收取贿赂的收益。地方政府官员只有继续任职才能享受由经济发展中所得利益 F，或者不发展经济所得利益 C。

假设中央政府是偏好经济增长的。中央政府选择财政分权程度，并且能够影响地方政府的人事变动。我们将全国计划用于公共品生产的财政支出单位化为 1，假设中央政府选择对地方政府的财政分权为 a。也就是说中央政府将 a 比例的计划支出分配给地方政府，地方政府能够用其发展经济获得收益 F（a）。另外，中央政府能够影响地方政府官员是否留任。我们用 p_F 表示选择发展经济时地方官员留任的概率，p_C 表示选择不发展经济时地方官员留任的概率。定义 $p = p_F/p_C$，那么 p 则表示上级政府对下级政府管理集中程度。管理集中程度越高，p 越大；管理集中程度越低，p 越小。可以设想一个极端情况，如果管理集中程度极高，中央政府能够完全控制地方的人事变动，由于中央政府偏好经济增长，那么中央政府会设定 $p_F = 1$，$p_C = 0$，即 p 趋近于无穷大。相反，如果管理集中程度非常低，中央政府完全不能控制地方人事变动（如地方人事变动还会受到其他社会团体、大型国有企业的影响），那么地方政府选择发展经济不一定会提高 p_F，因为此时要依据其他决策团体的偏好；类似地，选择不发展经济的地方政府也不一定就会降低 p_C，此时 p 变小。

在以上假设下，地方政府会选择发展经济当且仅当 $p_F F(a) > p_C C$，即：

$$pF(a) > C \tag{1}$$

可以看到，p 越大，不等式（1）越容易满足。也就是说，管理集中程度越高，地方政府越倾向于发展经济。若 $F'(a) > 0$，那么 a 越大，不等式（1）越容易满足。也就是说如果地方政府获得的财政份额有利于促进生产，那么财政分权程度越高，地方政府会越倾向发展经济。此外，C 越小，不等式（1）越容易满足。这说明若地方政府选择不发展经济获得的利益越小，越倾向于选择发展经济。

由于我们通常假设生产函数 F（a）是凹函数，满足 $F'(a) > 0$ 的条件，因此由不等式（1）可以得到，当 p 越大、a 越大时，地方政府会更加倾向于发展经济。其中任一条件不满足都会影响地方政府的决策。比如当 a 很小，即可用资金较少时，产出非常有限，这时即使 p 很大，地方政府可能也不会选择发展经济。再者当 p 很小时，也就是管理集中度较小时，地方政府不认为自己选择了经济发展就一定能够留任，那么即便 a 很大，地方政府也有可能投机而选择不发展经济。总之，根据我们的理论说明，上级政府对下级政府的集中管理和财政分权同时存在则能够促进经济发展。

四、数据描述和指标选取

（一）数据来源

根据前文的理论模型和逻辑描述，对政府管理的研究需要涉及上下两个层级的政府。本文利用 2002 ~2009 年市级和县级政府的数据对以上理论模型进行实证研究。样本主要包含两方面的数据：市级官员（包括市委书记、市长以及市人大主任）的履历信息（包括从哪些岗位调任而来、上任时间、卸任后调任去向）和县级经济财政数据。市级官员数据大部分来自“中国领导干部资料库”，并利用百度百科进行补充。县级经济财政数据的来源是《中国县级经济统计数据》和《中国地县市财政统计资料》。由于中国县级经济数据的限制，我们的研究集中在 2002 ~2009 年。本文样本包括 1423 个县（包括县级市）共 8356 个观测值。

（二）衡量指标

本文研究的重点是如何衡量政府集中管理程度。杨龙和张振华（2011）对我国政治管理集权的表现进行了归纳："一是在中央与省级政府、上级地方政府与下级地方政府间实行地方服从中央，下级服从上级的原则；二是在党政关系的安排上，实现党委的一元化领导，政府要负责贯彻党的路线、方针和政策。"孙德超（2011）提出"政治集权是指中央政府可以运用政治手段影响和约束地方政府的行为"，同时指出"政治集权的核心是人事控制"。结合以上文献和理论分析，本文将政府管理的集中程度定义为：上级政府对下级官员人事控制的决策权力大小。或者说，政府管理集中程度是上级政府对下级官员升迁罢黜的控制程度。中国实行的是党和政府管理国家、党管干部的政治体制，各级政府都设有党委会和政府机构，下级官员的人事任命一般由上级党委决定，而党委书记作为党内"一把手"，对下级官员的人事任命有主导权。具体到市级和县级的情况来说，市委能够决定县级官员的升贬，其中市委书记起着主导作用。根据官员晋升激励理论（Li and Zhou，2005），出于政绩需要，市委书记偏好经济增长，也会据此决定下级官员的人事任命。那么，这种政府管理集中程度在不同城市是否有差异呢？这需要进一步考虑市委书记的决定是否完全等同于市委的决定，或者说市委书记在市委中有多大的"说服力"。除了市委书记，市委常委通常包括两个市委副书记和其他常委，并且通常情况下市长会兼任一个市委副书记。如果某市的市委书记由该市市长升迁而来，我们认为他在该市市委工作时间较长，政治基础较为牢固，在市委中的"说服力"较大，因此管理集中程度较高。此外，本文采用的衡量管理集中程度的主要指标是：市委书记是否来自本市市长，是则为1，表示集中程度高；不是则为0，表示集中程度较低。图1描述了2002～2009年市委书记来自市长的地域分布。可以看到，这种情况在河北、河南、山东、山西、四川等省份较为常见。

进一步地，按照以上理论，如果管理集中程度取决于市委书记在市委的人脉和政治基础，那么我们认为本地提拔的市委书记在该市任职时间较长，对人际关系更为熟悉，因此比外地调任来的市委书记在当地的政治基础更加牢固。为了验证第一个衡量指标，我们设计了第二个衡量指标：市委书记是由本地提拔还是外地调任。若市委书记由本地提拔上来，则管理集中程度较高；若由外地调任而来，则集中程度较低。① 在稳健性检验中，我们对这两种情况进行了对比分析。结果表明，市委书记的来历差别确实对经济增长产生了不同的影响。

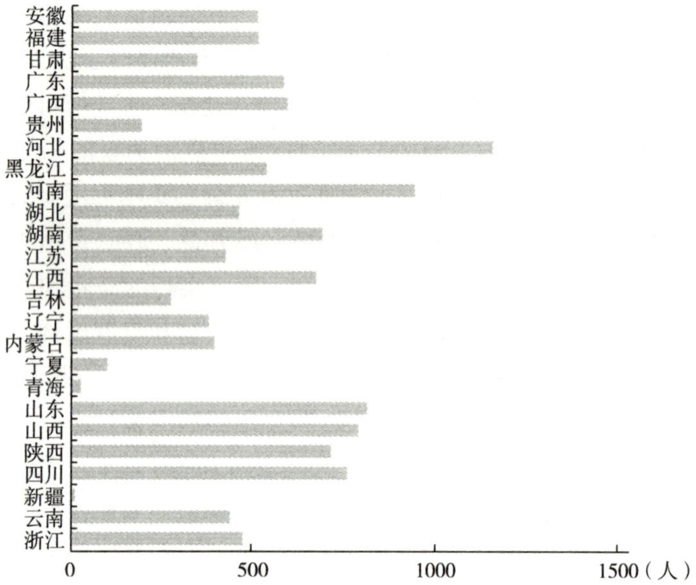

图1 市委书记来自本市市长：地域分布（2002～2009年）

注：观测值为省份—年份，若某省份某年所辖市的市委书记来自市长，则记为1。Power表示市委书记来自市长。

另外，通过理论模型我们知道，政治集权能够促进经济增长的重要假设一是上级偏好经济增长，二是下级官员认为上级政府有控制人事的权力。现有文献对第一条假设给出了理论基础和经验证明，因此我们认为，在现实中市委书记偏好经济增长是成立的。第二条假设是下级官员相信：若顺应了上级政府经济增长的偏好，自己能够获得留任等利益。但由于发展经济和人事任命通常不是同时发生，而是发展经济在前，人事任命在后，因此涉及时间滞后性的问题。如果下级官员预测市委书记即将要调离该岗位，或者预测市委书记马上要退休，那么人事控制的可信度会降低，政治激励

① 外地调任也有来自中央或是省的领导干部“历练”，但数量较少，不影响总体回归结果。

将会变小①。这种情况下，我们认为市委书记对县级官员的政治激励变小，政府管理集中程度较低。因此，在稳健性检验中我们再次调整了衡量管理集中程度的方法，对这种情况进行了稳健性检验。

我们还考察了市委书记兼任市人大主任和市委书记达到退休年龄的情况。中国官员退休后有“退居二线”的说法，市委书记到任后若没有进一步升迁，可能会被安排到市人大或是市政协任正职，级别没有变化，但基本不掌权。分析数据时我们发现，若市委书记面临退休，通常会在退休前最近一次市人代会上被选举为市人大主任，之后在短期内退休。图 2 显示了市委书记兼任市人大主任后直到离任的时间分布。图 2 表明，大部分市委书记兼任市人大主任后的一年至两年内会离开市委书记这一岗位。因此，市委书记兼任市人大主任也是一个离任信号，这时县级官员猜测市委书记马上要退休，未来掌控人事的可能性变小，因此政治激励降低，政府管理集中度变小。此处，本文的衡量指标：市委书记是否兼任市人大主任，是则为 1，表示集中度较小；不是则为 0，表示集中度较大。类似地，市委书记将要达到退休年龄也是一个信号。我国干部管理条例规定厅局级干部的退休年龄为 60 岁。当市委书记达到 59 或 60 岁时，普遍认为继任的可能性

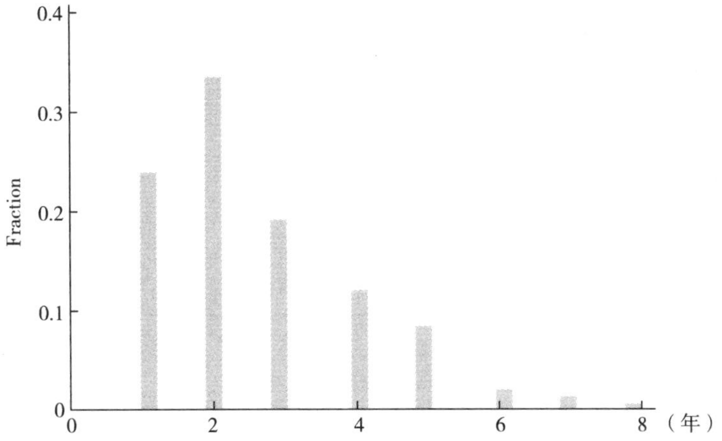

图 2　市委书记兼任市人大主任后到离任的时间分布

注：图中时间的计算方法是从市委书记兼任市人大主任当年开始算起（记为 1），直到该市委书记离任所经历的年份。

① 所谓“一朝天子一朝臣”，我们假设前任官员和继任官员政策上的连续性或一致性非常小。

较小，此时市委书记对于县级官员的政治激励也变小了，政府管理集中度较低。此处，本文的衡量指标四：市委书记是否大于58岁，是则为1，表示政府管理集中度较小；不是则为0，表示政府管理集中度较大。

（三）计量模型

参考现有研究经济增长的文献，我们实证分析的基本方程如下：

$$y_{ijt} = power_{jt} + FD_{ijt} + power_{jt} * FD_{it} + popugr_{ijt} + capitalgr_{ijt} + employgr_{ijt} + tax_{ijt} + urbanratio_{ijt} + indus2ratio_{ijt} + L.countypergdp_{ijt} + \mu_i + \lambda_t + e_{ijt} \tag{2}$$

式（2）中，i表示县，j表示县所在的市，t表示年份，y_{ijt}为自变量，代表县的GDP增长率，$power_{jt}$表示市的政府管理集中度，FD_{ijt}表示县级政府的财政分权程度，$popugr_{ijt}$表示县人口增长率，$capitalgr_{ijt}$表示县的投资增长率，$employgr_{ijt}$代表县的劳动力增长率，tax_{ijt}代表税负程度，$urbanratio_{ijt}$代表城镇化率，$indus2ratio_{ijt}$表示第二产业比重，$L.countypergdp_{ijt}$代表县人均GDP滞后项，μ_i是县级固定效应，λ_t是年份固定效应。

根据已有文献，财政分权程度的衡量指标并不统一，有收入分权、支出分权、预算内分权、预算外分权，还有预算收入的边际分成率等（Jin and Zou，2005）。考虑到各县人口规模和转移支付等因素，我们采用县级人均财政支出占市级人均财政支出的比重作为财政分权的指标。① 投资增长率$capitalgr_{it}$用全县固定资产投资的增长率表示。税负程度tax_{it}用各县财政收入占当年GDP的比重来衡量。城镇化率$urbanratio_{it}$用城镇人口与总人口比重衡量（见表1）。

表1 数据统计描述

变量	观测值	均值	标准差	最小值	最大值
因变量：GDP增长率					
gdpgr	8334	0.176	0.159	-0.655	1.932
管理集中程度衡量指标					
power	8334	0.457	0.498	0	1
power_foreign	8334	0.537	0.499	0	1

① 我们利用了其他财政分权的指标，由于篇幅限制，未放入本文主体部分。

续表

变量	观测值	均值	标准差	最小值	最大值
power_local	8334	0. 451	0. 498	0	1
power_rd	8303	0. 309	0. 462	0	1
power retire	8334	0. 0226	0. 148	0	1
财政经济数据					
FD	9168	0. 815	0. 338	0. 135	7. 009
popugr	9180	0. 007	0. 0490	-0. 609	0. 909
capitalgr	8729	0. 368	0. 816	-1	9. 913
tax	9182	0. 038	0. 0194	0. 001	0. 293
urbanratio	9000	0. 174	0. 114	0	0. 975
indus2ratio	9182	0. 421	0. 152	0	1. 671
employgr	9182	0. 031	0. 359	-1	9. 701
initial pergdp	9182	8. 555	0. 621	6. 746	11. 41

注：power 代表地方官员特征一：市委书记来自市长，是则为 1，不是则为 0；power_foreign 和 power_local 是第二个官员特征，若市委书记来自该市以外岗位，power_foreign 为 1，其余为 0；若市委书记由本市提拔，则 power_local 为 1，其余为 0；power_rd 是第三个官员特征：市委书记兼任市人大主任为 1；power_retire 为第四个特征，市委书记大于 58 岁时为 1。FD 表示财政分权程度，用县级人均财政支出占市级人均财政支出的比重表示。

五、实证分析

（一）市委书记来自市长、财政分权与经济增长

根据方程（2），我们首先利用第一个地方官员特征指标分析财政分权对县域经济增长的作用（见表 2）。第（1）、（2）列我们仅考虑市委书记来自市长指标 power 对经济增长的影响，第（3）、（4）列在（1）、（2）列中加入了财政分权，及市委书记来自市长指标与财政分权的交互项。第（1）、（3）列采用随机效应模型，第（2）、（4）列采用固定效应模型。表 2 结果表明，在不考虑财政分权的情况下，市委书记是否来自市长对于经济增长的影响不显著，甚至无法判定是正面影响还是负面影响。第（3）、（4）列结果显示，power × FD 系数为正，且能够通过 5% 的显著性水平检验。这表

明在考虑财政分权的情况下，市委书记来自市长对于经济增长有促进作用。在相同财政分权水平下，市委书记来自市长的市所辖县的经济增长率平均高出3～5个百分点。FD系数同样为正，且在10%水平上显著。由于power×FD和FD的系数之和代表了财政分权对经济增长的作用，表2结果表明，考虑了地方官员特征的情况下，财政分权对于县域经济的影响是正向且显著的。总的来看，表2说明财政分权和市委书记来自市长这一特征同时存在能够较大地促进经济增长。这与本文的理论模型结论一致。此外，我们可以看到人口增长对GDP增长有正向作用，投资率增加也会促进经济增长，税负水平对经济发展有负面影响，城镇化率的提高有利于经济发展，第二产业比重增加会加快GDP增长。这些结果与已有文献的结论一致。

表2 经济增长、财政分权与市委书记来自市长

因变量	(1) gdpgr RE	(2) gdpgr FE	(3) gdpgr RE	(4) gdpgr FE
power	0.00575 (0.00368)	-0.00469 (0.00585)	-0.0215* (0.0122)	-0.0502*** (0.0191)
FD			0.0190* (0.0115)	0.0807** (0.0366)
power×FD			0.0326** (0.0152)	0.0555** (0.0222)
popugr	0.0735 (0.0712)	0.0935 (0.0765)	0.0829 (0.0711)	0.134* (0.0758)
capitalgr	0.00853** (0.00354)	0.00202 (0.00368)	0.00815** (0.00355)	0.00114 (0.00356)
tax	-0.508*** (0.138)	-3.587*** (0.461)	-0.647*** (0.146)	-3.837*** (0.476)
urbanratio	0.171*** (0.0252)	0.0338 (0.0595)	0.148*** (0.0235)	0.0566 (0.0576)
indus2ratio	0.255*** (0.0272)	0.214** (0.104)	0.255*** (0.0266)	0.193* (0.105)
employgr	0.00304 (0.00840)	0.000552 (0.00911)	0.00294 (0.00840)	-0.000330 (0.00903)

续表

因变量	(1) gdpgr RE	(2) gdpgr FE	(3) gdpgr RE	(4) gdpgr FE
L. countypergdp	1.32e-08 (3.44e-07)	-7.91e-06*** (1.41e-06)	-2.43e-07 (4.00e-07)	-8.20e-06*** (1.40e-06)
initial_pergdp	-0.0510*** (0.00496)		-0.0481*** (0.00526)	
观测值	8334	8334	8334	8334
县数目	1423	1423	1423	1423

注：括号中为稳健标准方差，***、**、*分别表示在1%、5%和10%的水平上显著。回归中均加入了年份固定效应。财政分权指标为县级人均财政支出与市级人均财政支出的比重。政府集中管理衡量指标为市委书记是否曾任本地市长。

由于集中管理是较为抽象的概念，所以我们只能找最接近其本质含义的指标来度量。但在引入这些指标的同时，我们也引入了可能造成结果的其他原因，比如根据表2得到的结论，在考虑财政分权情况下，市委书记来自市长与县域经济增长正相关，对此结果另外一个可能的解释是，这种情况下市委书记在该市待的时间较长，对当地的气候、风土、人情等更加熟悉，因此能够知道如何发展当地经济。换句话说，经济增长的原因是市委书记对当地特征信息的了解程度增加而不是上级对下级人事控制程度的集中。为了排除时间积累的影响，我们将市委书记上任后的时间进行逐年区分。如果上文提到的可能性是正确的，那么我们应该观察到任期越长的市委书记所辖区县的经济增长越快①。同时为了保持结果紧凑，我们将上任后年数划分为短期和长期。在任年数小于或等于3年为短期，大于3年为长期。表3报告了结果，第（1）列是OLS，第（2）列采用随机效应分析，第（3）列采用固定效应。由于Hausman检验拒绝了随机效应，所以在之后的分析中我们主要利用固定效应模型进行分析。power_short 表示市委书记上任年份为短期（小于等于3年），power_long 表示市委书记上任年份为长期（大于3年）。我们看到 power_short × FD 的系数为正，且在利用固定效应中

① 这里的“任期”是逐年数据的观测值。举例来说，若某位官员2002年上任，2005年离任，那么2002年底“在任年数”为1，2003年为2，以此类推。

（第（3）列）在5%水平上显著，而 power_long × FD 的系数均不显著，说明市委书记来自市长的正向作用主要集中在市委书记上任的前三年，而在任期大于三年时的作用较小。

表3 市委书记上任后时间趋势

因变量：gdpgr	(1)	(2)	(3)
	OLS	RE	FE
power_short	-0.0159*	-0.0159	-0.0456**
	(0.00946)	(0.0117)	(0.0203)
FD	0.0147*	0.0147	0.0828***
	(0.00794)	(0.0106)	(0.0271)
power_short × FD	0.0279***	0.0279*	0.0559**
	(0.0107)	(0.0149)	(0.0250)
power_long	-0.0193	-0.0193	-0.0198
	(0.0160)	(0.0175)	(0.0227)
power_long × FD	0.0310	0.0310	0.0298
	(0.0189)	(0.0224)	(0.0279)
popugr	0.1000***	0.1000*	0.151**
	(0.0354)	(0.0588)	(0.0643)
capitalgr	0.0102***	0.0102***	0.00319
	(0.00207)	(0.00353)	(0.00354)
tax	-0.435***	-0.435***	-3.041***
	(0.0989)	(0.124)	(0.312)
urbanratio	0.134***	0.134***	0.0459
	(0.0160)	(0.0202)	(0.0549)
indus2ratio	0.248***	0.248***	0.222***
	(0.0135)	(0.0194)	(0.0556)
employgr	0.00668	0.00668	0.00371
	(0.00453)	(0.00836)	(0.00851)
L. countypergdp	5.35e-08	5.35e-08	-7.24e-06***
	(2.32e-07)	(3.20e-07)	(1.19e-06)
initial_pergdp	-0.0495***	-0.0495***	
	(0.00419)	(0.00446)	

续表

因变量：gdpgr	(1)	(2)	(3)
	OLS	RE	FE
观测值	8334	8334	8334
县数目	1423	1423	1423

注：括号中为稳健标准方差，***、**、*分别表示在1%、5%和10%的水平上显著。power_short 表示市委书记上任年份为短期，power_long 表示市委书记上任年份为长期。

由此证明，市委书记在市里任职时间越长，越了解当地情况进而促进经济增长的影响机制是不成立的。这与张军、高远（2007）的结果一致。他们的研究表明，官员任期与增长的关系先正后负，呈现倒U形。需要注意的是，这里我们是将市委书记上任后的时间进行逐年区分，而不是市委书记整个任期长度，经济增长率可能会影响市委书记的整个任期长度，但不会影响前者，因此我们认为表3不存在严重的内生性问题。

（二）市委书记来历的影响

在对地方官员特征指标进行说明时，我们区分了市委书记的来历：来自外地的书记“人生地不熟”，在当地的政治基础较为薄弱，在市委的“说服力”不强；本地提拔的市委书记通常在本市具有较广的人脉、坚实的政治基础，因此在市委中的“说服力”较强。接下来我们用市委书记的来历作为政府集中管理的第二指标进行实证验证。

表4第（1）、（2）列的官员特征为市委书记是否由本市提拔上来的。若是则令 power_local 为1，若不是则令 power_local 为0。第（3）、（4）列的官员特征指标为市委书记是否来自外地，若是则令 power_foreign 为1，若不是则令 power_foreign 为0。① 与表2类似，表4第（1）、（3）列没有加入财政分权，第（2）、（4）列是加入了财政分权的结果。表4结果显示，第（1）列中 power_local 系数为正，表明仅考虑官员特征时，本地提拔的书记对经济增长有促进作用。第（3）列中 power_foreign 系数为负，表明来自外地的市委书记对经济增长作用为负。第（2）、（4）列中 power_local × FD 系数为正，power_foreign × FD 系数为负，表明考虑财政分权时，本地提拔的书

① 市委书记来历除了来自本市提拔、来自外市，还有来自中央或者省级单位。

记对经济发展有正向作用，而来自外地的市委书记作用相反。但这两个系数未能通过10%显著性检验，说明市委书记来历对经济增长的影响并不特别明显。FD的系数为正且能够通过水平为1%的显著性检验，说明在考虑了地方官员特征的情况下，财政分权对县域经济发展有积极作用。

表4 市委书记来历、财政分权与经济增长

	(1)	(2)	(3)	(4)
	市委书记为本地提拔		市委书记来自外地	
	gdpgr	gdpgr	gdpgr	gdpgr
power_local	0.00631 (0.00489)	-0.00855 (0.0139)		
FD		0.0945*** (0.0183)		
power_local × FD		0.0180 (0.0159)		
power_foreign			-0.00653 (0.00489)	0.00421 (0.0139)
FD				0.110*** (0.0168)
power_foreign × FD				-0.0130 (0.0160)
popugr	0.110*** (0.0362)	0.149*** (0.0366)	0.110*** (0.0362)	0.149*** (0.0366)
capitalgr	0.00407* (0.00214)	0.00310 (0.00214)	0.00407* (0.00214)	0.00309 (0.00214)
tax	-2.777*** (0.189)	-3.032*** (0.192)	-2.778*** (0.189)	-3.034*** (0.192)
urbanratio	0.0246 (0.0476)	0.0442 (0.0475)	0.0238 (0.0476)	0.0433 (0.0475)
indus2ratio	0.241*** (0.0303)	0.219*** (0.0304)	0.241*** (0.0303)	0.219*** (0.0304)
employgr	0.00433 (0.00475)	0.00316 (0.00474)	0.00435 (0.00475)	0.00321 (0.00474)

续表

	(1)	(2)	(3)	(4)
	市委书记为本地提拔		市委书记来自外地	
	gdpgr	gdpgr	gdpgr	gdpgr
L. countypergdp	−6.94e−06*** (3.72e−07)	−7.11e−06*** (3.72e−07)	−6.94e−06*** (3.72e−07)	−7.10e−06*** (3.72e−07)
观测值	8334	8334	8334	8334
R^2	0.144	0.150	0.144	0.150
县数目	1423	1423	1423	1423

注：括号中为稳健标准方差，***、**、*分别表示在1%、5%和10%的水平上显著。回归中均加入了县级固定效应、年份固定效应。

（三）市委书记即将退休的影响

市委书记作为党政一把手，除了个人履历会影响到上下级管理集中程度，有关市委书记退休的信号也会对下级官员的管理集中程度产生很大影响。市级管理的四套班子是市委、市政府、市人大和市政协。对于市级重大决策，包括人事管理，市委书记有最终决定权。此外，由于多方面因素，部分市级官员会在未到退休年龄时即卸任党政职务，转而“退居二线”，而“退居二线”最常去的地方就是人大或政协，级别不变，但权力减小。我们观察到，部分市委书记在退休前最近的一次市人大会议上被选为市人大主任，之后退休。因此，市委书记兼任市人大主任对于县级官员有时也是一个信号，表明市委书记很可能要卸任。这种情况下，县级官员认为上级不久将要变更，又因为前后任官员政策的连贯性非常小，因此即便这期的经济发展较好，下期“晋升承诺”的可信度也较低，政治激励也较小。因此，我们考察市委书记是否兼任人大主任与财政分权对经济增长的共同影响。若市委书记兼任市人大主任，则令 power_rd 为 1，其他则令 power_rd 为 0。表5第（1）、（2）列报告了回归结果。第（1）列结果显示 power_rd 的系数为负，但不显著，表明在不考虑财政分权时，市委书记兼任人大主任对经济增长的影响不显著。第（2）列加入了财政分权的影响，power_rd × FD 的系数为负，且能通过水平为 1% 的显著性检验，表明在控制了财政分权后，市委书记兼任人大主任对经济增长的正面影响十分显著（因为这里

power_rd 为 1，表示管理集中程度低）。换句话说，若市委书记兼任市人大主任，该市所辖县的经济增长率较低。

类似地，市委书记即将达到退休年龄是另外一个信号，表明市委书记即将卸任，此时市委书记对县级官员的“晋升激励”大大减小。表 5 第（3）、（4）列中，我们用市委书记是否大于 58 岁作为地方官员的第四个特征。当市委书记大于 58 岁时，power_retire 为 1，其余为 0。第（3）列中 power_retire 的系数为负，且在 5% 水平上显著，说明即便不考虑财政分权，市委书记即将达到退休年龄对经济增长也有显著的负面影响。也就是说，若市委书记即将达到退休年龄，所辖县的经济发展会减缓。这种影响可能有两种渠道：政治激励渠道和财政控制渠道。政治激励渠道就是前文论述的管理集中度较低导致的县政府缺乏经济发展激励，财政控制渠道是指市委书记即将退休时，有可能本身就“无心发展”（59 岁现象），因而拨给下级的资金减少，使得县级官员“有心而无力”。第（4）列控制了财政分权后，power_retire × FD 的系数仍然为负，但显著性减小了。这说明财政控制确实是减少经济增长的主要因素，但上级官员即将退休也有负面影响。

表 5　市委书记兼任市人大主任和退休年龄的影响

VARIABLES	(1)	(2)	(3)	(4)
	gdpgr	gdpgr	gdpgr	gdpgr
power_rd	-0.00621 (0.00638)	0.0278* (0.0145)		
FD		0.131*** (0.0179)		
power_rd × FD		-0.0438*** (0.0157)		
power_retire			-0.0209** (0.00972)	-0.0169 (0.0340)
FD				0.107*** (0.0157)
power_retire × FD				-0.00853 (0.0425)

续表

VARIABLES	(1)	(2)	(3)	(4)
	gdpgr	gdpgr	gdpgr	gdpgr
popugr	0.111	0.154***	0.109*	0.149***
	(0.0696)	(0.0377)	(0.0646)	(0.0366)
capitalgr	0.00417	0.00312	0.00402	0.00297
	(0.00361)	(0.00213)	(0.00360)	(0.00214)
tax	-2.850***	-3.154***	-2.788***	-3.052***
	(0.303)	(0.194)	(0.303)	(0.192)
urbanratio	0.0445	0.0676	0.0255	0.0451
	(0.0549)	(0.0480)	(0.0564)	(0.0475)
indus2ratio	0.266***	0.238***	0.242***	0.221***
	(0.0583)	(0.0313)	(0.0554)	(0.0304)
employgr	0.00549	0.00409	0.00420	0.00310
	(0.00871)	(0.00475)	(0.00865)	(0.00474)
L. countypergdp	-6.86e-06***	-7.12e-06***	-6.93e-06***	-7.09e-06***
	(1.19e-06)	(3.73e-07)	(1.20e-06)	(3.72e-07)
观测值	8303	8303	8334	8334
R^2	0.147	0.153	0.144	0.150
县数目	1422	1422	1423	1423

注：括号中为稳健标准方差，***、**、*分别表示在1%、5%和10%的水平上显著。回归中均加入了县级固定效应、年份固定效应。财政分权指标为县级人均财政支出与市级人均财政支出的比重。地方官员特征指标为市委书记是否兼任市人大主任。

（四）分地区和富裕水平探讨

我们验证了地方官员特征和财政分权对经济增长的作用，结果表明，能够代表上级政府对下级官员管理关系的一些官员特征和财政分权共同作用能促进经济增长。那么，这种效果在不同地区以及在不同贫富省份间是否存在差异？接下来我们将样本区分为东部、中部、西部，分别进行研究。东部省份包括河北、山东、江苏、浙江、福建、广东、辽宁、海南。西部省份包括陕西、甘肃、青海、宁夏、四川、新疆、云南、贵州、广西。其余为中部省份。根据2010年人均GDP水平区分贫富水平，富裕省份包括江苏、浙江、内蒙古、广东、辽宁、山东、福建、吉林。人均 GDP 排名后 9 位的省份为贵州、甘肃、云南、广西、安徽、四川、江西、青海、新疆。其余为人均 GDP 中等水平地区。表 6 报告了分地区和人均 GDP 水平的结果。采用的地方官员特征指标与表 2 相同，市委书记是否来自市长，计量模型与表 2 第（4）列相同。表 6 结果表明，中部地区和中等富裕地区的 power × FD 系数显著，且能够通过水平为 1% 的显著性检验，其他列中 power × FD 系数为正，但不显著。这一结果表明，中部地区和中等富裕地区政府集中管理效应最为显著。这是因为在西部地区和贫困地区，市委书记的首要任务是维护社会稳定，而经济增长是次要任务，在这样的共识下，县级官员没有激励发展经济。换言之，在西部地区和贫困地区，上级政府偏好经济增长的假设条件可能不成立，因此政府集中管理和财政分权的共同效果也不明显。东部地区和富裕地区总体经济发展水平较高，但县与县之间的经济发展水平差别很大，在这种巨大差异下，通过发展经济获取晋升的可能性较小，很大程度上还要依靠与上级政府的政治联系。此外，在 GDP 规模较大的情况下，GDP 增长率在时间序列上的波动较小，因此地方政府官员特征的影响不明显。在中部地区和中等富裕的地区，同一个市内县的差别不大，使得通过发展经济获得晋升的激励机制成立，地方官员特征的影响最为显著。

此外，表 6 显示财政分权在东中部地区和较为富裕的地区对经济发展的正面作用较大，这是因为在西部地区和贫困地区，官员的首要职责是维护社会稳定，经济发展是次要任务，因此官员的激励不大。这一结论与张晏、龚六堂（2005）的研究结果是一致的。

表 6　分地区和人均 GDP 水平考察

	分地区			分人均 GDP 水平		
	(1) 东部	(2) 中部	(3) 西部	(4) 富裕	(5) 中等	(6) 贫困
	gdpgr	gdpgr	gdpgr	gdpgr	gdpgr	gdpgr
power	0.00133 (0.0240)	−0.0809*** (0.0301)	−0.0184 (0.0310)	−0.0209 (0.0222)	−0.0575*** (0.0210)	−0.0195 (0.0228)
FD	0.173*** (0.0465)	0.115** (0.0496)	−0.0138 (0.0193)	0.203*** (0.0361)	0.102*** (0.0255)	−0.00778 (0.0270)

续表

	分地区			分人均 GDP 水平		
	(1) 东部	(2) 中部	(3) 西部	(4) 富裕	(5) 中等	(6) 贫困
	gdpgr	gdpgr	gdpgr	gdpgr	gdpgr	gdpgr
power × FD	0.0124 (0.0301)	0.0952 *** (0.0349)	0.00180 (0.0393)	0.0104 (0.0258)	0.0727 *** (0.0238)	0.0156 (0.0259)
popugr	0.0754 (0.0514)	0.271 ** (0.132)	0.123 * (0.0653)	0.115 (0.0726)	0.221 *** (0.0538)	0.191 *** (0.0607)
capitalgr	0.00921 (0.00565)	0.000946 (0.00673)	0.00600 ** (0.00254)	-0.00634 (0.00401)	0.0174 *** (0.00410)	0.00351 (0.00270)
tax	-0.825 (0.555)	-4.063 *** (0.469)	-2.120 *** (0.467)	-2.127 *** (0.398)	-3.517 *** (0.299)	-2.167 *** (0.283)
urbanratio	0.190 *** (0.0510)	-0.0545 (0.112)	-0.179 * (0.0984)	0.0398 (0.0652)	0.00719 (0.0988)	-0.313 *** (0.0861)
indus2ratio	0.182 * (0.108)	0.220 *** (0.0778)	0.711 *** (0.0902)	-0.141 *** (0.0505)	0.419 *** (0.0517)	0.701 *** (0.0530)
employgr	0.0333 (0.0286)	0.00172 (0.0110)	-0.00717 (0.00616)	0.00836 (0.0102)	0.00436 (0.00731)	-0.00478 (0.00651)
L. countypergdp	-3.92e-06 *** (1.02e-06)	-1.05e-05 *** (2.46e-06)	-2.52e-05 *** (4.16e-06)	-4.69e-06 *** (4.81e-07)	-1.57e-05 *** (8.04e-07)	-2.70e-05 *** (1.67e-06)
观测值	2751	3929	1654	2395	3451	2488
R^2	0.146	0.182	0.280	0.147	0.247	0.261
县数目	497	623	303	448	543	432

注：括号中为稳健标准方差，***、**、*分别表示在1%、5%和10%的水平上显著。回归中均加入了县级固定效应、年份固定效应。财政分权指标为县级人均财政支出与市级人均财政支出的比重。

六、总结

近些年来，我国政府间关系在不断磨合与调整中，形成了政府管理相对集中与财政相对分权结合的模式，国内外学者开始把这种“中国式分权”

归结为经济增长的重要制度背景。然而，基于中国数据的经验研究发现，相同激励的地方官员在不同时间区间、不同地域中，对经济发展的影响却存在差异。本文首次结合中国的政府管理体制和财政分权考察区域性经济增长，这是对中国式财政分权的一种有益尝试。

习近平总书记在2018年全国党委秘书长会议上做出重要指示：面向新时代，要进一步增强“四个意识”，加强理论武装，提高队伍素质，弘扬优良传统，坚持改革创新，坚决维护党中央权威和集中统一领导，全力推动党中央决策部署贯彻落实，全面提高“三服务”工作水平，建设让党放心、让人民满意的模范机关。

本文的研究恰好从实证方面验证了加强党的集中领导对于中国经济发展的重要性。财政分权赋予地方官员发展经济的“自由裁量权”，而集中领导保障了地方官员发展经济的“激励”。若只有财政分权没有集中管理，那么地方政府会缺乏激励动机，造成资源利用的低下。若只有集中领导而没有财政分权，就像巧妇难为无米之炊，政府有动机而无能力。财政分权和集中管理必须双管齐下才能带来资源的最优利用和经济增长的最大化。

本文的研究表明，政府管理的集中是财政分权的有益补充，分别对应着地方政府发展经济的“激励”与“能力”。这些发现对于未来的行政管理体制改革有着重要的实践意义。

本文关于衡量管理集中程度的工作还是初步的，文中所选取的指标只能部分体现管理集中程度。未来值得进一步探讨的问题包括：如何多维度地刻画政府管理体制；如何在一个动态的模型中，把政府管理集中程度的变化引入经济增长模型；在一个国家内部政府集中程度的差异相对较小，能否采用跨国的面板数据来检验。

参考文献

[1] 梁学伟．政治集权与经济分权相结合——中国中央与地方关系的新模式［J］．长春理工大学学报（社会科学版），2010（1）．

[2] 林毅夫，刘志强．中国的财政分权与经济增长［J］．北京大学学报（哲学社会科学版），2000（4）．

[3] 刘金涛，杨君，曲晓飞．财政分权对经济增长的作用机制：理论探讨与实证分析［J］．大连理工大学学报（社会科学版），2006（1）．

[4] 孙德超．中国的财政分权、政治集权与经济增长——以地方预算外资金的膨胀为例［J］．社会科学，2011（4）．

［5］温娇秀．中国的财政分权与经济增长——基于省级面板数据的实证［J］．当代经济科学，2006（5）．

［6］杨龙，张振华．政治集权与经济分权配置制度的绩效与问题［J］．江苏行政学院学报，2011（5）．

［7］尹恒，杨龙见．地方财政对本地居民偏好的回应性研究［J］．中国社会科学，2014（5）．

［8］张晏，龚六堂．地区差距、要素流动与财政分权［J］．经济研究，2004（7）．

［9］张晏，龚六堂．分税制改革、财政分权与中国经济增长［J］．经济学（季刊），2005（4）．

［10］张志海．财政分权、政治集权与经济增长——基于公共品投入信息不对称的博弈分析［J］．世界经济情况，2007（8）．

［11］周黎安．中国地方官员的晋升锦标赛模式研究［J］．经济研究，2007（7）．

［12］周业安，章泉．财政分权、经济增长和波动［J］．管理世界，2008（3）．

［13］Bardhan P. Decentralization of Governance and Development［J］. Journal of Economic Perspectives, 2002, 16（4）: 185－205.

［14］Blanchard O, and A. Shleifer. Federalism with and Without Political Centralization: China versus Russia［J］. National Bureau of Economic Research, 2000（1）: 7－14.

［15］Huang Y. The Industrial Organization of Chinese Government, Division of Research［J］. Harvard Business School, 1998（1）: 7－14.

［16］Jin, J., and Zou, H. F. Fiscal Decentralization, Revenue and Expenditure Assignments, and Growth in China［J］. Journal of Asian Economics, 2005, 16（6）: 1047－1064.

［17］Li, H. and L.－A. Zhou. Political Turnover and Economic Performance: The Incentive Role of Personnel Control in China［J］. Journal of Public Economics, 2005（89）: 1743－1762.

［18］Lin J Y, and Z. Liu. Fiscal Decentralization and Economic Growth in China［J］. Economic Development and Cultural Change, 2000, 49（1）: 1－21.

［19］Musgrave R A. Theory of Public Finance: A Study in Public Economy［M］. McGraw－Hill, 1959.

［20］Oates W E, Fiscal Federalism［M］. Harcourt Brace Jovanovich, 1972.

［21］Oi J C. Fiscal Reform and the Economic Foundations of Local State Corporatism in China［J］. World Politics, 1992, 45（1）: 99－126.

［22］Qian Y, and B. R. Weingast. Federalism as a Commitment to Preserving Market Incentives［J］. The Journal of Economic Perspectives, 1997, 11（4）: 83－92.

[23] Roland G. Transition and Economics: Politics, Markets, and Firms [M]. MIT Press, 2000.

[24] Shleifer A, and D. Treisman. Without a Map: Political Tactics and Economic Reform in Russia [M]. MIT Press, 2000.

[25] Tiebout C M. A Pure Theory of Local Expenditures [J]. The Journal of Political Economy, 1956, 64 (5): 416-424.

[26] Treisman D. After the Deluge: Regional Crises and Political Consolidation in Russia [M]. University of Michigan Press, 2001.

[27] Xu, Chenggang. The Fundamental Institutions of China's Reforms and Development [J]. Journal of Economic Literature, 2011, 49 (4): 1076-1151.

[28] Zhang T, and H. Zou. Fiscal Decentralization, Public Spending, and Economic Growth in China [J]. Journal of Public Economics, 1998, 67 (2): 221-240.

[29] Zhang X. Fiscal Decentralization and Political Centralization in China: Implications for Growth and Inequality [J]. Journal of Comparative Economics, 2006, 34 (4): 713-726.

[30] Zhuravskaya, E. V. Incentives to Provide Local Public Goods: Fiscal Federalism, Russian Style [J]. Journal of Public Economics, 2006, 76 (3): 337-368.

经济增长与水资源利用脱钩效应研究

王喜峰

摘　要　本文基于水资源利用与经济增长脱钩的实际机制，将可比价非竞争混合投入产出模型作为研究水资源利用与经济增长脱钩的经济模型，根据结果分析，总体技术效应在2010年前是驱动脱钩效应的主要因素，2010年后，结构效应和外部效应明显增加。农业生产技术进步是驱动水资源利用与经济增长脱钩的主要因素，但近年来效力越来越小；灌溉节水技术进步是另外一个主要因素，近年来效力越来越大。农业生产结构效力呈现倒U形趋势。制造业的节水技术进步一直是主要的脱钩因素，但近年来效力在降低。三次产业结构调整是主要的结构调整因素，较低层次的结构调整效力更大。最后将分解结果与概念模型进行对应，并对概念模型中的3个脱钩子效应与经济模型进行对应，赋予概念模型的子效应经济意义。得出在2010年前，节水型脱钩效应是主要的脱钩效应，2010～2012年，结构型脱钩是主要的脱钩效应。这体现为近年来纯依靠节水技术进步的脱钩效应越来越小，依赖经济结构调整等的经济高质量发展的脱钩效应越来越大。

关键词　水资源利用；经济发展；技术效应；结构效应；产业疏解

水资源是生产、生活、生态的基础性和战略性资源，对经济发展、人民生活水平、生态文明建设有着决定性的作用。水资源和土地资源的时空分布基本决定了人口规模、产业布局、开发强度等。水资源短缺、水环境污染、水生态恶化等水危机严重威胁着我国粮食安全、能源安全、经济安全、生态安全和社会安全等。十九大提出加快生态文明建设，形成节约资源和保护环境的空间格局、产业结构、生产方式、生活方式，还自然以宁静、和谐、美丽。"水十条"中提出，优化空间布局，合理确定发展布局、结构和规模，充分考虑水资源、水环境承载能力，以水定城、以水定地、以水定人、以水定产。生态文明体制改革总体方案中强调人口规模、产业结构、增长速度不能超出当地水资源承载能力和环境容量。

水资源承载力的一个隐含内涵是人口规模、产业结构、增长速度等与水资源利用量有某种关系，该关系下的水资源利用总量不能超过区域水资源合理利用规模。理论上，人口和经济增长应该带动水资源利用总量的增长。事实上，经济增长与水资源利用已经呈现脱钩的态势，2000~2016年，我国用水总量增长缓慢，有7个年份出现减少的趋势，自2014年以来，用水总量一直处于减少的趋势中。分行业看，工业用水量自2012年开始就处于减少的趋势中。一方面是水危机的普遍存在，另一方面是经济增长与水资源利用的脱钩。在这种情况下，如何以水定城、以水定地、以水定人、以水定产，如何确保人口规模、产业结构和增长速度不超过当地水资源承载力，则需要深入分析经济增长与水资源利用的脱钩机制，需要一个方法的创新能够对上述脱钩机制进行定量研究。

一、脱钩效应研究

本文认为水资源利用与经济增长脱钩的机制分析，应该从水资源利用出发到经济增长的全过程看。分行业看，农业用水主要是灌溉用水和林牧渔业的用水，其中灌溉用水占大部分。对于灌溉用水，水资源和土地是农业生产的投入要素。假定农业产品价格没有变化，农业生产都有延续性（农业生产以及种植结构不变化），那么农业经济增长依靠的是产品的增加。再假定耕地面积不变的情况下，单位面积耕地生产出更多产品是经济增长的动力。单位面积耕地用水量减少是灌溉用水减少的动力。而现实中，即使去除价格因素，农业生产结构和耕地面积、灌溉面积也都会发生变化，可以看出，对于农业部门来说，水资源利用与经济增长脱钩机制包括以上各个环节。

对于工业来说，用水可以分为间接冷却水、工艺用水和锅炉用水，工艺用水又可以分为产品用水、洗涤用水、直接冷却水和其他用水。从用水本质上看，用水可以分为四类，一是参与产品形成过程的用水（如饮料、食品等），二是伴生能源利用过程的用水，三是伴生化学品过程的用水，四是其他用水。同样假定产品价格不变，生产具有延续性（产业结构和产品不变），经济增长依靠产品或者服务的增加。在产品不变的情况下，参与产品过程的用水不可能脱钩。脱钩的是伴生能源以及伴生化学品使用的过程，若单位产品用能效率提升以及化学品利用效率提高，则单位产品能源利用和化学品使用降低，若用水过程中单位能源利用以及化学品利用过程的用水效率提高，则同样条件下水资源利用减少。可以看出，水资源利用与经济增长脱钩机制可以分为水资源利用与能源和化学品的利用脱钩，能源和化学品利用与工业产品或服务的脱钩，工业产品或服务与产值的脱钩等环节。

对于服务业来说，总体上可以分为生产性服务业、消费性服务业和公共服务业。生产性服务业的用水一般是从业人员的用水。消费性服务业一般是服务对象的用水。公共服务业用水一般是上述两者人员的用水。服务业水资源利用与产出脱钩的机制可分为两个方面：一是通过用水设备的技术进步，单位人员的用水减少；二是单位人员的产出增加。

除了产业内的脱钩机制之外，产业间的结构调整也是脱钩机制的重要方面。通过产业结构调整，降低单位产值用水量大的产业的生产，将有限的水资源用于单位产值用水量小的产业中，宏观层面能够形成水资源利用与经济增长的脱钩机制。

从产业链的角度看，一个产业内用水量较大的可能是其中的某些环节，对于缺水的区域来说，将这些环节转移到外部区域，区域内主要关注用水较少的环节。这种机制最终体现在产业单位产值用水量的降低，使得水资源利用与经济增长脱钩。

综上所述，生产过程水资源的利用是必不可少的，但并不是推动经济增长的直接动力，其对经济增长的作用机制可以用“蒸汽机”中水的作用来类比。以下建立基于蒸汽机模型脱钩的概念模型。

二、模型设计

在概念模型的基础上，本研究开发水资源利用与经济发展脱钩的经济模型。投入产出模型非常契合脱钩模型需求。这里将最终需求作为概念模型的总收入，将总产出作为“车厢”的总动力；将总投入作为“蒸汽机”提供的总拉力。总投入等于总产出。水资源在社会经济系统中是投入项，属于拉动力系统，将用水量与总投入的比值作为总技术系数，表示水资源的投入比重，由于总投入等于总产出，也表示为单位水资源的总产出。由于总技术系数包括配置技术系数和节水配置系数，所以需要将总技术系数再进行区分。由于不同行业的水资源用水机制不同，所以行业间的技术系数需要根据用水机制进行区别。本文经济模型选取投入产出模型，脱钩机制分解采用结构分解分析。

投入产出模型的基本公式为：

$$X = (I - A)^{-1}Y = LY \tag{1}$$

式中，X 为总的产出；A 为总的技术系数矩阵；Y 为最终需求（其中，最终需求内为身外净调出、净出口）；L 为列昂惕夫逆矩阵，反映各部门最终使用对其他部门的消耗。

考虑到用水在投入产出表中的关联：

$$W = C^{i}X \tag{2}$$

式中，W 为行业生产的用水；C^{i} 为各行业水资源的投入强度（行业用水系数）。

将 X = LY 代入到式（2），得到：

$$W = C^{i}LY \tag{3}$$

为研究发展方式转变，这里以最终需求矩阵来考察经济发展方式转变的结构。Y 为最终需求的矩阵，可以将 Y 分为最终需求总量和各需求结构矩阵的乘积。即：

$$Y = MNOSUG \tag{4}$$

式中，M 为最终需求衡量的制造业产业结构，N 为最终需求衡量的二产业结构矩阵，O 为最终需求衡量的三次产业结构，S 为反映产业间需求结构的矩阵（消费、固定资产形成和调出、出口的结构），G 为最终需求净总量，U 为根据非竞争模型核算的进口率加 1，UG 的乘积为 y^{d}。

根据概念模型，其微分形式约等于 0。这里采用差分的形式研究脱钩。即 W 可以分解为：

$$\begin{aligned}\Delta W &= W^{1} - W^{0}\\ &= C^{1}L^{1}U^{1}M^{1}N^{1}O^{1}S^{1}G^{1} - C^{0}L^{0}U^{0}M^{0}N^{0}O^{0}S^{0}G^{0}\end{aligned} \tag{5}$$

式中，W^{1} 为 1 期水资源利用量；W^{0} 为基期水资源利用量。

对式（5）进一步分解可知，分解的结果是非唯一的，且结果的个数与其因素的个数 n 有关，结果个数为 n！个。根据 Fujimagari（1989）和 Betts（1989）提出的两极分解得出的结果与这些结果极为接近。本文根据两极分解法进行计算。

$$\Delta W=\frac{\Delta C_1L^1U^1M^1N^1O^1S^1G^1+\Delta C_1L^0U^0M^0N^0O^0S^0G^0}{2}+$$
$$\frac{C^0\Delta LU^1M^1N^1O^1S^1G^1+C^1\Delta LU^0M^0N^0O^0S^0G^0}{2}+$$
$$\frac{C^0\Delta LU^1M^1N^1O^1S^1G^1+C^1\Delta LU^0M^0N^0O^0S^0G^0}{2}+$$
$$\frac{C^0L^0\Delta UM^1N^1O^1S^1G^1+C^1L^1\Delta UM^0N^0O^0S^0G^0}{2}+$$
$$\frac{C^0L^0U^0\Delta MN^1O^1S^1G^1+C^1L^1U^1\Delta MN^0O^0S^0G^0}{2}+$$
$$\frac{C^0L^0U^0M^0\Delta NO^1S^1G^1+C^1L^1U^1M^1\Delta NO^0S^0G^0}{2}+$$
$$\frac{C^0L^0U^0M^0N^0\Delta OS^1G^1+C^1L^1U^1M^1N^1\Delta OS^0G^0}{2}+$$
$$\frac{C^0L^0U^0M^0N^0O^0\Delta SG^1+C^1L^1U^1M^1N^1O^1\Delta SG^0}{2}+$$
$$\frac{C^0L^0U^0M^0N^0O^0S^0\Delta G+C^1L^1U^1M^1N^1O^1S^1\Delta G}{2}$$

等号右边各项分别表示用水技术变化（C）、中间投入技术变化（L）、进口和省份外调入（U）、制造业结构变化（M）、第二产业（除制造业外）和第三产业加总产业结构变化（N）、三次产业结构变化（O），最终需求结构变化（S）、最终需求总量变化（G）对水资源利用量的影响。

对于总的技术系数矩阵 C，根据行业的用水特征，分为农业中：灌溉面积比重（A1）、灌溉定额（A2）、单位产值占用耕地（A3）、农业生产结构（A4），制造业中：单位物质和能源投入的用水量（Z1）、物质和化学投入占中间投入的比重（Z2）、中间投入占总投入的比重（Z3），其他行业技术系数 C1。将上述系数进行矩阵化处理：

$$C=A1\cdot A2\cdot A3\cdot A4\cdot Z1\cdot Z2\cdot Z3\cdot C1$$

同样根据上述方法对技术系数进行再次结构分解分析。

影响结构分解分析可靠性的是各分解因子之间的相关性，为剔除这种相关性，本研究根据 Erik 和 Bart（2000）的处理，对 C、Z1、Z2、Z3 与 L 的相关性进行处理。

三、数据收集及处理

本次研究所用的表均来自北京市官方网站上的北京市投入产出表格，涉及的年份分别是 1997 年、2000 年、2002 年、2005 年、2007 年、2010 年、2012 年，共 7 张表格，其中，2000 年、2005 年、2010 年为延长表。这 7 张表格中，部门有一定的差别，为了研究的统一性，对有一定差别的部门进行了合并。此外，由于服务业部门较多，为研究的方便，将服务业分为生产性服务业、消费性服务业和公共服务业 3 个部门。以 2012 年表格为例，生产性服务业包括：交通运输、仓储和邮政业，信息传输、软件和信息技术服务，金融，租赁和商务服务，科学研究和技术服务；消费性服务业包括：批发与零售，住宿与餐饮，房地产，居民服务、修理和其他服务；公共服务业包括：水利、环境和公共设施管理，教育，卫生和社会服务，公共管理、社会保障和社会组织。一共划分为 26 个部门，每个部门都有代码及名称。其中行业 1 为农业，行业 2 ~ 行业 23 为工业，行业 24 ~ 行业 26 为服务业。在工业内部又分为采掘业和制造业，其中行业 2 ~ 行业 5 为采掘业；行业 6 ~ 行业 23 为制造业。

在可比价计算中，将 1997 年作为基准期，利用 1997 ~ 2013 年农产品生产者价格指数、工业生产者出厂价格指数、固定资产投资价格指数和商品零售价格指数，分别对农业、除建筑业的工业、建筑业、服务业进行价格平减，得到 1997 ~ 2012 年的价格平减后的 26 部门投入产出表，方法参考双重平减法。

根据历年《北京市统计年鉴》，取水量的来源包括地表水、地下水、再生水、应急供水、南水北调供水。用水包括农业用水、工业用水、生活用水。根据统计年的指标解释，工业用水不包括建筑业用水，而生活用水包括建筑业、服务业和家庭生活用水。这里参考李玮（2015）的研究，工业（除了建筑业、电力、热力以及水的生产）中各行业的“水的生产与供应业”的中间投入占工业“水的生产与供应业”中间投入总额的比例进行计算各工业部门用水；电力和热力的供应业的用水参考对应年份全国火核电用水占整个工业用水的比例代入北京市工业用水进行计算。建筑业、服务业和生活的用水，则将“水的生产与供应业”的产出用于上述各行业和居民消费的产值按照价格修正后与上述行业和居民消费的总值占比代入生活用水进行计算。农业用水用《北京市统计年鉴》上的农业用水。该方法利用了2008年全国经济普查中的各行业用水量进行检验，对应关系非常好。这样得到1997～2012年26个部门的用水量和居民生活用水量。其中，环境用水（仅包括人为措施供给的城镇环境用水和部分河湖、湿地补水，而不包括降水、径流自然满足的水量）不在本次研究范围内。

四、实证分析

（一）脱钩动力分解

根据脱钩模型，得出以下结果，如表1所示。再将技术效应的总技术系数进行分解，得出各行业的内部技术变动的各个因素的动力结果。根据表1，在其他条件不变的情况下，经济总量的增长与水资源利用总量是严格线性增长关系，在这种情况下，2000年相对于1997年水资源利用总量应该增加18.34亿立方米，2000～2002年应增加20.06亿立方米，2002～2005年应增加26.38亿立方米，2005～2007年应增加17.34亿立方米，2007～2010年应增加17.80亿立方米，2010～2012年应增加25.38亿立方米。实际上，这些年份对应的增长分别是－2.54亿立方米、－4.79亿立方米、－2.39亿立方米、－1.02亿立方米、－2.12亿立方米、1.22亿立方米，除2010～2012年之外，其他时间段都在下降。水资源利用与经济增长呈现脱钩效应，脱钩效应可以分为以下几个方面。

（1）总体技术效应是水资源利用与经济增长脱钩的主要动力，其中，总技术系数是最重要的动力机制。技术系数的含义是指单位水资源投入的产出（元/立方米），中间投入技术系数表征区域内总投入转化为最终需求的能力，在投入产出模型中是行业对其他行业的完全消耗的能力。从技术系数看，其值分别为－18.48亿立方米、－23.76亿立方米、－21.61亿立方米、－6.01亿立方米、－17.21亿立方米、－2.56亿立方米，表示在其他条件不变的情况下，其自身的变化对水资源利用变化的驱动。在2002年前，其绝对值大于经济增长驱动的绝对值；在2002年后，小于经济增长驱动的绝对值，且近年来其绝对值较小，表明在没有新的节水技术下，水资源节约技术动力已接近用尽。中间投入技术系数分别为3.49亿立方米、-9.16亿立方米、1.46亿立方米、2.11亿立方米、-6.98亿立方米、-15.17亿立方米。正值表明区域总投入转化最终需求的能力降低，在其他条件不变的情况下，需要增加水资源投入以达到该阶段的经济增长；负值表征该能力增加，在其他条件不变的情况，降低水资源投入可达到该阶段经济增长。从结果看，2007年后，中间投入的技术变化降低了水资源的利用，并且在2010~2012年超越技术系数成为水资源利用与经济增长脱钩的第一动力。

表1 脱钩机制的分解

时间段	经济总量	技术效应		经济结构				进口及外省调入	
				产业结构调整			最终需求结构		
	G	C	L	M	N	O	S	U1	U2
1997~2000年	18.34	-18.48	3.49	-3.10	-0.59	-1.35	-2.09	-0.95	2.19
2000~2002年	20.06	-23.76	-9.16	-6.34	1.72	10.47	-0.81	-2.81	5.85
2002~2005年	26.38	-21.61	1.46	-0.51	1.10	-11.41	0.43	3.40	-1.65
2005~2007年	17.34	-6.01	2.11	0.73	-0.62	-13.12	-2.26	8.75	-7.95
2007~2010年	17.80	-17.21	-6.98	-0.92	-0.47	3.87	-0.19	2.49	-0.51
2010~2012年	25.38	-2.56	-15.17	-2.10	3.39	0.12	-6.16	-6.62	4.94

（2）结构效应是水资源利用与经济增长脱钩的重要动力。第一层次的结构调整表征农业、工业、服务业三次产业层面的调整，各时间段的值分别为-1.35亿立方米、10.47亿立方米、-11.41亿立方米、-13.12亿立方米、3.87亿立方米、0.12亿立方米。表征在其他条件不变的情况下，该层面的结构调整对水资源利用的影响。从结果看，2002~2007年是该层次结构调整幅度最大的时期，2007年后，该层次的结构调整在其他条件不变的情况下，增加了水资源利用。第二层面的产业结构调整是除制造业和农业之外，其他产业的结构调整。包括制造业整体与其他工业（采掘业，电力、燃气、水的生产与供应业、建筑业）结构的变化，服务业内部各产业结构的变化，其值分别为-0.59亿立方米、1.72亿立方米、1.10亿立方

米、-0.62亿立方米、-0.47亿立方米、3.39亿立方米，表明这个层面上产业结构的调整总体上并不利于脱钩效应的形成。第三层次产业结构调整是制造业内部的产业结构变化，其值分别为-3.10亿立方米、-6.34亿立方米、-0.51亿立方米、0.73亿立方米、-0.92亿立方米、-2.10亿立方米，总体上说，制造业内部的产业结构调整有利于脱钩效应的形成。除了产业结构调整之外，最终需求结构的变化是脱钩效应形成的另外一个结构效应因素。从其值看，分别为-2.09亿立方米、-0.81亿立方米、0.43亿立方米、-2.26亿立方米、-0.19亿立方米、-6.16亿立方米，是脱钩效应的重要动力。并且近年来超越了产业结构调整，成为第一结构效应。

（3）外部效应的脱钩效应分析。由支出法计算的GDP的定义来看，GDP等于以最终需求计算的总产出减去进口和调入的中间投入。这里将$GDP + im_1 + im_2 = Y$作为上述等式的处理，其中Y为最终需求总量，im_1为中间投入的调入，im_2为中间投入的进口。从其意义来说是外部中间投入占总产出的相对比例。可以看出，调入的外部效应为2.19亿立方米、5.85亿立方米、-1.65亿立方米、-7.95亿立方米、-0.51亿立方米、4.94亿立方米；进口的外部效应为-0.95亿立方米、-2.81亿立方米、3.40亿立方米、8.75亿立方米、2.49亿立方米、-6.62亿立方米。外部效应总体上说不利于水资源利用与GDP的脱钩。

（4）农业技术效应。对于农业来说，种植业用水来自于灌溉用水，林牧渔业用水与灌溉用水组成农业用水。一般来说种植业单位水资源投入的产出小于林牧渔业，因此农业的生产结构对农业用水总量有一定影响。对于种植业来说，并不是所有的用地都能够灌溉，灌溉用地的单位面积产出高于非灌溉用地的单位面积产出。单位面积灌溉水量成为灌溉定额，其在每个年份的变化是灌溉水量变化的因素之一，体现气候和节水技术变化。单位产值占用耕地表征种植业产出的变化。

从对总体技术系数的分解结果看（见表2），单位产值占用耕地（A3）是脱钩效应的主要动力所在，各时间段的值为-7.69亿立方米、-9.99亿立方米、-3.97亿立方米、-0.20亿立方米、-3.24亿立方米、1.69亿立方米，表征在其他条件不变的情况下，单位产值占用耕地面积的变化分别降低了7.69亿立方米、9.99亿立方米、3.97亿立方米、0.20亿立方米、3.24亿立方米的水资源利用量，增加了1.69亿立方米的水资源利用量。由于土地是约束农业生产的主要因素，单位产值占用耕地衡量的是农业生产的技术进步的重要指标。其绝对值有变小的趋势，并且在2010~2012年变为正值，体现农业生产技术进步的节水效应越来越小，在2010~2012年农业生产技术有一定的退步。

表2 总体技术效应的分解

时间段	总体技术系数分解							
	其他行业	农业				制造业		
	C1	A1	A2	A3	A4	Z1	Z2	Z3
1997~2000年	-5.06	4.42	-2.75	-7.69	-2.53	-4.54	0.56	-0.91
2000~2002年	-8.92	4.21	1.56	-9.99	-3.94	-10.0	2.93	0.38
2002~2005年	-9.20	-5.60	6.75	-3.97	-0.18	-8.48	-0.71	-0.16
2005~2007年	-7.67	-0.84	-0.34	-0.20	2.24	0.86	-0.08	0.00
2007~2010年	-8.63	4.93	-5.98	-3.24	1.85	-5.56	-0.53	-0.08
2010~2012年	5.11	-0.12	-4.68	1.69	-2.58	-2.85	0.56	0.26

单位面积灌溉水量（A2）是影响脱钩效应的重要因素，其值分别为-2.75亿立方米、1.56亿立方米、6.75亿立方米、-0.34亿立方米、-5.98亿立方米、-4.68亿立方米，表征了在其他条件不变的情况下，灌溉定额变化对水资源利用的影响。从其变化看，1997~2007年，其对脱钩效应的贡献不大，2007~2012年，其贡献较大，表明这个时期灌溉节水技术的进步明显。除2002~2005年降低了5.6亿立方米外，灌溉面积比例（A1）在多数年份是增加水资源利用或者大致持平。农业结构变化（A4）的贡献为-2.53亿立方米、-3.94亿立方米、-0.18亿立方米、2.24亿立方米、1.85亿立方米、-2.58亿立方米，呈现倒U形的变化趋势。

（5）制造业的技术效应。根据工业的节水理论，制造业的用水机制为溶剂用水、冷却用水、清洁用水等，就制造业的中间投入来说，用水与化学投入（物质投入）和能源投入有很好的相关性。从各行业水资源投入与各行业的化学工业和能源产业中间投入的相关性看，各行业水资源利用与各行业对化学工业和能源消耗有极大关系。这里将各行业单位化学工业和能源工业的中间投入的水资源利用作为用水的技术系数（Z1）；将化学工业和能源工业的中间投入占整个中间投入的比例作为第二层次的生产技术系数（Z2），表征行业对物质和能源投入的依赖；将中间投入占总投入的比例作为第三层次的生产技术系数（Z3），其值越大，表明行业越依赖于中间投入，其增加值占比越小，表明行业越处于产业链的低端。

从 Z1 的结果看（见表 2），其值分别为 -4.54 亿立方米、-10.0 亿立方米、-8.48 亿立方米、0.86 亿立方米、-5.56 亿立方米、-2.85 亿立方米，除 2005 ~ 2007 年外，都是水资源利用与经济增长脱钩效应的主要贡献。Z1 对应于制造业的节水技术改造，是节水技术进步的表征指标。对于 Z2 来说，其值分别为 0.56 亿立方米、2.93 亿立方米、-0.71 亿立方米、-0.08 亿立方米、-0.53 亿立方米、0.56 亿立方米，表明在 2000 ~ 2002 年，在其他条件不变的情况下，依靠化学物质和能源投入占比增加提高了水资源利用，其他年份相对稳定不变。对于 Z3 来说，其对脱钩效应基本无效应，表明北京市制造业在产业链中的位置基本不变，制造业内的增加值比重基本不变。

（6）其他行业的技术系数。从其他行业（除种植业和制造业之外）的技术系数来看，其值分别为 -5.06 亿立方米、-8.92 亿立方米、-9.20 亿立方米、-7.67 亿立方米、-8.63 亿立方米、5.11 亿立方米，除 2010 ~ 2012 年外，其他年份都是水资源利用与经济增长脱钩的主要效应。

（二）脱钩效应分析

在概念模型中，将脱钩效应分成三个脱钩效应。在对北京市水资源利用与经济增长的脱钩效应分解之后，将概念模型与实际进行结合，赋予概念模型各种物理量实际意义，为以后基于该概念模型的研究打下基础。

第一个脱钩效应是概念模型中的“拉力”。概念模型中蒸汽机提供的动力是经济模型中潜在的总产出，是综合各种投入因素（水、能、基础设施、劳动力等）后潜在总的生产能力。由于轨道和车轮等摩擦力的存在，呈现实际的拉力，在经济模型中是实际总生产能力。

概念模型中的“收益”是经济模型中的以最终需求核算的 GDP。从经济模型公式可以得出：

$$GDP(1+\in)=Y$$

$$X=(I-A)^{-1}Y=LY=L(1+\in)GDP$$

式中，$\in$ 为进口和调入率，假定总产出 X 表征实际生产能力，GDP 为收益，这里 GDP 为矩阵形式，可以用 GDP 标量乘以结构矩阵表示。当“动力”与“收益”脱钩时（效应 1），其可以分为中间技术投入效应 L（表征“动力”转化“收益”的技术水平）、各个层次的结构效应（表征一定动力条件下结构优化）以及外部效应，是这三个效应综合作用的结果。

第二个脱钩效应在概念模型中是“动力”与“发动机”的脱钩（效应2），在概念模型中是蒸汽动能转化机械能的转化率。对应于在经济模型中依靠其他资源的优化配置得到的脱钩关系，即总体技术效应剔除灌溉定额、Z1 以及其他技术效应。

第三个脱钩效应是指“发动机”与“水箱”的脱钩效应（效应3），即通过技术进步，发动机提供的动能与“水箱”大小脱钩。在经济模型中是灌溉定额、Z1 以及其他技术系数三个系数。

在三个脱钩效应下，得到北京市水资源利用与经济发展的脱钩类型如表3所示。表3将上述分解的 GDP 的驱动的值设定为100%，其他动力的值与 GDP 驱动值的比值作为驱动力的相对值，各个驱动力和为水资源利用的变化量。表3中各行和为总的脱钩效应。当总效应小于 -100% 时，表示在抵消 GDP 带来的水资源利用增长之后，带来的水资源利用的减少。2010～2012 年的总效应大于 -100%，表示未完全抵消 GDP 增长驱动水资源利用增长，实际水资源利用量增加。

表3　脱钩类型

时间段	效应1（%）	效应2（%）	效应3（%）	总效应（%）
1997～2000年	-13.09	-33.58	-67.35	-114.02
2000～2002年	-5.42	-31.94	-86.54	-123.90
2002～2005年	-27.15	-40.26	-41.45	-108.86
2005～2007年	-71.24	6.49	-41.21	-105.96
2007～2010年	-15.25	16.46	-113.33	-112.12
2010～2012年	-85.09	-0.70	-9.54	-95.33

对于效应1，“动力”与“收益”的脱钩效应的绝对值呈现越来越大的趋势，表征北京经济发展的结构越来越优化，GDP 增长与生产能力的脱钩在总脱钩效应中的比重越来越大，体现调结构、促增长的水资源节约效应越来越重要。对于效应2，表征其他与水资源相关资源总投入与生产能力的脱钩，2005 年前为负值，表征这些资源的投入与生产能力的脱钩。2005 年后为正值，表示这些资源投入未与生产能力脱钩。对于效应3，是实际的节水的技术效应，表征水资源投入与用水效用的脱钩，效应3一直是脱钩效应的主

要动力，在2007~2010年达到顶峰，在2010~2012年降低到-9%左右。

五、结论及讨论

本文基于水资源利用与经济增长脱钩的实际，引入基于“蒸汽机”的概念模型，并推导概念模型中脱钩的机制和公式。在概念模型的基础上，将可比价非竞争混合投入产出模型作为研究水资源利用与经济增长脱钩的经济模型，利用差分形式的结构分解分析（SDA）作为分解脱钩动力的方法。根据分解结果，将脱钩效应初步分为总体技术效应、结构效应、外部效应。在初步分析的基础上，又进一步分解技术效应为种植业、制造业和其他行业的技术效应。根据结果分析，总体技术效应在2010年前是驱动脱钩效应的主要因素，2010年后，结构效应和外部效应明显增加。农业生产技术进步是驱动水资源利用与经济增长脱钩的主要因素，但近年来效力越来越小；灌溉节水技术进步是另外一个主要因素，近年来效力越来越大。农业生产结构效力呈现倒U形趋势。制造业的节水技术进步一直是主要的脱钩因素，但近年来效力也在降低。三次产业结构调整是主要的结构调整因素，较低层次的结构调整效力更大。最后将分解结果与概念模型进行对应，并对概念模型中的3个脱钩子效应与经济模型进行对应，赋予概念模型的子效应经济意义。得出在2010年前，节水型脱钩效应是主要的脱钩效应，2010~2012年，结构型脱钩是主要的脱钩效应。这体现为近年来纯依靠节水技术进步的脱钩效应越来越小，依赖经济结构调整等的经济高质量发展的脱钩效应越来越大。

参考文献

[1] Fujimagari, D. The Sources of Change in the Canadian Industry Output [J], Economic Systems Research, 1989 (1): 7-14.

[2] Betts, J. R. Two Exact, Non-arbitrary and General Methods of Decomposing Temporal Change [J]. Economic Letter, 1989 (30): 7-14.

[3] 刘岚芳. 投入产出技术在北京市水价调整中的应用 [J]. 统计与决策，2005 (20).

[4] 李玮，刘家宏，贾仰文，等. 社会水循环演变的经济驱动因素归因分析 [J]. 中国水利水电科学研究院学报，2016 (14).

人口老龄化、减税降费与货币政策有效性

缪 言 尹彦辉 白仲林

摘 要 人口老龄化会弱化经济增长需求侧的拉动力，进而影响需求管理政策的有效性。为厘清减税、降费与货币政策在我国人口老龄化程度不断加深的背景下调控宏观经济的政策效应，本文将人口结构、财政收入结构和政策规则引入新凯恩斯分析框架构造TANK - DSGE模型，通过动态模拟和福利损失分析发现：劳动、资本减税，社保降费和宽松的货币政策均可促进经济增长、刺激年轻人消费引发通胀，同时会挤出老年人消费，而消费减税促进了整体消费水平的提升；伴随老龄化程度的加深，政策调整空间趋紧，减税、降费和宽松货币政策的有效性均下降。一方面表现为政策的正向效应被削弱，另一方面表现为政策造成社会福利损失增加，政策负向效应被强化。因此，为妥善应对老龄化，实现经济高质量发展，必须增强财政与货币政策的协调性，以更好地实现宏观调控预期。

关键词 人口老龄化；异质性家庭；财政收入政策；货币政策

改革开放以来，丰富的劳动力供给为经济的高速度增长提供了有力的保障。但伴随着人口红利消退，经济发展进入新常态，人口老龄化问题日益凸显。预期寿命的延长和生育率的迅速下降是我国人口老龄化的两个重要驱动因素。当前，我国的人均预期寿命比1960年的人均水平寿命长30年，而总生育率水平则降为1.6人，远低于世代更替的正常水平（2.1人）。并且，老龄化发展趋势还在持续演进，根据世界银行和OECD预测数据，2050年中国的人口老龄化率将高达35.1%，高于发达国家的平均水平（32.9%），更远远超过世界平均水平（21.3%），进入人口负增长或成必然

趋势。

老龄化问题将对中国经济高质量发展和社会长治久安产生深远积极的影响，党的十九大报告强调，要积极应对人口老龄化，构建养老、孝老、敬老政策体系和社会环境。2019 年 11 月，国务院印发了《国家积极应对人口老龄化中长期规划》（以下简称《规划》），指出人口结构持续老龄化，既不利于保持代际和谐与社会活力，也不利于维护国家人口安全和增强国际竞争力，因此，将积极应对老龄化问题上升为国家的重大战略。《规划》中夯实应对人口老龄化的社会财富储备，构建养老、孝老、敬老的社会环境等一系列举措的实施都需要宏观政策强化逆周期调节以提供有力保障。其中减税降费作为积极的财政政策与稳健中性货币政策协调发力是应对老龄化问题、实现经济高质量发展的重要一环。

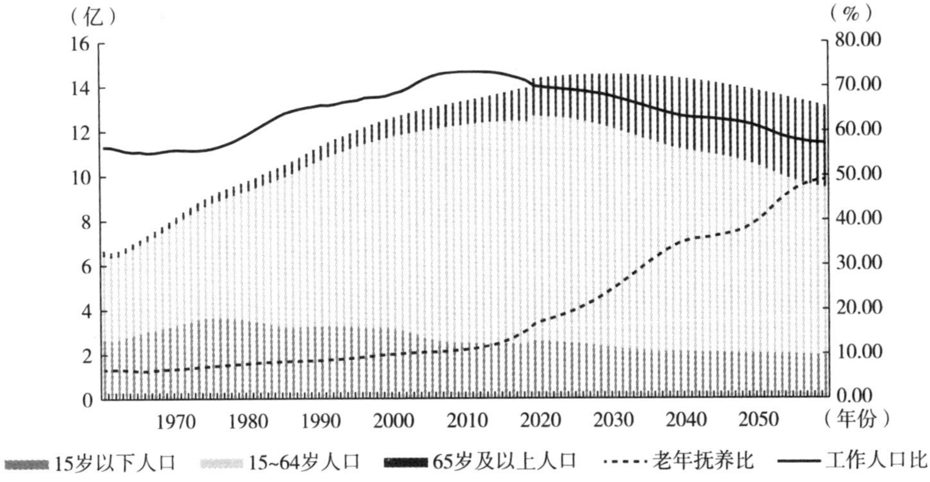

图 1　中国人口变化趋势

人口结构的变革不仅使得供给侧动力减弱，还会对需求侧的消费和投资结构造成冲击，继而影响宏观调控政策的潜在效果。因此，为更高效地实现宏观调控预期，助力经济高质量发展，人口老龄化与宏观经济政策的传导、作用机制间的关系亟须厘清。学术界关于人口老龄化与宏观经济政策间关系的研究，多集中于人口老龄化与政策的可持续性和财政支出等方面。在当前的社会保障体制下，人口老龄化程度的加深意味着财政支出在养老方面的负担越发加重，这使得财政政策空间进一步压缩，可持续性下降（李建强，张淑翠，2018）。Heer 和 Scharrer（2018）基于世代交叠模型考察了人口老龄化对公共财政负担的影响并认为，人口老龄化通过税收传导加重了劳动人口的负担，增加了政府的债务压力；龚锋和余锦亮（2015）的研究结果证实了中国老龄化人口比重与财政的可持续性之间的 U 形关系，即人口老龄化会对财政的可持续性产生不利影响，这在聂建亮（2018）基于对湖北省 60 周岁及以上农村老人的抽样调查研究中得到了进一步验证；陈利锋和钟玉婷（2018）则考察了人口老龄化对积极财政政策工具的影响，发现人口老龄化扩大了政府支出和政府公共投资对消费产生的挤出效应，并强化了政策的消极作用。

人口老龄化与财政支出的关系同样得到了许多学者的关注，相关研究的重点是人口老龄化与财政养老支出的关系。曾毅（2005）在其关于人口老龄化特征与养老金缺口关系的分析中发现，农村养老保障支出缺口巨大，农村社会养老保障体系亟待完善；王立剑（2010）从养老保障需求的角度出发，通过引入人口年龄结构的养老保障需求测算模型，测算出当前养老保障基金支出应等于期望需求；赵斌和原浩爽（2013）基于养老金长期收支模型分析发现，政府必须建立起稳定的养老金财政补贴机制等应对潜在的缺口危机；柳清瑞和苏牧羊（2016）根据 OECD 国家数据测算得出提高退休年龄将降低老年抚养比并有助于控制公共养老金支出的过快增长的结论；鲁蓓（2016）通过人口模型预测了 2050 年公共财政在教育、养老和医疗卫生上的支出，发现提高劳动参与率是在短中期解决政府财政压力的有效途径；张鹏飞和苏畅（2017）基于人口老龄化和社会保障支出间的关系构建计量模型，研究表明全国和分地区的人口老龄化和社会保障支出均存在着显著的正向互补关系。龚锋等（2019）基于代际平衡的视角研究了人口老龄化对地方政府福利性公共支出的影响，结果显示，老年人福利支出收益率和年轻人负担的税率高低决定了人口老龄化对公共福利性支出以及福利性支出占消费支出比值的影响。

梳理相关研究可发现，已有研究更侧重人口老龄化与财政支出政策的有效性及其可持续性问题。并且，当前人口结构与经济发展关系的研究大多基于世代交叠模型（OLG）分析框架展开，虽然世代交叠模型对人口结构进行了细致的刻画，但在研究宏观经济政策效应时，与典型经济行为人相比，其缺乏新凯恩斯宏观经济政策理论基础（李建强、张淑翠，2018）。进一步地，减税降费作为财政收入政策，是当前我国应对经济下行压力的关键之举，在体现人口结构特征的经济系统中对减税降费和货币政策进行细致的刻画是应对当前老龄化问题和提高政策有效性研究的应有之义。因此，本研究在新凯恩斯分析框架下，引入表征不同年龄的异质性家庭，并对财政收入政策和货币政策进行系统性刻画，构建包含年龄异质性主体的 TANK－DSGE（Two Agent New Keynes－Dynamic Stochastic General Equilibrium）模型以探讨人口结构与减税、降费和货币政策有效性之间的关系，预期研究成果拟为宏观经济调控提供一定的理论参考。

一、模型构建

本研究在新凯恩斯 DSGE 模型中，引入表征不同年龄的异质性家庭，其中异质性家庭根据不同年龄人口收入来源和劳动参与程度进行刻画，分为工作家庭和退休家庭。最终商品厂商从中间品厂商购置其产品组装最终产品；中间品厂商利用家庭提供的劳动和资本要素生产中间产品，并假设最终产品市场是完全竞争市场，中间产品市场是垄断竞争市场，工资和中间产品价格具有粘性。

（一）家庭部门

为在经济系统中刻画老龄化特征，本研究将家庭区分为工作家庭 w 和退休家庭 r，在经济系统中占比分别为 ω 和 $(1-\omega)$。工作家庭能够通过选择消费、投资和闲暇最大化其跨期效用，并且可以参与金融市场交易，买卖政府债券，积累实物资本并租赁给厂商，为中间品厂商提供劳动。退休家庭只是将其收入（社会保障）用于购买最终产品，无法进行金融和有形资产的交易。在这种设定下，工作家庭就可应对冲击，平滑消费。

工作家庭可通过对消费、投资、劳动和持有债券的选择实现预期效用最大化：

$$\max E_t \sum_{k=0}^{\infty} \beta^t S_t^C \left(\frac{C_{w,t}^{1-\sigma}}{1-\sigma} - S_t^N \frac{N_{w,t}^{1+\zeta}}{1+\zeta} \right) \tag{1}$$

式中，β 表示主观跨期贴现因子，C_w 和 N_w 分别为工作家庭的消费和劳动。σ 是跨期消费替代弹性的倒数，ζ 是劳动供给弹性的倒数，S^C 和 S^N 分别表示消费和劳动力供给冲击。家庭追求效用最大化时其消费、投资、购买债券总支出不得超过总收入，即面临预算如下约束：

$$P_t(1+\tau_t^c)C_t^w + R_tI_t^w + B_t^w \leqslant (1-\tau_t^n-\tau_t^h)W_tN_t^w + (1-\tau_t^k)r_tK_t^w + R_{t-1}B_t^w + \Pi_t^w + TR_t^w \tag{2}$$

式中，左侧表示家庭支出部分，包括消费支出、投资支出和债券支出。其中 P_t 为价格水平，R_t 为债券收益率，I^w 为投资，B^w 表示政府债券。右侧表示家庭收入部分，其中 W_t 为工资水平，r_t 表示资本服务的租金回报率，Π_t 是家庭从具有所有权的企业得到的红利，TR_t^w 为家庭从政府获得的转移支付收入。τ_t^c、τ_t^l 和τ_t^k 分别表示消费、劳动和资本的税率，τ_t^h 表示家庭为自己缴纳的社保费率。家庭拥有资本，资本积累方程为：

$$K_{t+1}^w = (1-\delta_k)K_t^w + I_t^w(I_t^w,\ I_{t-1}^w) \tag{3}$$

参考 Schmitt－Grohe（2006）的做法，考虑投资调整成本，将投资水平设为：

$$I_t(I_t^w,\ I_{t-1}^w) = \left[1-\frac{\psi}{2}\left(\frac{I_t^w}{I_{t-1}^w}-1\right)^2\right]I_t^w \tag{4}$$

在预算约束下，可得李嘉图家庭在跨期效用最大化目标下关于消费、劳动、资本和债券的一阶条件为：

$$S_t^C C_{w,t}^{-\sigma} = \beta E_t \frac{S_{t+1}^C C_{w,t+1}^{-\sigma}}{P_{t+1}(1+\tau_t^c)}[(1-\delta)P_{t+1}(1+\tau_t^c)+r_t^k(1-\tau_t^k)] \tag{5}$$

$$\frac{S_t^C C_{w,t}^{-\sigma}}{P_t} = R_t\beta E_t \frac{S_{t+1}^C C_{w,t+1}^{-\sigma}}{P_{t+1}} \tag{6}$$

$$S_t^N N_{w,t}^{\zeta} C_{w,t}^{\sigma}\left[\frac{(1+\tau_t^c)}{(1-\tau_t^n-\tau_t^h)}\right] = \frac{W_t}{P_t} \tag{7}$$

退休家庭不进行跨期决策，当期的养老金收入和政府转移支付全部都用来消费：

$$P_t(1+\tau_t^c)C_t^r = OAS_t + TR_t^r \tag{8}$$

式中，C_t^r 表示退休家庭消费，OAS_t 和 TR_t^r 分别表示退休家庭的养老金收入和转移支付收入。

（二）厂商部门

生产部门包含最终产品生产厂商和中间产品生产厂商。其中，最终产品厂商将中间产品厂商生产的中间商品进行综合处理生产得到最终产品，其生产函数形式为：

$$Y_t = \left[\int_0^1 Y_{j,t}^{\frac{\eta-1}{\eta}} dj\right]^{\frac{\eta}{\eta-1}} \tag{9}$$

式中，Y_t 和 $Y_{j,t}$分别表示最终产品和中间产品 j 的投入量。用 P_t 和 $P_{j,t}$ 分别表示最终产品和中间产品的价格，设最终产品市场是完全竞争市场，其产品价格等于其边际收益，最终产品厂商最大化为 $P_tY_t - \int_0^1 P_{j,t}Y_{j,t}dj$，求解可得中间产品需求函数：

$$Y_{j,t} = \left[\frac{P_{j,t}}{P_t}\right]^{-\eta} Y_t \tag{10}$$

完全竞争的最终产品市场意味着总价格水平：

$$P_t = \left[\int_0^1 P_{j,t}^{1-\eta} dj\right]^{\frac{1}{1-\eta}} \tag{11}$$

假定生产中间产品的厂商是垄断竞争的，服从 Cobb - Douglas 生产函数，并且为考虑政府投资的效应，考虑了公共资本在中间产品生产中的作用，表达式为：

$$Y_{j,t} = A_t(\hat{K}_{j,t})^{\alpha}(N_{j,t})^{1-\alpha}(K_t^g)^{\alpha_g} \tag{12}$$

式中，K_t^g 表示公共资本，$\hat{K}_{j,t} = u_tK_t$ 表示生产中实际利用的资本存量，A_t 表示生产技术冲击，服从一阶自回归随机过程。中间产品厂商租用资本和劳动，分别支付租金 R_t^k 和工资 W_t，垄断厂商最小化其成本，可得租金工资比方程：

$$\frac{\hat{K}_{j,t}}{N_{j,t}} = \frac{\alpha}{1-\alpha} \cdot \frac{W_t}{R_t^k} \tag{13}$$

名义边际成本为：

$$P_t mc_t = \left(\frac{1}{1-\alpha}\right)^{1-\alpha}\left(\frac{1}{\alpha}\right)^{\alpha} A_t^{-1}(K_t^g)^{-\alpha_g}(W_t)^{1-\alpha}(R_t^k)^{\alpha} \tag{14}$$

由于中间产品具有差异性，因此中间产品厂商在垄断竞争市场中具有自主定价权，其通过选择价格实现利润最大化，设定厂商通过 Calvo 定价方式调整价格，每一期有 $1-\theta_p$ 比例的中间产品厂商进行价格调整，剩余 θ_p 部分厂商沿用上一期价格水平 $P_{j,t} = \pi_{t-1}P_{j\ t-1}$。代表性厂商设定价格 $\tilde{P}_t$ 最大化其预期利润：

$$E_t \sum_{i=0}^{\infty} (\beta\theta_p)^i \lambda_{t+i}\left[\tilde{P}_t Z_{ti} - \frac{\eta}{1-\eta}\frac{mc_{t+i}}{P_{t+i}}\right] Y_{j,t+i} \tag{15}$$

式中，$(\beta\theta_p)^i\lambda_{t+i}$表示厂商未来利润的贴现，$\lambda_t$ 为李嘉图家庭预算约束下的拉格朗日乘子，厂商将其视为外生。

（三）政府与中央银行

设政府在预算约束下通过财政政策对经济市场进行逆周期调节，财政政策的调控工具分为支出和收入两大类，政策目标主要是保持产出缺口和政府债务以及经济社会的稳定。政府面临的预算约束为：

$$\tau_t^c C_t + \tau_t^N W_t N_t + \tau_t^k r_t K_{t-1} + B_t + SEC_t = \left(\frac{R_{t-1}}{\pi_t}\right) B_{t-1} + P_t G_t + TR_t \tag{16}$$

式中，政府收入来源于发行债券和对消费、劳动与资本的税收，并且，如果社保基金 SEC_t 处于结余状态，本研究中将其视为政府收入。政府支出主要包括对债券的还本付息、政府购买和转移支付。财政工具在经济波动中起到了自动稳定器的作用，财政支出工具在 GDP 偏离稳态时进行逆周期性调节，税收工具则对产出缺口波动进行顺周期调控，并且，政府通过财政工具的使用使得债务波动得到控制。鉴于此，本研究借鉴白仲林等（2019）的处理方式，将财政政策工具设为：

$$\hat{\tau}_t^c = \varphi_b^c \hat{B}_t + \varphi_y^c \hat{Y}_t + \varepsilon_t^c \tag{17}$$

$$\hat{\tau}_t^n = \varphi_b^n \hat{B}_t + \varphi_y^n \hat{Y}_t + \varepsilon_t^n \tag{18}$$

$$\hat{\tau}_t^h = \varphi_b^h \hat{B}_t + \varphi_y^h \hat{Y}_t + \varepsilon_t^h \tag{19}$$

$$\hat{\tau}_t^k = \varphi_b^k \hat{B}_t + \varphi_y^k \hat{Y}_t + \varepsilon_t^k \tag{20}$$

式中，ε_t^i（i=c，n，h，k）为相应的外生冲击，设其均服从一阶自回归过程。社保基金借鉴许文立等（2017），设其采取现收现付制。即工作家庭根据其劳动收入水平缴纳社保基金，退休家庭从社保基金中领取养老金。社保基金预算为：

$$SEC_t = \tau_t^h W_t N_t^w - OAS_t \tag{21}$$

货币政策主要通过利率进行调整，本研究参考朱军等（2018）、白仲林等（2016）在平滑利率下盯住通货膨胀和产出缺口的货币政策设定方式，将政策规则均采用对数线性化后的形式进行描述，即：

$$\hat{R}_t = \rho \hat{R}_{t-1} + (1-\rho)(\rho_\pi \hat{\pi}_t + \rho_\pi \hat{Y}_t) + \varepsilon_t^r \tag{22}$$

（四）均衡系统

由于仅有李嘉图家庭参与资本市场和劳动市场，故市场的均衡问题与标准的同质性家庭模型有所不同：

$I_t = \omega I_t^w$，$K_t = \omega K_t^w$，$B_t = \omega B_t^w$，$\Pi_t = \omega \Pi_t^w$，$N_t = \omega N_t^w$

市场中消费和转移支付为：$C_t = (1-\omega) C_t^r + \omega C_t^w$、$TR_t = (1-\omega) TR_t^r + \omega TR_t^w$。市场出清条件为：

$$Y_t = C_t + I_t + G_t \tag{23}$$

二、参数校准与贝叶斯估计

在对上述模型进行求解模拟分析前，须先对模型参数进行校准，为客观反映经济运行的基本特征，本研究中模型参数赋值方法分为两种：一是利用标准的校准方法，参考中国现实经济分析的经验文献，并基于中国实际经济数据计算稳态值来对部分参数进行校准；二是利用中国实际经济数据进行贝叶斯估计求解模型参数。

（一）参数校准

对于家庭主观贴现因子 β，参考朱军（2017）的做法，使用 2000～2018 年居民消费价格指数校准为 0.985。跨期消费替代弹性的倒数 σ 和劳动供给弹性的倒数 ζ，参考卞志村和杨源源（2016）将其校准为 2 和 3.4。借鉴王立勇和纪尧（2019）研究将资本折旧率 δ_k 校准为 0.025，产品价格粘性 θ_p 根据白仲林等（2019）的研究校准为 0.75。根据张佐敏（2013）估计资本产出弹性的方法，将资本产出弹性 α 设定为 0.476。

模型中主要宏观经济变量的稳态值，主要基于 2000～2018 年季度数据校准得到。其中退休家庭占比，借鉴李建强和张淑翠（2018）的处理方式，本研究使用反映老龄化程度的 65 岁及以上人口占总人口的比例均值将其校准为 8.88%。本研究关注的财政变量包括政府支出、劳动税平均税率、消费税平均税率、资本税平均税率，文章参照张佐敏（2014）的处理方式，以政府支出总额中扣除固定资产投资来源于国家预算内资金的部分替代政府一般性支出，其与 GDP 的比值即政府支出占比，其均值为 0.152。文章借鉴刘溶沧等（2002）估算消费、劳动和资本的有效税率的方法，校准 2000～2018 年消费税、劳动税和资本税的稳态值分别为 0.076、0.082 和 0.086。社保费率利用 2000～2018 年我国社会保险基金收入值进行校准为 0.075。

（二）贝叶斯估计

学界尚未对货币财政政策规则参数形成共识，而且我国货币财政实践仍处于不断发展变化中，因而主观地进行参数校准可能导致参数选取有偏。为此，文章通过贝叶斯方法估计政策规则参数。进行贝叶斯估计首先需要确定参数的先验分布。按照主流文献的通常做法，对于参数取值必然介于0和1之间的采用贝塔（Beta）分布，不必然分布与0和1之间的参数一般选择正态（Normal）分布或伽马（Gamma）分布，外生冲击的标准差的先验分布则一般设定为逆伽马（Inv－gamma）分布。文章使用2000～2018年我国现实经济季度数据进行贝叶斯估计，包括GDP、居民消费、政府消费、投资等共计6个指标作为贝叶斯估计的外部观察数据。首先对数据进行了X12季节性调整、取对数以及HP滤波处理，然后采用蒙特卡罗－马尔科夫方法的随机Metropolis－Hasting算法得到相应参数的后验分布（见表1）。

表1 贝叶斯参数估计结果

参数	先验分布	先验均值	标准差	后验均值	90%置信区间	
φ_y^c	Gamma	0.4	0.2	0.5871	0.5624	0.6170
φ_y^n	Gamma	0.4	0.2	0.4834	0.4739	0.4933
φ_y^k	Gamma	0.4	0.2	0.4946	0.4350	0.5547
φ_y^h	Gamma	0.4	0.2	0.2062	0.1917	0.2197
φ_b^c	Gamma	0.1	0.2	0.0278	0.0233	0.0318
φ_b^n	Gamma	0.1	0.2	0.0284	0.0242	0.0332
φ_b^k	Gamma	0.1	0.2	0.0598	0.0503	0.0678
φ_b^h	Gamma	0.1	0.2	0.0015	0.0012	0.0019

三、政策效应动态模拟分析

在对TANK－DSGE模型参数校准求解的基础上，结合当前我国人口老龄化特征，为探讨不同人口结构下减税降费的财政政策和积极的货币政策冲击的传导机制和动态特征，本研究分别模拟分析了我国当前老龄化水平

（基准模型）和深度老龄化水平（65 岁及以上老年人口占总人口 20%）下政策冲击对消费结构、产出水平、就业状况、投资和通货膨胀等维度的动态宏观经济效应差距。

（一）消费减税的动态效应

由图 2 可知，对消费减税意味着商品价格相对下降，两类家庭的相对收入提升，在收入效应下消费水平均得到显著提升。对商品需求的增加即社会总需求提升，一方面促使厂商扩大生产，即总产出增加，另一方面社会总需求的增加引发通货膨胀。厂商增加产出需要会加大劳动和资本的投入，即促进就业。但由于工作家庭在消费和投资间的跨期抉择使得消费需求增加、投资需求减少，故投资在短期内减少。比较基准模型和深度老龄化水平下消费减税的政策效应可得，较于基准模型，深度老龄化水平下消费减税对消费、就业和总产出的提升效应较低，通货膨胀无显著差别，对投资的挤出效应显著增强。这是由于随着老龄化水平上升，人口老龄化加重，边际消费倾向较高的年轻人占比减少，而仅依赖政府养老金的老年人口占比提高，消费减税带来的收入效应被削弱，对经济的刺激效应明显降低。综上所述，老龄化水平的进一步加深弱化了消费减税的收入效应对产出、消费和就业的促进效应，却增强了对投资的挤出效应。

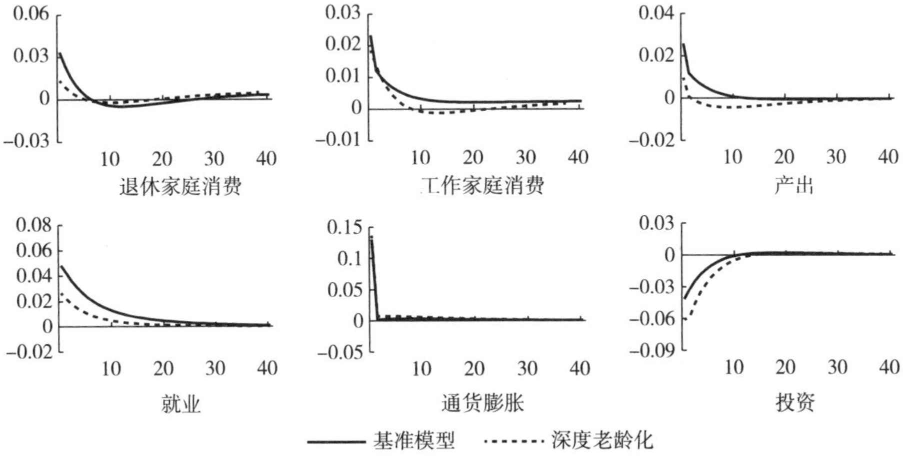

图 2　消费减税的脉冲响应分析

（二）劳动减税的动态效应

由图3可见，劳动减税会提升劳动力供给，挤入工作家庭消费和投资，进而提升总产出水平。对工作家庭来说，劳动减税意味着其工资水平提升，进而引致更多的劳动力供给，工作家庭的可支配收入增加，收入效应挤入消费和投资，带动消费需求和投资需求上涨，导致社会总需求增加并引发通货膨胀。对退休家庭而言，劳动减税对工作家庭的收入效应挤入消费带来负向的财富效应，挤出了退休家庭的消费。进一步比较不同老龄化水平下劳动减税的政策效应可发现，相比基准模型，深度老龄化水平下劳动减税对工作家庭消费、就业、投资和总产出的刺激效应和对退休家庭消费的挤出效应均被削弱。伴随着老龄化水平上升，劳动减税的政策空间被进一步压缩，政策刺激的有效性下降。

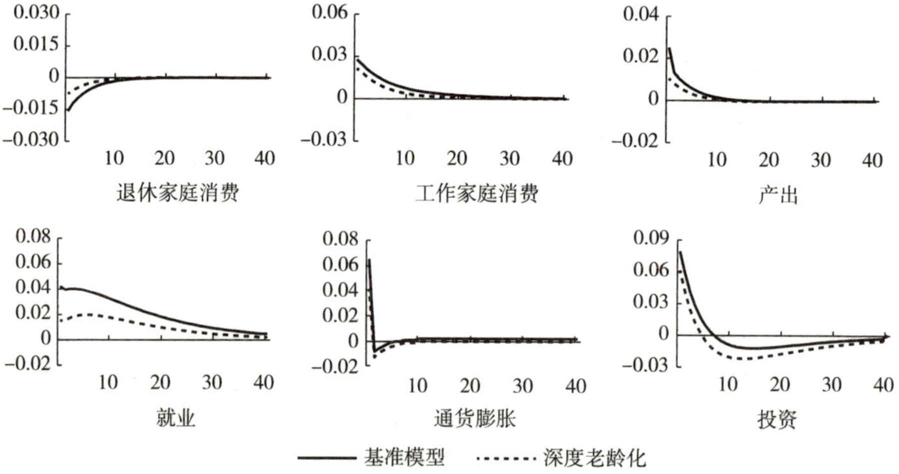

图3　劳动减税的脉冲响应分析

（三）资本减税的动态效应

由图4可见，资本减税带动了工作家庭消费、投资和总产出水平的上升，但抑制了退休家庭消费和社会就业水平。对资本减税，一方面使资本投资的收益率上升，进而促使投资需求增加；另一方面意味着在生产中劳动和资本相对价格发生变化，厂商对劳动力需求减少，资本配置增加。由于文中假设只有工作家庭参与金融市场，故资本减税带来的收入效应挤入工作家庭的消费，并挤出退休家庭的消费，且由于工作家庭消费在消费中占主导，总消费需求上升，带来通货膨胀压力。这也与白仲林等（2019）认为资本税具有累退性的研究结论相一致。消费需求和投资需求上涨提升了总产出水平。进一步比较不同老龄化水平下政策效应的变化可得：在深度老龄化的情况下，资本减税对工作家庭消费、投资总产出水平和通货膨胀的刺激效应显著下降，同时，对退休家庭的消费和就业的挤出效应也被削弱。因此，人口老龄化弱化了资本减税政策的政策效应。

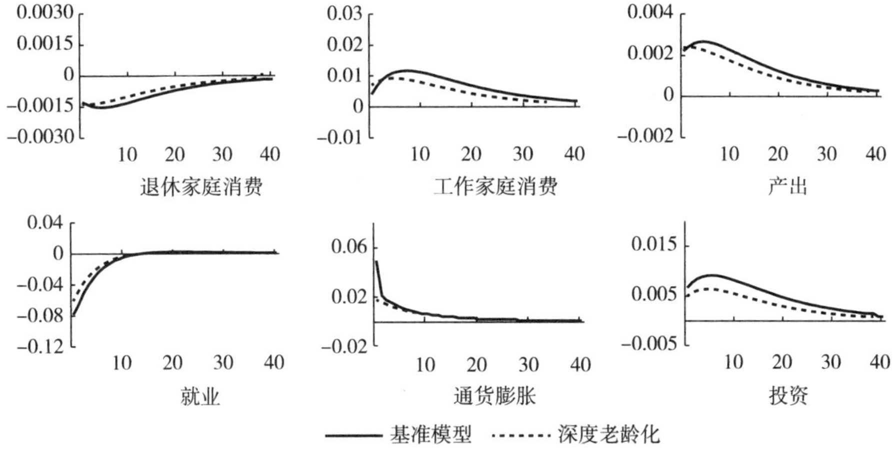

图 4　资本减税的脉冲响应分析

（四）社保降费的动态效应

如图 5 所示，社保降费的负向冲击带来产出、投资和就业的增加。与劳动减税的政策传导机制相似，社保费率下降的直接效应是工作家庭的收入增加，收入效应一部分挤入消费，另一部分挤入投资，消费需求和投资需求的增加促进就业进而刺激产出并引致通货膨胀。但与劳动减税不同的是，对退休家庭而言，不但工作家庭的收入效应会挤出其消费，降费引致社保基金的负财富效应还会进一步降低退休家庭的收入，因此退休家庭的消费呈长期下降趋势。进一步比较在不同的老龄化水平下社保降费效应的变化，可以发现：随着人口老龄化加重，社保降费在发挥其积极政策效应的同时，其对退休家庭消费的挤出也进一步被放大，制约了其政策效应的发挥。

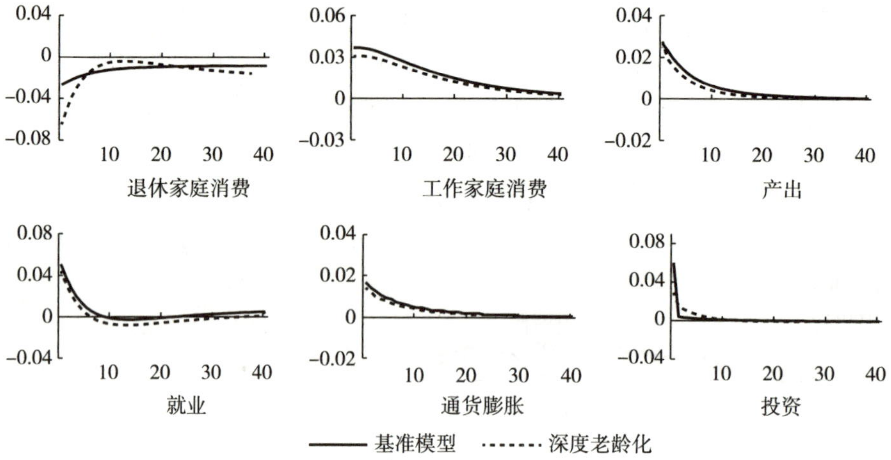

图5 社保降费的脉冲响应分析

（五）货币政策的动态效应

为探讨货币政策在不同老龄化程度时调控效应的变化，本研究模拟分析了中央银行采取宽松的货币政策，即利率下降的政策冲击，脉冲响应结果如图6所示。负向的利率冲击瞬间降低了整个经济的利率水平，直接促进工作家庭的投资，生产中资本增加伴随着劳动需求的增加，因此对就业产生促进作用，总产出增加。总产出增加为工作家庭带来的收入效应又挤入消费，消费需求增加进一步导致通货膨胀。对于退休家庭，一方面由工作家庭工资增加带来正的财富效应，另一方面工作家庭消费增加对其消费带来挤出效应并占主导，因此退休家庭消费降低。比较在不同老龄化水平下货币政策效应可以发现：货币政策的作用机制未发生显著变化，但在深度老龄化水平下，货币政策的政策有效性显著下降。这是因为随着社会年龄结构的变化，经济中家庭部门对利率的敏感程度和风险偏好都会发生变化，进而影响货币政策的传导渠道。

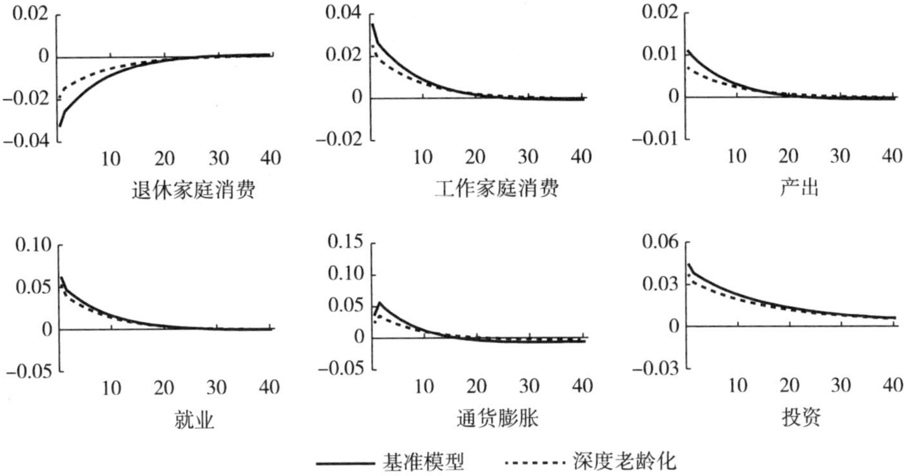

图 6　降低利率的脉冲响应分析

四、福利损失分析

为进一步探讨老龄化对减税降费和宽松的货币政策有效应的影响，文章借鉴江春等（2018）的处理方式，基于家庭的效用函数构造社会福利损失函数。考虑到文中模型包含工作家庭和退休家庭两类家庭，本研究将社会福利损失定义为工作家庭福利损失和退休家庭福利损失的加总，即 $W=\omega W_w+(1-\omega)W_r$，参考 Woodford（2003），可推导由效用函数二阶近似的福利损失函数：$W_w=\frac{1-\sigma}{2}Var(\tilde{C}_w)+\frac{1+\zeta}{2}Var(\tilde{N}_w)$，$W_r=\frac{1-\sigma}{2}Var(\tilde{C}_r)$。其中，$\tilde{C}_w$、$\tilde{N}_w$ 和 $\tilde{C}_r$ 分别表示各变量对其稳态的对数偏离，Var（·）表示方差。得到福利损失结果如表 2 所示。

表 2 为减税、降费和宽松的货币政策在不同老龄化水平下引致的福利损失，据此可发现：减税降费和宽松的货币政策在发挥政策效力时，退休家庭的福利损失均大于工作家庭的福利损失，并且，在深度老龄化水平下两类家庭和社会总福利损失均增加。这表明政策在进行宏观调控时对老龄化群体的负向效应更显著，且伴随老龄化程度加深，政策调整空间进一步趋紧，财政政策和货币政策的有效性均被削弱，且负面效应被放大。

表2　不同老龄化水平下政策社会福利损失

	消费减税		劳动减税		资本减税		社保降费		宽松货币政策	
	当前	深度	当前	深度	当前	深度	当前	深度	当前	深度
W_w	0.0073	0.0080	0.0073	0.0062	0.0419	0.0342	0.0197	0.0163	0.0324	0.0269
W_r	0.0233	0.0414	0.0445	0.0548	0.0832	0.1237	0.2088	0.2410	0.1552	0.1966
W	0.0087	0.0147	0.0106	0.0159	0.0456	0.0521	0.0365	0.0613	0.0433	0.0609

五、结论与启示

伴随着人口红利的渐行渐远，人口老龄化成为我国经济高质量发展必须应对的挑战。人口老龄化不仅制约了供给侧结构性改革，还重塑了宏观经济政策面临的经济环境。为探讨减税、降费和宽松的货币政策在人口老龄化背景下政策效应及其变化，文章将人口结构、财政收入结构和政策规则引入新凯恩斯分析框架下构造TANK－DSGE模型，通过动态模拟和福利损失分析发现：劳动、资本减税，社保降费和宽松的货币政策均可促进经济增长、刺激年轻人消费引发通胀，并且，其对老年人消费具有挤出效应。消费减税在促进经济增长、促进就业的同时促进了整体消费水平的提升；伴随老龄化程度的加深，政策调整空间趋紧，减税、降费和宽松货币政策的有效性均下降。一方面表现为政策的正向效应被削弱，另一方面表现为政策造成的社会福利损失增加，政策的负面效应被强化。

上述研究结论引申出以下政策启示：中央经济工作会议指出，积极的财政政策要进一步加力提效，稳健的货币政策要松紧适度。在人口老龄化的大背景下，实施减税、降费和宽松的货币政策等积极调控手段时，由于其对宏观经济变量的作用机制各有区别，且在发挥促进经济增长、就业和刺激消费等积极作用时对老年人口的消费具有挤出效应，为了保障政策更高效地发挥作用，需重视政策间协调配合，特别是发挥转移支付对弱势群体的保障作用；人口老龄化在减少劳动力供给的同时，不仅使得财政政策和货币政策的有效性被弱化，还加剧了社会福利损失。可从提高全面放开生育政策和延迟退休两方面提高劳动参与率，通过教育改革和人力资本投资来提高人力资本的生产率；同时，为避免转移性支出增长对财政可持续性的影响，应对现收现付的社会保障体制进行改革，在养老、医疗等社会福利支出中加强成本分摊和受益分享的对应性。

参考文献

[1] 李建强，张淑翠．人口老龄化影响财政与货币政策的有效性吗［J］．财经研究，2018（7）：17－33.

[2] Heer，Burkhard，Scharrer，Christian. The Age－specific Burdens of Short－run Fluctuations in Government Spending［J］. Journal of Economic Dynamics & Control，2018（90）：45－75.

[3] 龚锋，余锦亮．人口老龄化、税收负担与财政可持续性［J］．经济研究，2015（8）：16－30.

[4] 聂建亮．养儿还能防老吗——子女人口经济特征、代际关系与农村老人养老资源获得［J］．华中科技大学学报（社会科学版），2018（6）：33－41.

[5] 陈利锋，钟玉婷．人口老龄化对积极财政政策有效性的影响——兼析延迟退休的宏观经济效应［J］．西部论坛，2019（3）：36－46.

[6] 曾毅．中国人口老化、退休金缺口与农村养老保障［J］．经济学（季刊），2005（3）：1043－1066.

[7] 王立剑．人口年龄结构变动对养老保障需求的影响研究［J］．中国人口·资源与环境，2010（8）：168－173.

[8] 赵斌，原浩爽．我国基础养老金财务平衡与可持续性分析——基于财政合理支付视角［J］．财经科学，2013（7）：38－46.

[9] 柳清瑞，苏牧羊．城乡养老保险协调度、制约因素及对策——基于1999—2013年数据的实证分析［J］．中央财经大学学报，2016（4）：5－17.

[10] 鲁蓓．二孩政策，人口老龄化和财政社会福利支出预测［J］．劳动经济研究，2016（3）：103－118.

[11] 张鹏飞，苏畅．人口老龄化，社会保障支出与财政负担［J］．财政研究，2017（12）：33－44.

[12] 龚锋，王昭，余锦亮．人口老龄化，代际平衡与公共福利性支出［J］．经济研究，2019（8）：103－119.

[13] Ravn M，Schmitt－Grohé S，Uribe M. Deep Habits［J］. The Review of Economic Studies，2006（1）：195－218.

[14] 白仲林，尹彦辉，缪言．财政政策的收入分配效应：发展不平衡视角［J］．经济学动态，2019（2）：93－103.

[15] 许文立，郭柃沂，许坤．税费政策调整的宏观经济效应——基于消费者异质性的新凯恩斯模型［J］．税务研究，2017（6）：70－76.

[16] 朱军，李建强，张淑翠．财政整顿，“双支柱”政策与最优政策选择［J］．中

国工业经济，2018（8）：24－41.

［17］白仲林，缪言，王理华．分税制与中国宏观经济波动——基于新凯恩斯 DSGE 模型的实证分析［J］．财经论丛，2016（4）：36－44.

［18］朱军．技术吸收、政府推动与中国全要素生产率提升［J］．中国工业经济，2017（1）：5－24.

［19］卞志村，杨源源．结构性财政调控与新常态下财政工具选择［J］．经济研究，2016（3）：66－80.

［20］王立勇，纪尧．财政政策波动性与财政规则：基于开放条件 DSGE 模型的分析［J］．经济研究，2019（6）：121－135.

［21］张佐敏．财政规则与政策效果——基于 DSGE 分析［J］．经济研究，2013（1）：42－54.

［22］张佐敏．中国存在财政规则吗？［J］．管理世界，2014（5）：29－41＋193.

［23］刘溶沧，马拴友．论税收与经济增长——对中国劳动、资本和消费征税的效应分析［J］．中国社会科学，2002（1）：67－76＋206－207.

［24］江春，向丽锦，肖祖沔．货币政策、收入分配及经济福利——基于 DSGE 模型的贝叶斯估计［J］．财贸经济，2018（3）：17－34.

［25］Woodford M. Optimal Interest－rate Smoothing［J］．The Review of Economic Studies，2003（4）：861－886.

3. 金融、资本市场

金融机构系统性风险溢出效应及传染路径研究

张 虎 高子桓

摘 要 本文从关联网络的视角出发，采用TENET方法构建我国金融机构间系统性风险的溢出矩阵，分析金融系统、金融部门、金融机构的风险溢出效应，并捕捉金融机构之间的风险溢出关系，在此基础上，运用最大生成树对金融机构系统性风险的传染路径进行识别。研究结果表明：①金融系统的风险溢出水平在不同情形下会发生显著变化，银行部门、证券部门分别是风险输出方和风险输入方；②金融机构系统性风险的输入水平与输出水平取决于资产规模和杠杆率，并且金融机构之间风险溢出关系的分布并不均匀；③传染路径存在多个风险源头，但其终点相对固定，而具有重要传染地位的主要是中介机构。因此，金融监管当局应加强宏观审慎管理，对金融机构采取差异化监管措施，同时提高对重点机构的监控力度。

关键词 系统性风险 TENET 风险溢出效应 最大生成树 传染路径

2008年爆发的国际金融危机席卷全球，虽然中国受到的直接影响相对较小，但随后发生的“历史性银行钱荒”、A股市场“千股跌停”和“股市熔断机制”等事件却给我国金融体系造成巨大冲击，表明我国面临着极大的系统性风险隐患。与此同时，在经济全球化和金融自由化的背景下，我国不断深化金融监管体制改革，监管模式开始从“微观审慎监管”逐步过渡到“宏观审慎监管”，监管理念也由“太大而不能倒”向“太关联而不能倒”转变。2017年10月，党的十九大报告明确指出要“健全金融监管体系，守住不发生系统性金融风险的底线”，高度重视对系统性风险的防范。

系统性风险一直都是监管部门和学术界共同关注的焦点，但目前并没有一个普遍接受的定义。大部分学者以传染性为核心要素，对系统性风险的范畴进行界定，认为单个金融机构之间存在资产负债表结构的相似性和追求利润最大化的一致性，当某一金融机构内部风险积聚到一定程度并且受到外部负向冲击时，会蔓延到其他金融机构，导致这些金融机构出现相似的风险暴露。另外，鉴于金融机构间复杂的关联关系，外生冲击的破坏水平和影响范围被进一步放大，提高了风险传染的可能性以及溢出强度，金融机构之间甚至会出现“多米诺骨牌”效应，从而威胁到整个金融体系的安全稳定。

鉴于此，本文基于关联网络的视角，应用TENET方法对我国金融系统、金融部门和金融机构系统性风险溢出的截面特征和时序特征进行研究，在此基础上利用最大生成树来识别我国金融机构系统性风险的传染路径，进而提出相应的风险防范和监管措施，对我国构建宏观审慎政策框架、改革和完善现行监管体制具有重要意义。

一、文献综述

合理地评估系统性风险的溢出效应并准确识别其传染路径，是防范和化解系统性风险的重要前提。国外学者对系统性风险的生成机制展开深入讨论，并且根据股票价格、债券价格和信用违约互换价格等金融市场工具的高频数据来测度金融机构间的尾部风险溢出水平。基于金融市场数据的度量方法可以分为以下四类：第一类是相关违约法，用来分析金融部门的债务风险以及部门间的系统性风险传导，其中，CCA（Lehar，2005）和SC-CA（Gray & Jobst，2013）是目前运用最为普遍的方法。但是，相关违约法的缺点在于其依赖总资产价值服从几何布朗运动的基本假设，这与事实存在着较大的偏离。第二类是模型法，基于金融机构之间的尾部依赖关系，度量金融体系的系统性风险贡献以及系统性风险在金融机构间的溢出水平，代表性的风险测度方法有ΔCoVaR和Exposure－ΔCoVaR（Adrian & Brunnermeier，2016）、SES和MES（Acharya et al.，2017）、SRISK（Brownlees & Engle，2017）以及DIP（Huang et al.，2009）。CoVaR方法考虑了系统性风险的传导方向，但与VaR类似，CoVaR只能度量在一定置信水平下金融体系可能面临的最大损失，忽略了更为极端情况下的潜在损失。SRISK 方法不仅可以克服 SES 事后观测的不足，而且可以进行动态评估，但其度量的是金融机构在危机爆发时的损失，并非金融机构对整个金融体系的系统性风险贡献程度。第三类是网络分析法，包括 Granger 因果检验（Billio et al.，2012）、基于 VaR 模型的广义方差分解（Diebold & Yilmaz，2014）和 TE-NET 方法（Härdle et al.，2016），主要利用金融市场数据考察金融体系的关联性，同时准确测度系统性风险的溢出水平。网络分析法的优势在于它能够有效克服其他方法的局限性，揭示系统性风险的传染效应，从而反映出内外部冲击对金融体系关联性的影响。第四类是 Zedda 和 Cannas（2017）提出的“去一”分析法，即通过对比金融危机中包含某一银行的现实系统损失状况与除去该银行的模拟系统损失状况来测度银行系统性风险贡献。

基于金融市场数据的风险测度方法有助于提高风险衡量的准确性，但该类方法不能展示风险在金融机构间的传染过程。因此，国外学者充分考虑金融机构之间资产负债表业务的关联性，利用金融关联网络模型研究系统性风险的传染机制。金融关联网络模型主要应用于银行系统，并且可以分为直接关联网络模型和间接关联网络模型两类（方意和郑子文，2016）。直接关联网络模型假设商业银行相互持有资产负债，能够直观地揭示系统性风险的传染效应，其缺点在于没有考虑金融资产价格的相关性。间接关联网络模型则基于银行持有共同资产，主要是分析共同资产遭受价格下跌冲击时所引发的系统性风险传染，它更适合用于描述系统性风险在银行间的传染机制。Cifuentes 等（2005）构建了持有共同资产的网络模型，主要研究一种非流动性资产的抛售与减值在相互作用下所造成的银行系统性风险传染。Greenwood 等（2015）则将一种资产扩展到多种资产，即在金融机构持有多种非流动性金融资产的情形下分析其降价抛售的线性传染机制。

国内关于系统性风险的研究主要是将上述方法应用于银行系统和金融体系。范小云等（2013）结合 CCA 方法和 DAG 构建银行间的风险传染网络，研究银行系统性风险的截面特征和时序特征，并对系统重要性银行进行了识别。方意和郑子文（2016）基于持有共同资产网络模型，测度银行系统房地产贷款资产价格下跌所引发的系统性风险，并且根据系统重要性传染路径指标分析了风险的传染机制。由于不同的风险测度方法各有侧重，部分学者转向了不同方法的比较。赵进文等（2013）基于上市银行的股票价格数据，分别采用 CoVaR 和 MES 度量银行的系统性风险，同时对两种方法进行了比较。另外，还有部分学者将研究范围从银行系统拓展到金融体系。梁琪等（2013）在改进 SRISK 的基础上计算金融机构的资本短缺程度，并对系统重要性金融机构进行识别。杨子晖等（2018）采用 VaR、CoVaR、ΔCoVaR 与 MES 等方法测度我国金融部门和房地产行业的系统性风险，同时结合风险溢出网络图考察系统性风险的跨部门传染。李政等（2016）基于网络分析法，建立金融机构之间的关联网络，研究金融体系的总体关联性以及金融部门间的关联特征，并分析网络关联的影响因素。李政等（2019）基于经济金融关联网络，运用 TENET 方法构建我国行业间系统性风险的溢出网络，分析系统性风险的溢出水平和传导路径，研究结果表明，金融行业并不是唯一的风险源头，其系统重要性仅排在第四位。此外，代表性的研究成果还包括周天芸等（2014）、陈建青等（2015）、李志辉等（2016）、郭晔和赵静（2017）、欧阳资生和莫廷程（2017）、杨子晖和李东承（2018）、杨子晖和周颖刚（2018）、李政等（2019）。

从上述分析可以看出，以往的研究主要集中于衡量金融机构系统性风险的贡献程度以及系统性风险在金融体系内的溢出效应。随着现代计量方法的不断发展，国内外学者开始从关联网络的角度来考察系统性风险的传染机制。但现有文献更多关注的是金融机构之间“两两”交互的影响，对于系统性风险传染路径的分析比较少。基于此，本文运用 TENET 方法建立我国金融机构间的系统性风险溢出网络，捕捉金融机构之间的风险溢出关系，并度量金融系统、金融部门和金融机构系统性风险的输入水平与输出水平，同时，采用最大生成树对系统性风险在金融机构间的传染路径进行研究。

二、研究方法

（一）模型

本文借鉴 Härdle 等（2016）提出的 TENET 方法测度系统性风险的溢出效应，主要分为三个步骤：首先，计算每家金融机构的 VaR；其次，运用单指数模型（Single - Index Model，SIM）和分位数回归方法估计金融机构的 CoVaR；最后，建立金融机构之间系统性风险的溢出矩阵，并且构造评估指标，衡量金融系统、金融部门和金融机构系统性风险的溢出效应。

VaR 是指在给定的置信水平下，对某一时间期限内金融机构最大可能损失的一种估计。本文采用滚动窗口的分位数回归方法计算每家金融机构的 VaR：

$$X_{i,t} = \alpha_i + \gamma_i M_{t-1} + \varepsilon_{i,t} \tag{1}$$

$$VaR_{i,t,\tau} = \hat{\alpha}_i + \hat{\gamma}_i M_{t-1} \tag{2}$$

式中，$X_{i,t}$是时刻 t 金融机构 i 的收益率，M_{t-1}为控制变量，$VaR_{i,t,\tau}$表示时刻 t 金融机构 i 收益率的τ分位数。

CoVaR 被定义为在金融机构的损失超过某个给定值的条件下，该金融机构的平均损失值。本文运用 SIM 模型识别我国金融机构间系统性风险溢出的网络结构，同时基于分位数回归方法度量金融机构的 CoVaR：

$$X_{j,t} = g(\beta_{j|R_j}^{T} R_{j,t}) + \varepsilon_{j,t} \tag{3}$$

$$CoVaR_{j|\widetilde{R}_{j,t,\tau}}^{TENET} = \hat{g}(\hat{\beta}_{j|\widetilde{R}_j}^{T} \widetilde{R}_{j,t}) \tag{4}$$

$$\hat{D}_{j|\widetilde{R}_j} = \left.\frac{\partial\ \hat{g}(\hat{\beta}_{j|\widetilde{R}_j}^{T} \widetilde{R}_{j,t})}{\partial\ R_{j,t}}\right|_{R_{j,t}=\widetilde{R}_{j,t}} = \hat{g}'(\hat{\beta}_{j|\widetilde{R}_j}^{T} \widetilde{R}_{j,t})\hat{\beta}_{j|\widetilde{R}_j} \tag{5}$$

式中，$R_{j,t} = \{X_{-j,t},\ M_{t-1}\}$ 是一个信息集，其中，$X_{-j,t} = \{X_{1,t},\ X_{2,t},\ \cdots,\ X_{k,t}\}$ 是解释变量，包括除金融机构 j 以外所有金融机构的收益率，k 代表金融机构的数量。$\beta_{j|R_j} = \{\beta_{j|-j},\ \beta_{j|M}\}^{T}$ 是指应用移动窗口的分位数回归方法估计的来自不同窗口中的所有参数，而$\hat{\beta}_{j|\widetilde{R}_j} = \{\hat{\beta}_{j|-j},\ \hat{\beta}_{j|M}\}^{T}$ 则是它的估计值。$\widetilde{R}_{j,t} = \{VaR_{-j,t,\tau},\ M_{t-1}\}$ 中的 $VaR_{-j,t,\tau}$是指 t 时刻除金融机构 j 以外所有金融机构收益率的τ分位数。$CoVaR_{j|\widetilde{R}_{j,t,\tau}}^{TENET}$是基于 TENET 方法估计出来的金融机构的 CoVaR，其优点在于运用兼具非线性和变量选择的 g（·）函数不仅能捕捉尾部风险溢出的非线性关系，而且可以更全面地反映出金融机构间的交互影响。$\hat{D}_{j|\widetilde{R}_j} = \{\hat{D}_{j|-j},\ \hat{D}_{j|M}\}^{T}$ 用来衡量协变量的边际效应，由于本文主要考察金融机构间的系统性风险传染，所以不考虑 $\hat{D}_{j|M}$。基于此，本文建立金融机构间的风险传染矩阵：

$$A_w = \begin{bmatrix} 0 & |\hat{D}_{1|2}^{w}| & \cdots & |\hat{D}_{1|k}^{w}| \\ |\hat{D}_{2|1}^{w}| & 0 & \cdots & |\hat{D}_{2|k}^{w}| \\ \vdots & \vdots & \ddots & \vdots \\ |\hat{D}_{k|1}^{w}| & |\hat{D}_{k|2}^{w}| & \cdots & 0 \end{bmatrix} \tag{6}$$

式中，w 为窗宽，$|\hat{D}_{i|j}^{w}|$表示 $\hat{D}_{i|j}^{w}$的绝对值，当 i = j 时，$|\hat{D}_{i|j}^{w}| = 0$。

接下来，本文构造以下指标对金融机构间系统性风险的溢出效应进行测度：

$$RSL_w = |\hat{D}^w_{i|j}|,\ i,\ j=1,\ 2,\ \cdots,\ k,\ i\neq j \tag{7}$$

$$ILI_{j,w} = \sum_{i=1}^{k} |\hat{D}^w_{j|i}|, j = 1,2,\cdots,k, i \neq j \tag{8}$$

$$OLI_{j,w} = \sum_{i=1}^{k} |\hat{D}^w_{i|j}|, j = 1,2,\cdots,k, i \neq j \tag{9}$$

式中，RSL_w 表示金融机构之间的风险溢出水平，该指标越大，说明风险由金融机构 j 向金融机构 i 传导扩散的可能性越大；$ILI_{j,s}$是风险溢出矩阵中第 j 行所有元素的和，代表金融机构的风险输入水平，该指标越大，说明金融机构是风险输入方的可能性越大；$OLI_{j,w}$是矩阵中第 j 列所有元素的和，代表金融机构的风险输出水平，该指标越大，说明金融机构是风险输出方的可能性越大。

针对金融部门 S，本文将其风险输入水平定义为其他所有金融机构输入到所有属于该部门的金融机构的风险溢出水平之和，而金融部门 S 的风险输出水平则被定义为其他所有金融机构输出到所有属于该部门的金融机构的风险溢出水平之和，它们可以分别表示为：

$$ILS_{j,w} = \sum_{j\in S}\sum_{i=1}^{k} |\hat{D}^w_{i|j}|,\ j=1,\ 2,\ \cdots,\ k,\ i\neq j \tag{10}$$

$$OLS_{j,w} = \sum_{j\in S}\sum_{i=1}^{k} |\hat{D}^w_{i|j}|,\ j=1,\ 2,\ \cdots,\ k,\ i\neq j \tag{11}$$

此外，整个金融系统风险溢出的总体水平等于风险溢出矩阵中所有元素的和，即

$$TSL_w = \sum_{i=1}^{k}\sum_{j=1}^{k} |\hat{D}^w_{i|j}|,\ j=1,\ 2,\ \cdots,\ k,\ i\neq j \tag{12}$$

（二）指标和数据说明

本文选取 2011 年 1 月 1 日至 2019 年 6 月 30 日我国 33 家 A 股上市金融机构作为研究对象，样本涵盖了银行、证券和保险三个金融部门，并且满足以下三个条件：①上市时间早于 2011 年 1 月 1 日；②根据 2019 年 6 月 30 日的市值（含限售股）排名，选取 16 家商业银行、14 家证券公司以及 3 家保险公司；③样本金融机构总市值约占三个金融部门总市值的 80%，能够较好地反映金融体系的总体情况。由于价格和收益率蕴含了资产所面临的风险信息，根据 Härdle 等（2016）的方法，本文基于上市金融机构每周的收盘价，计算金融机构的对数收益率 $X_{i,t} = \ln(P_{i,t}/P_{i,t-1})$，其中，$P_{i,t}$ 为金

融机构 i 在 t 时刻的周收盘价。同时，考虑到宏观经济运行对金融系统安全稳定造成的影响，本文结合李政等（2019）的研究和实际情况，从不同角度选取了 5 个控制变量，如表 1 所示。

表 1　控制变量的选取与计算方法

控制变量	具体指标选取与计算方法
股票市场指数的收益率	沪深 300 指数周收盘价计算的收益率
股票市场指数的波动率	沪深 300 指数的 GARCH（1，1）波动率
流动性利差	1 年期 SHIBOR 利率 - 1 年期国债到期收益率
期限利差	10 年期国债到期收益率 - 1 年期国债到期收益率
信用利差	10 年期企业债（AAA）到期收益率 - 10 年期国债到期收益率

股票市场指数的收益率用来反映市场价值的变化水平，而波动率则表示内外部冲击对整个金融市场价值变动的影响。流动性利差主要来源于同业拆借市场，用来衡量交易过程中的对手风险，一般来说，流动性利差越大，金融市场潜在的风险也越大。期限利差是指将短期资产投放于长期信贷的利率差，期限利差越大，金融机构的获利空间也越大。信用利差代表高于无风险利率的利率差，信用利差越大，说明金融机构的违约风险也越大。所有数据均来源于 Wind 数据库。

三、实证结果及分析

（一）系统性风险溢出水平测度

本文运用 TENET 方法，设定分位数水平 $\tau = 0.01$，窗宽 $w = 50$，在此基础上，根据构造的系统性风险评估指标，从金融系统、金融部门以及金融机构三个层面分析系统性风险溢出水平的截面特征和时序特征。

1. 金融系统

2013 年 1 月 1 日至 2019 年 6 月 30 日，我国金融系统系统性风险溢出的总体水平为 18396.34，其均值为 55.24。图 1 给出了我国金融系统风险溢出水平的时序变化，由图 1 可知，在样本期间内系统性风险的总体溢出水平围绕其均值在40~70波动。但是，在2014年9月至2015年5月，系统性风险溢出处在较高水平，说明在某些极端的情形下，风险溢出的总体水平会有显著提升。具体而言，2014年9月，风险溢出的总体水平开始迅速提升，2014年11月，风险溢出水平达到最高值121.82，比均值要高出121%，直至2015年5月，系统性风险溢出的强度仍居于高位。这是因为金融机构具有规模庞大、业务复杂和关联性强等特征，当内部风险累积到一定程度并且出现某种负向外部冲击时，金融机构很可能会陷入经营或财务困境，导致整个金融系统承受巨大损失，甚至是瘫痪、崩溃，继而造成实体经济的无序运行与增长停滞。事实上，在2014年9月牛市初期及2015年股市异常波动期间，我国主要金融机构的股价联动性大幅上升，没有实际联系的机构也脱离基本面同步疯狂上涨，导致系统性风险溢出的总体水平显著提高。但是，在以证监会为主导的监管部门稳定住沪深A股市场的异常波动后，风险溢出的总体水平又迅速回落，趋于上一波牛市未出现时的水平，系统性风险溢出水平继续平稳波动。另外，由于信息的不完全和不对称，危机一旦爆发，投资者的心理恐慌导致市场中的“羊群效应”越演越烈，一般会出现频繁交易，投资者非理性地处置各种金融资产，引发系统性风险的螺旋式传染，并且增多风险传染渠道，使得危机的破坏范围更大、程度更深。所以，监管机构不仅要加强宏观审慎管理，也要营造公平、透明以及有序的市场环境。此外，2018年4月以后，风险溢出水平开始持续下降，这主要得益于2018年宏观经济政策的调整和央行连续几次大幅度实施的降准，民营企业融资问题得到部分缓解，同时增强了市场信心，金融市场在近期内爆发系统性风险的可能性较小。

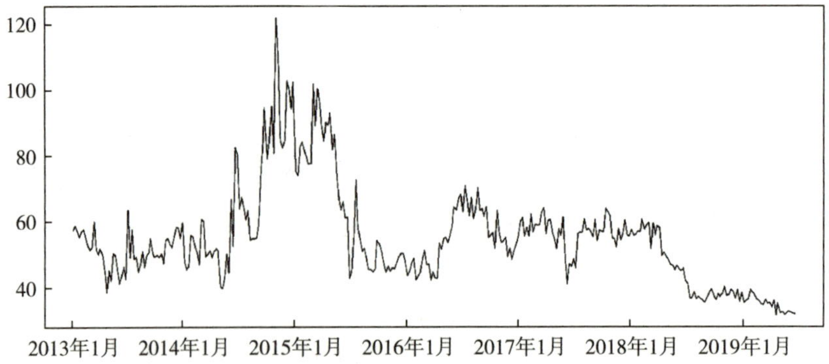

图1 我国金融系统系统性风险总体溢出水平的时序特征

2. 金融部门

图 2 显示了样本期间内不同金融部门风险输入水平以及风险输出水平的动态变化。从图 2 可以看出，在整个样本期间内，证券部门的风险输入水平高于银行部门，而银行部门高于保险部门；银行部门、证券部门、保险部门的风险输出水平依次递减。这表明了风险输入水平和输出水平在不同金融部门之间具有一定的差异性，而且基本保持稳定。

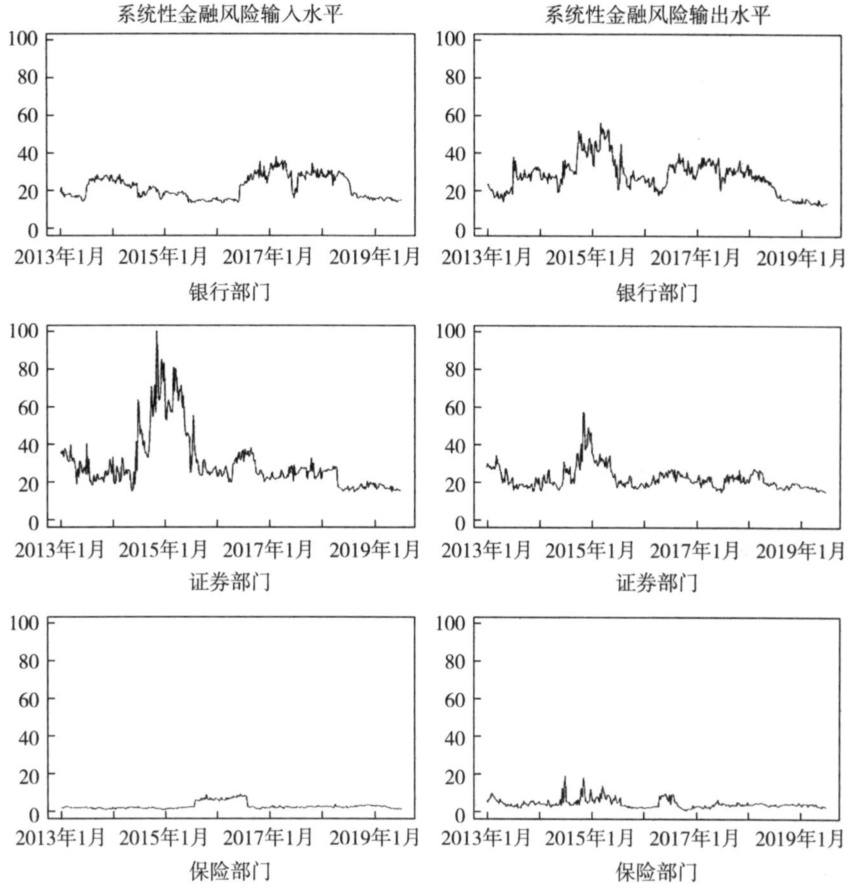

图 2 不同金融部门系统性风险输入水平和输出水平的时序特征

分部门来看，银行部门的风险输出水平高于其输入水平，因此是主要的风险输出部门。特别是 2014 年 9 月和 2015 年 3 月出现两次异常值，风险输出水平显著提高，主要是因为商业银行的不良贷款不断上升，导致信用风险增强。此外，由于金融系统的总体溢出水平等于各部门系统性风险输入水平或者输出水平之和，所以各部门风险输入水平和输出水平的变化趋势在一定程度上可以解释总体水平的变化。对比图2和图3可以发现，在样本期间内，金融系统总体溢出水平的变化与证券部门风险输入水平和输出水平的变化趋势是一致的。同时，证券公司的资产规模和经营规模相对较小，然而风险抵抗能力是随着金融机构资产规模、经营规模的扩大而提升的，因此证券部门是主要的风险输入部门。对于保险部门而言，其风险输入水平和输出水平都处于低水平，并且输入水平和输出水平的波动比较稳定。但是，保险公司的综合经营水平较高，横跨保险、银行、证券等多项业务，与其他金融机构存在密切联系，在一定程度上会对金融稳定产生影响。

表2给出了我国33家上市金融机构系统性风险输入水平、输出水平的截面特征，其中，风险输入水平和输出水平的排名依据2013年1月1日至2019年6月30日每家金融机构系统性风险输入水平以及输出水平的累积值，而资产和杠杆率排名则分别依据样本期间内从季度资产负债表中计算得到的资产均值和杠杆率均值。表2直观地表明，在整个样本期间内，证券部门、银行部门和保险部门风险输入水平分别为10133.77、7186.48和1076.09，银行部门、证券部门和保险部门风险输出水平分别为9122.75、7589.70和1683.89，均呈现出依次递减的特征，并且银行部门和证券部门系统性风险的输入水平和输出水平都远远高于保险部门，这与前文的分析结果相一致。同时，从净输出水平和总输入输出水平看，银行部门是主要的风险输出方，证券部门是主要的风险输入方，而保险部门的系统性风险溢出效应并不显著。因此，相较于保险部门，银行部门和证券部门对金融安全稳定所造成的威胁更大，应该受到金融监管当局的关注。

3. 金融机构

从金融机构层面看，建设银行系统性风险的输出水平为949.60，排在第1位，剩余4家大型国有商业银行的排名均比较靠后，招商银行(798.81)、兴业银行（790.44)、浦发银行（750.05)、中信银行(622.30）等全国性股份制商业银行的风险输出水平都排在前面，而宁波银行（557.06)、北京银行（540.89）等地方性商业银行的风险输出水平排在中间。另外，国有商业银行的资产规模排名最靠前，但杠杆率排名相对靠后，而兴业银行、浦发银行的资产规模和杠杆率排名都比较靠前，说明风

表 2　我国金融机构系统性风险输入水平和输出水平的截面特征

部门名称	序号	机构名称	净输出水平	输出水平	排名	输入水平	排名	总输入输出水平	资产排名	杠杆率排名
银行部门	1	工商银行	231.78	520.46	20	288.68	27	809.14	1	15
	2	农业银行	70.04	360.10	29	290.05	26	650.15	3	8
	3	中国银行	330.09	592.19	13	262.10	30	854.29	4	16
	4	招商银行	552.10	798.81	2	246.71	32	1045.52	6	12
	5	兴业银行	191.54	790.44	3	598.90	9	1389.33	7	3
	6	浦发银行	343.66	750.05	5	406.39	18	1156.44	9	6
	7	交通银行	132.39	432.42	28	300.03	25	732.45	5	13
	8	平安银行	4.92	547.12	16	542.20	11	1089.32	13	5
	9	民生银行	25.71	488.53	24	462.82	14	951.35	11	7
	10	中信银行	338.30	622.30	8	284.01	28	906.31	10	10
	11	光大银行	267.73	495.22	23	227.49	33	722.71	12	9
	12	宁波银行	134.70	557.06	15	422.36	16	979.42	19	1
	13	北京银行	-124.62	540.89	17	665.51	7	1206.40	16	11
	14	华夏银行	-286.43	355.57	30	641.99	8	997.56	15	4
	15	建设银行	642.34	949.60	1	307.26	23	1256.85	2	14
	16	南京银行	-917.99	321.99	33	1239.99	2	1561.98	18	2
	—	合计	1936.27	9122.75	—	7186.48	—	16309.23	—	—
证券部门	17	中信证券	339.04	593.06	12	254.02	31	847.08	20	27
	18	华泰证券	445.91	779.53	4	333.62	20	1113.15	22	20
	19	海通证券	135.09	468.53	27	333.44	21	801.96	21	26
	20	招商证券	302.24	571.29	14	269.06	29	840.35	24	25
	21	东方财富	-2853.21	349.53	31	3202.74	1	3552.27	33	33
	22	广发证券	-16.91	476.67	26	493.58	12	970.25	23	21
	23	国投资本	156.67	646.42	7	489.75	13	1136.17	27	22
	24	兴业证券	-577.54	337.25	32	914.79	4	1252.04	26	24
	25	光大证券	223.21	600.12	10	376.91	19	977.04	25	28
	26	长江证券	-399.31	522.36	19	921.67	3	1444.02	28	23

续表

部门名称	序号	机构名称	净输出水平	输出水平	排名	输入水平	排名	总输入输出水平	资产排名	杠杆率排名
证券部门	27	国元证券	189.06	608.68	9	419.62	17	1028.30	29	30
	28	国金证券	-338.48	539.98	18	878.46	5	1418.43	32	32
	29	西南证券	-84.83	595.78	11	680.61	6	1276.39	30	29
	30	越秀金控	-65.00	500.49	22	565.50	10	1065.99	31	31
	—	合计	-2544.07	7589.70	—	10133.77	—	17723.46	—	—
保险部门	31	中国平安	66.96	510.67	21	443.71	15	954.38	8	17
	32	中国人寿	391.84	692.42	6	300.58	24	993.00	14	18
	33	中国太保	149.00	480.80	25	331.80	22	812.59	17	19
	—	合计	607.80	1683.89	—	1076.09	—	2759.97	—	—

险输出水平不仅与金融机构的资产规模有关，也应该考虑杠杆率水平。这是因为金融机构杠杆率水平越高，其经营模式越激进，在极端情况下将扩大金融机构的损失，出现资不抵债的可能性越大，而且近年来金融机构在金融科技创新方面十分活跃，增强了金融机构与金融机构之间以及金融机构与实体经济之间的关联性，一旦某家金融机构面临破产倒闭，与其密切联系的交易伙伴也将面临巨大风险，从而威胁到整个金融系统甚至整个经济体系的安全稳定。在证券公司中，华泰证券（779.53）、国投资本（646.42）、国元证券（608.68）等金融机构风险输出水平的排名比较靠前，甚至高于部分商业银行，证券部门的资产规模和杠杆率水平在所考察的三个金融部门中最低，但其对金融系统潜在的影响也不容忽视。在保险公司中，中国人寿（692.42）的风险输出水平排在第6位，其资产规模和杠杆率相对较高，而中国平安（510.67）和中国太保（480.80）的风险输出水平都排在后面，但仍然高于交通银行（432.42）、农业银行（360.10）等大型国有商业银行，这反映出保险公司所特有的经营风险以及对整个金融系统安全稳定的影响力。

另外，东方财富系统性风险的输入水平为3202.74，排在第1位，其资产规模和杠杆率均排在最后，南京银行的风险输入水平为1239.99，仅次于东方财富，但远远高于其他金融机构。值得注意的是，5家大型国有商业银行的风险输入水平都排在后面，在一定程度上表明大型国有商业银行的风险抵御能力比较好，这与现实情况基本相符。国有商业银行的国有股权比例较高，获取利润的能力要优于其他金融机构，并且其偏好谨慎保守的商业模式以及风险文化，总体上比较稳健。从上述分析可以看出，金融机构系统性风险的输入水平和输出水平不仅随着宏观经济等外在因素的变化而变化，而且在很大程度上由资产规模、杠杆率水平以及经营模式等自身特征所决定。

此外，防范金融机构的系统性风险，既要考虑金融机构系统性风险的输入水平，也要关注其输出水平。本文计算了样本金融机构系统性风险的净输出水平和总输入输出水平，综合考察风险的输入水平和输出水平。同时，本文重点关注总输入输出水平高的金融机构，其风险传染比较活跃，并且根据净输出水平将金融机构划分为三种类型。首先，净输出水平接近零，即风险输出水平和输入水平都排在前面的金融机构，如平安银行、西南证券，这些金融机构偏好高风险的商业模式，风险资产比重高，总体上比较激进，并且其与其他金融机构的关联性也较强。一旦出现极端情形，风险将通过金融机构间的合同关系呈现出螺旋式传染，从而给金融系统的安全稳定带来严重威胁，更应该受到金融监管部门的重视。其次，净输出水平远大于零，即风险输出水平较高，而输入水平较低的金融机构，会对整个金融系统产生显著影响，如建设银行、招商银行，在危机期间，这些机构将严重威胁金融系统的安全稳定。最后，净输出水平远小于零，即风险输入水平较高，而输出水平较低的金融机构，如东方财富、南京银行，由于风险传染能力较低，当陷入困境时，其对整个金融系统的风险溢出也会较小，对金融稳定大有好处。因此，金融监管当局应根据每家金融机构的不同特征，对金融机构进行科学有效的分类，并实施差异化监管。

（二）风险溢出网络与传染路径

1. 风险溢出网络

网络结构是分析系统性风险传染机制的重要工具，金融机构间相互关联形成的网络结构能够传导和放大外部负向冲击，导致其破坏的范围更大、程度更深。本文基于风险溢出矩阵，绘制样本期间内系统性风险溢出的网络图，据此考察我国金融机构间系统性风险的直接溢出关系。但是，根据风险溢出矩阵构建的是完全网络结构，即任意两个样本金融机构间均存在直接的风险溢出关系，而在现实中，完全网络结构与金融机构间实际的风险溢出特征并不相符。因此，本文运用阈值法消除冗余信息：首先确定一个阈值，将风险溢出矩阵中的元素逐一与阈值进行比较，如果风险溢出强度大于或等于阈值，则认为对应的两个金融机构间存在显著的风险溢出关系，反之两个金融机构之间则不存在联系。具体而言，从时间维度上对风险溢出水平进行加总，然后剔除风险溢出强度小于均值的元素，将存在显著溢出关系的两个金融机构用箭头连接起来，就可以得到一个更具有研究价值的风险溢出网络，结果如图 3 所示。图 3 中，连接金融机构的箭头颜色越深，代表单个金融机构对目标金融机构的风险溢出水平越高。直观上看，网络中有一部分金融机构之间的箭头颜色很深，具有较强的风险溢出关系，而大部分金融机构间的箭头颜色较浅，说明我国金融机构间系统性风险溢出关系的分布并不均匀，大量金融机构仅仅承担着转移风险的任务。显然，建设银行和浦发银行是网络中最主要的风险生成方。其中，建设银行对兴

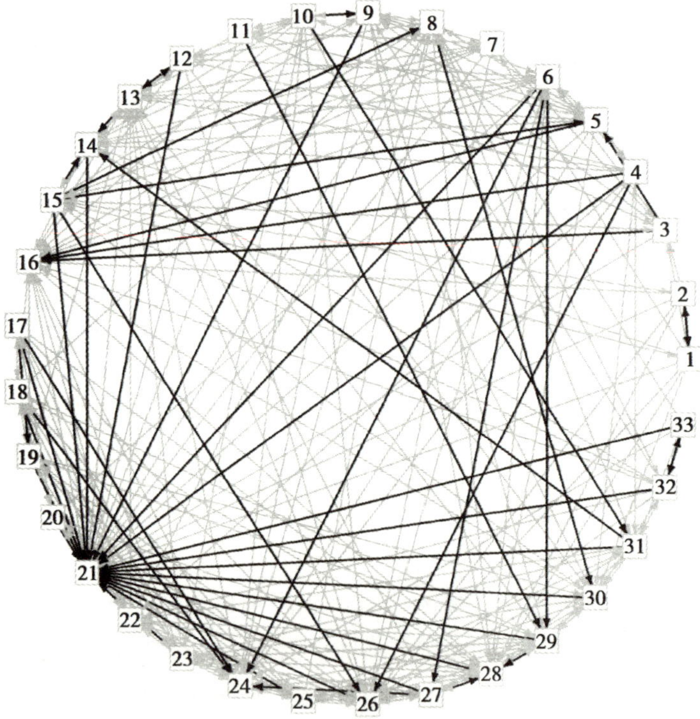

图 3　我国金融机构间系统性风险溢出网络图

注：本文所有网络图中节点编号为样本金融机构对应的序号。

业银行、平安银行等金融机构都有不同程度的风险溢出，而东方财富几乎没有对外的风险溢出，是最主要的风险接受方。另外，南京银行同样是比较重要的风险接受方，其最主要的风险来源方向是中国银行、招商银行和兴业银行。图3进一步显示，工商银行与农业银行、宁波银行与北京银行、中国人寿与中国太保具有较强的双向溢出关系，表明这些金融机构之间具有很强的关联性，监管部门应当密切关注。

接下来，为了进一步分析样本金融机构之间系统性风险溢出强度的动态变化，本文分别提取了2014年、2015年、2016年和2018年四个年度中系统性风险溢出强度前10名，结果如表3所示。由表3可知，2014年，风险生成方主要是银行（5家），分别为建设银行、招商银行、北京银行、浦发银行以及中国银行，并且建设银行是最大的系统性风险源头，其对长江证券的风险溢出强度最大，达到了117.02，而风险接受方则主要为东方财富、长江证券和兴业银行。2015年，风险生成方主要为银行（5家），建设银行是最大的风险生成方，其次为中国平安，风险接受方则主要是长江证券、东方财富、国金证券和兴业证券四家证券公司，同时，长江证券是最大的风险接受方，东方财富是最主要的风险接受方，建设银行、工商银行对长江证券的风险溢出强度分别为91.08和44.97，而中国平安、浦发银行、华泰证券对东方财富的风险溢出强度分别为82.64、47.11和46.63。2016年，风险生成方主要为银行（6家），风险接受方主要为银行（4家）、证券（1家），其中，东方财富为主要的风险接受方，而兴业银行对南京银行的风险溢出强度为152.37，在所有考察的金融机构之间最大。2018年，金融机构之间的风险溢出强度在所考察的四个年份内达到了最低，风险生成方分别为银行（5家）、证券（5家），而风险接受方主要为东方财富和南京银行。由此可知，系统性风险溢出水平较高的金融机构以及承受风险最多的金融机构都主要集中于银行部门和证券部门。

表3　不同年度系统性风险溢出强度前10名

排名	年份	风险生成方	风险接受方	溢出水平	排名	年份	风险生成方	风险接受方	溢出水平
1	2014	建设银行	长江证券	117.02	1	2016	兴业银行	南京银行	152.37
2	2014	招商银行	东方财富	75.46	2	2016	光大银行	西南证券	85.52
3	2014	中国人寿	东方财富	67.41	3	2016	招商银行	东方财富	81.22
4	2014	建设银行	兴业银行	61.18	4	2016	中国太保	东方财富	57.61

续表

排名	年份	风险生成方	风险接受方	溢出水平	排名	年份	风险生成方	风险接受方	溢出水平
5	2014	华泰证券	兴业证券	56.52	5	2016	浦发银行	西南证券	52.90
6	2014	北京银行	华夏银行	56.34	6	2016	华泰证券	东方财富	49.89
7	2014	浦发银行	东方财富	55.32	7	2016	平安银行	越秀金控	48.68
8	2014	招商银行	长江证券	54.07	8	2016	中信银行	中国平安	44.50
9	2014	中国银行	兴业银行	48.84	9	2016	中国人寿	东方财富	41.84
10	2014	中国银行	民生银行	45.52	10	2016	中信证券	海通证券	35.17
1	2015	建设银行	长江证券	91.08	1	2018	海通证券	东方财富	57.31
2	2015	中国平安	东方财富	82.64	2	2018	光大证券	东方财富	48.77
3	2015	农业银行	国金证券	48.91	3	2018	建设银行	华夏银行	36.90
4	2015	国元证券	兴业证券	48.33	4	2018	中信银行	民生银行	35.81
5	2015	浦发银行	东方财富	47.11	5	2018	浦发银行	国元证券	34.36
6	2015	华泰证券	东方财富	46.63	6	2018	北京银行	宁波银行	34.22
7	2015	工商银行	长江证券	44.97	7	2018	东方财富	南京银行	34.11
8	2015	中信银行	中国平安	44.06	8	2018	广发证券	南京银行	32.34
9	2015	西南证券	国金证券	41.81	9	2018	工商银行	建设银行	30.15
10	2015	浦发银行	民生银行	34.76	10	2018	长江证券	国投资本	27.14

2. 传染路径

网络结构可以用来刻画系统性风险的传染机制，但鉴于风险溢出网络的复杂性，它不能准确识别系统性风险在金融机构间的传染路径，从而无法在出险后及时阻止风险的持续性传导。另外，当某一金融机构内部风险积聚到一定程度并且受到外部负向冲击时，金融机构的特有风险就会借助风险溢出网络，呈螺旋式蔓延到其他金融机构，进而引发全局性系统性风险。然而，网络结构不能揭示风险源头。因此，本文采用最大生成树来抽取风险溢出网络的核心信息，同时考虑金融机构的风险溢出特征，深入分析金融机构间的风险传染效应。最大生成树从某一金融机构开始，逐步增加网络中所含金融机构的数目，直到遍及所有金融机构，代表了风险溢出网络中的最强连接。如果存在唯一的最大生成树，那么在所有可能的网络中，最大生成树就代表着系统性风险最有可能的传染路径。利用最大生成树生成的传染路径具有良好的信息过滤效果，它能够在保持网络中所有金融机构联通的前提下，对最重要的风险溢出关系进行处理，既利用了尽量少而重要的联系数据，又保证了所有金融机构全部在网络中而不被孤立。本文运用 Kruskal 算法来构造最大生成树，具体步骤如下：①设金融机构的集合为 V，金融机构之间风险溢出关系的集合为 E，构造一个只包含金融机构，不考虑风险溢出关系的网络图。②在集合 E 中选取最重要的风险溢出关系（u，v）加入集合 E′，同时将金融机构 u 和 v 加入集合 V′。③重复②中的操作，直到 V′ = V。值得注意的是，如果两个金融机构都已经在集合 V′中，则不可取；如果系统性风险溢出的强度相同，则任意选其一即可。④使用集合 V′和 E′来描述所得到的最大生成树，从而得到金融机构系统性风险的传染路径。

在风险溢出网络的基础上，采用最大生成树得到样本期间内各年份系统性风险的传染路径，结果如图 4 所示，图中将有向线段的起点作为风险生成方，终点作为风险接受方，金融机构间通过有向线段相连，构成一条传染路径。由图 4 可知，工商银行、建设银行等是主要的风险生成方，通常作为传染路径的起点，但没有表现出对其他金融机构的长时间大面积传染。东方财富、南京银行是重要的风险接受方，这两家金融机构在样本期间内承受较高的传染风险，风险输入水平也排在最前面，说明其经营的稳健性较差。根据传染路径中所包含金融机构的数目，本文将系统重要性传染路径划分为两种类型：一种是只包含 2 家金融机构，它反映的是金融机构间的直接风险溢出关系。过滤后的最大生成树图并没有表现出“主干—分支”的特征，金融机构之间更多的是直接相连，而不是间接连接。另一种是包含 2 家以上金融机构，这种类型的传染路径中除包含风险生成方以及风险接受方以外，还包含数量不等的中介机构，所以具有不同的长度。中介机构在传染路径中处于重要的位置，不仅是风险接受方，还可以将风险传导至其他金融机构。在出险后，若金融监管当局采取救助措施确保中介机构处于安全状态，就可以阻止系统性风险的继续扩散。例如，2016 年，兴业证券（节点 24）破产后导致风险沿着图中的传染路径传导，如果能够将风险在光大证券（节点 25）处截断，那么长江证券（节点 26）和中国平安（节点 31）都不会承受风险传染。

本文以 2013 年、2017 年、2018 年为例，分析我国金融机构系统性风险的传染路径。2013 年，东方财富是主要的风险接受方，而浦发银行、宁波银行等多家金融机构与其直接连接，兴业银行、光大银行、北京银行、中国人寿、中国太保是中介机构，“交通银行→光大银行→兴业银行→东方财富”

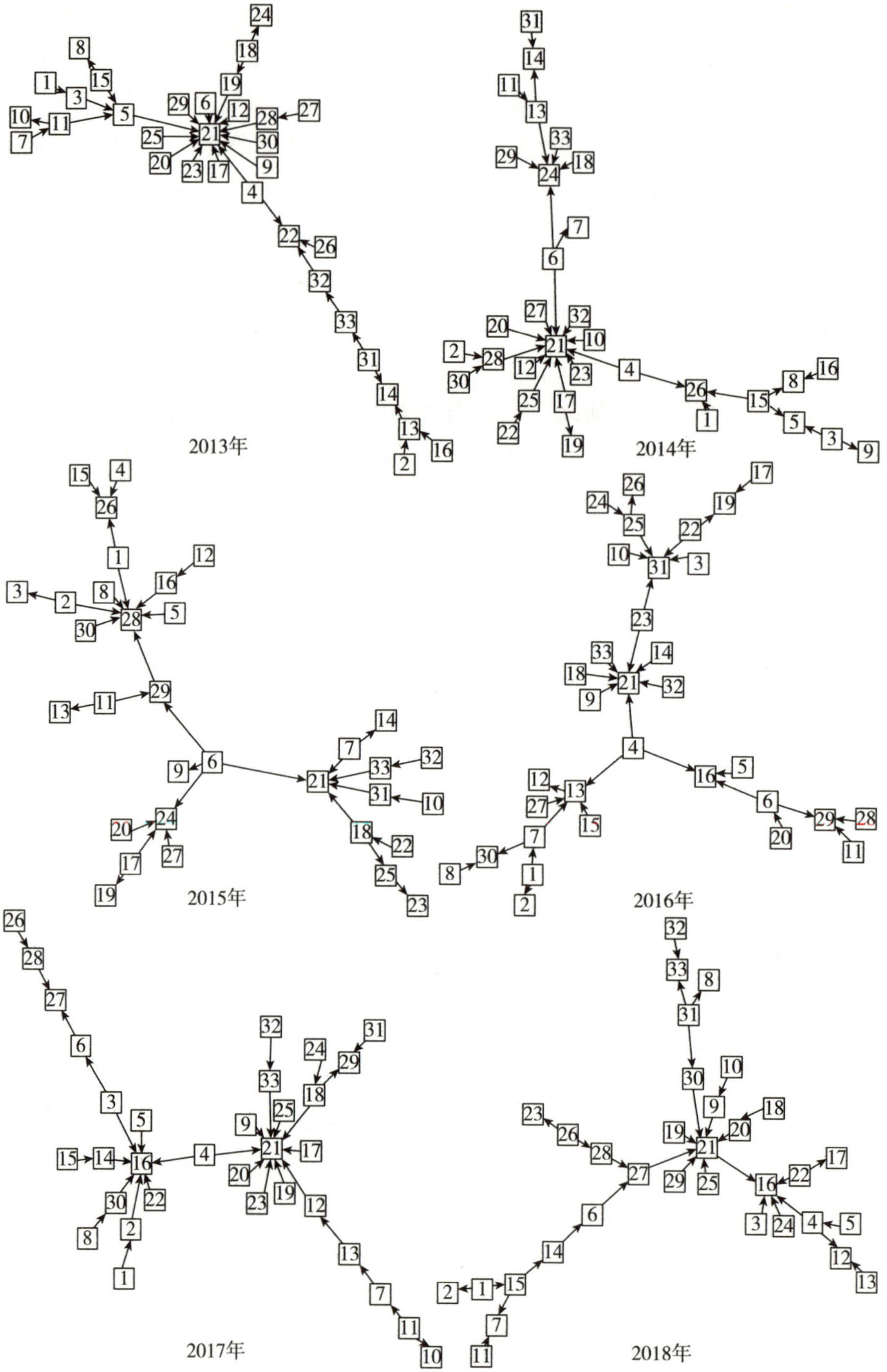

图4　我国金融机构系统性风险的传染路径

“工商银行→中国银行→兴业银行→东方财富”“中国平安→中国太保→中国人寿→广发证券”是重要的三条传染路径。2017 年，处于重要位置的机构有浦发银行、交通银行、宁波银行、北京银行，南京银行、东方财富是主要的风险接受方，招商银行与南京银行、东方财富都存在风险溢出关系，“光大银行→北京银行→宁波银行→东方财富”是最重要的传染路径。2018 年，相对重要的位置转变为东方财富，南京银行是主要的风险接受方，并且东方财富与南京银行存在较强的风险溢出关系，使得机构间的传染路径更为复杂，“工商银行→建设银行→华夏银行→浦发银行→国元证券→东方财富→南京银行”是最重要的传染路径，是所有考察的路径中长度最长的一条路径。从分析结果看，居于关键位置的金融机构多是股份制商业银行、地方性商业银行和保险公司，虽然不是大型国有银行，仍具有重要的风险传染地位。因此，不仅要关注“太大而不能倒”，更要重视“太关联而不能倒”，特别是重点监控规模虽然相对较小，但与其他机构存在密切联系的金融机构。

四、结论与建议

本文采用 TENET 方法构建我国金融机构间的系统性风险溢出网络，从金融系统、金融部门以及金融机构三个层面对系统性风险的溢出效应进行分析，并运用最大生成树识别金融机构系统性风险的传染路径。本文主要的研究结论如下：第一，金融系统风险溢出的总体水平围绕其均值 55.24 在 40 ~ 70 波动，但随着金融机构间的关联性增强，系统性风险的总体溢出水平会显著提升；第二，系统性风险的输入水平和输出水平在不同金融部门之间具有稳定的差异性，银行部门、证券部门分别是主要的风险输出方和风险输入方；第三，金融机构的系统性风险输入水平和输出水平与其资产规模和杠杆率有关，并且根据净输出水平和总输入输出水平可以划分成不同的类型；第四，金融机构之间的系统性风险溢出关系的分布并不均匀，主要集中于银行部门和证券部门，而且部分金融机构之间存在双向风险溢出关系；第五，系统性风险的传染路径存在多个起点，但其终点相对固定，居于关键位置的中介机构多是股份制商业银行、地方性商业银行和保险公司。

根据上述研究结论，本文提出如下政策建议：首先，加强宏观审慎管理，减缓风险对金融系统安全稳定的冲击。由于金融机构具有规模庞大、关联性强等特征，系统性风险在金融机构间往往呈螺旋式传染，导致危机的破坏范围更大、程度更深。监管机构应适当调整宏观经济政策，防范金融机构间的关联度上升，降低风险外溢的能力和水平，维护金融系统的安全稳定。其次，对金融机构进行科学有效的分类，并采取差异化监管措施。金融监管当局对属于不同部门的金融机构应采用差异化监管方式，同时，要特别关注风险输出水平和输入水平都较高的机构，消除风险输出水平较高而输入水平较低的机构过度波动所引发的风险溢出，并且做好前瞻性的调控，对于风险输出水平较低而输入水平较高的机构，监管的关键在于增强金融机构自身经营的稳定性以及抵抗风险的能力。最后，提高对重点金融机构的监控力度，防止风险的持续性扩散。中介机构在网络中具有重要的传染地位，而且一些中介机构之间具有较强的双向风险溢出关系，增加了风险传染渠道，是风险传染的重要枢纽。监管部门要重点监控居于关键位置的中介机构，并且确保其处于安全状态，或者在系统性风险传导初期及时切断传染路径，阻止风险在金融机构间的持续扩散。

参考文献

[1] 陈建青，王擎，许韶辉．金融行业间的系统性金融风险溢出效应研究［J］．数量经济技术经济研究，2015（9）：90-101.

[2] 范小云，方意，王道平．我国银行系统性风险的动态特征及系统重要性银行甄别——基于 CCA 与 DAG 相结合的分析［J］．金融研究，2013（11）：82-95.

[3] 方意，郑子文．系统性风险在银行间的传染路径研究——基于持有共同资产网络模型［J］．国际金融研究，2016（6）：61-72.

[4] 郭晔，赵静．存款竞争、影子银行与银行系统风险——基于中国上市银行微观数据的实证研究［J］．金融研究，2017（6）：81-94.

[5] 李志辉，李源，李政．中国银行业系统性风险监测研究——基于 SCCA 技术的实现与优化［J］．金融研究，2016（3）：92-106.

[6] 李政，梁琪，涂晓枫．我国上市金融机构关联性研究——基于网络分析法［J］．金融研究，2016（8）：95-110.

[7] 李政，刘淇，梁琪．基于经济金融关联网络的中国系统性风险防范研究［J］．统计研究，2019，36（2）：23-37.

[8] 李政，涂晓枫，卜林．金融机构系统性风险：重要性与脆弱性［J］．财经研

究，2019，45（2）：100－112＋152.

［9］梁琪，李政，郝项超．我国系统重要性金融机构的识别与监管——基于系统性风险指数 SRISK 方法的分析［J］．金融研究，2013（9）：56－70.

［10］欧阳资生，莫廷程．基于广义 CoVaR 模型的系统重要性银行的风险溢出效应研究［J］．统计研究，2017（9）：36－43.

［11］杨子晖，陈雨恬，谢锐楷．我国金融机构系统性金融风险度量与跨部门风险溢出效应研究［J］．金融研究，2018（10）：19－37.

［12］杨子晖，李东承．我国银行系统性金融风险研究——基于“去一法”的应用分析［J］．经济研究，2018，53（8）：36－51.

［13］杨子晖，周颖刚．全球系统性金融风险溢出与外部冲击［J］．中国社会科学，2018（12）：69－90＋200－201.

［14］赵进文，张胜保，韦文彬．系统性金融风险度量方法的比较与应用［J］．统计研究，2013，30（10）：46－53.

［15］周天芸，杨子晖，余洁宜．机构关联、风险溢出与中国金融系统性风险［J］．统计研究，2014，31（11）：43－49.

［16］Acharya V V，Pedersen L H，Philippon T，et al. Measuring Systemic Risk［J］. The Review of Financial Studies，2017，30（1）：2－47.

［17］Adrian T，Brunnermeier M K. CoVaR［J］. American Economic Review，2016，106（7）：1705－1741.

［18］Billio M，Getmansky M，Lo A W，et al. Econometric Measures of Connectedness and Systemic Risk in the Finance and Insurance Sectors［J］. Journal of Financial Economics，2012，104（3）：535－559.

［19］Brownlees C，Engle R F. SRISK：A Conditional Capital Shortfall Measure of Systemic Risk［J］. The Review of Financial Studies，2017，30（1）：48－79.

［20］Cifuentes R，Ferrucci G，Shin H S. Liquidity Risk and Contagion［J］. Journal of the European Economic Association，2005，3（2～3）：556－566.

［21］Diebold F X，Yilmaz K. On the Network Topology of Variance Decompositions：Measuring the Connectedness of Financial Firms［J］. Journal of Econometrics，2014，182（1）：119－134.

［22］Greenwood R，Landier A，Thesmar A. Vulnerable Banks［J］. Journal of Financial Economics，2015，115（3）：471－485.

［23］Härdle W K，Wang W，Yu L. TENET：Tail－Event Driven NETwork Risk［J］. Journal of Econometrics，2016，192（2）：499－513.

［24］Huang X，Zhou H，Zhu H B. A Framework for Assessing the Systemic Risk of Major Financial Institutions［J］. Journal of Banking and Finance，2009，33（11）：2036－

2049.

[25] Jobst A A, Gray D F. Systemic Contingent Claims Analysis; Estimating Market - Implied Systemic Risk [J]. IMF Working Paper, 2013.

[26] Lehar A. Measuring Systemic Risk: A Risk Management Approach [J]. Journal of Banking and Finance, 2005, 29 (10): 2577 - 2603.

[27] Zedda S, Cannas G. Analysis of Banks' Systemic Risk Contribution and Contagion Determinants through the Leave - One - Out Approach [J]. Journal of Banking and Finance, 2017.

中国数字普惠金融的区域差异及敛散性分析

焦云霞

摘　要　本文采用北京大学数字金融研究中心课题组发布的“北京大学数字普惠金融指数（2011～2018 年）”的省级面板数据，采用 Dagum 基尼系数分解方法分析我国数字普惠金融的地区差距，利用 Moran's I 指数考察空间相关性，还在此基础上进行 δ 收敛检验并基于 SEM 模型进行绝对和条件 β 收敛分析。研究发现，我国数字普惠金融发展的总体差距呈逐步下降的趋势，东部地区内差距明显高于中西部地区；数字普惠金融发展呈现显著的正向空间相关性；数字普惠金融发展存在绝对 β 收敛和条件 β 收敛特征，而且不同地区数字普惠金融发展的收敛情况也不相同，因此各地区在数字普惠金融发展过程中应该因地制宜，采取有针对性的政策措施。

关键词　数字普惠金融；区域差异；空间相关性；收敛性

随着“云物移大智”等信息技术的不断涌现，金融科技得到快速发展，促使普惠金融在数字化方面得到不断提升，数字普惠金融由此产生，因此可以说，普惠金融和金融科技的融合发展促成了数字普惠金融的产生。2015 年，国务院在发布的《推进普惠金融发展规划（2016—2020）》中重点提到应该借助云计算、大数据等先进信息技术的发展，促进传统普惠金融与数字技术的创新融合。2016 年，G20 杭州峰会通过的《G20 数字普惠金融高级原则》明确提到应该运用数字技术推动金融普惠。至此，我国正式与全球一起步入数字普惠金融时代。数字普惠金融不仅能够提供丰富多样的金融服务，降低金融服务成本，还能够降低人们接触金融产品的门槛，进而扩大金融服务的覆盖面，并对促进经济增长、缩小收入差距与减少贫困等产生重要影响（郭峰等，2020）。但是，由于各地区在经济发展水平与结构、互联网发展程度等诸多方面存在差异，所以数字普惠金融的发展并不平衡。因此，探讨区域数字普惠金融发展的区域差异、收敛等空间特征，对促进各地区的数字普惠金融协调、快速发展具有重大的现实意义。

鉴于此，本文将在以下四个方面展开实证研究：第一，利用 Dagum 基尼系数及其分解方法剖析中国数字普惠金融地区差异状况以及该差异的来源；第二，将空间因素纳入本文的研究框架，利用全局和局部空间自相关统计量 Moran's I 指数分别从整体和局部两个角度研究我国区域数字普惠金融发展的空间相关性；第三，在传统 β 收敛模型的基础上加入空间误差影响，构建空间收敛模型，即 β 收敛的空间误差模型，将空间因素对数字普惠金融收敛性的影响考虑在内，分析我国区域数字普惠金融发展的收敛性情况。

一、研究方法、变量与数据说明

（一）研究方法

1. Dagum 基尼系数及其分解方法

Dagum（1997）提出的基尼系数及其分解方法，弥补了传统 Gini 系数和 Theil 指数等指标方法的一些不足，目前已经被广泛应用于众多研究领域。本文采用该方法来测度中国数字普惠金融发展的地区差异及其来源。G 表示总体基尼系数，具体表达为：

$$G = \frac{\sum_{j=1}^{k}\sum_{h=1}^{k}\sum_{i=1}^{n_j}\sum_{r=1}^{n_h}\left| y_{ji} - y_{hr} \right|}{2n^2 y} \tag{1}$$

$$\overline{Y}_h \leqslant \cdots \leqslant \overline{Y}_j \leqslant \cdots \leqslant \overline{Y}_k \tag{2}$$

$$G_{jj} = \frac{\frac{1}{2\overline{Y}_j}\sum_{i=1}^{n_j}\sum_{r=1}^{n_j}\left| y_{ji} - y_{jr} \right|}{n_j^2} \tag{3}$$

$$G_w = \sum_{j=1}^{k} G_{jj} p_j s_j \tag{4}$$

$$G_{jh} = \frac{\sum_{i=1}^{n_j}\sum_{r=1}^{n_h}|y_{ji} - y_{hr}|}{n_j n_h(\overline{Y_j} + \overline{Y_h})} \tag{5}$$

$$G_{nb} = \sum_{j=2}^{k}\sum_{h=1}^{j-1} G_{jh}(p_j s_h + p_h s_j) D_{jh} \tag{6}$$

$$G_t = \sum_{j=2}^{k}\sum_{h=1}^{j-1} G_{jh}(p_j s_h + p_h s_j)(1 - D_{jh}) \tag{7}$$

$$D_{jh} = \frac{d_{jh} - p_{jh}}{d_{jh} + p_{jh}} \tag{8}$$

$$d_{jh} = \int_0^{\infty} dF_j(y) \int_0^{y} (y - x) dF_h(x) \tag{9}$$

$$p_{jh} = \int_0^{\infty} dF_h(y) \int_0^{y} (y - x) dF_j(y) \tag{10}$$

2. 空间相关性检验模型

考察数字普惠金融发展的收敛趋势，就需要检验数据是否存在空间自相关性。表征空间自相关的指标和方法很多，其中最常用的是 Moran's I 指数。Moran's I 指数可分为：全局空间自相关 Moran's I 指数和局部空间自相关 Moran's I 指数。

全局空间自相关 Moran's I 指数是从空间的整体上描述数据的空间分布特征。其公式为：

$$I = \frac{n\sum_{i=1}^{n}\sum_{j=1}^{n} W_{ij}(Y_i - \overline{Y})(Y_j - \overline{Y})}{\sum_{i=1}^{n}\sum_{j=1}^{n} W_{ij}\sum_{i=1}^{n}(Y_i - \overline{Y})^2} \tag{11}$$

式中，Y_i 和 Y_j 分别代表第 i 和第 j 个省份的数字普惠金融发展指数值，$\overline{Y}$代表所有省份的数字普惠金融发展指数的平均值，n 代表样本省份数。W_{ij} 代表邻接空间权重矩阵。Moran's I 指数的取值范围为 [-1，1]。

全局空间自相关 Moran's I 指数主要用于检验经济变量在空间上的整体集聚趋势，难以检验集聚的具体位置和区域间的相关程度，而局部空间自相关 Moran's I 指数可以有效弥补这一缺陷。局部空间自相关 Moran's I 指数是将整体的研究对象划分成很多个局部单元，进而研究局部单元间的空间相关性，以此揭示空间单元所属的局部空间集聚类型。其公式为：

$$I_i = \frac{(Y_i - \overline{Y})\sum_{j\neq i}^{n} W_{ij}(Y_j - \overline{Y})}{\sum_{j\neq i}^{n}\frac{(Y_j - \overline{Y})^2}{(n-1) - \overline{Y}^2}} \tag{12}$$

式中，Y_i、Y_j、$\overline{Y}$、n、W_{ij}为等变量的意义同式（11），局部 Moran's I 指数也在［-1，1］区间内取值，具体含义为：若指数大于0，则局部单元周围相似性空间集聚，有 Low-Low 型和 High-High 型；若指数小于0，在局部单元周围非相似性空间集聚，有 Low-High 型和 High-Low 型。根据局部 Moran's I 指数值，可以绘制 Moran's I 指数值散点图。

3. 空间收敛性检验模型

目前，学界进行收敛性分析比较常用的方法有 δ 收敛检验和 β 收敛检验，其中 β 收敛还可以分为绝对 β 收敛和条件 β 收敛。本文将空间效应纳入 β 收敛模型，分别构建 β 收敛的空间自回归模型和空间误差模型，即 SAR 模型和 SEM 模型。

（1）δ 收敛模型。在样本考察期内，如果各省份数字普惠金融发展指数的差距逐渐减小，则表明存在 δ 收敛，反之则表明不存在 δ 收敛。本文用各省份数字普惠金融发展指数对数值的标准差来表征该差距的变化趋势，具体公式可以表达为：

$$\sigma_t = \sqrt{\frac{1}{n}\sum_{i=1}^{n}\left(\ln Y_{it} - \frac{1}{n}\sum_{i=1}^{n}\ln Y_{it}\right)^2} \tag{13}$$

式中，Y_{it}表示第 i 个省份在 t 年的数字普惠金融发展指数得分，σ_t 表示 n 个省份在 t 年的数字普惠金融发展指数得分对数值的标准差。如果多个年份 $\sigma_{t-1} > \sigma_t$，则说明随着时间推移，各省份的数字普惠金融发展指数差距逐渐变小，即数字普惠金融发展指数存在 δ 收敛。

（2）β 收敛的空间误差模型。由于个别省份的空间相关性是由随机扰动项造成的，所以构建绝对 β 收敛的空间误差模型，表达为：

$$\ln Y_{i,t+1} - \ln Y_{it} = \alpha I + \beta \ln Y_{it} + \varepsilon \tag{14}$$

$$\varepsilon = \lambda W \varepsilon_0 + \mu$$

式中，ε 为随机扰动项，λ 表示其他省份数字普惠金融发展指数的随机扰动项对 i 省份的数字普惠金融发展指数对数增加量的影响。如果 $\beta < 0$，则表明我国数字普惠金融发展指数存在绝对 β 收敛；反之则表明不存在绝对 β 收敛。λ 为随机扰动项系数，可以表征其他省份的随机扰动项会对 i 省

份的数字普惠金融发展指数的增长率产生的影响。

在绝对 β 收敛的 SAR 模型中加入一些控制变量，可以得到条件 β 收敛的 SEM 模型：

$$\ln Y_{i,t+1} - \ln Y_{i,t} = \alpha I + \beta \ln Y_{i,t} + \xi \mu_{i,t} + \varepsilon \quad (15)$$

$$\varepsilon = \lambda W \varepsilon_0 + \mu$$

（二）指标与数据

本文选取“北京大学数字普惠金融指数”（2011～2018 年）衡量中国数字普惠金融发展水平。该指数借助中国代表性互联网金融机构——蚂蚁金服关于数字普惠金融的海量微观数据，在传统普惠金融指标体系中纳入互联网金融与数字普惠金融的新特征，从三个维度（即覆盖广度、使用深度和数字支持服务程度）构建数字普惠金融指标体系，该指标体系包括 12 个二级指标和 33 个三级指标，能够测算省、市、县三个层面的数字普惠金融指数。本文选用的是省级层面的中国数字普惠金融发展指数。

二、中国数字普惠金融的地区差异及地区分解

（一）现状描述

本文依据“北京大学数字普惠金融指数”（2011～2018 年）测度得出的中国数字普惠金融发展水平，绘制 2011～2018 年全国及东中西部数字普惠金融指数变化趋势（见图 1）。由图 1 可以看出，2011～2018 年，中国数字普惠金融呈逐年上升态势，且具有跨越式发展特征。从具体数值来看，我国数字普惠金融发展指数的平均值从 2011 年的 40 增长到 2018 年的 300.21，年均增长 33.37%。但中国各地区数字普惠金融发展并不平衡，存在较大的地区差异，东中西三大地区[①]之间的差异很明显。

① 东部地区包括北京、天津、河北、辽宁、上海、江苏、浙江、福建、山东、广东、海南；中部地区包括山西、吉林、黑龙江、安徽、江西、河南、湖北、湖南；西部地区包括内蒙古、广西、重庆、四川、贵州、云南、西藏、陕西、甘肃、青海、宁夏、新疆。

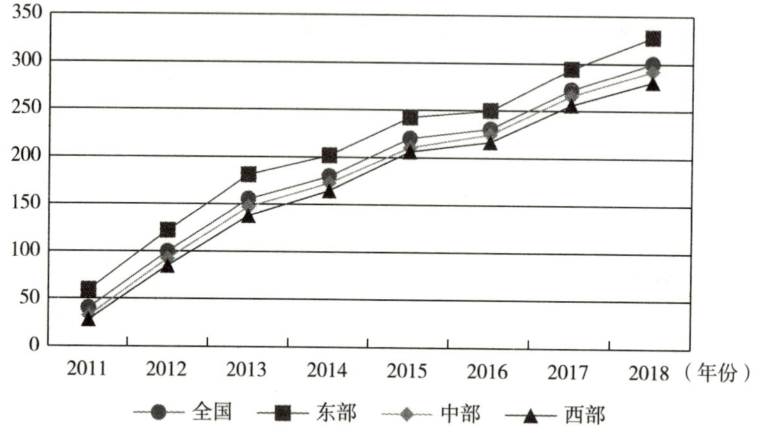

图1　中国数字普惠金融指数发展趋势

（二）基尼系数分解

本文依据Dagum基尼系数及子群分解方法进行测算，得出2011～2018年全国及东部、中部、西部三大地区的基尼系数及其子群分解情况，结果如图2所示。

中国数字普惠金融发展的总体地区差距。图2（a）展示了中国数字普惠金融的总体地区差距。由图2（a）可知，样本考察期内，中国数字普惠金融发展的基尼系数呈现显著的下降趋势。

中国数字普惠金融发展的地区差距分解。首先，分析地区内差距。图2（b）展示了中国数字普惠金融的地区内差距的演变趋势，东部地区内差距明显高于中西部地区，样本考察期内各地区内差距基尼系数平均值排序依次为：东部>西部>中部；我国东部、中部、西部三个地区数字普惠金融的地区内差距呈现几乎一致的下降趋势。其次，分析地区间差距。图2（c）展示了中国数字普惠金融的地区间差距的演变趋势，各地区间的中国数字普惠金融发展水平差距明显不同，考察期内地区间基尼系数的平均值由大到小依次为中部—西部>东部—西部>东部—中部，中部—西部、东部—西部地区间差距比较接近，且高于东部—中部地区间差距。从整体的演变趋势来说，所有地区间差距演变趋势均呈现逐步下降态势。最后，分析地区差距来源及贡献率。图3展示了中国数字普惠金融发展的地区差距来源及贡献率的演变趋势，从整体看，样本考察期内中国数字普惠金融发展的地区差距主要来源于地区间差距，其平均贡献率为 48.17%；地区内差距和超变密度相对较小，平均贡献率分别为 22.82% 和 29.01%。从演变趋势来看，地区间差距的贡献率波动较大，并且呈整体下降的变化趋势；而地区内差距的贡献率相对平稳；超变密度的贡献率的变化趋势呈 M 形。

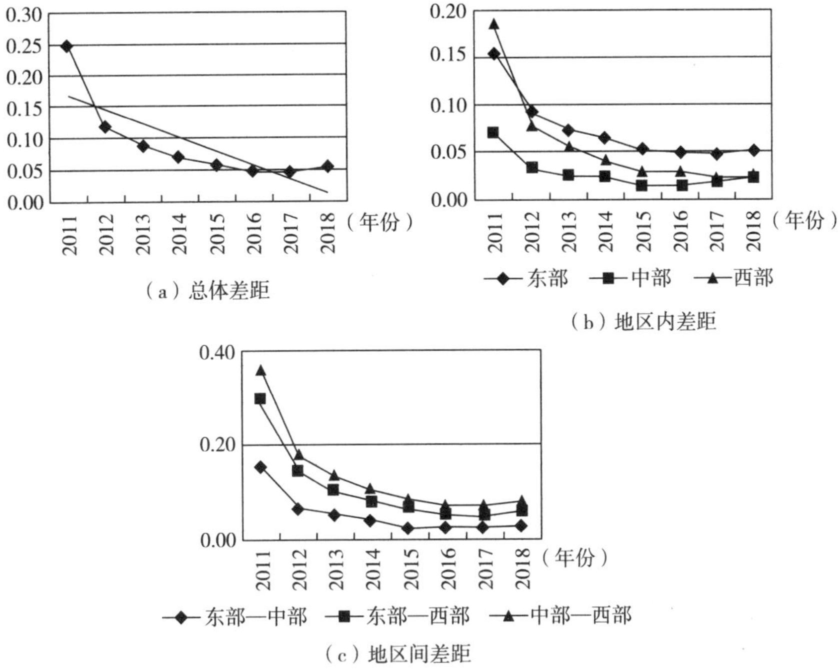

图 2　中国数字普惠金融发展的基尼系数及分解

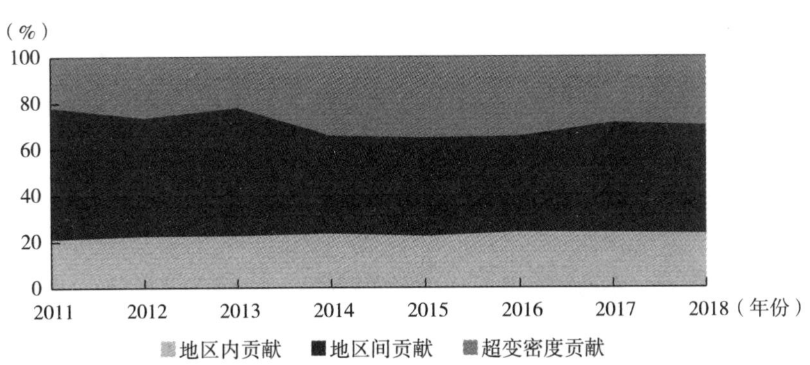

图 3　中国数字普惠金融发展的基尼系数贡献率

三、中国数字普惠金融发展的敛散性

（一）Moran's I 指数检验

本文利用软件 Stata15 测算得出 2011～2018 年我国 31 个省份数字普惠金融发展指数的全局 Moran's I 指数（见表1），结果显示，我国数字普惠金融发展的 Moran's I 指数都大于0，并且都在1%水平上显著，表明中国数字普惠金融发展的空间分布并不是随机的，具有正向空间相关性，即各省份数字普惠金融的发展会受到邻近省份的影响，数字普惠金融发展水平高（低）的省份经常相邻。

表1 中国数字普惠金融发展的 Moran's I 指数

年份	2011	2012	2013	2014	2015	2016	2017	2018
Moran's I 指数	0.490	0.487	0.456	0.453	0.416	0.438	0.498	0.544

本文利用软件 Stata15 测算得出 2011～2018 年中国各省份数字普惠金融发展指数均值的 Moran's I 散点图（见图4），进一步考察我国数字普惠金融发展指数空间分布特征。由图4可以看出，北京、天津、江苏、上海、浙江、广东、山东、福建、海南9个省份位于第一象限，即 High－High 集聚；山西、内蒙古、吉林、黑龙江、河南、四川、云南、陕西、甘肃、青海、宁夏、新疆、贵州、广西、西藏15个省份位于第三象限，即 Low－Low 集聚；湖北、辽宁、重庆3个省份位于第二象限，即 Low－High 集聚；江西、河北、安徽、湖南4个省份位于第四象限，即 High－Low 集聚。

由此可知，在全国31个省份中，有24个省份分布在第一、三象限，具有正相关性和空间集聚性；仅有7个省份分布在第二、四象限，具有负相关性和空间离群性。2011～2018年，中国数字普惠金融发展的空间分布整体上呈现 High－High 集聚与 Low－Low 集聚模式的正向空间相关性，即数字普惠金融发展指数高的省份往往与其他数字普惠金融发展指数较高的省份相邻，而数字普惠金融发展指数低的省份往往与其他数字普惠金融发展指数较低的省份相邻。由局部 Moran's I 指数的分析结果可以得知，如果在实证分析过程中忽略了空间因素，那么实证分析的结果可能会较大地偏离实际情况，所以在考察数字普惠金融发展收敛趋势时，应将空间效应考虑在内。

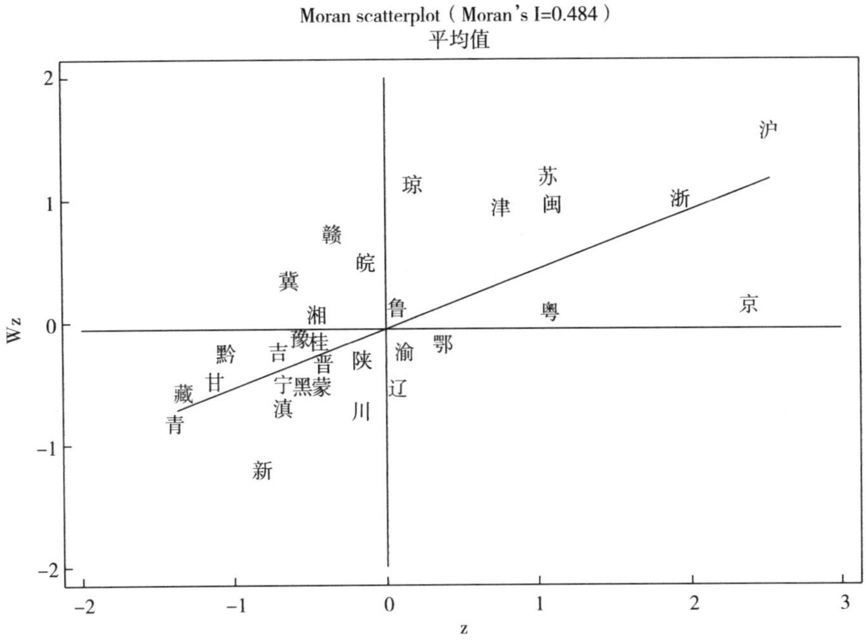

图 4　中国数字普惠金融发展 Moran's I 散点图

（二）δ 收敛性分析

本文描述和 δ 收敛使用各省份对数化后的数字普惠金融发展指数标准差，称为 δ 收敛系数。我们计算了 2011～2018 年全国及东部、中部、西部三个地区的数字普惠金融发展指数的 δ 收敛系数，并绘制成折线趋势图，如图 5 所示。由图 5 可以看出，随着时间的推移，全国和三大地区的数字普惠金融发展指数的 δ 收敛系数具有明显的下降趋势，表明全国整体和三大地区数字普惠金融的发展呈现典型的 δ 收敛。

（三）绝对 β 收敛性分析

绝对 β 收敛指的是在其他客观条件相同的条件下，随着时间的推移，各地区最终达到完全相同的稳态水平。我国数字普惠金融发展指数的绝对 β

收敛结果如表2所示。

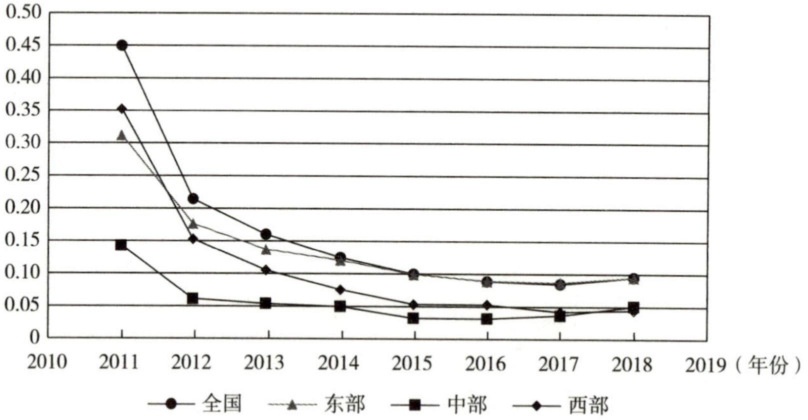

图5 中国数字普惠金融发展δ收敛

表2 绝对β空间收敛模型参数估计

变量	全国	东部地区	中部地区	西部地区
β	-0.663*** (0.000)	-0.531*** (0.000)	-0.543*** (0.000)	-0.636*** (0.000)
λ	0.959*** (0.000)	0.892*** (0.000)	0.795*** (0.000)	0.909*** (0.000)
R^2	0.938	0.907	0.947	0.949
Log（L）	437.052	166.916	97.555	142.003

注：***代表在1%的水平上显著。

从表2可以看出，全国、东部、中部、西部的β系数都小于0，并且在1%的水平上通过了显著性检验，说明在考虑空间效应以后，全国和三大地区都存在绝对β收敛。从空间误差系数λ的估计值来看，全国和三大地区的系数都显著为正，进一步证实了空间效应对中国数字普惠金融发展的收敛具有显著的正向推动作用。

（四）条件β收敛性分析

绝对β收敛需要严格假定各地区的发展基础等经济条件完全相同，而

条件 β 收敛则放宽了这个假定，允许各地区存在异质性，认为各地区在不同的外界因素作用下会收敛到各自的稳态水平。

参考郭峰等（2020）、梁榜和张建华（2020）等相关研究，本文选取的控制变量主要有以下几个（见表 3）：地区经济发展，以滞后一期的实际人均 GDP 对数值表征；传统金融发展，以银行业金融机构各项贷款余额占 GDP 比重来表征；政府干预，采用政府一般预算支出占 GDP 比重来表征；互联网发展，采用互联网普及率来表征；产业结构，采用第三产业占 GDP 比重来表征；人口密度，采用单位地区土地面积上年均常住人口数来表征。本文选取的控制变量数据主要来源于历年《中国统计年鉴》《中国金融年鉴》和“北京大学数字普惠金融指数报告（2011～2018 年）”。

表 3　控制变量描述性统计

控制变量	符号	均值	标准差	最小值	最大值
地区经济发展	Lnpgdp－1	10.724	0.410	9.596	12.014
传统金融发展	Bank	1.352	0.456	0.655	3.085
互联网发展	Web	0.495	0.125	0.242	0.804
产业结构	Indus	0.457	0.095	0.297	0.810
政府干预	Gov	0.281	0.211	0.110	1.379
人口密度	Lnpopd	5.310	1.490	0.898	8.248

我国数字普惠金融发展指数的条件 β 收敛结果如表 4 所示。

表 4　条件 β 空间收敛模型参数估计

变量	全国	东部地区	中部地区	西部地区
β	－0.733***	－0.532***	－0.640***	－0.655***
	(0.000)	(0.000)	(0.000)	(0.000)
λ	0.973***	0.887***	0.563***	0.558***
	(0.000)	(0.000)	(0.000)	(0.000)
控制变量	已控制	已控制	已控制	已控制
R^2	0.940	0.912	0.987	0.985
Log（L）	455.675	171.323	118.216	153.882

注：*** 代表在 1% 的水平上显著。

从表4可以看出，在引入相关控制变量后，从空间误差系数 λ 看，全国、东部、中部、西部的系数均显著为正，说明空间效应对中国数字普惠金融发展收敛具有明显的正向推动作用。全国、东部、中部、西部的 β 系数都小于0，且在1%的水平上通过了显著性检验，说明考虑空间效应后，全国和三大地区存在条件 β 收敛，即随着时间推移，我国各地区的数字普惠金融发展会趋于各自的稳态水平，而不是相同的稳态水平。相较于绝对 β 空间收敛估计结果，条件 β 空间收敛的 R^2 和 Log（L）等估计值都更大一些，因此条件 β 收敛比绝对 β 收敛更具有解释力。

四、研究结论

本文采用北京大学数字金融研究中心课题组发布的“北京大学数字普惠金融指数（2011～2018年）”的省级面板数据，采用 Dagum 基尼系数分解方法分析我国数字普惠金融的地区差距，并利用 Moran's I 指数考察我国数字普惠金融空间相关性，在此基础上进行 δ 收敛检验，还基于 SEM 模型进行了绝对 β 和条件 β 收敛分析。结果表明：

首先，从全国和东中西三大地区的 Dagum 基尼系数及其子群分解情况来看，2011～2018年，中国数字普惠金融发展的总体差距呈现逐步下降趋势。在样本考察期内，东部地区内差距明显高于中西部地区，虽然东部、中部、西部地区内差距不同，但都呈现下降趋势；中部—西部、东部—西部地区间差距接近，明显高于东部—中部地区间差距，而且各地区间差距越来越小。整体来看，数字普惠金融发展水平的地区差距主要来源于地区间差距，其贡献率波动较大且呈整体下降趋势。

其次，从我国数字普惠金融发展的空间相关性看，由全局 Moran's I 指数结果可以得出其分布呈现显著的正向空间相关性，也就是说，某一省份的数字普惠金融的发展会受到相邻省份的影响。由局部 Moran's I 指数结果可以得出，东部地区的大部分省份存在 High－High 集聚，而中西部地区的大部分省份存在 Low－Low 集聚，只有少数省份存在 High－Low 集聚或者 Low－High 集聚。

再次，从我国数字普惠金融发展的 δ 收敛趋势看，2011～2018年，全国和东中西三大地区的数字普惠金融发展指数的 δ 收敛系数具有明显的下降趋势，表明全国整体和三大地区数字普惠金融的发展呈现典型的δ收敛。

最后，从数字普惠金融发展指数的β收敛趋势看，全国和东部、中部、西部三大地区都存在绝对β收敛。在加入地区经济发展、传统金融发展等6个控制变量后，全国和三大地区还存在条件β收敛，这表明我国数字普惠金融发展水平较低地区的增长速度高于水平较高的地区，因此仍然存在收敛趋势，但各地区的数字普惠金融发展并不会收敛到同一个稳态水平。另外，全国和三大地区对6个控制变量的收敛性检验结果存在差异，表明不同地区数字普惠金融发展的收敛情况和影响因素也不相同，因此在各地区制定经济发展政策和数字普惠金融发展规划时应有所区别。

参考文献

[1] Dagum C. A New Approach to the Decomposition of the Gini Income Inequality Ratio [J]. Empirical Economics, 1997, 22 (4): 515 - 531.

[2] Parzen E. On Estimation of a Probability Density Function and Mode [J]. The Annals of Mathematical Statistics, 1962, 33 (3): 1065 - 1076.

[3] Rosenblatt M. Remarks on Some Nonparametric Estimates of a Density Function [J]. The Annals of Mathematical Statistics, 1956, 27 (3): 832 - 837.

[4] Sarma M., Road L., Pais J. Financial Inclusion and Development: A Cross Country Analysis [J], Indian Council for Research on International Economic Relations, 2008 (1): 1 - 28.

[5] Sarma M., Pais J. Financial Inclusion and Development [J], Journal of International Development, 2011 (5): 613 ~ 628.

[6] 焦瑾璞，黄亭亭，汪天都等．中国普惠金融发展进程及实证研究 [J]．上海金融，2015 (4).

[7] 北京大学互联网金融研究中心课题组．北京大学数字普惠金融指数 (2011—2015) [R]. 2016.

[8] 葛和平，朱卉雯．中国数字普惠金融的省域差异及影响因素研究 [J]．新金融，2018 (2).

[9] 桂宇．互联网金融城市间发展差异的空间因素分析——基于空间集聚效应 [J]．时代金融，2018 (32).

[10] 郭峰，孔涛，王靖一．互联网金融空间集聚效应分析——来自互联网金融发展指数的证据 [J]．国际金融研究，2017 (8).

[11] 郭峰，王靖一，王芳，孔涛，张勋，程志云．测度中国数字普惠金融发展：指数编制与空间特征 [J]．经济学季刊，2020 (4).

[12] 梁榜，张建华．中国城市数字普惠金融发展的空间集聚及收敛性研究［J］．财经论丛，2020（1）．

[13] 吴金旺，郭福春，顾洲一．数字普惠金融发展影响因素的实证分析——基于空间面板模型的检验［J］．浙江学刊，2018（3）．

[14] 徐敏．数字普惠金融的发展现状及空间差异分析［J］．西部金融，2018（9）．

[15] 易行健，周利．数字普惠金融发展是否显著影响了居民消费——来自中国家庭的微观证据［J］．金融研究，2018（11）．

能源期货与中美股指期货价格传递关系对比研究*

鲁训法　刘　凯　崔海蓉　黎建强

摘　要　结合 B－P 断点检验与 VAR－DCC－GARCH 模型，本文对比研究了 WTI 期货与沪深 300 股指期货和标普 500 股指期货之间的价格传递关系。研究结果表明，当前阶段，中国股指期货市场较美国股指期货市场与国际原油期货市场之间的相关程度更高；并且无论是标普 500 股指期货还是沪深 300 股指期货与国际原油期货价格之间的关系都在减弱。在原油价格暴跌时，美国股指期货市场与 WTI 期货市场的相关性会上升，而我国股指期货市场则与之相反。此外，中国股指期货市场受到原油期货价格短期波动的影响较美国股指期货市场而言更小。

关键词　股指期货；原油期货；传递关系；断点检验；波动溢出

一、引言

原油作为“工业的血液”和国际交易市场上重要的交易商品，其价格波动对整个国际经济的平稳运行具有举足轻重的作用。同时由于原油及其

---

* 基金项目：国家自然科学基金项目“高频数据下基于动态 Copula 和“已实现波动”理论的股市投资组合风险建模及应用”（71701104）；教育部人文社会科学青年基金项目“基于高频大数据的 Copula 模型动态极值风险度量及其应用研究”（17YJC790102）；江苏省社会科学基金一般项目“区块链背景下加密货币指数与人民币汇率指数的动态风险传递关系研究”（20GLB008）。

衍生产品越来越多地被金融市场参与者作为投资组合的组成部分，研究其与其他金融市场之间的关系显得尤为重要。Baum等（2019）基于高频数据研究了WTI原油期货、天然气期货和标普500股指期货的波动特征，发现在收益波动模型中引入杠杆效应和阶跳效应能够提升三者波动预测的准确程度。Shaeri和Katircioğlu（2018）运用多态转移模型研究了原油价格与石油相关企业股票价格之间的长期均衡关系，证实了原油价格对石油相关企业股票价格具有显著的正向影响。Liu等（2020）研究了国际原油市场与美国股市之间的隐含波动关系，发现原油与股市间隐含波动的关系随原油政策和股市政策发生显著变化。吴振信等（2015）运用结构变化VAR模型检验了碳交易市场、原油市场以及股票市场之间的关系，发现三者之间互为因果，相互影响。

原油期货是为满足市场参与者应对原油价格波动带来的风险而开发的。原油期货产品由于其低交易成本、可进行卖空交易以及高杠杆操作等特点，往往能更及时准确地反映原油市场的价格信息，从而受到广大投资者的追捧。

但运用资本投资组合理论仅可以分散投资的非系统性风险，却无法对冲市场的系统性风险；而股指是整个经济系统（市场）的风向标，能够帮助投资者觉察市场风险。沪深300股指期货于2010年4月16日被中国金融期货交易所发布，不仅得到了众多投资者的追捧，并且引起了学界的关注：黄金波等（2019）研究沪深300股指期货的价格预期及修正能力以及王军和刘卓然（2019）采用向量误差修正模型、格兰杰因果检验、修正信息份额模型针对2015年沪深300股指期货现货互动关系进行回溯研究。Sun（2020）研究我国的股指期货市场，得到三个主要影响因素：交易量、未平仓数量变化，以及交易量与未平仓合约数之比。于瑞安等（2019）通过高频数据进行验证，发现股票市场上的波动现象具有惯性，然而股指期货对其现货市场上的波动方面的影响并不十分显著。并且证明股指期货交易市场的开放并不是导致2015年股灾的主要原因。徐德贵等（2019）经过研究发现，引入中证500股指期货进入中国市场能够有效降低股票现货市场收益率上的波动。Chen和Gong（2019）对比研究2015年前后沪深300股指期现货间的关系，也证明期货并不是主要的影响因素。所以我国的股指期货虽然起步较晚，但同样已经具有较为成熟的运作方式和参考价值。

本文着重研究能源期货与中美两国的股指期货的关系，目前鲜有将中美股指期货市场与能源期货市场作对比研究的相关研究。选择了世界第一和第二大经济体作为股指期货的研究对象，同时美国与中国也是经济实力最强的发达国家与经济实力最强的发展中国家，并且两个市场的市场环境也有较大区别，值得进行对比研究，对它们经济现象的研究不仅仅对以上两个国家同时对全球的经济具有重要的意义。本文通过对比研究，探究市场的长期上的均值溢出关系以及经过断点分析后的市场之间不同时期均值溢出关系的变化。同时，探究在波动溢出效应上，中美两国股指面对原油市场价格变动敏感程度的差异。另外，就中美两国的股指与原油价格的时变相关性的变化特征等问题进行探究。

关于传导关系的研究学界已经有较为成熟的研究范式，主要分为均值传递的研究以及波动溢出的研究。本文也遵从这一研究范式，运用 VAR 模型进行均值传递的研究同时辅之以格兰杰因果关系检验，然后运用 DCC - GARCH 模型刻画波动溢出关系以及动态相关系数的变化。同时在此基础上引入了 B - P 断点检验的方法将时变的特征代入上述研究范式，为学者的研究提出新的研究方式具有借鉴意义。通过 B - P 断点检验，将整体不变的均值模型按照结构断点进行重新回归，得到不同时期应该具有的不同的均值特征。然后将运用均值模型提取过均值信息的残差代入 DCC - GARCH 模型，探究波动溢出效应以及动态相关系数的变化。

二、数据选取与描述统计

本文研究能源期货与股指期货间的传导关系，选取的数据包括：能源期货选择的是美国西得克萨斯轻质原油（WTI）期货数据，本文中简称为原油期货价格；股指期货的数据，本文选择最具代表性的发达国家和发展中国家——美国和中国；美国的数据选择标准普尔 500 指数（S&P 500，简写作 SP500 或者 SPX）期货数据，本文简称为标普 500 股指期货；中国的数据选择沪深 300 指数（China Securities Index，简写作 CSI 300）期货数据。数据来源于国泰安数据服务中心数据库（http：//www. gtarsc. com/）和英为财情（https：//cn. investing. com/），由于同一类型的期货有多个交割日期，为尽可能使数据具有连贯性，本文研究的期货价格取距离敲定交割时间最近的期货的报价作为当日的期货价格。

WTI 原油的期货合约具有良好的流动性以及价格透明度，所以被大量的交易人员选择进入投资组合中，作为国际能源价格的基准价格，同时也是学术界研究能源相关问题主要选择的样本数据。本文也与其他学者一样选择这类合约的时序数据作为研究样本。关于股指期货，本文选择的标普 500 股指期货的标的物是对美国经济具有良好刻画能力的标普 500 指数，研究美国经济与能源期货价格的关系自然需要研究标普 500 指数与原油价格指数的关系。中国作为一个发展中国家拥有全球第二大的经济体量，为满足市场的投资需求，由上海和深圳两地的证券交易所共同发布了沪深 300 指数。沪深 300 股指是中国股市整体情况的一个基本指标，能够为投资者进行投资组合提供指导同时也为绩效考核提供参考标准。故研究沪深 300 股指期货与原油期货的关系也足以刻画中国股市与原油价格之间的关系。

第一部分数据，原油期货价格数据与标普 500 股指期货价格数据经过日期匹配得到的数据如图 1 所示，其中，P^{wtif} 代表原油期货价格，P^{spf} 代表标普 500 股指期货价格。数据的时间窗口为 2010 年 4 月 16 日至 2019 年 7 月 29 日。

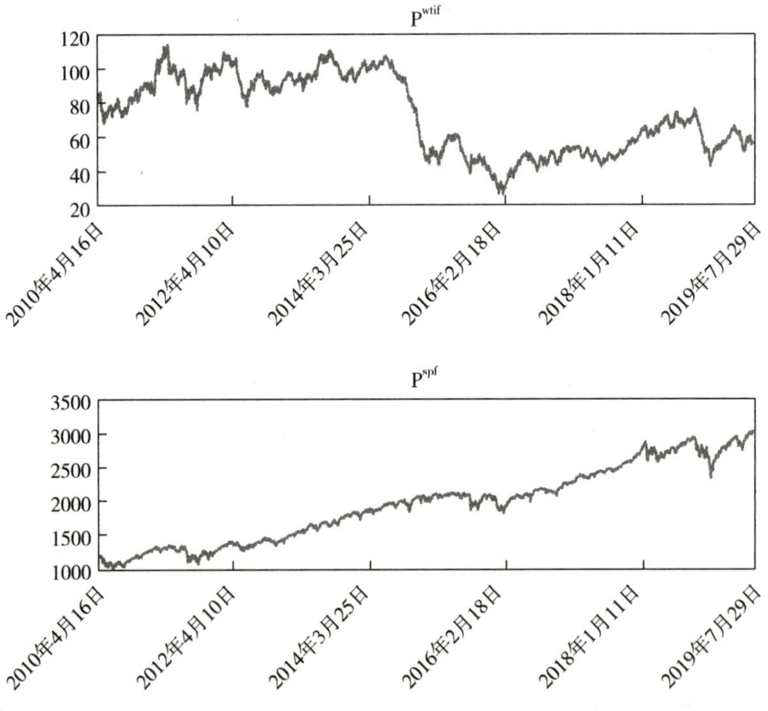

图 1　日期匹配后的原油期货价格数据与标普 500 股指期货价格数据

通过对上图的观察，可以清楚地看出石油价格在 2014 ~ 2016 年的这波剧烈的下降与标普 500 的基本平稳的上升是不一样的，所以有理由相信这两个市场之间的关系应该是动态的，同时可能阶段性也非常明显。

由于价格数据并不是时间序列模型需要的平稳数据，所以，我们对其进行平稳化处理。将价格数据处理成对数收益率数据：$R_t^{wtif} = \log(P_t^{wtif}) - \log(P_{t-1}^{wtif})$，$R_t^{spf} = \log(P_t^{spf}) - \log(P_{t-1}^{spf})$。

式中，R^{wtif}和 R^{spf}分别代表着原油期货的对数收益率和标普 500 股指期货的对数收益率。所以，得到如图 2 所示的数据。

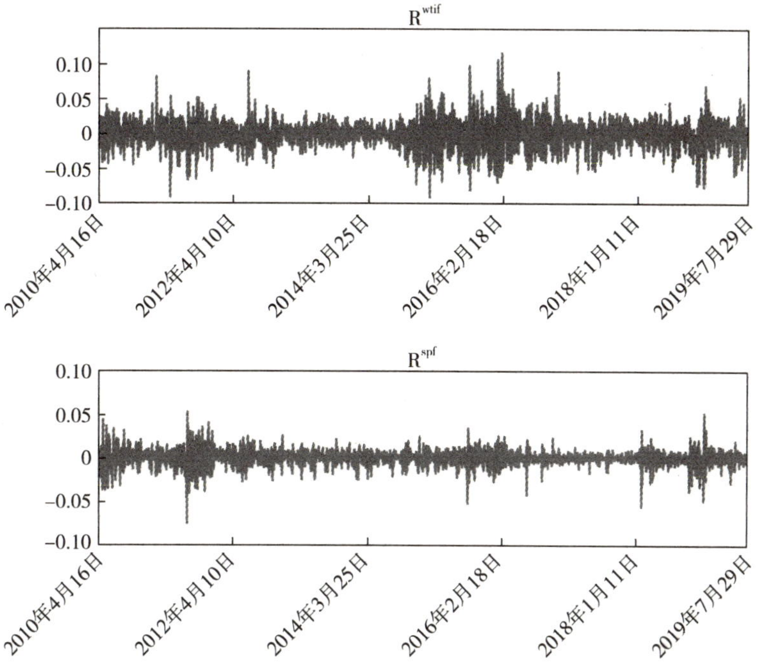

图 2　原油期货价格数据与标普 500 股指期货价格数据的对数收益率

图 2 数据存在着明显的集聚效应，所以需要使用 GARCH 族模型去提取其异方差的效应。接下来进行描述性统计分析。

从表 1 可以看出，数据经过平稳化处理后效果是十分明显的，同时具有明显的尖峰肥尾特征的数据。从均值上可以观察出，经过对数差分处理后的数据其均值已经接近于 0。值得注意的是，原油期货的对数收益率是小于 0 的，即自 2010 年至今原油期货价格整体是下降的。价格下降的趋势在图 1 中也得到了印证。在偏度上，原油期货的对数收益率是右偏，而标普 500 股指期货的对数收益率却是左偏的。

表1 原油与标普500相关数据的描述性统计

变量	R^{wtif}	R^{spf}
均值	-0.0001583	0.0003871
标准差	0.0203	0.0094
峰度	5.6972	8.9260
偏度	0.0365	-0.5726
最大值	0.1162	0.0530
最小值	-0.0907	-0.0750
ADF检验	-51.7483***	-50.9143***

注：***代表1%的显著性水平。

第二部分数据，原油期货价格数据与沪深300股指期货价格数据经过日期匹配得到的数据如图3所示，其中P^{wtif}与前文一致，代表原油期货价格，P^{csif}代表沪深300股指期货价格。数据的时间窗口为2010年4月16日到2019年8月23日。

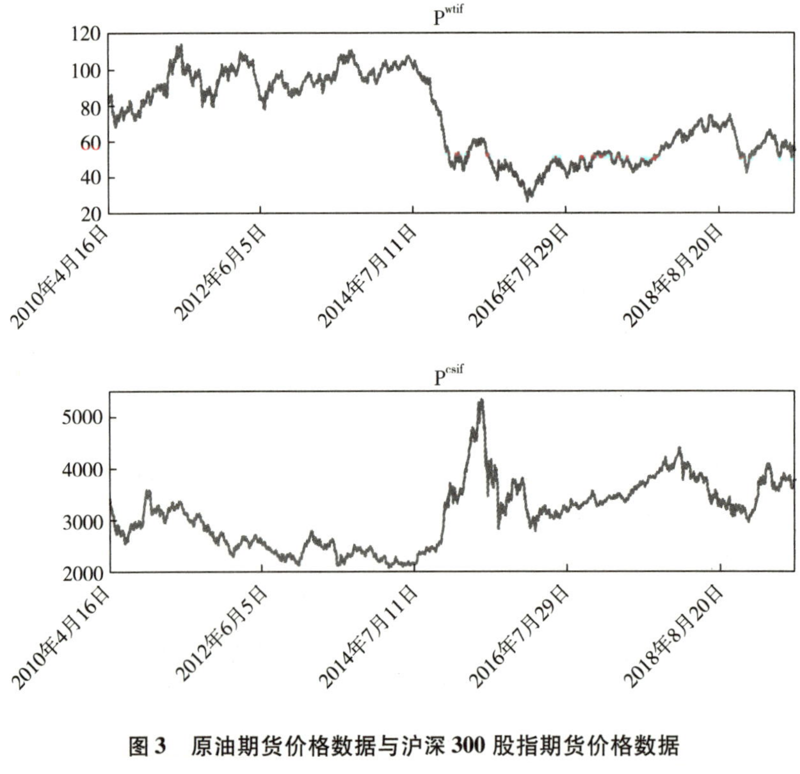

图3 原油期货价格数据与沪深300股指期货价格数据

观察图 3 可以看出，价格数据并不是平稳的数据，所以也需要进行平稳化处理。并且在价格数据经历大的下跌过后他们的走势大体一致，所以也存在分阶段的特征。

对其进行平稳化处理。将价格数据处理成对数收益率数据 $R_t^{csif} = \log(P_t^{csif}) - \log(P_{t-1}^{csif})$。式中 R^{csif}代表着沪深 300 股指期货对数收益率。所以我们得到数据图，如图 4 所示。

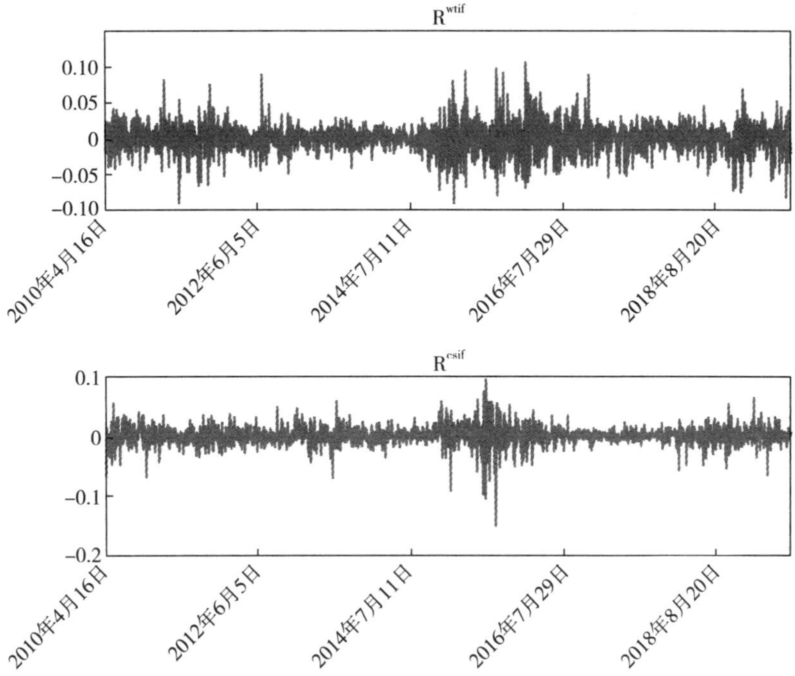

图 4　原油期货价格数据与沪深 300 股指期货价格数据的对数收益率

图 4 数据依旧存在着明显的集聚效应，同样需要使用 GARCH 族模型去提取其异方差的效应。接下来进行描述性统计分析。

由表 2 可以看出，数据经过平稳化处理后效果也是十分明显的，数据具有明显的尖峰肥尾特征。在偏度上，原油期货的对数收益率是右偏，而沪深 300 股指期货的对数收益率却是左偏的。

表2 原油与沪深300相关数据的描述性统计

变量名	R^{wtif}	R^{csif}
均值	-0.0001914	0.0000466
标准差	0.0210	0.0156
峰度	5.4464	12.6887
偏度	0.0021	-0.6783
最大值	0.1064	0.0953
最小值	-0.0907	-0.1507
ADF检验	-50.3592***	-44.5328***

注：***代表1%的显著性水平。

三、理论模型

本文首先运用格兰杰因果关系检验对市场间的因果关系进行判别，然后运用VAR模型研究市场间的均值传递的关系。随后将残差放入研究动态相关系数的DCC-GARCH模型，研究其波动的相关性。由于均值信息不能够进行动态研究，所以我们采用B-P断点检验的模型，将样本进行分组，然后在分组内运用同样的方式进行研究以获得不同分组中的数据关系。

（一）格兰杰因果关系检验

格兰杰因果关系检验是最常见的因果关系判别方式，其基础假设是如果两市场之间存在因果关系，那么作为原因的市场的前期信息必然会对作为结果的市场的当期产生影响。因为需要在文中多次使用格兰杰因果检验，所以以原油期货与标普500股指期货对数收益率即R^{wtif}和R^{spf}为例介绍格兰杰因果检验模型的形式。模型的形式如下：

$$R_t^{wtif} = \alpha_0 + \alpha_1 R_{t-1}^{wtif} + \cdots + \alpha_p R_{t-p}^{wtif} + \varepsilon_t^{wtif} \quad (1)$$

$$R_t^{wtif} = \alpha_0 + \alpha_1 R_{t-1}^{wtif} + \cdots + \alpha_p R_{t-p}^{wtif} + \beta_1 R_{t-1}^{spf} + \cdots + \beta_p R_{t-p}^{spf} + \varepsilon_t^{wtif} \quad (2)$$

通过分析上述两个方程对R^{wtif}的预测能力构造F统计量以此衡量变量R^{spf}是否对R^{wtif}具有影响。如果F统计量显著即表示存在从变量R^{spf}到变量R^{wtif}的显著的因果关系。式中，α和β为对应的系数项，p代表选取的滞后阶数。

（二）VAR 模型

VAR 模型全称为向量自回归模型，是由 Christopher Sims（1980）提出的应用广泛的计量经济学模型。VAR 模型能够准确地捕捉市场之间的均值传递关系，与上面的模型一样选择以原油期货与标普 500 股指期货对数收益率即 R^{wtif} 和 R^{spf} 为例介绍简单的 VAR 模型的形式。

$$R_t^{wtif} = c^{wtif} + \sum_{i=1}^{p} \phi_{t-i}^{wtif} R_{t-i}^{wtif} + \sum_{j=1}^{p} \theta_{t-j}^{spf} R_{t-j}^{spf} + \varepsilon_t^{wtif} \tag{3}$$

$$R_t^{spf} = c^{spf} + \sum_{i=1}^{p} \phi_{t-i}^{wtif} R_{t-i}^{wtf} + \sum_{j=1}^{p} \theta_{t-j}^{spf} R_{t-j}^{spf} + \varepsilon_t^{spf} \tag{4}$$

式中，c 代表的是对数收益率的均值，ε 代表两个市场对应的随机波动以及 φ 和 θ 分别代表 R^{wtif} 和 R^{spf} 前面的一系列系数。如果在式（3）中，φ 值为零，则表示 R^{wtif} 不受自身前期信息的影响；若不为零，则受自身前期信息的影响。而在式（4）中，φ 值为零表示 R^{wtif} 的前期信息对 R^{spf} 没有影响。

（三）格兰杰因果关系检验

基于 Bollerslev 等在 1999 年提出的 CCC（Constant Conditional Correlation）常条件相关系数模型，Engle（2002）提出了 DCC（Dynamic Conditional Correlation）动条件相关系数模型。DCC 模型摒弃了 CCC 模型认为方差间的相关系数应该是不变的这一假设，使相关系数随时间进行变化。接下来介绍 DCC GARCH 模型的基本形式。

$$\varepsilon_t \sim N(0,\ H_t R_t H_t) \tag{5}$$

$$H_t^2 = diag\{\omega_i\} + diag\{\kappa_i\} \cdot \varepsilon_{t-1}\varepsilon'_{t-1} + diag\{\lambda_i\} \cdot H_{t-1}^2 \tag{6}$$

$$\eta_t = H_t^{-1}\varepsilon_t \tag{7}$$

$$Q_t = S \cdot (\mu' - \alpha - \beta) + \alpha \cdot \eta_{t-1}\eta'_{t-1} + \beta \cdot Q_{t-1},\ \alpha + \beta < 1 \tag{8}$$

$$R_t = diag\{Q_t\}^{-1} Q_t diag\{Q_t\}^{-1} \tag{9}$$

式（5）中，ε_t 是 VAR 模型处理后得到的残差数据，变量服从 0 均值的异方差的正态分布；式（6）代表的最普通的 GARCH（1，1）模型，式（7）定义 η_t 为剔除异方差信息的残差数据。式（8）是异方差的主要回归方式，其中，α 和 β 为 DCC 模型系数，α 代表短期的冲击对方差的影响，β 则代表长期的冲击对方差的影响。式（9）是 DCC 相较 CCC 模型最体现创新性的公式。

并且通过式（10）提取出动态的相关系数。

$$\rho_{i,j,t}=\frac{q_{i,j,t}}{\sqrt{q_{i,i,t}q_{j,j,t}}} \tag{10}$$

（四）B－P断点检验

根据Bai和Perron（2003）提出的B－P断点检验，源数据首先应该是非平稳的数据，本文选择的市场原价格数据满足模型的要求。B－P断点检验可以通过内生数据选择断点，不需要进行人为选择，这一点规避了由于人的主观原因使得模型缺乏客观性的问题。

B－P断点检验首先假设数据中存在m个结构断点，也就是可以将数据分为m+1个数据区间。

$$y_t=x'_t\beta+z'_t\delta_1+\mu_t,\ t=1,\ \cdots,\ T_1 \tag{11}$$

$$y_t=x'_t\beta+z'_t\delta_2+\mu_t,\ t=T_1+1,\ \cdots,\ T_2 \tag{12}$$

…

$$y_t=x'_t\beta+z'_t\delta_{m+1}+\mu_t,\ t=T_m+1,\ \cdots,\ T \tag{13}$$

式中，y_t代表了研究的时间序列数据变量，x_t和z_t是解释变量，β和δ_j（j=1，…，m+1）是变量前的系数。T_i（i=1，…，m）代表有节点的索引值，在模型中是通过计算得出的。

通过整体回归方程组的解释力的比较，确定最终的结构断点。

四、研究结果

依次将原油期货的对数收益率与标普500股指期货对数收益率和沪深300股指期货对数收益率进行研究。按照上节介绍的研究过程，运用VAR模型、DCC－GARCH模型与B－P断点检验得到如下的结果。

（一）原油期货与标普500股指期货

关于原油期货与标普500股指期货的研究，将分为整体与分阶段研究。首先进行整体的研究，然后进行断点检验，最后进行分阶段研究。

1. 整体研究

首先将原油期货的对数收益率与标普500股指期货的对数收益率放入格

兰杰因果关系检验中，得到如表3所示的结果。

表3 整体原油期货与标普500股指期货格兰杰因果关系结果

因果关系原假设	F统计量
R^{spf}不是R^{wtif}的格兰杰原因	3.5684***
R^{wtif}不是R^{spf}的格兰杰原因	1.1039

注：***代表1%的显著性水平。

表3表明标普500股指期货对数收益率在1%的显著性水平下是原油期货对数收益率的格兰杰原因；然而，原油期货对数收益率却不是标普500股指期货对数收益率的格兰杰原因。也就是说，整体上并不是能源的价格影响股指的变化，而是股指的变动牵动了能源的价格数据。就能源对一个地区的经济发展而言，能源必然促进一个地区的经济发展，然而这里却得到了不一样的结论，原因主要在于美国金融的繁荣远远超过了其本土的基础工业生产，其本土所消耗的石油主要是满足人民生活。所以，美国的经济促进世界经济的发展，其经济走势影响了全球的经济发展，影响了对能源的需求进而影响了油价。

然后运用VAR模型研究原油期货对数收益率和标普500股指期货对数收益率之间的均值传递关系。在进行VAR建模之前需要进行VAR阶数选择，运用SC准则选择VAR的最优滞后阶数为1阶。表4为VAR模型的建模结果。

表4 整体原油期货与标普500股指期货VAR模型结果

	C	R_{t-1}^{wtif}	R_{t-1}^{spf}
R_t^{wtif}	-0.0002	-0.0667***	0.0794*
R_t^{spf}	0.00004**	0.0110	-0.0477**

注：***代表1%的显著性水平，**代表5%的显著性水平，*代表10%的显著性水平。

VAR的结果可以验证格兰杰因果关系的结果，标普500股指期货对数收益率对原油价格股指期货对数收益率是10%显著的。也就是说，标普500股指期货的对数收益率直接影响了原油期货的对数收益率，随后将VAR模型后的残差代入DCC-GARCH模型。

表5 整体原油期货与标普500股指期货DCC-GARCH模型结果

		系数
ε^{wtif}	c	0.0000036**
	ε_{t-1}^{wtif}	0.0616***
	H_{t-1}^{wtif}	0.9305***
ε^{spf}	c	0.0000037***
	ε_{t-1}^{spf}	0.1897***
	H_{t-1}^{spf}	0.7777***
	DCC α	0.0342***
	DCC β	0.946***

注：***代表1%的显著性水平，**代表5%的显著性水平。

从表5可以看出，DCC-GARCH的系数除了一常数项是5%显著外，其余均是1%的显著性水平，并且DCC模型的系数α与β之和小于1，模型稳定。在各个变量的GARCH模型中的各个系数均是显著的，即两组残差数据均具有显著的异方差信息。动态相关系数如图5所示。

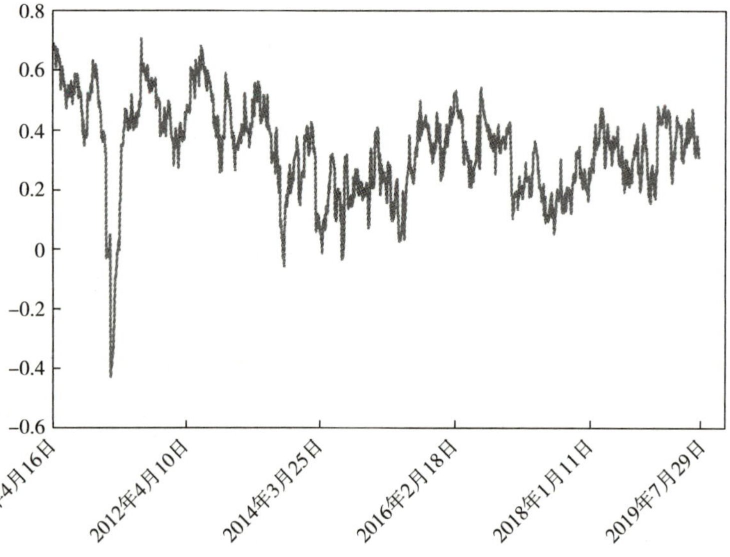

图5 整体原油期货与标普500股指期货DCC

图5显示出整体下降后维持低相关性的特征。受叙利亚冲突的影响，国际原油的供应减少，导致价格持续上涨。由于美国的经济与实体经济整体处于脱钩的状态，所以原油的价格持续上涨与美国股指并没有很好的相关性，甚至在2011年2月23日出现了负相关的情况。

2. 分阶段研究

由于本文采用的均值模型是静态的VAR模型，但很明显变量之间不会是一直不变的线性模型。所以我们选择采用分段研究的方式，通过寻找结构断点的方式刻画不同时间段的均值关系。进行分段研究的基础是进行分段，运用B－P断点检验得到结构断点所在的位置。根据BIC准则，我们确定有一个结构断点且所在的位置是2014年11月25日。这一结构断点在2014年11月27日石油输出国组织宣布维持日产量不变信息的前2天，说明市场反应在事件发生之前，即市场在信息发布之前就已经提前做出了反应。那时市场由于石油供给过多，普遍预期石油输出国将大量减产以稳定油价，然而维持产量导致油价开始又一波大幅下降。接下来将整体的模型分别运用于两个时间段。

表6　分阶段格兰杰因果关系

F统计量	第一阶段	第二阶段
R^{spf}不是R^{wtif}的格兰杰原因	2.5922	0.5517
R^{wtif}不是R^{spf}的格兰杰原因	3.2558*	0.0131

注：*代表10%的显著性水平。

通过格兰杰因果关系检验我们发现分阶段的因果关系变得都不显著了，只有第一阶段原油期货对数收益率对标普500股指期货有10%显著性水平的格兰杰因果关系，也充分体现了在均值上美国股市已经和原油的关系渐弱。经过AIC判别最后确定的VAR滞后阶数均为1阶。

根据表7的VAR结果看，原油期货对数收益率与标普500估值期货对数收益率只在第一阶段有微弱的关系，这也与格兰杰因果关系检验的结果一致。接下来我们分别运用DCC－GARCH模型进行研究。

通过表8分阶段的数据可以看出，其在普通GARCH模型上与DCC模型的系数均是显著的，但系数的大小具有差别，我们着重研究DCC α与DCC β系数的变化。第一阶段的DCC α比整体与第二阶段都要大，说明动态方差的信息在第一阶段受短期波动的影响的权重更大。相似地，第二阶段的 DCC β 的系数也是最大的，说明在第二阶段，动态方差受自身的前期影响更大。

表7 分阶段 VAR 模型结果

		C	R_{t-1}^{wtif}	R_{t-1}^{spf}
第一阶段	R_t^{wtif}	-0.00012	-0.04354	0.08213
	R_t^{spf}	0.00052*	0.03721*	-0.1043**
第二阶段	R_t^{wtif}	-0.00018	-0.07628**	0.06210
	R_t^{spf}	0.00030	-0.00123	0.01885

注：**代表5%的显著性水平，*代表10%的显著性水平。

表8 分阶段原油期货与标普500股指期货 DCC-GARCH 结果

	系数	第一阶段	第二阶段
ε^{wtif}	c	0.0000015*	0.000010***
	ε_{t-1}^{wtif}	0.039***	0.0737***
	H_{t-1}^{wtif}	0.9555***	0.9057***
ε^{spf}	c	0.0000037***	0.000004***
	ε_{t-1}^{spf}	0.1561***	0.222***
	H_{t-1}^{spf}	0.8103***	0.7388***
	DCC α	0.0418***	0.0108**
	DCC β	0.935***	0.9674***

注：***代表1%的显著性水平，**代表5%的显著性水平，*代表10%的显著性水平。

如果将图5与图6进行对比会发现，图6在断点过后的相关系数更加趋于零，而之前因为整体信息的影响使得这一信息被掩盖了。这也进一步体现了美股与原油价格脱钩的特征，故对数据进行分段研究是有必要的。

（二）原油期货与沪深300股指期货

由于这一部分的研究方式与原油期货和标普500股指期货的研究方式一样，在这里直接陈述相关的结果。

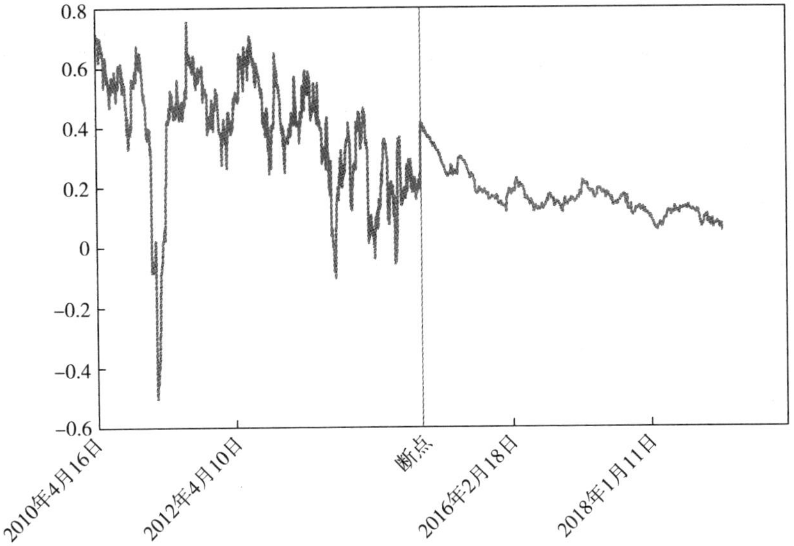

图 6 分阶段原油期货与标普 500 股指期货 DCC

表 9 的结果显示，无论是在整体上还是分段后的两个阶段，沪深 300 股指期货都是受原油期货影响的，这一点与标普 500 股指期货与原油价格的模式是不同的。中国作为世界的工厂，经济的发展主要依靠实体企业的生产活动，所以能源对中国经济的发展有至关重要的影响，但是我国的经济也处于经济的转型期，我国工业也在向高精尖的生产设计活动转型。而对于这些高科技的生产活动，能源已经不是主要的决定因素，所以我国对能源的依赖程度有所降低。还有新能源技术的利用，对传统的石油能源具有一定的冲击作用，故会进一步降低我国经济对石油能源的依赖。

表 9 格兰杰因果关系

F 统计量	总体	第一阶段	第二阶段
$R^{csif} \to R^{wtif}$	1.5475	1.4251	0.1041
$R^{wtif} \to R^{csif}$	2.7761 **	19.231 ***	4.4003 **

注：*** 代表 1% 的显著性水平，** 代表 5% 的显著性水平，结构断点在 2014 年 11 月 26 日，$R^{csif} \to R^{wtif}$ 代表 R^{csif} 不是 R^{wtif} 的格兰杰原因。

表 10 的结论与格兰杰因果关系检验的结果一致，沪深 300 的股指期货

对数收益率整体受原油期货对数收益率的影响，然而，沪深300股指期货对数收益率却不影响原油期货对数收益率。而这一点在第一阶段更加明显，沪深300股指期货对数收益率几乎只受原油价格的影响，并且是原油期货对数收益率正向影响沪深300股指期货对数收益率。在第二阶段，这一现象依然存在，但没有第一阶段那么显著。

表10　VAR模型结果

		C	R_{t-1}^{wtif}	R_{t-1}^{csif}
整体	R_t^{wtif}	-0.00019	-0.0608***	-0.006817
	R_t^{csif}	0.000086	0.06083***	0.0572***
第一阶段	R_t^{wtif}	-0.00017	-0.02589	-0.04670
	R_t^{csif}	-0.00012	0.1043***	0.02129
第二阶段	R_t^{wtif}	-0.0001	-0.0796***	0.01313
	R_t^{csif}	0.00026	0.044739**	0.07264**

注：***代表1%的显著性水平，**代表5%的显著性水平。

表11　分阶段原油期货与沪深300股指期货DCC-GARCH结果

		系数	第一阶段	第二阶段
ε^{wtif}	c	0.0000032***	0.0000022	0.0000099***
	ε_{t-1}^{wtif}	0.0625***	0.0565***	0.0645***
	H_{t-1}^{wtif}	0.9321***	0.9383***	0.918***
ε^{csif}	c	0.0000017**	0.0000016**	0.00000086*
	ε_{t-1}^{csif}	0.0514***	0.0165***	0.0632***
	H_{t-1}^{spf}	0.9446***	0.9726***	0.9346***
	DCC α	0.0111	0.006	0.0084
	DCC β	0.9731***	0.985***	0.9568***

注：***代表1%的显著性水平，**代表5%的显著性水平，*代表10%的显著性水平。

沪深300股指期货对数收益率与原油期货对数收益率的关系和标普500股指期货对数收益率的一致，在GARCH模型中所有系数都是显著的（见表11）。但值得我们注意的是，无论是整体还是分阶段都是不显著的，也就是说，沪深300股指期货与原油期货的对数收益率之间的动态方差主要受到前期动态方差的影响，而短期的随机波动对其影响甚微。这点与美国的股市不同，可能与我国的经济环境有关。我国早在2008年便进行了成品油形成价格机制的改革，使我国的油价存在价格的浮动区间，下线为每桶40美元，并且国际油价连续22个工作日的涨跌幅超过4%，才会对我国的成品油进行调整。我国对于国内能源的价格的控制能力较强，同时我国的金融市场也与美国有很大不同，这些因素共同导致了原油的短期价格波动不会影响国内的市场。

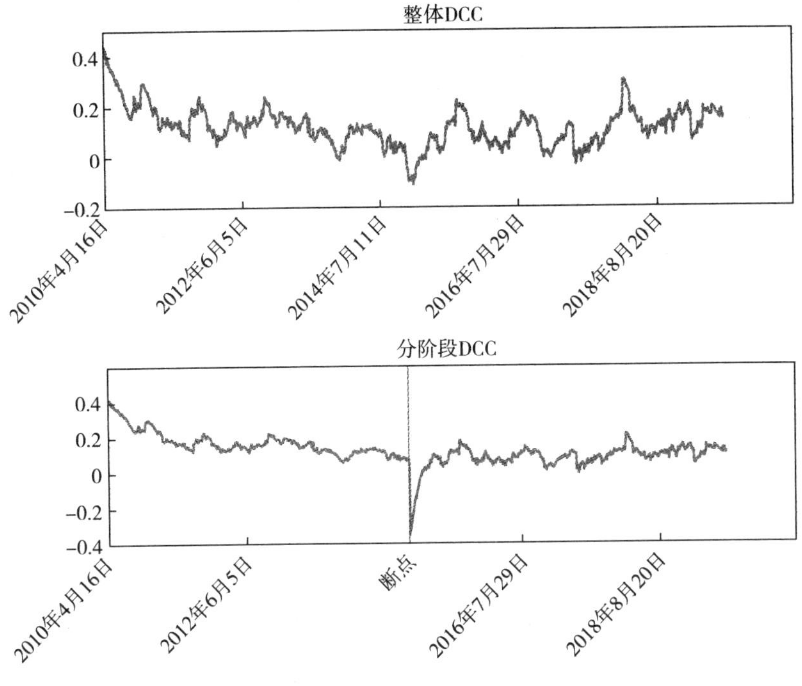

图7　原油期货与沪深300股指期货DCC

断点时间2014年11月26日与美国标普500与能源价格的数据断点相近，虽然和美股相比晚了一天，但市场同样对这一源自石油的产能过剩且维持产量的事件产生了提前的反应。并且很明显由于原油价格的剧烈下降而中国股市却在此情况下高歌猛进，所以在断点时动态相关系数从0.1突然下降到了−0.35左右。将图7的上下部分进行对比可以发现，整体的动态相关系数趋势是一致的，但在细节上，很明显有不同，在断点之前的分阶段DCC均值大于整体的对应部分的DCC，而断点后的分阶段DCC均值则较小。并且分阶段过后的数据较整体的数据更加平滑，应该说，断点前后的数据具有明显区分特征，应该进行分阶段研究。所以可以断定我国的经济在石油价格下降的时期会迎来经济发展的黄金时期，同时由于相关系数的下降，所以能源对我国经济的控制能力也在减弱。检验遇到石油价格下跌的时期抓住发展红利，同时不要放弃对能源安全问题的持续关注，虽然相关系数在下降，但其对国家安全产生的作用依然巨大。

五、研究结论

本文以标普500股指期货与沪深300股指期货和WTI原油期货为样本采用断点检验的VAR模型与格兰杰因果关系检验模型结合DCC－GARCH模型的方法探究能源期货与股指期货间的传导关系。

（一）研究对象的结论

本次研究所选择的对象是美国和中国的股指期货与国际原油期货，通过前面所得到的实证结果进行总结。

目前来说，中国股市较美国股市与国际原油价格的相关程度要高。①从格兰杰因果关系检验的结果与VAR模型的结果看，虽然整体上标普500股指期货是原油期货的格兰杰原因，但在VAR模型中系数的显著性只有10%，并且在进行分阶段研究后格兰杰因果关系消失，同时VAR结果也出现了不显著。相比之下，中国的沪深300股指期货与原油期货价格的格兰杰因果关系与VAR模型无论是整体还是分阶段都保持着较高的显著性。②从波动相关性方面来说，整体来讲，沪深300股指与原油期货维持在0.2左右的相关性，但美国的标普500股指期货经历过2014年的油价大跌之后就维持在非常低的相关系数。所以可以得出结论，中国的沪深300股指期货较美国的标普500股指期货与原油期货的相关程度更高。由于中国在国际上处于世界工厂的地位，而美国的经济地位高于其工业生产的地位，所以美国对于能源的依赖程度要小于中国。

无论是美国的标普500股指期货还是中国的沪深300股指期货，二者与国际原油期货价格的关系都在减弱。从分阶段的格兰杰因果关系检验看，无论是美国股指还是中国股指，第一阶段的显著性都比第二阶段高一颗星

（“＊”），并且在VAR模型的结果中也有类似的结果。也就是说，2014年石油价格下跌过后，中国和美国的股指都与国际原油的均值传导关系在减弱。同时，从动态相关系数来看，整体相关系数都是下降的，所以也可以佐证股指期货与国际原油期货之间的相关性在下降。由于中国和美国都在进行高精尖的产业升级，不断地迭代各自的企业结构，能源对于其产品的价值所占比重在下降，同时新能源等替代品的出现等因素共同导致这一趋势。

对待同一事件（2014年油价暴跌），美股是相关性暴增而中国股市的相关性是暴跌。由于中国的经济环境与美国的经济环境不同，其面对同一事件会有不同的反应。2014年，石油输出国维持日产量致使国际原油价格大幅下降，而这与市场的预期相悖。美股对市场进行了错误的预估导致美股的下跌，其与石油价格出现了同向的运动动态相关系数上升；而中国作为需要大量能源进行生产的国家，石油价格的下降无异于给予了中国一个黄金的发展时期，股市一路高歌猛进，所以相关系数变为了负数。

原油期货价格短期波动对中国的股指期货的影响更小。由于中国的经济环境与美国的经济环境有很大的不同，特别是我国2008年进行的国内成品油价格的相关规定，使得我国的国内的油价相对平稳，所以国际市场的短期波动不会对国内市场产生较大的影响。通过DCC－GARCH模型可以看出，沪深300股指期货与原油期货无论是整体还是分阶段都不显著，即中国的股指期货与原油期货的波动不会互相传染。而美国的股指期货的DCC－GARCH模型的系数都是显著的，所以原油期货价格的短期波动对中国的股指期货的影响更小。可以确定，我国的成品油价格机制对我国能源市场的稳定提供了非常良好的保障。

（二）研究方法的创新

本文首创将断点检验与VAR模型结合后将残差再代入DCC－GARCH模型。这种研究方式解决了一个目前研究的痛点，即我们通过DCC模型可以刻画出动态的方差信息，但却默认均值模型为静态的，这一点显然不符合实际情况，所以本文采用分阶段的VAR模型刻画分阶段的均值变化。通过动态相关系数的对比图可以看出，本文的这一创新方法具有非常好的实证效果，值得进行推广。

参考文献

[1] Baum, C. F., Zerilli, P., Chen, L.. Stocha - stic volatility, jumps and leverage in energy and stock markets: Evidence from high frequency data [J]. Energy Econo - mics, 2019 (1): 7 - 14.

[2] Shaeri, K., Katircioğlu, S.. The nexus betw - een oil prices and stock prices of oil technology and transportation companies under multiple regime shifts [J]. Eco - nomic Research, 2018, 31 (1): 681 - 702.

[3] Liu, Z., Tseng, H., Wu, J. S., Ding, Z.. Impli - ed volatility relationships between crude oil and the U. S. stock markets: Dynamic correlation and spillover effects [J]. Resources Policy, 2020, 66 (1): 1 - 10.

[4] 吴振信，万埠磊，王书平. 碳交易市场、原油市场和股票市场的联动关系——基于结构突变检验和 VAR 模型的实证研究 [J]. 系统工程，2015，33 (3)：25 - 31.

[5] Markowitz, H. M.. Portfolio selection [J]. The Journal of Finance, 1952, 7: 77 - 91.

[6] 黄金波，吴莉莉，胡蓉. 沪深300股指期货价格发现能力研究 [J]. 运筹与管理，2019，28 (12)：144 - 152.

[7] 王军，刘卓然. 2015年沪深300股指期现价格互动关系回溯研究 [J]. 财贸研究，2019 (7)：25 - 33.

[8] 于瑞安，张金林，杨小花. 股指期货是否导致了2015年股灾的爆发？——基于股指期货于现货市场波动溢出效应分析 [J]. 武汉金融，2019 (4)：53 - 56.

[9] 徐德贵，李慧，王月月. 中证500股指期货对股票现货市场波动性影响研究 [J]. 经济研究导刊，2019，406 (20)：136 - 140.

[10] Sun, B. X., Gao, Y.. Market liquidity and macro announcement around intraday jumps: Evidence from Chinese stock index futures markets [J]. Physica A, 2020: 541.

[11] Chen, Q., Gong, Y. T.. The economic sources of China's CSI 300 spot and futures volatilities before and after the 2015 stock market crisis [J]. International Review of Economics and Finance, 2019 (64): 102 - 121.

[12] Sims, C. A.. Vector autoregressions and reality [J]. Econometrica, 1980, 48 (1): 1 - 48.

[13] Gokmenoglu, K., Kaakeh, M.. Causal rel - ationship between nuclear energy cons - umption and economic growth: Case of Spain [J]. Strategic Planning for Energy and the Environment, 2017 (37): 58 - 76.

[14] Engle, R. F.. Dynamic conditional corre - lational correlation: A simple class of multivariate generalized autoregress - ive conditional heteroskedasticity mo - dels [J]. Journal

of Business and Econo – metric Theory, 2002 (20): 339 – 350.

[15] Bai, J., Perron, P.. Multiple structural change models [J]. Journal of Applied Economics, 2003 (18): 1 – 22.

[16] Bollerslev, T., Engle, R. F., Wooldridge, J. M.. A capital asset pricing model with time – varying covariances [J]. The Journal of Political Economy, 1988, 96 (1): 116 – 131.

4. 企业、产业经济

经济政策不确定性、工业智能化与企业劳动生产率*

陶长琪　丁　煜

摘　要　通过将经济政策不确定性与工业智能化纳入同一理论研究框架，依赖资本—技能互补假说刻画了经济政策不确定性与工业智能化通过影响企业人力资本升级进而作用于企业劳动生产率的路径，并运用省域—企业相结合的面板数据实证检验了理论模型的结论与假说。研究结果表明：经济政策不确定性显著抑制企业劳动生产率的提升，工业智能化有效缓释了此抑制效应；中介机制研究结果显示，经济政策不确定性通过抑制企业人力资本升级显著抑制企业劳动生产率提升，且人力资本升级对抑制效应的解释比重达14.51%，工业智能化水平显著缓释经济政策不确定性的人力资本升级抑制效应，且人力资本升级对缓释作用的解释比重达20.73%；异质性分析认为，经济政策不确定性对企业人力资本升级的抑制效应在高技术、金融约束程度较低和专业化经营程度较低的企业中更显著，工业智能化的缓释作用在高技术、金融约束程度较高和专业化经营程度较高的企业中显著；进一步分析中用企业研发投入强度从侧面验证了企业人力资本升级渠道的稳健性。

关键词　经济政策不确定性；工业智能化；劳动生产率；人力资本升级

* 本文参加“2020年第九届数量经济学国际学术会议（中国·长春）”并在会上汇报，得到与会专家叶初升教授的宝贵建议。

一、引言

近年来，全球经济增长放缓，世界经济进入“多事之秋”。伴随着“逆全球化”思潮涌动和贸易紧张局势的升级，中国经济政策不确定性指数攀升，甚至超过2008年金融危机时期①。当前，中国正面临国内产能过剩、金融风险不断积聚、经济发展质量和效益不高等诸多困难，处于改革的攻坚期和深水区。因此，为缓解和消除国内经济发展的矛盾和桎梏，促进经济向高质量转型升级，政府出台了一系列宏观经济政策，如加快财税体制改革、优化财政支出结构、“一带一路”倡议等。当然，这些政策的出台为企业经营和成长提供了重要助力，促进了国民经济持续健康发展。但值得注意的是，政策的密集性出台和调整也同时给宏观经济环境带来了不确定性因素，经济环境的不稳定性使企业生产经营面临巨大考验。2013年，致同会计师事务所公布的《国际商业问卷调查报告》显示，有40%的中国内地企业认为经济政策不确定是影响企业发展的最重要因素。同时，二季度中国内地企业乐观度较一季度降低21个百分点，达到自2006年以来的最低值②。从国际视角来看，美联储研究报告显示，贸易政策的不确定性正在阻碍全球经济增长③。2020年以来新冠肺炎疫情的暴发更是给全球企业带来了生产经营环境的巨大波动，企业不仅面临国内经济政策不确定性的冲击，更要承受国外经济政策实时变化调整给企业经营带来的风险。因此，如何最大限度地消弭经济政策不确定性的巨大消极影响已成为全球经济体发展所必须面临的考验。

改革开放以来，中国制造业依赖人口红利和粗放型的发展模式实现了快速扩张，中国制造业占全球制造业的比例从1%激增至25%，但核心技术依赖进口与生产率低下等问题却日益凸显，中国目前的全要素生产率仅为美国的43%④。制造业作为中国经济深层次结构性矛盾的集中领域，同时作为推动国民经济增长的主导力量，对标国家经济高质量发展要求，实现制

① 根据Baker等（2016）开发的中国经济政策不确定性指数计算得到。

② 资料来源：http：//news. 10jqka. com. cn/20130711/c536077714. shtml.

③ 资料来源：https：//baijiahao. baidu. com/s？ id = 1643877545304270454&wfr = spider&for = pc.

④ 资料来源：http：//bgimg. ce. cn/macro/more/201911/07/t20191107_ 33548820. shtml.

造业升级已刻不容缓。智能化技术的发展为企业缓解经济政策不确定性带来的负面冲击、实现制造业高质量发展提供了新思路。地区智能化水平的提升不仅可以消除地区企业之间、企业与金融机构之间信息不对称的藩篱，为企业提供更为良好的营商环境，而且能够通过影响企业的投资和雇用决策，整合企业的生产要素，促进企业的技术进步并带动企业人力资本升级，从而实现企业劳动生产率的改善，促进地方制造业整体向高质量升级。

那么，工业智能化能否缓释经济政策不确定性对制造业企业劳动生产率的消极影响？又是通过何种渠道发挥作用？虽然研究经济政策不确定性、工业智能化对企业微观绩效的文献丰富，但探究工业智能化水平缓释经济政策不确定性对制造业劳动生产率消极影响的文献暂付阙如。此外，现有研究中并没有对经济政策不确定性与工业智能化如何交互影响制造业企业劳动生产率的微观机制给予充分关注，这与在经济政策不确定性的宏观环境下拥抱智能化技术从而推动制造业高质量发展的重要性不对称。因此，本文探究智能化对经济政策不确定性与制造业企业劳动生产率之间因果关系的缓释效应，且对二者之间的影响机制进行深入分析，不仅弥补了现有研究的空白，同时对当今时代背景下促进制造业高质量发展具有重要的现实意义。

本文的边际贡献有以下三点：第一，根据经济政策不确定性对固定资产投资的影响效应以及资本—技能互补的性质将经济政策不确定性和工业智能化水平同时纳入双层嵌套 CES 函数中，通过建立理论模型刻画了经济政策不确定性对企业劳动生产率的抑制效应以及工业智能化对该抑制效应的缓释作用，丰富了经济政策不确定性与智能化水平的相关理论研究，为智能化缓释经济政策不确定性的劳动生产率抑制效应提供理论依据。第二，通过理论模型和实证检验，深入刻画和剖析了经济政策不确定性如何抑制企业劳动生产率提升以及工业智能化对该抑制效应发挥缓释作用的影响机制，为厘清经济政策不确定性、工业智能化与企业劳动生产率之间的内在作用机制提供了理论与现实依据。第三，根据企业与行业的异质性特征，分别从企业技术水平、金融约束程度和专业化经营程度探究经济政策不确定性对企业劳动生产率以及智能化水平发挥缓释效应的异质性影响，有利于政府在推动地方智能化建设时对企业进行精准施策，促进制造业整体向高质量转型升级。

二、文献综述

随着近年来经济政策不确定性程度攀升，围绕其展开的研究汗牛充栋。Baker等（2016）认为，经济政策不确定性指的是经济主体不知道来源于谁、在何时采取何种经济政策决策以及政策行动带来的经济效应，这为政策不确定性的研究开拓了新的视角。聚焦于现有研究，可将政策不确定性导致的经济后果研究划分为两大类：一是其对宏观经济的影响效应；二是从微观视角出发，探究其对企业行为决策的影响。大部分研究认为政策不确定性拖累宏观经济增长（Colombo，2013；Born和Pfeifer，2014；Nodari，2014；金春雨和张德园，2020；等等）。但也不乏其他观点（孙永强等，2018；张玉鹏和王茜，2016；田磊和林建浩，2016；Smit等，2017；等等）。孙永强等（2018）研究认为，政策不确定性并不必然引起经济波动，且经济政策不确定性对产出的影响不能一概而论，当经济政策调整既能抑制经济波动又能激发经济活力时，经济政策不确定性对产出具有促进作用。张玉鹏和王茜（2016）发现，政策不确定性对宏观经济的影响具有非线性特征，当经济低迷时，政策不确定性能够促进宏观产出增长。田磊和林建浩（2016）发现，政策不确定性对工业产出影响微弱，但对实际销售产值具有显著抑制作用。在微观领域，大部分研究以实物期权理论为支撑，建立了经济政策不确定性对企业投资决策（Stokey，2016；Gulen和Ion，2016；饶品贵等，2017；等等）、创新行为（Xu，2020；张峰等，2019；顾夏铭等，2018；等等）和企业现金持有行为（李凤羽和史永东，2016；王红建等，2014；等等）等微观决策的实证研究。大部分研究结论认为，由于经济政策不确定性增强，企业的不作为等待比当下决策更有价值，导致企业延迟投资、减少雇用、搁置创新活动以及增持现金以等待更好的投资机会。此外，段梅和李志强（2019）将经济政策不确定性的经济后果研究拓展至企业生产率，研究发现，经济政策不确定性显著抑制企业的全要素生产率提升。Campello等（2020）将视角进一步延伸至带来巨大不确定性的新冠疫情肺炎对企业招聘的影响，研究发现，疫情会降低劳动者的就业机会，其中企业技能职位的招聘需求相对下降得更多，说明新冠肺炎疫情不仅降低了企业的劳动力需求，而且降低了高技能劳动力的相对需求，抑制了企业的人力资本积累。

目前关于智能化的研究主要聚焦于智能化对劳动力就业（Frey 和 Osborn，2017；Acemoglu 和 Restrepo，2020；David，2017；Dauth 等，2017；闫雪凌等，2020；等等）、收入不平等（Hanson，2001；Decanio，2016；Acemoglu 和 Restrepo，2018；王林辉等，2020；等等）、生产率及经济增长（Graetz 和 Michaels，2018；Kromann 等，2011；陈彦斌等，2019；林晨等，2020；等等）的影响。其中，智能化对劳动力就业影响的结论莫衷一是。Acemoglu 和 Restrepo（2020）研究表明，机器人的使用确实减少了就业，但 Dauth 等（2017）研究表明，机器人虽然减少了制造业就业，但同时增加了服务业就业，总体上并未造成就业损失。闫雪凌等（2020）运用中国数据进行研究发现，工业机器人的保有量显著降低了就业岗位数量。在收入不平等方面，Hanson（2001）、Decanio（2016）和 Benzell 等（2015）研究都认为，自动化水平加剧了高、低技能劳动力之间的收入不平等。而 Acemoglu 和 Restrepo（2018）在以往研究的基础上考虑了自动化对于高技能劳动力的替代性，研究结果发现，低技能劳动的自动化会加剧工资不平等，而高技能劳动的自动化会降低工资不平等。王林辉等（2020）研究发现，智能化技术诱致高、低技术部门劳动收入差距年均扩大 0.75%。在生产率和经济增长方面，Graetz 和 Michaels（2015）以及 Kromann 等（2011）研究均认为智能化有助于生产率的提升，陈彦斌等（2019）和林晨等（2020）分别从老龄化和资本结构优化的视角探究了智能化对经济增长的影响效应，研究结论均支持智能化对经济增长的正向促进作用。

中国近年来供给侧改革的推进以及相关政策的密集性实施不可避免地给企业经营带来更多的不确定性，但地区工业智能化的发展为制造业劳动生产率提升打开了新的发展思路。与其他已完成工业化的国家不同，中国经济发展正处于新常态阶段，制造业向高质量转型升级已刻不容缓。因此，在高质量发展视域下，如何提升制造业企业的劳动生产率成为众多学者关注的话题（李永友和严岑，2018；逯东和池毅，2019；王家庭等，2019；李磊和徐大策，2020；Tombe 和 Zhu X.，2015；等等）。李永友和严岑（2018）探究了“营改增”政策对制造业劳动生产率的影响，发现“营改增”促进了制造业企业的劳动生产率提升。逯东和池毅（2019）实证研究发现，《中国制造 2025》能够显著提升以全要素生产率为标识的制造业升级；李磊和徐大策（2020）研究发现，使用工业机器人显著提升了企业的劳动生产率。

纵观现有研究，虽然对智能化、经济政策不确定性的经济后果以及制造业劳动生产率提升的影响因素从多角度展开了讨论，但仍存在以下不足：

第一，就智能化如何影响经济政策不确定性对制造业劳动生产率作用效应的研究付之阙如。尚未有研究将视角聚焦于智能化能否缓释经济政策不确定性的生产率抑制效应。在经济政策不确定性高企时期，探究智能化的运用能否消除其对制造业劳动生产率的负面影响，有利于为制造业企业找到平稳过渡不确定性时期，推进企业智能化的思路和对策。

第二，尚未有研究将经济政策不确定性与智能化纳入同一理论研究框架。用数理模型刻画出智能化、经济政策不确定性与劳动生产率之间的关系，有利于厘清经济政策不确定性的生产率抑制效应以及工业智能化水平发挥缓释效应的影响机制。

第三，虽有研究探究经济政策不确定性对企业生产率的影响，但未能深入剖析其内在传导机制，更未有研究深入挖掘智能化水平发挥缓释效应的作用渠道。通过探究智能化水平缓释经济政策不确定性生产率抑制效应的影响渠道，能够为经济政策不确定性高企时期，制造业高质量发展提供思路与对策。

为弥补现有研究的不足，本文不仅探究了智能化对经济政策不确定性的生产率抑制作用的缓释效应，而且深入剖析其作用机制，并对影响渠道展开异质性分析与中介效应量化分解，不仅厘清了经济政策不确定性抑制企业生产率的传导路径，而且打开了智能化水平如何消弭经济政策不确定性负面经济影响的黑箱，同时丰富了经济政策不确定性、智能化与人力资本升级的相关理论研究，对于经济政策不确定性高企时期，促进制造业高质量发展具有重要的现实意义。

三、理论模型

本文首先借鉴 Pattillo C（1998）和 Bertola G（1998）的研究，刻画了经济政策不确定性与企业投资决策的关系。假设企业的生产函数形式为：

$$Q_t = [K_t^{\alpha}(AL_t)^{1-\alpha}] \tag{1}$$

企业面临的弹性需求函数为：

$$B_t = D_t Q_t^{\mu-1} \tag{2}$$

式中，B_t 是产品价格，Q_t 是产出，μ 是价格加成的倒数，代表了企业的市场势力。$0<\mu<1$，并且 μ 越大，说明市场越接近于完全竞争市场。D_t 代表影响企业需求曲线的因素。

由此可知，企业的利润函数可以表示为：

$$\prod(K_t, w_t, D_t) = \max_{L_t} B_t Q_t - w_t L_t \tag{3}$$

式中，L_t 代表企业雇用的劳动力的人数，w_t 表示企业劳动力的工资率。

结合式（1）和式（2），可得：

$$\prod(K_t, w_t, D_t) = \frac{1}{1+\beta} K_t^{1+\beta} Z_t \tag{4}$$

式中，$\beta = \dfrac{\mu - 1}{1-(1-\alpha)\mu}$，并且 $-1<\beta<0$。Z_t 为企业的经营环境，可简化表示为：$Z_t = f(\beta,\ \alpha,\ \mu,\ D_t,\ w_t,\ A_t)$。$Z_t$ 是随机变量，定义 Z_t 满足：$dZ_t = Z_t\theta_z dt + Z_t\sigma_z dW_{zt}$，即 Z_t 期望为 θ_z，方差为 σ_z^2。σ_z^2 越大，表示企业的经营环境波动也越大，不确定性程度越高。假定企业购买和安装资产的价格为 P，贴现率为 r，总的投资过程为 X。

当资产不可逆时，企业的动态投资问题满足：

$$V^*(K_t, Z_t) = \underset{\{x(\tau)\}}{\mathrm{Max}}\, E_t \int_t^{\infty} e^{-r(\tau-t)} \left[\frac{1}{1+\beta} K_\tau^{1+\beta} Z_\tau \, d\tau - P_\tau \, dX_\tau\right] \tag{5}$$

$$dK_\tau = -\delta K_\tau \, d\tau + dX_\tau \tag{6}$$

$$dX_\tau \geqslant 0 \tag{7}$$

求解得到：

$$MRPK/(r+\delta-\theta_z) = cPdK \tag{8}$$

式中，$c = f(\theta_z,\ \sigma_z^2) > 0$。说明当资产不可逆程度高时，由于经济政策不确定性引起的企业经营环境的波动，使得企业资产边际收益的现值需要达到资产购买价格的 c 倍，企业才会进行投资。经济政策不确定性延迟了企业的投资决策，阻碍了企业资本积累。由于制造业企业由于生产经营的需要，对特定经营活动所需固定资产的投资程度较高，具有一定的资产不可逆性，因此本文选取制造业上市企业为样本进行实证分析。结合国内学者针对中国企业的研究（饶品贵等，2017），也支持经济政策不确定性显著抑制企业投资行为的结论，因此本文设定经济政策不确定性对企业投资的抑制系数为τ，$\tau = f(c) = f[f(\theta_z,\ \sigma_z^2)]$，且 $0<\tau\leqslant 1$。

根据以上结论可知，当经济政策不确定性存在时，企业的经营环境受到影响，使得企业的资本积累受到抑制，因此本文假定经济政策不确定性对企业资本投入的抑制系数为τ，得到企业t时刻的资本为$(1-\tau)K$。由于本文旨在探究智能化与经济政策不确定性通过影响企业劳动力技能结构从而作用于企业劳动生产率，而这一渠道的理论逻辑在于：经济政策不确定性通过抑制企业的资产投资从而降低了相应资产所匹配的高技能劳动需求，企业的高技能劳动占比下降，抑制劳动生产率的提升，但伴随地区智能化技术的发展，企业将增加其对智能资本的需求，企业有效资本水平提升从而弱化了经济政策不确定性的投资抑制效应，即资本与技能劳动力的互补性更强，智能化引起的智能资本投资增加，提升了企业对高技能劳动力的需求，缓释了经济政策不确定性引致的技能劳动占比下降，从而显著改善企业劳动生产率。因此，下文的生产函数采用双层嵌套CES函数形式，以反映企业资本和高技能劳动力的互补性。式(9)中的关键参数为θ和ρ。当$\frac{1}{1+\theta}<1$，即$\theta>0$时，表明资本与高技能劳动力具有互补性；当$\frac{1}{1+\rho}>1$，即$-1<\rho<0$时，表明资本与低技能劳动力具有替代性。假设要素可以自由流动，且企业处于完全竞争市场之中。

企业的生产函数为：

$$Y=\varphi\left\{\alpha\left[\beta[A(1-\tau)K]^{-\theta}+(1-\beta)L_1^{-\theta}\right]^{\frac{-(-\rho)}{\theta}}+(1-\alpha)L_2^{-\rho}\right\}^{-\frac{1}{\rho}} \tag{9}$$

式中，L_1表示高技能劳动力，L_2为低技能劳动力，φ为企业的生产率，A为资本的智能化水平，假设当$A=1$时，企业只运用传统资本进行生产经营；当$A>1$时，企业使用智能资本①。

企业的利润函数为：

$$\text{Max}\ \pi=Y-w_1L_1-w_2L_2-PK \tag{10}$$

由此得到企业均衡时劳动力和资本需求与生产要素价格的函数关系：

$$w_1=\frac{\alpha Y}{\alpha L_1}=\alpha\varphi Y^{-\frac{1}{\rho}-1}(1-\beta)\left\{\beta[A(1-\tau)K]^{-\theta}+(1-\beta)L_1^{-\theta}\right\}^{\frac{\rho-\theta}{\theta}}L_1^{-\theta-1} \tag{11}$$

---

① 为了简化分析，当企业未采用智能资本时，本文认为与使用智能资本引致企业资本生产率大幅提升相比，企业传统资本生产率的增长可以视为变化不大，也可以认为具有小幅增长，这并不影响本文理论模型的基本结论。

$$w_2 = \frac{\alpha Y}{\alpha L_2} = (1-\alpha)\varphi Y^{-\frac{1}{\rho}-1} L_2^{-\rho-1} \tag{12}$$

$$P = \frac{\alpha Y}{\alpha K} = \alpha\varphi\beta Y^{-\frac{1}{\rho}-1} \left\{\beta[A(1-\tau)K]^{-\theta} + (1-\beta)L_1^{-\theta}\right\}^{\frac{\rho-\theta}{\theta}} A(1-\tau)[A(1-\tau)K]^{-\theta-1} \tag{13}$$

（一）经济政策不确定性、工业智能化与高技能劳动力需求

在给定要素价格情况下，可以得到资本价格与高技能劳动力工资率之比为：

$$\frac{P}{w_1} = \frac{\beta}{1-\beta}\left(\frac{L_1^*}{K^*}\right)\left[\frac{1}{A(1-\tau)}\right]^{\theta} \tag{14}$$

（1）当企业未使用智能资本，即 $A=1$ 时：

随着经济政策不确定性提升，其对资本积累的抑制效应增大，即τ增大，在给定要素价格且资本和技能存在一定互补性（$\theta>0$）的情况下，高技能劳动力与资本的均衡需求水平之比$\frac{L_1^*}{K^*}$下降，这说明随着经济政策不确定性的上升，不仅造成均衡时资本需求水平的下降，还抑制了企业对高技能劳动力的需求，对高技能劳动力需求的抑制效应逐渐强于对资本需求水平的抑制效应。这可能是由于企业在经济政策不确定性时期审慎的投资决策，而高技能劳动力的雇用与培训需要企业投入大量成本，随着企业固定资产投资水平的下降，企业通过雇用更便宜的低技能劳动力就可以完成生产经营任务，削减企业成本。

（2）当企业使用智能资本，即 $A>1$，且 A 逐渐增大时：

虽然经济政策不确定性的提升抑制企业均衡时对高技能劳动力的需求，但随着企业资本智能化水平的提升，$\left[\frac{1}{A(1-\tau)}\right]^{\theta}$的值减小，高技能劳动力与资本的均衡需求水平之比$\frac{L_1^*}{K^*}$由减小逐渐转变为增大，说明尽管经济政策不确定性通过抑制投资降低了企业对高技能劳动力的需求，但随着企业智能化水平的提升，企业智能资本积累提高，由于智能资本与高技能劳动力具有较强的互补性，从而减弱了经济政策不确定性的高技能劳动力抑制效应，提升了企业对高技能劳动力的需求。

（二）经济政策不确定性、工业智能化与企业人力资本升级

在给定要素价格的情况下，可以得到资本价格与低技能劳动力工资率之比为：

$$\frac{P}{w_2}=\frac{\alpha\beta}{1-\alpha}\left\{\frac{\left[\beta[A(1-\tau)K^*]^{-\theta}+(1-\beta)L_1^{*-\theta}\right]^{\frac{-1}{\theta}}}{L_2^*}\right\}^{-\rho-1}\{\beta[A(1-\tau)K^*]^{-\theta}+(1-\beta)L_1^{*-\theta}\}^{-\frac{1}{\theta}-1}A(1-\tau)[A(1-\tau)K^*]^{-\theta-1} \quad (15)$$

令 $D=\beta\left\{\beta[A(1-\tau)K^*]^{-\theta}+(1-\beta)L_1^{*-\theta}\right\}^{-\frac{1}{\theta}-1}A(1-\tau)[A((1-\tau)\cdot K^*)]^{-\theta-1}$　(16)

（1）企业未使用智能资本，即 $A=1$ 时：

由式（15）可知，随着经济政策不确定性增长，τ值增大，$A(1-\tau)$的值减小，由于$\frac{\alpha D}{\alpha[A(1-\tau)]}>0$①，D 可以看成是智能资本与高技能劳动力组成的智能系统对资本的偏导数，即 $D=\frac{\partial\left\{\beta[A(1-\tau)K]^{-\theta}+(1-\beta)L_1^{-\theta}\right\}^{-\frac{1}{\theta}}}{\partial K}$。因此智能系统与低技能劳动力的均衡需求之比减小，即$\frac{[\beta[A(1-\tau)K^*]^{-\theta}+(1-\beta)L_1^{*-\theta}]^{\frac{-1}{\theta}}}{L_2^*}$的值逐渐减小。由前文（一）中（1）部分的分析可知，随着经济政策不确定性提升，企业达到均衡时的资本与高技能劳动力需求之比$\frac{K^*}{L_1^*}$逐渐增大，即当资本与高技能劳动力存在一定的互补关系时，随着τ值增大，企业达到均衡时对高技能劳动力的需求下降速度快于对资本需求的下降速度，因此，随着经济政策不确定性的提升，企业均衡时对资本的需求降低，对高技能劳动与低技能劳动的均衡需求之比$\frac{L_1^*}{L_2^*}$将减小，即当企业未使用智能资本时，经济政策不确定性程度降低了企业对高技能劳动力与低技能劳动力的相对需求$\frac{L_1^*}{L_2^*}$，阻碍企业人力资本

---

① 该式的经济含义是由智能资本和高技能劳动力组成的智能系统对资本的边际产出随着资本有效性程度[$A(1-\tau)$]的增大而增大，当然也可以通过数学和经济学相关知识证明该式大于0，为节约篇幅，此处省略。

升级。

(2)企业采用智能资本，即 $A>1$ 且企业智能资本水平不断提升时：

随着经济政策不确定性提升，τ值增大，$A(1-\tau)$的值随着智能资本水平的提升逐渐由减小转为增大，当生产要素价格给定，且资本与高技能劳动力存在一定互补关系，与低技能劳动力存在一定替代关系时，企业对智能资本和高技能劳动力需求组成的智能系统与低技能劳动力的比值即 $\frac{[\beta[A(1-\tau)K^*]^{-\theta}+(1-\beta)L_1^{*-\theta}]^{\frac{-1}{\theta}}}{L_2^*}$逐渐增大。由前文(一)中(2)部分的分析可知，在经济政策不确定性时期，随着企业工业智能化水平的提升，企业均衡时对资本与高技能劳动力的需求之比$\frac{K^*}{L_1^*}$由增大逐渐转为减小，企业对高技能劳动力的需求增长逐渐快于对智能资本的需求增长，因此企业均衡时对高技能劳动力与低技能劳动力需求的比值$\frac{L_1^*}{L_2^*}$逐渐增大，尽管经济政策不确定性降低了企业的最优投资规模，抑制了企业的资本积累，但随着企业智能化水平的提升，经济政策不确定性对资本积累的抑制效应被智能化水平带来的有效资本提升效应所缓释，由于企业引进智能资本需要高技能劳动力操作使用，才能发挥智能资本的最大生产率，与低技能劳动力相比，企业对高技能劳动力的需求提升，从而促进企业人力资本升级。

(三) 经济政策不确定性、工业智能化与劳动生产率

企业的最终劳动生产率 A_0 可以认为是高技能劳动生产率 A_H 和低技能劳动生产率 A_L 的函数，由于高技能劳动力与企业智能资本水平具有很强的互补性，因此可以认为高技能劳动生产率 A_H 与企业的智能资本水平 A 呈正相关关系，这意味着高技能劳动力采用更先进的设备和软件，能够显著改善其劳动生产率，即 $A_0=f(A_H,\ A_L)=f[f(A,\ A_L)]$，并且 $A_H>A_L$，而低技能劳动与智能资本呈一定的替代关系，先进的智能资本提升对低技能劳动生产率的改善程度有限。由前文分析可知，经济政策不确定性显著抑制了企业的资本投资，有效投资水平降低从而抑制了企业的高技能劳动生产率 A_H 的提升。当企业智能化水平提升时，企业采用智能资本带来的技术进步有效缓释了经济政策不确定性的有效资本投资抑制效应，促使企业提升对高技能劳动力的雇用需求，降低对低技能劳动力的相对需求水平，高技

能劳动力与智能资本互补性较强，从而促进了高技能劳动生产率 A_H 的显著提升，最终促进企业整体劳动生产率的提升。

基于此，本文得到以下结论：

H_1：经济政策不确定性显著降低了企业劳动生产率，工业智能化水平能够显著缓释经济政策不确定性的劳动生产率抑制效应。

H_2：经济政策不确定性通过抑制人力资本升级显著降低企业劳动生产率，工业智能化水平通过缓释经济政策不确定性的人力资本升级抑制效应提升企业劳动生产率。

此外，由以上分析可知，经济政策不确定性对企业投资决策的抑制效应主要体现在资产不可逆性较强的企业中，由于资本与高技能劳动力具有互补性，经济政策不确定性对企业人力资本升级的抑制效应也应该主要体现在资产不可逆性较强的企业中。高技术行业的企业与低技术企业相比，由于其研发等活动需要投资大额固定资产与专用性资产，该投资活动一旦发生通常具有较强的不可逆性，因此经济政策不确定性对企业劳动生产率的抑制效应在高技术企业中更显著（张莹和朱小明，2018）。高技术企业由于其生产经营活动更具有技术特性，面临的市场竞争也需要企业通过改善自身技术水平，从而抢占市场份额。因此高技术企业对智能化水平的投资相比于低技术企业更具迫切性，同时更具技术基础。在高技术企业中，更高的智能化水平促进了企业对高技能劳动力的需求，有利于企业的人力资本积累与升级，从而提升了企业劳动生产率。

基于此，提出假说 H_3。

H_3：将企业按照技术水平的高低进行分组，经济政策不确定性对人力资本升级的抑制效应在高技术企业中更显著；智能化水平对经济政策不确定性抑制人力资本升级的缓释效应在高技术企业中更显著。

企业金融约束程度与生产经营决策息息相关。金融约束程度越高的企业，其生产经营活动受到的抑制程度也越高，低金融约束程度的企业相对具有更宽松的资金链环境，因此，企业的物质资本和人力资本积累往往更具比较优势。当经济政策不确定性加剧，高金融约束企业由于其投资本身受到现金流不充裕的约束，因此经济政策不确定性对企业的投资决策和人力资本雇用决策影响相对更小；低金融约束程度的企业由于过往对物质资本和人力资本的大量投入，随着企业外部环境的不稳定性加剧，企业的金融约束程度增大（樊霞等，2020），导致企业对资本和高技能劳动的投资决策受到相对更大程度的抑制，因此经济政策不确定性对金融约束程度较低的企业具有更显著的人力资本升级抑制效应。由于地区智能化水平的提升能够有效打破制造业上下游企业、企业与金融机构之间信息不对称的藩篱，促进信息传递，从而缓解企业资金链的萎缩，改善企业的金融约束水平。与金融约束程度较低的企业相比，随着地区智能化水平的提升，高金融约束企业的资金紧张状况得到更有效的缓解，因此可以更大程度地将资金向智能资本和人力资本投资倾斜，以弥补过去因资金紧张而束缚的投资活动，从而缓释经济政策不确定性的人力资本抑制效应。基于此，提出假说 H_4。

H_4：将企业按照金融约束程度进行分组，经济政策不确定性对人力资本升级的抑制效应在金融约束程度较低的企业中更显著；工业智能化水平对经济政策不确定性抑制人力资本升级的缓释效应在金融约束程度较高的企业中更显著。

相对于专业化经营的企业而言，生产业务多元化的企业在经济政策不确定性时期，更倾向于将企业的生产资源投入于沉没成本较低的业务中，以分散企业风险，因此，在对固定资产的投资和对高技能劳动力的雇用决策上更为审慎，从而阻碍了企业人力资本升级，拉低企业劳动生产率。对于专业化程度较高的企业，由于企业长期坚持提升企业核心业务竞争力，即使在经济政策不确定性时期，企业面临激烈的行业竞争，仍无法大力削减核心业务的生产资源投入，因此未显著引起企业技能劳动力需求结构的变化。当地区工业智能化水平提升时，市场产品创新和生产周期缩短，专业化程度较高的企业利润增长点单一，面临更激烈的市场竞争，因此，专业化经营程度较高的企业对高技能劳动力的需求更为迫切。同时，更高的智能化水平能够有效降低企业的分工协调成本，缓解信息不对称程度（黄群慧等，2019），依靠企业专用性人力资本的原始积累，智能资本的投入进一步深化了企业劳动力的分工，从而提升企业对高技能劳动力的需求，促进企业人力资本升级。

基于此，提出假说 H_5。

H_5：将企业按照专业化经营程度进行分组，经济政策不确定性对人力资本升级的抑制效应在专业化经营程度较低的企业中更显著；工业智能化水平对经济政策不确定性抑制人力资本升级的缓释效应在专业化经营程度较高的企业中更显著。

四、实证分析

（一）特征事实

在实证计量分析前，本文绘制了如图1所示的折线图，大致反映了经济政策不确定性、工业智能化、人力资本升级与企业劳动生产率之间的关系①。图1中上图是2007~2015年经济政策不确定性指数、全国工业智能化水平以及企业平均劳动生产率的数值。从图1中可以发现在样本期内，中国的经济政策不确定性指数存在一定的波动，在2012年达到峰值，这可能是受欧债危机与政府换届的影响，其次是2008年全球金融危机爆发时中国也出现了较高的经济政策不确定性。企业的平均劳动生产率在2008年和2012年均出现了下降的趋势，与经济政策不确定性的增长表现出明显反向相关关系，但值得注意的是，2012年企业的平均劳动生产率的增长率降低幅度明显低于2008年，这与样本期内经济政策不确定性在2012年出现最高峰值似乎不完全对应。此外，2013~2015年，经济政策不确定性呈现增长趋势，但在该时间段内，企业的平均劳动生产率并未出现对应的下降趋势。因此，本文关注到智能化水平对二者关系的影响。从图1可以看到，全国智能化水平平均值在样本期内基本呈稳步增长趋势，随着智能化水平的逐渐提升并达到较高水平时，企业的劳动生产率不再表现为经济政策不确定性上升引致的下降趋势，而呈现自2012年的小幅下降后以较高的增长率实现劳动生产率增长。图1中下图是企业职工实际平均工资与企业劳动生产率在样本期间的趋势图，从图中可以看到，企业职工实际平均工资与企业平均劳动生产率基本呈现相对应的正向关系，即当企业职工实际平均工资处于上升（下降）时期时，企业平均劳动生产率也呈现上升（下降）趋势。但还可以发现2010~2011年，企业职工实际平均工资增长落后于同时期劳动生产率的增长。本文猜测这可能是由于在2008年金融危机后，国家为维持经济平稳运行进行大规模的政府投资，而大部分固定资产投资项目的完成耗时较

① 为更直观展现与比较变量在样本期间内的变化趋势，将变量换算成同一数量级进行刻画。

长，在2010年达到政府固定资产投资峰值①，投资过热导致消费增长放缓，从而引致企业职工实际平均工资落后于企业劳动生产率的增长。但样本期间内这一特殊现象并不影响企业职工实际平均工资与企业劳动生产率之间基本的正向相关关系。可以认为，随着企业人力资本升级，企业劳动生产率表现出增长趋势。因此，图1利用样本期间内中国的特征事实数据大致反映了经济政策不确定性对企业劳动生产率的抑制效应以及工业智能化水平对二者因果关系的缓释效应，同时刻画出人力资本升级这一中介渠道的重要性。

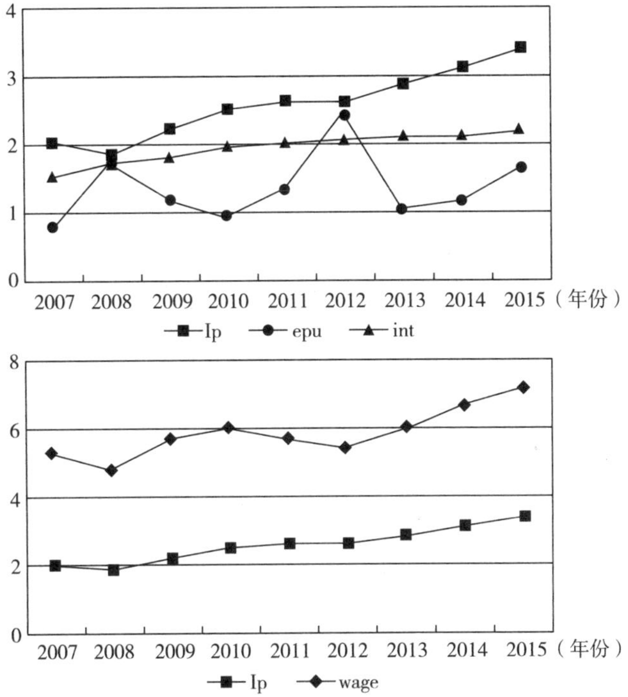

图1 特征事实

（二）模型设定与变量定义

为了实证检验理论模型得出的结论，本文建立以下计量模型进行实证分析。式（17）为模型一，反映了经济政策不确定性对企业劳动生产率的

① 为了应对2008年全球金融危机，中国政府于2008年11月推出了进一步扩大内需、促进经济平稳较快增长的十项措施。初步匡算，实施这十大措施，到2010年底约需投资4万亿元。

影响效应；式（18）为模型二，在式（17）的基础上纳入工业智能化水平 Int 与经济政策不确定性 Epu 的交互项（Epu × Int），有部分关于信息技术等新一代通用技术的研究显示（韩先锋等，2014），信息技术可能与工业部门创新效率存在非线性关系，因此，为控制地区智能化水平对企业劳动生产率的非线性影响，在模型二中还纳入了工业智能化水平的平方项 Int1。此外，模型一和模型二中的被解释变量均为企业劳动生产率 Lnlp，z 为相关控制变量，μ_{id}、μ_{ind}、μ_{prov} 和 μ_t 分别表示个体固定效应、行业固定效应、省份固定效应和时间固定效应①。

$$Lnlp_{i,t} = \alpha_0 + \alpha_1 Epu_t + \sum \lambda_i z_{it} + \mu_{id} + \mu_{ind} + \mu_{prov} + \varepsilon_{i,t} \tag{17}$$

$$Lnlp_{i,t} = \alpha_0 + \alpha_1 Epu_t \times Int_{it} + \alpha_2 Epu_t + \alpha_3 Int_{it} + \alpha_4 Int1 + \sum \lambda_i z_{it} + \mu_{id} + \mu_{ind} + \mu_{prov} + \mu_t + \varepsilon_{i,t} \tag{18}$$

表1给出具体的变量定义与描述性统计。

表1 变量定义与描述性统计

	变量名	变量定义	描述性统计	
			均值	标准差
被解释变量	Lnlp	劳动生产率，劳动生产率 = 工业增加值/平均员工人数	12.4942	0.6670
核心解释变量	Epu	经济政策不确定性指数月度数据的加权平均值	1.3979	0.4667
	Int	地区智能化水平，构建指标体系进行测度	0.2001	0.0483
企业层面控制变量	Elr	权益负债比，采用企业所有者权益与负债合计的比值衡量	2.4965	3.2154
	Roa	净资产收益率，采用企业净利润与股东权益余额的比值衡量	0.0710	0.1112
	Cr	流动比率，采用企业流动资产与流动负债的比值衡量	2.4535	2.7124
	Soe	是否属于国有企业虚拟变量，若企业属于国有企业，则 Soe = 1；否则，Soe = 0	0.4054	0.4910
	Labor	企业规模，采用企业员工人数的对数衡量	7.7028	1.1281
	Age	企业年龄，取对数衡量	2.7205	0.2980
	Kl	劳均资本，用资本总额与期间平均职工人数的比值衡量	1.5565	1.4114

① 由于经济政策不确定性为时间序列变量，如果控制时间固定效应会吸收掉经济政策不确定性对企业劳动生产率的影响效应（张峰等，2019；刘贯春等，2019），因此本文在控制变量中纳入宏观经济形势变量，以排除随时间变化的宏观经济形势变化的干扰。

续表

	变量名	变量定义	描述性统计	
			均值	标准差
地区层面控制变量	Fdi	外资参与度，用外商直接投资占全社会固定投资的比例表示	0.0548	0.0417
	Pergdp	人均 GDP，用实际 GDP 除以年末常住人口衡量	4.1561	1.8789
	Open	对外开放水平，用经营单位所在地划分的货物进出口总额占 GDP 的比重衡量	0.5330	0.4444
	Fisc	政府干预，采用财政支出占 GDP 的比重衡量	0.1754	0.0674
	Int1	地区智能化水平的平方项	0.0424	0.0211
宏观经济形势变量	Gdpgrowth	国内生产总值增长率，采用 GDP 的实际增长率衡量	0.0878	0.0185

其中，借鉴李永友和严岑（2018）的研究，用公司增加值除以期间平均职工人数表示企业的劳动生产率。公司增加值根据式（19）计算得到，并利用分省份分行业的工业品出厂价格指数对其进行通胀消除，获得以2005 年为基期的真实工业增加值数据。

企业增加值 = 固定资产折旧 + 劳动者报酬 + 生产税净额 + 营业利润　（19）

核心解释变量工业智能化水平 Int 借鉴孙早和侯玉琳（2019）的研究，分别从基础建设（包括软件产品收入、智能化设备投入、信息资源采集能力以及数据处理和存储能力）、生产应用（包括智能制造企业情况、新产品生产情况、平台运营和维护水平）以及竞争力和效益（包括工业企业创新能力、工业企业经济效益和工业企业社会效益）三个方面构建工业智能化的评价指标体系，运用全局主成分分析方法得到地区工业智能化水平指数。具体的变量定义如表 2 所示。

表 2　地区工业智能化评价指标体系

		变量名	变量定义
地区智能化水平	基础建设	软件产品收入	这里采用的测度指标为基础软件、支撑软件和嵌入式应用软件等产品的收入占所有工业企业主营业务收入的比重
		智能化设备投入情况	计算机、电子元器件和仪器设备等进口额占所有工业企业主营业务收入的比重

续表

		变量名	变量定义
地区智能化水平	基础建设	信息资源采集能力	互联网上网人数在15~64岁人口中的比重进行衡量
		数据处理和存储能力	信息技术咨询服务收入、数据处理和运营服务收入占所有工业企业主营业务收入的比重
	生产应用	智能制造相关企业情况	智能制造相关企业的产值占全国智能制造企业总产值的比重
		新产品生产情况	新产品销售收入占所有工业企业主营业务收入的比重
		平台维护和运营情况	各省份地区平台运营和维护服务收入占所有工业企业主营业务收入的比重
	竞争力和效益	创新能力	国家专利申请授权量与R&D人员全时当量的比值
		经济效益	各省份的总资产贡献率和成本费用利润率
		社会效益	各省份的单位GDP能源消耗情况①

（三）样本选择与数据来源

受限于数据的可得性，本文的研究样本区间为2007~2015年，所用数据为省份—企业层面相结合的面板数据，企业层面的数据均来源于Wind数据库和国泰安数据库，选取制造业行业的全部A股上市公司作为总样本，省份层面的数据来源于《中国电子信息产业统计年鉴》、《中国统计年鉴》、《中国价格统计年鉴》、《中国城市（镇）生活与价格年鉴》、国研网和Wind数据库，个别缺失的数据采用移动平均法补齐。所有数据均采用相应的平减指数以2005年为基期消除价格因素的干扰，对于企业层面的变量在实证中均采用Winsor对变量进行上下各1%的缩减，排除异常值的干扰。在实证中，剔除变量数据缺失严重的制造业上市企业的样本，共得到9738个公司年数据。

① 单位GDP能耗中的GDP数据采用以2005年为基期的GDP指数进行平减处理，得到GDP实际值，再用能耗情况与实际GDP的比值计算单位GDP能耗情况。

（四）基准回归

基准回归结果如表3所示。表3第（1）列汇报了经济政策不确定性对企业劳动生产率的回归结果。在控制其他变量的影响以及个体、行业以及省份固定效应后，经济政策不确定性的回归系数估计值为 -0.016，在1%的水平上显著，说明经济政策不确定性显著抑制了企业劳动生产率提升。第（2）列在第（1）列的基础上加入经济政策不确定性与地区工业智能化水平的交互项，交互项的回归系数估计值为0.268，在1%的水平上显著，说明工业智能化水平能够有效缓释经济政策不确定性的生产率抑制效应。验证了 H_1。

表3　基准回归与检验

	（1）LN（LP）	（2）LN（LP）
Epu × Int	—	0.268*** （2.704）
Epu	-0.016*** （-3.069）	-0.012 （-0.359）
Int	—	-0.228 （-0.231）
Int1	—	0.925 （0.385）
Cr	-0.004 （-0.664）	-0.005 （-0.938）
Roa	2.221*** （32.200）	2.225*** （32.314）
Elr	0.003 （0.619）	0.003 （0.657）
Soe	-0.025 （-0.540）	-0.016 （-0.345）
Labor	-0.148*** （-8.761）	-0.151*** （-8.976）
Age	0.430*** （5.612）	-0.042 （-0.391）

续表

	(1) LN (LP)	(2) LN (LP)
Kl	0.199*** (21.384)	0.197*** (21.146)
GDPgrowth	-0.900*** (-2.714)	-7.226*** (-7.447)
Fdif	-0.574 (-1.642)	-1.002*** (-2.600)
PerGDP	0.096*** (6.530)	-0.022 (-1.054)
Open	0.140*** (3.163)	0.030 (0.529)
Fisc	1.000*** (4.351)	0.533** (2.048)
常数项	11.495*** (62.380)	14.024*** (35.293)
调整的 R^2	0.8816	0.8836
N	9738	9738
个体固定效应	控制	控制
时间固定效应	未控制	控制
省份固定效应	控制	控制
行业固定效应	控制	控制

注：实证中所有回归都使用公司聚类（Cluster）调整得到稳健性标准误。*、**、***分别表示在10%、5%和1%的显著性水平下显著，括号内为t值，余表同。

由表3可以发现，工业智能化水平平方项Int1的回归系数估计值为0.925，表明工业智能化水平与企业劳动生产率之间呈U形关系，但不显著。这可能是由于工业智能化发展初期，企业对智能资本的应用还不熟练，处于试验阶段，为企业带来的经济效益有限，但随着工业智能化发展的推进，企业管理层和高技能劳动力适应了智能资本在企业生产经营中的运用，通过高效协作和技术进步共同提升了企业劳动生产率。此外，可以发现，企业的净资产收益率Roa和资本深化水平Kl显著提升了企业劳动生产率，这与直觉相符。一般而言，企业的资产收益和资本积累越高，相应高技能劳动力的需求也会越高，从而拉升企业整体的劳动生产率水平。

（五）异质性分析

由于企业技术水平、金融约束程度和专业化经营程度均显著影响企业的生产经营决策，所以有必要从这三个角度关注经济政策不确定性对企业劳动生产率的异质性影响以及工业智能化的缓释效应在不同企业中的差异，厘清行业与企业特征如何对基准回归结论产生异质性影响。

1. 企业技术水平

借鉴张豪等（2017）的研究，将资本和技术密集型行业划分为高技术行业①，劳动密集型行业归为低技术行业。表4是企业技术水平异质性的回归结果。从表4前2列可以看到，经济政策不确定性对企业劳动生产率的抑制效应只在高技术企业中显著，这可能是由于高技术企业的资产专用性程度相对于低技术企业更高，因此，高技术企业在经济政策不确定性加剧时期对投资决策更为审慎，从而降低了对与资本投资相匹配的高技能劳动力的需求，抑制企业劳动生产率的提升。表4的后2列是工业智能化水平缓释效应的异质性回归结果。可以发现，只有在高技术企业中，智能化水平的缓释效应在1%的水平上显著。这可能是由于高技术企业在智能化发展时期，面对市场产品创新周期的缩短，企业的研发需求增长，因此更为迫切地引进高技能劳动力，促使企业人力资本升级，进而提升了企业劳动生产率。

表4　技术水平异质性的回归结果

	（1）LN（LP） 高技术企业	（2）LN（LP） 低技术企业	（3）LN（LP） 高技术企业	（4）LN（LP） 低技术企业
Epu × Int	—	—	0.384*** (3.576)	-0.355 (-1.439)
Epu	-0.018*** (-3.249)	0.007 (0.636)	-0.035 (-0.968)	0.085 (1.058)
Int	—	—	-0.646 (-0.603)	3.160* (1.703)

① 采用此种划分方式与本文的研究内容相吻合，资本和技术密集型行业具有更高的资产专用性和不可逆性。

续表

	(1) LN (LP) 高技术企业	(2) LN (LP) 低技术企业	(3) LN (LP) 高技术企业	(4) LN (LP) 低技术企业
Int1	—	—	1.764 (0.689)	-6.687 (-1.596)
Cr	-0.003 (-0.442)	-0.008 (-0.775)	-0.005 (-0.785)	-0.008 (-0.734)
Roa	2.243*** (29.735)	2.101*** (12.955)	2.242*** (29.816)	2.117*** (13.056)
Elr	0.005 (0.948)	-0.009 (-1.208)	0.006 (1.065)	-0.010 (-1.329)
Soe	-0.049 (-0.962)	0.088 (0.978)	-0.034 (-0.662)	0.078 (0.851)
Labor	-0.139*** (-7.697)	-0.234*** (-7.014)	-0.142*** (-7.935)	-0.234*** (-6.926)
Age	0.419*** (5.044)	0.630*** (3.299)	-0.081 (-0.686)	0.340 (1.441)
Kl	0.200*** (22.573)	0.199*** (6.511)	0.198*** (22.327)	0.198*** (6.421)
GDPgrowth	-1.216*** (-3.323)	1.086 (1.519)	-7.967*** (-7.393)	-2.196 (-1.058)
Fdif	-0.657* (-1.815)	-0.450 (-0.494)	-1.196*** (-3.012)	-0.403 (-0.406)
PerGDP	0.097*** (6.598)	0.080* (1.757)	-0.027 (-1.280)	0.017 (0.272)
Open	0.153*** (3.312)	-0.051 (-0.441)	0.050 (0.848)	-0.232* (-1.723)
Fisc	1.015*** (3.812)	0.574 (1.376)	0.515* (1.710)	0.394 (0.900)
常数项	11.492*** (58.170)	11.537*** (25.385)	-0.005 (-0.785)	-0.008 (-0.734)
调整的 R^2	0.8741	0.9103	0.8766	0.9108
N	8128	1607	8128	1607
个体固定效应	控制	控制	控制	控制
时间固定效应	未控制	未控制	未控制	控制
省份固定效应	控制	控制	控制	控制
行业固定效应	控制	控制	控制	控制

2. 金融约束程度

企业的金融约束程度借鉴顾夏铭等（2018）的研究进行衡量。根据企业金融约束程度的年度—行业中位数将企业划分为金融约束程度较高的组和金融约束程度较低的组进行分组回归。表 5 是企业金融约束程度的异质性回归结果。从表 5 前 2 列可以看到，经济政策不确定性对企业劳动生产率的抑制效应在低金融约束企业中显著，在高金融约束企业中呈现抑制效应，但不显著。表 5 的后 2 列是工业智能化水平缓释效应的异质性回归结果。可以发现，只有在金融约束程度高的企业中，智能化水平的缓释效应正向显著。这可能是由于金融约束对企业的生产经营活动具有抑制效应，而当企业所处地区的智能化水平较高时，能够缓解制造业上下游企业之间、企业与金融机构之间的信息不对称程度，降低企业商业信用约束程度和融资成本，缓解企业资金链的紧张程度，将企业资源更多地用于扩大企业智能化投资规模，从而促使企业匹配更多高技能劳动力，提升企业劳动生产率。

表 5　金融约束程度的异质性回归结果

	（1）LN（LP） 金融约束程度高	（2）LN（LP） 金融约束程度低	（3）LN（LP） 金融约束程度高	（4）LN（LP） 金融约束程度低
Epu × Int	—	—	0.368 ** （2.354）	0.176 （1.245）
Epu	-0.010 （-1.157）	-0.012 * （-1.849）	-0.039 （-0.756）	0.009 （0.203）
Int	—	—	-0.666 （-0.446）	-0.051 （-0.039）
Int1	—	—	0.512 （0.138）	1.094 （0.358）
Cr	-0.003 （-0.310）	-0.004 （-0.827）	-0.004 （-0.438）	-0.007 （-1.291）
Roa	1.987 *** （22.271）	2.475 *** （21.670）	1.999 *** （22.434）	2.480 *** （21.647）
Elr	0.013 （1.400）	0.002 （0.519）	0.011 （1.194）	0.004 （0.835）
Soe	-0.034 （-0.614）	-0.030 （-0.380）	-0.021 （-0.377）	-0.027 （-0.340）

续表

	(1) LN (LP) 金融约束程度高	(2) LN (LP) 金融约束程度低	(3) LN (LP) 金融约束程度高	(4) LN (LP) 金融约束程度低
Labor	-0.143*** (-5.715)	-0.146*** (-6.481)	-0.146*** (-5.882)	-0.149*** (-6.513)
Age	0.482*** (4.261)	0.382*** (3.838)	-0.031 (-0.198)	-0.043 (-0.278)
Kl	0.193*** (16.138)	0.205*** (17.389)	0.192*** (15.931)	0.201*** (16.864)
GDPgrowth	-0.229 (-0.468)	-1.284*** (-2.734)	-7.190*** (-4.906)	-6.712*** (-4.778)
Fdif	-0.352 (-0.694)	0.079 (0.214)	-0.640 (-1.150)	-0.489 (-1.176)
PerGDP	0.101*** (4.789)	0.118*** (6.321)	-0.015 (-0.496)	0.013 (0.490)
Open	0.081 (1.339)	0.153** (2.460)	-0.052 (-0.647)	0.059 (0.724)
Fisc	0.753** (2.280)	0.698** (2.365)	0.375 (1.072)	0.349 (1.008)
常数项	11.314*** (40.110)	11.514*** (47.302)	14.124*** (23.139)	13.707*** (23.222)
调整的 R^2	0.8743	0.9122	0.8762	0.9134
N	4655	4479	4655	4479
个体固定效应	控制	控制	控制	控制
时间固定效应	未控制	未控制	控制	控制
省份固定效应	控制	控制	控制	控制
行业固定效应	控制	控制	控制	控制

3. 专业化经营程度

企业的专业化程度借鉴范子英和彭飞（2017）的研究，采用企业主营构成中收入占比最大的主营业务占全部主营业务收入的比重衡量。根据企业专业化经营程度的年度—行业中位数将企业划分为企业专业化经营程度较高的组和专业化经营程度较低的组进行分组回归。表6是企业专业化经营程度的异质性回归结果。从表6前2列可以看到，经济政策不确定性对企业劳动生产率的抑制效应在低专业化经营程度的企业中显著，在高专业化经营程度企业中呈现抑制效应，但不显著。这可能是由于专业化经营程度较高的企业因企业利润点单一且企业分工深化程度较高，即使在经济政策不确定性高企时期也无法大规模削减企业的高技能劳动力，故对企业劳动生产率的抑制效应不明显。表 6 的后 2 列是工业智能化水平缓释效应的异质性回归结果。可以发现，只有在专业化经营程度高的企业中，智能化水平的缓释效应才在 1% 的水平上正向显著。这可能是由于专业化经营的企业具有更细致的劳动分工体系，企业人力资本积累原始程度较高，同时，由于专业化经营的战略使企业的利润点较为集中，因此面临更激烈的市场竞争，地区工业智能化水平的提升激发专业化经营企业凭借自身的资本和技能劳动力积累优势，积极推进企业智能资本的投资，加强对与智能资本互补的高技能劳动力的引入与培养，抢占技术创新制高点从而获得更高的市场份额，谋求企业利润。因此，当地区工业智能化水平提升时能够有效缓释经济政策不确定性对专业化经营程度较高企业的劳动生产率抑制效应。

表 6　专业化经营程度的异质性回归结果

	（1）LN（LP） 专业化经营程度高	（2）LN（LP） 专业化经营程度低	（3）LN（LP） 专业化经营程度高	（4）LN（LP） 专业化经营程度低
Epu × Int	—	—	0.401*** (2.812)	0.246 (1.606)
Epu	−0.012 (−1.577)	−0.015* (−1.840)	−0.026 (−0.539)	−0.014 (−0.278)
Int	—	—	−0.311 (−0.213)	−0.932 (−0.647)
Int1	—	—	−0.776 (−0.220)	4.465 (1.266)
Cr	−0.008 (−1.312)	−0.005 (−0.695)	−0.009 (−1.479)	−0.008 (−1.078)
Roa	2.192*** (22.964)	2.135*** (19.360)	2.202*** (23.094)	2.136*** (19.479)
Elr	0.010 (1.591)	0.004 (0.502)	0.010 (1.544)	0.004 (0.618)

续表

	(1) LN (LP) 专业化经营程度高	(2) LN (LP) 专业化经营程度低	(3) LN (LP) 专业化经营程度高	(4) LN (LP) 专业化经营程度低
Soe	0.035 (0.663)	-0.065 (-0.876)	0.039 (0.715)	-0.055 (-0.737)
Labor	-0.137*** (-6.217)	-0.163*** (-5.637)	-0.142*** (-6.504)	-0.168*** (-5.842)
Age	0.495*** (4.514)	0.420*** (3.441)	0.033 (0.196)	-0.174 (-1.054)
Kl	0.193*** (13.577)	0.203*** (15.286)	0.191*** (13.428)	0.200*** (15.171)
GDPgrowth	-0.561 (-1.009)	-0.498 (-0.963)	-7.089*** (-4.534)	-7.353*** (-4.921)
Fdif	-0.846* (-1.705)	-0.603 (-1.059)	-1.257** (-2.273)	-1.246** (-1.971)
PerGDP	0.081*** (3.839)	0.106*** (4.744)	-0.041 (-1.300)	-0.017 (-0.537)
Open	0.116* (1.809)	0.092 (1.458)	-0.052 (-0.563)	0.054 (0.638)
Fisc	0.716** (2.309)	0.945*** (2.874)	0.302 (0.851)	0.679* (1.860)
常数项	11.338*** (43.007)	11.576*** (39.395)	13.974*** (22.296)	14.492*** (23.598)
调整的 R^2	0.9076	0.8812	0.9076	0.8812
N	4223	4367	4223	4367
个体固定效应	控制	控制	控制	控制
时间固定效应	未控制	未控制	控制	控制
省份固定效应	控制	控制	控制	控制
行业固定效应	控制	控制	控制	控制

（六）影响机制分析

为验证 H_2、H_3、H_4 和 H_5，由于样本期内企业技能结构的数据不可得，借鉴李永友和严岑（2018）、吕越和邓利静（2020）等的研究，考虑到当今企业以绩效作为工资考核指标的体系，本文以企业职工平均工资作为企业职工技能结构的代理变量，反映企业人力资本升级的情况。一般而言，企业技能劳动力占比越高，职工平均工资也越高。此外，为消除价格因素影响，本文采用消费者价格指数，以 2005 年为基期对企业职工的总薪酬进行平减再计算得到职工平均工资，以反映企业的实际人均工资水平。

1. 经济政策不确定性抑制人力资本升级

表 7 是经济政策不确定性通过抑制人力资本升级从而抑制企业劳动生产率的渠道检验结果。此外，为进一步探究人力资本升级渠道在不同企业中的重要程度，表 7 还根据企业技术水平、金融约束程度和专业化经营程度对经济政策不确定性抑制企业人力资本升级渠道进行了异质性分析，给出了回归估计结果。表 7 第（1）列和（2）列是检验人力资本升级中介效应的全样本回归结果。第（1）列是经济政策不确定性对企业人力资本升级的影响效应，经济政策不确定性 Epu 的回归系数估计值为 -0.051，在 1% 的水平上显著，说明在全样本中经济政策不确定性显著抑制了以企业职工平均薪酬表征的企业人力资本升级。第（2）列以企业劳动生产率为被解释变量，是在模型一中同时纳入经济政策不确定性与企业人力资本升级变量的回归结果，人力资本升级变量 Wage 的回归系数估计值为 0.061，在 1% 的水平上显著，说明人力资本升级显著提升企业劳动生产率。经济政策不确定性 Epu 的回归系数估计值为 -0.013，在 5% 的水平上显著，与第（1）列的 Epu 回归系数估计值进行对比，可以发现在控制了企业人力资本升级对劳动生产率的影响后，经济政策不确定性对企业劳动生产率的抑制程度降低，说明企业人力资本升级是经济政策不确定性抑制企业劳动生产率提升的重要渠道。表 7 第（3）和（4）列是经济政策不确定性的人力资本升级抑制效应在技术水平异质性企业中的回归结果。可以发现，在高技术企业中，经济政策不确定性对劳动生产率抑制效应的显著性更强。这可能是由于高技术企业具有更高的资产不可逆性和专用性，导致企业在经济政策不确定性高企时期，投资决策更为审慎，从而削弱了企业的高技能劳动力需求，抑制企业人力资本升级，这与表 4 第（1）和（2）列的回归结果基本对应，验证了人力资本升级抑制效应确实是经济政策不确定抑制企业劳动生产率提升的重要中介渠道。表 7 第（5）和（6）列是经济政策不确定性的人力资本抑制效应在金融约束程度异质性企业中的回归结果。可以看到经济政策不确定性的回归系数估计值在金融约束程度低的组中为 -0.046，在 1%

的水平上抑制企业人力资本升级，金融约束程度高的组中则不显著。这对应了表5第（1）列和第（2）列的回归结果。表7第（7）列和第（8）列是经济政策不确定性的人力资本抑制效应在专业化经营程度异质性企业中的回归结果。可以发现，经济政策不确定性对企业人力资本升级的抑制效应在专业化经营程度较低的企业中显著，在专业化经营程度较高的企业中表现为抑制但不显著。这与表6第（1）列和第（2）列结果相对应。

表7 经济政策不确定性对企业劳动生产率影响的渠道检验

	(1) WAGE 全样本	(2) LN (LP) 全样本	(3) WAGE 高技术企业	(4) WAGE 低技术企业	(5) WAGE 金融约束程度高	(6) WAGE 金融约束程度低	(7) WAGE 专业化经营程度高	(8) WAGE 专业化经营程度低
Wage	—	0.061 *** (7.154)	—	—	—	—	—	—
Epu	-0.051 *** (-4.404)	-0.013 ** (-2.491)	-0.050 *** (-3.787)	-0.050 ** (-1.988)	-0.019 (-1.147)	-0.046 *** (-2.630)	-0.027 (-1.539)	-0.051 *** (-2.904)
Cr	-0.043 *** (-3.760)	-0.001 (-0.205)	-0.054 *** (-4.069)	0.005 (0.272)	-0.024 (-1.441)	-0.060 *** (-3.501)	-0.028 ** (-1.967)	-0.068 *** (-3.307)
Roa	0.624 *** (5.266)	2.183 *** (32.057)	0.620 *** (4.724)	0.384 (1.462)	0.366 *** (2.762)	0.726 *** (3.915)	0.493 *** (3.031)	0.696 *** (4.376)
Elr	0.008 (0.788)	0.003 (0.525)	0.013 (1.129)	-0.012 (-0.673)	0.006 (0.368)	0.015 (1.061)	-0.005 (-0.397)	0.020 (1.003)
Soe	0.047 (0.495)	-0.027 (-0.611)	0.127 (1.180)	-0.301 * (-1.656)	0.150 (1.055)	-0.082 (-0.875)	-0.108 (-0.981)	0.244 * (1.670)
Labor	-0.304 *** (-8.505)	-0.129 *** (-7.601)	-0.291 *** (-7.358)	-0.358 *** (-4.342)	-0.345 *** (-7.151)	-0.319 *** (-6.702)	-0.286 *** (-5.250)	-0.365 *** (-7.040)
Age	0.720 *** (3.940)	0.386 *** (5.081)	0.524 *** (2.607)	1.699 *** (4.165)	0.918 *** (3.471)	0.772 *** (3.097)	0.637 ** (2.406)	0.968 *** (3.791)
Kl	0.146 *** (8.805)	0.190 *** (21.142)	0.150 *** (7.913)	0.148 *** (4.810)	0.130 *** (5.195)	0.142 *** (5.304)	0.123 *** (4.102)	0.144 *** (6.910)
GDPgrowth	0.192 (0.259)	-0.912 *** (-2.797)	0.482 (0.580)	-0.624 (-0.409)	1.006 (0.935)	0.972 (0.839)	0.646 (0.513)	0.769 (0.676)
Fdif	-0.405 (-0.507)	-0.549 (-1.616)	-0.486 (-0.527)	-0.217 (-0.149)	-1.991 * (-1.703)	1.758 (1.402)	-0.046 (-0.033)	-0.129 (-0.109)

续表

	(1) WAGE 全样本	(2) LN (LP) 全样本	(3) WAGE 高技术企业	(4) WAGE 低技术企业	(5) WAGE 金融约束程度高	(6) WAGE 金融约束程度低	(7) WAGE 专业化经营程度高	(8) WAGE 专业化经营程度低
PerGDP	0.040 (1.159)	0.093*** (6.467)	0.063 (1.641)	-0.083 (-1.032)	0.010 (0.197)	0.100* (1.846)	0.085 (1.532)	0.009 (0.203)
Open	-0.050 (-0.457)	0.143*** (3.289)	-0.099 (-0.817)	0.270 (1.194)	-0.165 (-1.080)	0.055 (0.337)	-0.030 (-0.165)	-0.200 (-1.517)
Fisc	-0.654 (-1.205)	1.040*** (4.672)	-0.510 (-0.803)	-1.732* (-1.944)	-1.131 (-1.530)	-1.130 (-1.490)	-0.744 (-0.935)	-1.016 (-1.401)
常数项	8.914*** (19.901)	10.950*** (55.404)	9.201*** (19.125)	7.345*** (6.184)	8.944*** (13.645)	8.493*** (13.691)	8.848*** (13.609)	8.813*** (13.436)
调整的 R^2	0.7489	0.8842	0.7432	0.8008	0.7851	0.7684	0.7863	0.7854
N	9738	9738	8128	1607	4655	4479	4223	4367
个体固定效应	控制	控制	控制	控制	控制	控制	控制	控制
省份固定效应	控制	控制	控制	控制	控制	控制	控制	控制
行业固定效应	控制	控制	控制	控制	控制	控制	控制	控制

2. 工业智能化缓释经济政策不确定性的人力资本升级抑制效应

表 8 是工业智能化水平通过缓释经济政策不确定性的人力资本升级抑制效应从而影响企业劳动生产率的渠道检验结果。此外，为进一步探究智能化对经济政策不确定性抑制企业人力资本升级的缓释效应在不同企业中的影响程度，表 8 还根据企业技术水平、金融约束程度和专业化经营程度对工业智能化的缓释效应进行异质性分析，并给出了回归估计结果。表 8 第（1）列和第（2）列是检验以企业人力资本升级作为中介变量，智能化发挥缓释效应的全样本回归估计结果。第（1）列是智能化对经济政策不确定性抑制企业人力资本升级的缓释效应。经济政策不确定性与智能化交互项 Epu × Int 的回归系数估计值为 0.392，在 10% 水平上显著，说明在智能化水平较高的地区，经济政策不确定性对企业人力资本升级的消极影响能够被有效缓释，甚至企业能够依靠智能化的发展消弭经济政策不确定性的人力资本升级抑制效应。第（2）列以企业劳动生产率为被解释变量，在模型中同时纳入经济政策不确定性与智能化交互项以及企业人力资本升级变量，根据回归结果可以发现，Wage 的回归系数估计值为 0.060，在 1% 的水平上

显著，而 Epu × Int 的回归系数估计值为 0.245，说明在控制人力资本升级对企业劳动生产率的影响效应后，智能化水平对经济政策不确定性抑制劳动生产率提升的缓释效应明显降低，即人力资本升级是智能化发挥缓释效应的重要渠道。表 8 第（3）列和第（4）列根据企业技术水平将企业划分为高技术企业和低技术企业，检验以企业人力资本升级为中介渠道，智能化水平缓释效应的异质性影响。从回归系数估计值可以发现，经济政策不确定性与智能化交互项 Epu × Int 的回归系数估计值仅在高技术企业中通过 5% 的显著性检验，且为正值，说明智能化水平对经济政策不确定性抑制企业人力资本升级的缓释效应仅在高技术企业中显著，与表 4 第（3）列和第（4）列的回归结果对应，验证了人力资本升级渠道的重要程度。表 8 第（5）列和第（6）列将企业按照金融约束程度的年度—行业中位数进行分组，检验了智能化水平对经济政策不确定性的人力资本升级抑制效应的缓释作用在金融约束程度不同企业中的异质性影响。可以看到，在金融约束程度较高的组中，Epu × Int 的回归系数估计值为 0.662，并且在 10% 的水平上显著，对于金融约束程度较低的组，Epu × Int 的回归系数估计值为 0.384，并未通过显著性检验。说明智能化水平缓释经济政策不确定性的人力资本升级抑制效应仅在金融约束程度较高的组中显著。这也与表 5 第（3）列和第（4）列的回归结果相对应。表 8 第（7）列和第（8）列将企业按照专业化经营程度的年度—行业中位数进行分组，检验了工业智能化水平缓释效应的异质性影响。可以看到，在专业化经营程度较高的企业中，Epu × Int 的回归系数估计值为 0.818，在 5% 的水平上显著，对于专业化程度较低的企业，Epu × Int 的回归系数估计值为 0.022，但不显著。这与表 6 第（3）列和第（4）列的回归结果相对应，进一步验证了人力资本升级渠道的重要程度。以上机制分析的回归结果验证了本文的 H_2、H_3、H_4 和 H_5。

表 8　工业智能化缓释效应的渠道检验

	(1) WAGE 全样本	(2) LN (LP) 全样本	(3) WAGE 高技术企业	(4) WAGE 低技术企业	(5) WAGE 金融约束程度高	(6) WAGE 金融约束程度低	(7) WAGE 专业化经营程度高	(8) WAGE 专业化经营程度低
Wage	—	0.060*** (7.012)	—	—	—	—	—	—
Epu × Int	0.392* (1.674)	0.245** (2.448)	0.568** (2.151)	−0.480 (−0.876)	0.662* (1.791)	0.384 (1.205)	0.818** (2.178)	0.022 (0.067)

续表

	(1) WAGE 全样本	(2) LN (LP) 全样本	(3) WAGE 高技术企业	(4) WAGE 低技术企业	(5) WAGE 金融约束程度高	(6) WAGE 金融约束程度低	(7) WAGE 专业化经营程度高	(8) WAGE 专业化经营程度低
Epu	0.061 (0.812)	-0.016 (-0.469)	-0.011 (-0.138)	0.487 *** (2.678)	0.068 (0.595)	0.018 (0.161)	-0.046 (-0.373)	0.151 (1.392)
Int	-2.127 (-0.820)	-0.101 (-0.104)	-2.479 (-0.870)	1.502 (0.384)	-3.041 (-0.768)	-1.415 (-0.393)	-4.229 (-1.110)	-1.898 (-0.592)
Int1	2.455 (0.402)	0.778 (0.331)	2.692 (0.402)	-1.377 (-0.168)	0.591 (0.061)	2.247 (0.270)	5.138 (0.593)	3.833 (0.513)
Cr	-0.041 *** (-3.541)	-0.003 (-0.524)	-0.051 *** (-3.829)	0.006 (0.325)	-0.022 (-1.309)	-0.059 *** (-3.466)	-0.025 * (-1.776)	-0.068 *** (-3.301)
Roa	0.635 *** (5.291)	2.187 *** (32.154)	0.629 *** (4.743)	0.424 (1.611)	0.379 *** (2.771)	0.728 *** (3.991)	0.494 *** (2.989)	0.718 *** (4.463)
Elr	0.007 (0.659)	0.003 (0.583)	0.012 (1.009)	-0.014 (-0.783)	0.004 (0.224)	0.015 (1.081)	-0.007 (-0.542)	0.019 (0.979)
Soe	0.052 (0.549)	-0.019 (-0.419)	0.132 (1.216)	-0.325 * (-1.810)	0.155 (1.085)	-0.080 (-0.863)	-0.092 (-0.830)	0.251 * (1.700)
Labor	-0.307 *** (-8.528)	-0.133 *** (-7.807)	-0.295 *** (-7.400)	-0.366 *** (-4.417)	-0.345 *** (-7.098)	-0.322 *** (-6.727)	-0.289 *** (-5.294)	-0.370 *** (-7.077)
Age	0.380 (1.498)	-0.064 (-0.615)	0.271 (0.970)	0.974 * (1.664)	0.520 (1.477)	0.419 (1.187)	0.352 (0.976)	0.314 (0.841)
Kl	0.141 *** (8.480)	0.189 *** (20.966)	0.145 *** (7.617)	0.139 *** (4.401)	0.127 *** (5.128)	0.136 *** (4.992)	0.119 *** (3.978)	0.139 *** (6.600)
GDPgrowth	-4.691 * (-1.865)	-6.945 *** (-7.303)	-3.571 (-1.266)	-7.807 (-1.371)	-4.218 (-1.180)	-4.081 (-1.071)	-4.425 (-1.095)	-7.062 ** (-1.967)
Fdif	-0.465 (-0.511)	-0.975 *** (-2.586)	-0.612 (-0.579)	-0.187 (-0.115)	-1.458 (-1.069)	1.596 (1.136)	-0.285 (-0.190)	-0.315 (-0.230)
PerGDP	-0.025 (-0.458)	-0.020 (-0.992)	0.011 (0.186)	-0.223 * (-1.670)	-0.018 (-0.233)	0.033 (0.357)	0.021 (0.217)	-0.108 (-1.464)
Open	0.028 (0.197)	0.028 (0.505)	-0.002 (-0.012)	0.331 (1.127)	-0.091 (-0.450)	0.179 (0.877)	0.092 (0.425)	-0.188 (-1.026)
Fisc	-1.599 ** (-2.577)	0.629 ** (2.484)	-1.249 * (-1.734)	-3.330 *** (-3.162)	-2.261 *** (-2.684)	-1.923 ** (-2.128)	-1.623 * (-1.752)	-1.881 ** (-2.275)
常数项	10.845 *** (10.759)	13.374 *** (34.018)	10.821 *** (9.890)	10.203 *** (4.044)	11.095 *** (7.587)	10.368 *** (7.127)	10.958 *** (7.352)	12.060 *** (8.395)

续表

	(1) WAGE 全样本	(2) LN (LP) 全样本	(3) WAGE 高技术企业	(4) WAGE 低技术企业	(5) WAGE 金融约束程度高	(6) WAGE 金融约束程度低	(7) WAGE 专业化经营程度高	(8) WAGE 专业化经营程度低
调整的 R^2	0.7497	0.8860	0.7440	0.8021	0.7694	0.7858	0.7870	0.7860
N	9738	9738	8128	1607	4655	4479	4223	4367
个体固定效应	控制	控制	控制	控制	控制	控制	控制	控制
时间固定效应	控制	控制	控制	控制	控制	控制	控制	控制
省份固定效应	控制	控制	控制	控制	控制	控制	控制	控制
行业固定效应	控制	控制	控制	控制	控制	控制	控制	控制

五、进一步分析

（一）人力资本升级渠道中介效应的量化

在前文中，本文分别从理论和实证上验证了企业人力资本升级作为中介渠道如何影响经济政策不确定性对企业劳动生产率的抑制效应以及工业智能化缓释经济政策不确定性的劳动生产率抑制效应，但并未量化企业人力资本升级变量的中介效应的解释程度。因此，本文进一步量化了企业人力资本升级这一中介渠道对于基准回归结论的解释比重。表9给出了量化结果。表9第（1）列为经济政策不确定性通过抑制企业人力资本升级进而抑制企业劳动生产率的中介效应量化结果。可以看到，经济政策不确定性的直接效应为 -0.0438，在5%的水平上显著，间接效应为 -0.0074，在5%的水平上显著，因此，可以得到人力资本升级这一影响渠道对于经济政策不确定性抑制企业劳动生产率提升的解释比重达14.51%，表明抑制人力资本升级确实是经济政策不确定性抑制企业劳动生产率提升的作用渠道。第（2）列是智能化通过缓释经济政策不确定性引致的人力资本升级抑制效应进而缓释经济政策不确定性对企业劳动生产率抑制效应的量化结果。可以看到，智能化缓释经济政策不确定性引致的劳动生产率抑制的直接效应为0.4416，在5%的水平上显著，间接效应为0.1162，在5%的水平上显著，因此可以得到人力资本升级这一影响渠道对于工业智能化水平缓释劳动生产率抑制效应的解释比重达20.73%，表明前文对人力资本升级这一影响渠道的分析具有较强的可信度和一定的解释力。

表9　人力资本升级渠道中介效应的量化结果

	(1) LN (LP)	(2) LN (LP)
中介变量	Wage	Wage
核心解释变量	Epu	Epu × Int
间接效应	-0.0074** [-0.0120, -0.0025]	0.1162** [0.0259, 0.2038]
直接效应	-0.0438** [-0.0637, -0.0261]	0.4416** [0.0589, 0.8299]
总效应	-0.0511** [-0.0711, -0.0332]	0.5578** [0.1833, 0.9590]
间接效应占总效应的百分比	14.51% [0.1034, 0.2201]	20.73% [0.1208, 0.6076]

(二) 企业研发投入强度渠道的检验

本文的机制检验重点在于探究企业人力资本升级这一影响机制的存在性与重要性。但由于企业人力资本升级缺乏直接的微观数据进行衡量，前文中采用职工平均工资作为代理变量，对理论模型提出的结论与假说进行了验证。为进一步验证人力资本升级这一影响渠道的稳健性，考虑到企业高技能劳动力通常与更高强度的研发投入相匹配，且研发投入中包含对企业研发人员等高技能劳动力的薪酬和福利，若经济政策不确定性与工业智能化水平引起了企业技能结构的变动，企业的研发活动可能也会受到同向影响。当然，也有可能是由于企业研发强度的变化诱使企业技能结构的改变，但这并不属于本文的重点研究对象。因此，本文进一步用研发投入强度数据验证人力资本升级渠道检验结果的稳健性，同时也能够在一定程度上检验将平均工资作为企业技能结构的代理变量具有较强的可信度。研发投入强度采用研发投入与总资产的比重衡量，表10中的回归结果显示，经济政策不确定性抑制了企业进行研发投资相关的生产经营活动，而智能化水平的提升能够显著促进企业的研发投资，同时，研发投入活动需要大量的高技能劳动力才能完成，提升了企业对高技能劳动的需求，从侧面论证了企业人力资本升级这一影响渠道的稳健性。

表10 对企业研发活动的渠道检验

	(1) RD	(2) RD
Epu × Int	—	0.167* (1.753)
Epu	-0.016** (-2.373)	-0.048 (-1.529)
Int	—	-0.790 (-0.830)
Int1	—	1.059 (0.490)
Cr	0.002 (0.961)	0.001 (0.547)
Roa	0.022 (0.693)	0.021 (0.636)
Elr	-0.002 (-0.836)	-0.002 (-0.846)
Soe	0.048 (0.935)	0.050 (0.938)
Labor	-0.012 (-1.383)	-0.014* (-1.713)
Age	-0.154 (-0.882)	-0.330 (-1.087)
Kl	-0.022*** (-3.919)	-0.022*** (-4.340)
GDPgrowth	-2.353* (-1.692)	-4.733 (-1.467)
Fdif	-0.872 (-1.618)	-0.979* (-1.816)
PerGDP	-0.015 (-1.334)	-0.040 (-1.423)

续表

	(1) RD	(2) RD
Open	-0.054 (-0.859)	-0.115 (-1.016)
Fisc	0.558* (1.696)	0.498 (1.355)
常数项	1.006* (1.791)	1.984 (1.562)
调整的 R^2	0.4241	0.4269
N	6282	6282
个体固定效应	控制	控制
时间固定效应	未控制	控制
省份固定效应	控制	控制
行业固定效应	控制	控制

(三) 稳健性与内生性检验

1. 稳健性检验

由于企业全要素生产率与劳动生产率往往具有长期稳定的正相关关系(Martino, 2015),同时全要素生产率是衡量企业生产率更为全面的指标。因此,分别采用 LP 方法和 ACF 方法测度企业全要素生产率,将劳动生产率替换为全要素生产率进行稳健性检验。回归结果如表 11 第(1)~(4)列所示。可以看到,无论是以 LP 方法还是 ACF 方法测算得到的全要素生产率作为被解释变量,模型一与模型二的回归估计结果与基准回归结果都基本保持一致,说明基准回归结果具有稳健性。

2. 内生性检验

本文模型的核心解释变量为经济政策不确定性 Epu 与交互项 Epu × Int。由于经济政策不确定性为宏观的时间序列变量,一般而言,微观企业的劳动生产率难以影响宏观经济政策的不确定性程度,基本不存在互为因果的内生性问题,但为了稳健起见,借鉴相关研究,本文采用美国经济政策不确定性指数作为工具变量,运用 2SLS 工具变量法进行回归估计,结果见表 11 第(5)列。可以看到,经济政策不确定性依然显著抑制企业劳动生产率的提升,并且 Wald F 统计量的值为 1218.601,远远大于 10,说明不存在弱工具变量的问题，排除了内生性问题的干扰后结果依然稳健。尽管交互项 Epu × Int 与劳动生产率互为因果的可能性也较小，但本文为稳健起见，对其进行了内生性检验。由于对地区工业智能化水平的工具变量的寻找存在较大难度，本文采用在模型二的基础上纳入滞后两期的智能化水平作为对工业智能化与劳动生产率之间内生性问题的检验方法，回归估计结果见表 11 第（6）列。可以看到，滞后两期的交互项 Epu × Int 的回归系数估计值在 5% 的水平上显著为正，说明在排除内生性问题干扰后，工业智能化水平依然能够显著缓释经济政策不确定性的劳动生产率抑制效应。

表 11 稳健性与内生性检验结果

	(1) TFP (LP 方法)	(2) TFP (LP 方法)	(3) TFP (ACF 方法)	(4) TFP (ACF 方法)	(5) LN (LP)	(6) LN (LP)
Epu × Int	—	0.236** (2.160)	—	0.259** (2.378)	—	0.371** (2.493)
Epu	-0.010** (-2.021)	-0.015 (-0.414)	-0.012** (-2.406)	-0.012 (-0.334)	-0.040** (-2.035)	-0.120*** (-2.904)
Int	—	-0.678 (-0.648)	—	-0.315 (-0.306)	—	—
Int2	—	2.568 (1.051)	—	1.604 (0.669)	—	—
L2. Int	—	—	—	—	—	0.186 (0.167)
L2. Int1	—	—	—	—	—	-0.144 (-0.052)
Cr	0.030*** (4.393)	0.026*** (3.910)	0.024*** (3.723)	0.021*** (3.311)	-0.004 (-0.646)	-0.007 (-0.971)
Roa	2.297*** (33.758)	2.300*** (33.619)	2.291*** (33.386)	2.296*** (33.324)	2.216*** (32.551)	2.229*** (27.012)
Elr	-0.014** (-2.386)	-0.013** (-2.348)	-0.011** (-2.006)	-0.011** (-2.006)	0.003 (0.674)	-0.000 (-0.021)
Soe	0.031 (0.874)	0.043 (1.228)	0.027 (0.713)	0.040 (1.067)	-0.031 (-0.661)	-0.023 (-0.504)

续表

	(1) TFP (LP 方法)	(2) TFP (LP 方法)	(3) TFP (ACF 方法)	(4) TFP (ACF 方法)	(5) LN (LP)	(6) LN (LP)
Labor	-0.074*** (-4.225)	-0.077*** (-4.461)	0.088*** (4.786)	0.085*** (4.613)	-0.147*** (-8.315)	-0.163*** (-7.769)
Age	0.369*** (4.914)	-0.164 (-1.553)	0.435*** (5.775)	-0.099 (-0.939)	0.385*** (4.574)	-0.170 (-1.030)
Kl	0.115*** (12.078)	0.114*** (11.737)	0.126*** (13.365)	0.125*** (12.992)	0.201*** (20.531)	0.189*** (15.900)
GDPgrowth	-1.423*** (-4.462)	-8.482*** (-8.982)	-1.418*** (-4.434)	-8.480*** (-9.046)	-1.499*** (-2.704)	-20.995*** (-5.549)
Fdif	-0.470 (-1.494)	-0.996*** (-2.956)	-0.530* (-1.670)	-1.050*** (-3.077)	-0.574 (-1.590)	-1.456*** (-2.619)
PerGDP	0.105*** (7.528)	-0.022 (-1.109)	0.105*** (7.623)	-0.027 (-1.371)	0.094*** (6.194)	-0.030 (-1.061)
Open	0.152*** (3.415)	0.029 (0.512)	0.152*** (3.338)	0.018 (0.307)	0.150*** (3.110)	0.044 (0.667)
Fisc	1.045*** (4.291)	0.534* (1.904)	1.024*** (4.141)	0.508* (1.795)	1.133*** (5.000)	0.583 (1.575)
Wald F	—	—	—	—	1218.601	—
常数项	8.246*** (44.201)	11.115*** (27.940)	9.074*** (48.458)	11.931*** (30.120)	—	15.667*** (18.949)
调整的 R^2	0.8675	0.8711	0.8957	0.8984	0.6450	0.8939
N	9287	9287	9287	9287	9738	6344
个体固定效应	控制	控制	控制	控制	控制	控制
时间固定效应	未控制	控制	未控制	控制	未控制	控制
省份固定效应	控制	控制	控制	控制	未控制	控制
行业固定效应	控制	控制	控制	控制	未控制	控制

六、结论与建议

本文通过将经济政策不确定性与工业智能化水平纳入同一理论研究框

架，依赖资本—技能互补假说刻画了经济政策不确定性与工业智能化水平影响企业人力资本升级进而作用于企业劳动生产率的影响机制，并采用2007～2015年的省域—企业相结合的面板数据，以制造业上市企业为样本，实证检验了理论模型所得出的结论与假说。研究结果表明：

（1）经济政策不确定性显著抑制了企业劳动生产率的提升；工业智能化水平能够有效缓释经济政策不确定性对企业劳动生产率的抑制效应。

（2）经济政策不确定性对企业劳动生产率的抑制效应在高技术、金融约束程度低以及专业化经营程度低的企业中更显著；工业智能化水平对经济政策不确定性抑制企业劳动生产率提升的缓释效应在高技术、金融约束程度高以及专业化经营程度高的企业中显著。

（3）经济政策不确定性通过抑制企业人力资本升级进而抑制企业劳动生产率提升，人力资本升级渠道对于经济政策不确定性的劳动生产率抑制效应的解释比重达14.51%，经济政策不确定性对人力资本升级的抑制效应在高技术、金融约束程度低以及专业化经营程度低的企业中更显著；工业智能化水平通过缓释经济政策不确定性的人力资本升级抑制效应进而缓释劳动生产率抑制效应，人力资本升级渠道对于工业智能化水平缓释效应的解释比重达20.73%，工业智能化水平对人力资本升级抑制的缓释效应在高技术、金融约束程度高以及专业化经营程度高的企业中显著。

（4）经济政策不确定性抑制了企业研发投入强度的提升，工业智能化水平缓释了此抑制效应。由于研发投入强度的提升往往伴随企业对高技能劳动需求的提升，所以从侧面论证了以平均工资表征的企业人力资本升级这一渠道的稳健性。对基准回归模型进行稳健性与内生性检验，结果依然基本保持一致。

结合以上结论，本研究具有一定的政策启示：

（1）经济政策的出台旨在为企业营造更良好的经营环境，促进制造业企业高质量发展，但频繁的政策出台与变更反而恶化了企业的营商环境，抑制企业生产率的提升，政府应权衡经济政策不确定性的负面影响与政策对企业的利好程度，最大限度地降低经济政策不确定性的消极影响；企业应提高自身抗风险能力，在不确定性中发掘成长机会。

（2）在经济政策不确定性高企时期，企业通过智能化转型改善或提升企业劳动生产率的重要方式是提升企业人力资本积累水平，在劳动力供给缺乏弹性的市场上，企业应该更加注重对职工开展相应的技能培训，加强与高校或相关科研单位的合作，运用大数据平台与技术，提升企业人力资本需求与高校人力资本输出的匹配程度，尽快实现企业人力资本升级。

（3）高技术、金融约束程度高与专业化经营程度高的企业应抓住地区智能化建设的良机，积极推动企业向智能化转型升级，在经济政策不确定性加剧时期，企业应提高对核心业务的关注度，深化劳动分工，通过提升企业核心竞争力抢占市场份额；地方政府应积极鼓励企业进行研发创新，在经济政策不确定性时期为企业提供更多融资渠道，减小部分企业被强制为上下游企业提供商业信用、导致企业资金链紧张的概率，消弭经济政策不确定性对企业生产率的消极影响。

参考文献

[1] 陈彦斌，林晨，陈小亮．智能化、老龄化与经济增长［J］．经济研究，2019（7）．

[2] 段梅，李志强．经济政策不确定性、融资约束与全要素生产率——来自中国上市公司的经验证据［J］．当代财经，2019（6）．

[3] 樊霞，陈娅，张巧玲．经济政策不确定性、政府隐性担保与企业创新持续性［J］．管理学报，2020（9）．

[4] 范子英，彭飞．“营改增”的减税效应和分工效应：基于产业互联的视角［J］．经济研究，2017（2）．

[5] 顾夏铭，陈勇民，潘士远．经济政策不确定性与创新——基于我国上市公司的实证分析［J］．经济研究，2018（2）．

[6] 韩先锋，惠宁，宋文飞．信息化能提高中国工业部门技术创新效率吗？［J］．中国工业经济，2014（12）．

[7] 黄群慧，余泳泽，张松林．互联网发展与制造业生产率提升：内在机制与中国经验［J］．中国工业经济，2019（8）．

[8] 金春雨，张德园．中国不同类型经济政策不确定性的宏观经济效应对比研究［J］．当代经济科学，2020（2）．

[9] 李凤羽，史永东．经济政策不确定性与企业现金持有策略——基于中国经济政策不确定指数的实证研究［J］．管理科学学报，2016（6）．

[10] 李磊，徐大策．机器人能否提升企业劳动生产率？——机制与事实［J］．产业经济研究，2020（3）．

[11] 李永友，严岑．服务业“营改增”能带动制造业升级吗？［J］．经济研究，2018（4）．

[12] 林晨，陈小亮，陈伟泽，陈彦斌．智能化、经济增长与居民消费改善：资本

结构优化的视角［J］．中国工业经济，2020（2）．

［13］刘啟仁，赵灿．税收政策激励与企业人力资本升级［J］．经济研究，2020(4).

［14］逯东，池毅．〈中国制造2025〉与企业转型升级研究［J］．产业经济研究，2019（5）．

［15］吕越，邓利静．全球价值链下的中国企业“产品锁定”破局——基于产品多样性视角的经验证据［J］．管理世界，2020（8）．

［16］饶品贵，岳衡，姜国华．经济政策不确定性与企业投资行为研究［J］．世界经济，2017（2）．

［17］孙永强，尹力博，杜勇宏．经济政策不确定性对经济波动的动态影响［J］．经济社会体制比较，2018（6）．

［18］孙早，侯玉琳．工业智能化如何重塑劳动力就业结构［J］．中国工业经济，2019（5）．

［19］田磊，林建浩．经济政策不确定性兼具产出效应和通胀效应吗？来自中国的经验证据［J］．南开经济研究，2016（2）．

［20］王红建，李青原，邢斐．经济政策不确定性、现金持有水平及其市场价值［J］．金融研究，2014（9）．

［21］王家庭，李艳旭，马洪福，曹清峰．中国制造业劳动生产率增长动能转换：资本驱动还是技术驱动［J］．中国工业经济，2019（5）．

［22］王林辉，胡晟明，董直庆．智能化技术会诱致劳动收入不平等吗——模型推演与分类评估［J］．中国工业经济，2020（4）．

［23］闫雪凌，朱博楷，马超．工业机器人使用与制造业就业：来自中国的证据［J］．统计研究，2020（1）．

［24］张峰，刘曦苑，武立东，殷西乐．产品创新还是服务转型：经济政策不确定性与制造业创新选择［J］．中国工业经济，2019（7）．

［25］张豪，戴静，张建华．政策不确定、官员异质性与企业全要素生产率［J］．经济学动态，2017（8）．

［26］张莹，朱小明．经济政策不确定性对出口质量和价格的影响研究［J］．国际贸易问题，2018（5）．

［27］张玉鹏，王茜．政策不确定性的非线性宏观经济效应及其影响机制研究［J］．财贸经济，2016（4）．

［28］Acemoglu，D.，and Restrepo，P. Low－skill and high－skill automation［J］. Journal of Human Capital，2018，12（2）：204－232.

［29］Acemoglu，D.，and Restrepo，P. Robots and jobs：Evidence from US labor markets［J］. Journal of Political Economy，2020，128（6）：2188－2244.

［30］Baker，S. R.，Bloom，N. and Davis，S. J. Measuring Economic Policy Uncertainty

[J] . The Quarterly Journal of Economics, 2016, 131 (4): 1593 - 1636.

[31] Bertola, G. Irreversible investment [J] . Research in Economics, 1998, 52 (1): 3 - 37.

[32] Born, B., and Pfeifer, J. Policy risk and the business cycle [J] . Journal of Monetary Economics, 2014 (68): 68 - 85.

[33] Campello, M., and Kankanhalli, G., and Muthukrishnan, P. Corporate hiring under covid - 19: Labor market concentration, downskilling, and income inequality [J]. National Bureau of Economic Research, 2020.

[34] Colombo, V. Economic policy uncertainty in the US: Does it matter for the Euro area? [J] . Economics Letters, 2013, 121 (1): 39 - 42.

[35] Dauth, W., Findeisen, S., and Südekum, J. et al. German Robots - The Impact of Industrial Robots on Workers [J] . Cepr Discussion Papers, 2017.

[36] David, B. Computer technology and probable job destructions in Japan: An evaluation [J] . Journal of the Japanese and International Economies, 2017 (43): 77 - 87.

[37] DeCanio, S. J. Robots and humans - complements or substitutes? [J] . Journal of Macroeconomics, 2016 (49): 280 - 291.

[38] Frey, C. B., and Osborne, M. A. The future of employment: How susceptible are jobs to computerisation? [J] . Technological Forecasting and Social Change, 2017 (114): 254 - 280.

[39] Graetz, G., and Michaels, G. Robots at work. Review of Economics and Statistics [J] . 2018, 100 (5): 753 - 768.

[40] Gulen, H., and Ion, M. Policy uncertainty and corporate investment [J] . The Review of Financial Studies, 2016, 29 (3): 523 - 564.

[41] Hanson, R. Economic growth given machine intelligence [J] . Technical Report, University of California, Berkeley, 2001.

[42] Kromann, L., Skaksen, J. R., and Sørensen, A. Automation, labor productivity and employment - a cross country comparison [J] . CEBR, Copenhagen Business School, 2011.

[43] Martino, R. Convergence and growth. Labour productivity dynamics in the European Union [J] . Journal of Macroeconomics, 2015 (46): 186 - 200.

[44] Nodari, G. Financial regulation policy uncertainty and credit spreads in the US [J]. Journal of Macroeconomics, 2014 (41): 122 - 132.

[45] Pattillo, C. Investment, uncertainty, and irreversibility in Ghana [J] . Staff Papers, 1998, 45 (3): 522 - 553.

[46] Stokey, N. L. Wait - and - see: Investment options under policy uncertainty [J]. Review of Economic Dynamics, 2016 (21): 246 - 265.

[47] Tombe, T., and Zhu, X. Trade, Migration and Productivity: A Quantitative Analysis of China [J]. Working Papers, 2015.

[48] Xu, Z. Economic policy uncertainty, cost of capital, and corporate innovation [J]. Journal of Banking & Finance, 2020 (1): 7 – 14.

城市群协同对区域经济发展的促进

——以成渝城市群为例

白延涛

摘　要　随着我国加大对中西部地区经济开发与建设，中西部地区各项社会经济发展取得了重大的进步，其中，关于建成成渝地区双城经济圈倡议历来受到社会普遍关注。“成渝双城经济圈”是一项国家重大经济建设战略，推动该地区经济能拉动中西部地区经济发展，改善当地社会经济与企业发展及促进就业。本文以成渝城市群建设及创新发展模式为出发点，研究城市群协同发展的重要性对经济发展的影响。

关键词　成渝；城市群；协同；发展

一、引言和文献综述

在经济发展的新时期，我国正在将城市群作为推进城镇化的主体形态。城市群的核心优势在于，不仅作为一种空间组织形式，能够通过内部城市之间的相互整合，实现功能上的优势互补、产业上的分工合作，产生聚合效应，还能够缓解单一城市集聚所造成的交通拥挤、土地紧张、环境污染等“大城市”病，更好地平衡集聚经济和集聚不经济。因此，城市群作为推动我国新型城镇化的主要形态，不仅符合世界城市化发展趋势，也是我国在现有资源环境承载能力条件下实现区域均衡增长的有效途径。

我国的现实情况，由传统的省域经济和行政区经济向城市群战略转变都有其合理性和必然性。但是，需要强调的是，城市群并非只是单纯以中心城市为核心，形成空间上临近的“一群城市”。城市群的核心要义是各个城市在功能定位和产业发展上的协调分工与合作共赢、在公共服务和基础设施上的统筹配置与共建共享，这需要城市之间通过空间和功能的整合实现协同，达到一种融合互补、密切合作的状态。

城市是各类创新活动的空间载体，追求品质生活的高素质人力资本聚居在城市中，使得城市能够吸引创新要素投入，同时，高密度的人力资源集中为专业化或多样化的知识溢出提供可能。城市群是城市化特征的扩展与延续，如果单纯从地理学视角看，城市群可以简单理解为在一个有限空间地域内，出现一群分布密集较高的城市。然而，一旦赋予其经济学含义后，更强调内部各城市之间经济活动的空间联系、资源要素的空间配置，以及集聚和扩散机制下的一体化发展。国内学者认为，城市群具有更高的经济效应，并称之为“城市群经济”，来自于由功能互补、联系密切的不同城市在空间上聚集带来的外部效应。其中，创新促进作为城市群经济外部性的重要体现，本质在于弱化市场分割条件，促进创新要素跨区域自由流动和技术溢出，强化城际间产业、空间关联而形成的集群式创新，以及区域创新协同系统的自组织演化形成。

由城市群形成的区域经济网络，能够在更大规模空间层面实现专业化集聚和多样化集聚，促进创新增长。大量的理论和实证研究都已证实，无论是专业化集聚还是多样化集聚，均为推动区域创新的主要动力。其中，专业化集聚强调大量同行业企业空间集中所产生的外部性，能够促进内部企业间的信息溢出和创新增长，城市群内部大市场的统一，不仅使得创新者能够更便捷地获取各类专业化创新资源，还能保障创新投入达到一定的规模经济水平，刺激企业的创新增长。知识、技术的不完全排他性，使得地理临近性成为一个地区或城市获得其他区域或城市创新溢出的主要影响因素。城市群的地理和经济临近优势将人们聚集在一起，从而刺激信息溢出和新想法的产生，由创新要素的空间集聚与扩散形成的新型区域分工模式直接影响城市创新能力，成为推动城市间空间经济联系演化的重要力量，而且其作用随着城市群协同度的提升不断得到强化。

二、成渝城市群规划的顶层设计

成渝城市群以重庆、成都为中心，是西部大开发的重要平台，是长江经济带的战略支撑，也是国家推进新型城镇化的重要示范区。2016 年，国务院常务会议讨论后批复了《成渝城市群发展规划》，随后，国家发展改革委、住房城乡建设部以“发改规划〔2016〕910 号”文件联合印发《成渝城市群发展规划》。同时，文件指出：成渝城市群发展规划，依据《全国主体功能区规划》《国家新型城镇化规划（2014—2020 年）》《国务院关于依托黄金水道推动长江经济带发展的指导意见》编制，是培育发展成渝城市群的指导性、约束性文件，其目的是培育发展成渝城市群，发挥其沟通西南西北、连接国内国外的独特优势，推动“一带一路”倡议和长江经济带战略契合互动，有利于加快中西部地区发展、拓展全国经济增长新空间，有利于保障国土安全、优化国土布局，引领西部新型城镇化和农业现代化①。

2020 年 10 月 26 日，中央政治局会议审议《成渝地区双城经济圈建设规划纲要》，强调要全面落实党中央决策部署，突出重庆、成都两个中心城市的协同带动，注重体现区域优势和特色，使成渝地区成为具有全国影响力的重要经济中心、科技创新中心、改革开放新高地、高品质生活宜居地，打造带动全国高质量发展的重要增长极和新的动力源。要求成渝地区牢固树立一盘棋思想和一体化发展理念，健全合作机制，打造区域协作的高水平样板。唱好“双城记”，联手打造内陆改革开放高地，共同建设高标准市场体系，营造一流营商环境，以共建“一带一路”为引领，建设好西部陆海新通道，积极参与国内国际经济双循环。坚持不懈抓好生态环境保护，走出一条生态优先、绿色发展的新路子，推进人与自然和谐共生。处理好中心和区域的关系，着力提升重庆主城和成都的发展能级及综合竞争力，推动城市发展由外延扩张向内涵提升转变，以点带面、均衡发展，同周边市县形成一体化发展的都市圈②。

---

① 中华人民共和国国家发展和改革委员会．成渝城市群发展规划［Z］．2016.

② 中共中央政治局召开会议审议《成渝地区双城经济圈建设规划纲要》［EB/OL］．http：//www.gov.cn/xinwen/2020－10/16/content_5551828.htm.

三、分析方法和数据来源

（一）分析方法

本文采用核密度估计方法对成渝城市群经济发展数据进行分析和讨论。

核密度估计方法。函数估计方法通常有两类：参数估计和非参数估计。参数估计需要根据确定的函数形式，采用回归等方法实现，对数据和模型较为敏感，估计结果不够稳健；非参数估计的特点是函数形式无须事先确定，能够在更为广泛的基础上得出更具普遍意义的结论，因此具有更好的适应性。Kernel 密度估计是一种常见的非参数方法，通常用于随机变量的概率密度函数估计，该方法能够用连续的密度曲线描述随机变量的分布形态，目前已经成为研究空间分布非均衡的重要工具之一。假定随机变量 X 的密度函数为 f（x），根据 Kernel 密度估计方法，在点 x 的概率密度可以表示为：

$$f(x) = \frac{1}{Nh}\sum_{i=1}^{N} K\left(\frac{X_i - x}{h}\right) \tag{1}$$

式中，N 为观测值的个数，X_i 为独立同分布的观测值，x 为均值，K 为核函数，h 为带宽。核函数是一种加权函数或平滑转换函数，一般要满足：

$$\begin{cases} \lim\limits_{x\to\infty} K(x) \cdot x = 0 \\ K(x) \geqslant 0, \int_{-\infty}^{+\infty} K(x)\,dx = 1 \\ \sup K(x) < +\infty, \int_{-\infty}^{+\infty} K^2(x)\,dx < +\infty \end{cases} \tag{2}$$

核函数通常有高斯核函数、三角核函数、四角核函数、Epanechnikov 核函数等，本文将采用高斯核函数对成渝城市群经济发展的分布动态演进态势进行估计。高斯核函数公式如下：

$$K(x) = \frac{1}{\sqrt{2\pi}}\exp\left(-\frac{x^2}{2}\right) \tag{3}$$

Kernel 密度估计结果对于带宽 h 的选择较为敏感。带宽越大，密度函数曲线越平滑，但估计精度会降低；带宽越小，密度函数曲线越不平滑，但估计精度会提高。因此实际估计中尽可能选择较小的带宽。

核密度估计分布图能够反映变量分布的位置、形态和延展性等信息。分布位置信息可用来说明城市群经济发展水平的高低；分布形态信息可用来分析经济发展水平的空间差异大小和极化程度，其中，波峰的高度和宽度反映差异大小，波峰数据反映极化程度；分布延展性信息可用来刻画经济发展水平的空间差异大小，如果拖尾越长，则差异越大。

（二）数据来源及说明

与其他城市群相比，成渝城市群的经济建设环境远比北部、华南、粤港澳地区要落后。随着重庆与四川经济发展迅速，这两个不同地区之间的经济收入获得快速增长，基本上实现了经济双跨越式的发展，成渝地区生产总值合计超过 6 万亿元。成渝城市群人口和经济总量已经分别占到了川渝两地总和的 90% 以上。

根据《成渝城市群发展规划》，成渝城市群具体范围包括四川省的成都、自贡、泸州、德阳、绵阳（除北川县、平武县）、遂宁、内江、乐山、南充、眉山、宜宾、广安、达州（除万源市）、雅安（除天全县、宝兴县）、资阳 15 个市，重庆市的渝中、万州、黔江、涪陵、大渡口、江北、沙坪坝、九龙坡、南岸、北碚、綦江、大足、渝北、巴南、长寿、江津、合川、永川、南川、潼南、铜梁、荣昌、璧山、梁平、丰都、垫江、忠县 27 个区（县）以及开州、云阳的部分地区；总面积 18.5 万平方千米。本文研究了 2014 ~2019 年各城市的主要经济指标，数据来源于历年《中国城市统计年鉴》和《中国统计年鉴》。

四、成渝城市群经济发展的描述及分布动态

对成渝城市群 2014 ~2019 年宏观经济指标进行分析，发现如下特征：

图 1 反映了 2014 ~2019 年成渝城市群经济发展的基本情况。从演变趋势看，样本观测期内，城市群 GDP 总量呈逐年递增态势。2014 年为 3.5 万亿元，2015 年为 3.8 万亿元，2016 年为 4.2 万亿元，2017 年为 4.7 万亿元，2018 年为 5.1 万亿元，2019 年为 5.8 万亿元。可以看出经济增速在逐渐增快，特别是 2016 年成渝城市群发展规划实施后，增速上升。

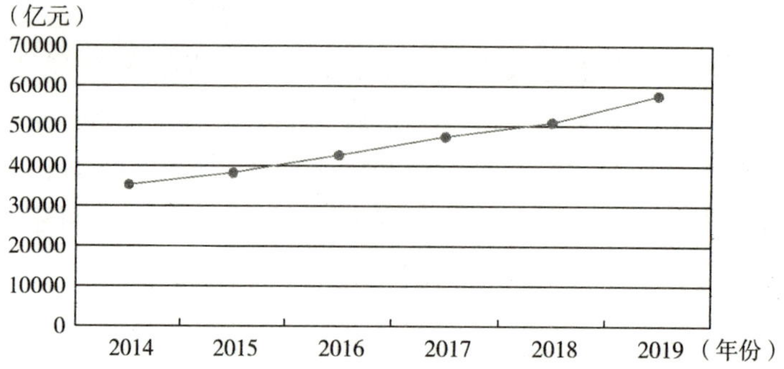

图1　2014～2019年成渝城市群GDP增长趋势

图2反映了2014～2019年成渝城市群人均GDP的变化趋势。从演变趋势看，样本观测期内，城市群人均GDP也呈逐年递增态势。2014年为4.1万元/人，2015年为4.4万元/人，2016年为4.8万元/人，2017年为5.3万元/人，2018年为5.8万元/人，2019年为6.5万元/人。可以看出经济增速在逐渐增快，特别是2016年成渝城市群发展规划实施后，增速上升较明显。

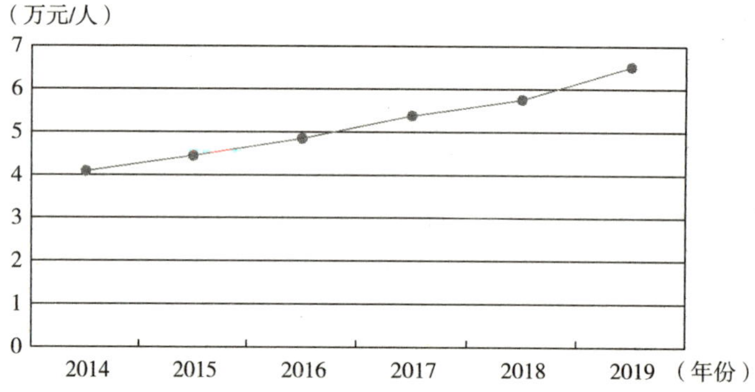

图2　2014～2019年成渝城市群人均GDP变化趋势

为了反映成渝城市群经济发展的分布动态演进态势，本文依据高斯核函数分别绘制了2014～2019年成渝城市群整体、经济发展的核密度估计三维图，具体如图3所示。

图3反映了成渝城市群经济发展的分布动态演进态势。从分布的位置看，相对于2014年，2015～2019年城市经济发展的分布依次向右移动，说明成渝城市群整体经济发展水平呈逐年上升态势。从分布的形态看，相对于

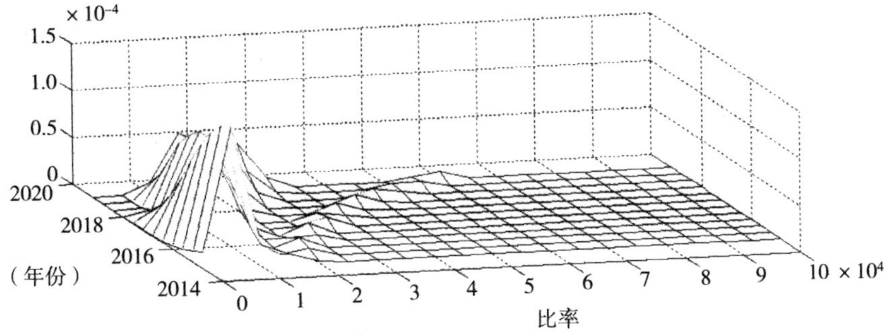

图 3 成渝城市群人均 GDP（元）分布动态演进

2014 年，2015 ~2019 年经济发展分布主峰高度逐年降低、宽度逐年变大，意味城市间经济发展的地区差距逐年扩大。从分布的延展性看，观测期内各年份经济发展分布均呈右拖尾现象，且拖尾逐年增长，这主要是由成都、德阳等城市经济发展较快引起的，同时说明人均 GDP 较高的城市与其他城市间经济发展差距在不断扩大。从波峰数量看，样本观测期内经济发展分布主要由一个主峰和一个侧峰构成，但侧峰较低，说明城市间经济发展梯度效应和两极分化现象并不显著。

五、研究结论及政策建议

（一）研究结论

随着中国地区间经济协作关系的日益紧密，城市群的发展模式已渐成趋势，城市群越来越成为区域经济增长的重要源泉。基于此，本文以成渝城市群作为研究对象考察城市群规划对经济发展的推动作用。主要的研究结论包括以下几个方面：

首先，成渝城市群协同能促进成渝地区经济发展，加速成渝地区双城经济圈的形成，有助于改善经济发展，使该地区成为拉动我国西部地区不断地向上发展的一个引擎，提高地区经济发展。加速成渝城市群发展，使之更有利于带动周边经济带发展，发挥出更大的作用，沟通各省之间的经济发展，沟通西南与西北两个地区之间的经济往来，发挥出应有的经济优势，优化国内与国外经济与人才资源，以体现出独特的不可缺少的西部区位优势。

其次，从长远分析可见，如果想要进一步地推动西南经济带的发展，那么要加快城市群建设，然后以城市群经济作为经济发展核心，促进地区社会经济不断的发展，解决因地理交通等问题而带来的阻隔。随着我国“一带一路”倡议提出，使彼此丝绸之路经济带战略契合互动，有利于探索西部地区新型城镇化模式，引导当地社会经济发展，促进当地人口就业，实现就地就业安置计划，满足西部、中部地区1亿人口生存需要，这其实是我们国家继续向前推进城市化建设的一个新方向，促进新型城镇化的重点区域的形成，在中国区域发展格局当中占据不可缺少的地位。

最后，从经济客观规律可见，加快“成渝经济圈”建设，能使成都、重庆各自发挥出自身的经济优势，如此便能推进成都、重庆地区统筹与和谐发展，不断促进当地不同产业的发展，提高两城之间的人口就业及解决城市经济管理问题，使成渝两市能发挥出更大优势，使不同的生产要素能高度地整合到一起，提高成渝资源利用率。

加快“成渝双城经济圈”建设，将能促进两城人才交流，促进两市之间的各项物资的流动及资金高效的集聚，可有效强化重庆核心竞争，同时提升成都经济地位，不断地带动周边产业发展，使两城能发挥更大的作用，使成都与重庆地区成为中西部最具活力的重要城市经济群。加快“成渝双城经济圈”建设，可有效带动社会经济发展，有助于促进西部地区科技创新、产业升级及技术交流，减轻西部人口就业等问题，有助于缓和北方地区、华南地区、粤港澳地区人口聚集密度过高而带来的压力，有助于分散我国过度集中的就业人口，以及进一步地减轻我国人口过度集中的压力。

（二）政策建议

根据上述结论，本文得到以下政策建议：

首先，构建双城良序竞合关系。成都和重庆的现有产业结构同质化较为严重。以两地最有代表性的园区产业布局为例，重庆两江新区重点发展汽车、电子信息、新材料等产业，而成都天府新区同样将汽车、电子信息、新材料等作为主要产业，两大新区之间的合作交流不够。重庆和成都这两个核心城市的产业竞争必将影响整个四川和重庆的合作。因此，需要强化城际间产业链分工，整合成渝共有优势的汽车、电子信息、装备制造等产业资源，推进联合研发和配套协作。发挥重庆配套产业体系全与成都研发创新能力强的优势，打破成渝“两点式”独立发展模式，架起“成渝大桥”，带动成渝双城间资阳、眉山、遂宁、内江的汽车、电子信息、装备制造等产业链式发展。

其次，优化城市规模结构，建设主城核心区和次级增长极。重庆和成都作为成渝城市群里两个超大城市，对周边城市发展的辐射带动作用明显不够。一方面，积极推进重庆、成都主城扩容工作，增强双核驱动发展动能，扩大成渝双城的辐射带动作用；另一方面，培养德阳、绵阳、宜宾、南充等城市成为次级增长极，分担中心双城的分职能，发挥其在城镇体系中承上启下的重要作用，成为区域小范围支点和过渡点。

最后，加强创新要素的自由流动，共建人才引进培育计划。充分发挥重庆和成都两地高校众多、人力资源富集的优势，提高科技与创新对高质量经济增长的贡献率。解决人才在流动过程中可能面临的就业创业、社会保险等问题。适度分离经济区和行政区，加强对两地人社领域公共政策的比较研究，逐步缩小政策差异。

在城市群建设的推进过程中，需要强化城市群规划的纲领性作用，重点在基础设施接驳、产业融合合作、要素市场分割、利益共享等方面提出实质性、有效性的举措，削弱地方政府“以邻为壑”的消极影响。深入贯彻落实城市群规划中的重要举措，完善交通基础设施和信息网络分布，鼓励产业间的协调分工，提高公共服务的统筹配置与共建共享，实现城市之间的互联互通，充分发挥城市群经济的规模效应。

参考文献

[1] Burger M J, Meijers E J. Agglomerations and the Rise of Urban Network Externalities [J]. Papers in Regional Scienc, 2016, 95 (1): 5~15.

[2] Bloom, N M. Schankerman and J Van Reenen. Identifying Technology Spillovers and Product Market Rivalry [J]. Econometrica, 2013, 81 (4): 1347-1393.

[3] Chow G, Lin A. Accounting for Economic Growth in Taiwan and Mainland China: A Comparative Analysis [J]. Journal of Comparative Economics, 2002, 30 (3): 507~530.

[4] Davis D R, Weinstein D E. Market Access, Economic Geography and Comparative Advantage: An Empirical Test [J]. Journal of International Economics, 2003, 59 (1): 1-23.

[5] Marcus Berliant, Robert R. Reed, Ping Wang. Knowledge Exchange, Matching and Agglomeration [J]. Journal of Urban Economics, 2006, 60 (1).

[6] Van Oort F, Burger M, Raspe O. On the Economic Foundation of the Urban Network Paradigm: Spatial Integration, Functional Integration and Economic Complementarities Within the Dutch Randstad [J]. Urban Studies, 2010, 47 (4): 725-748.

[7] 傅晓霞，吴利学．技术效率、资本深化与地区差异——基于随机前沿模型的中国地区收敛分析 [J]．经济研究，2006 (10).

[8] 徐现祥，李郇．中国城市经济增长的趋同分析 [J]．经济研究，2004 (5).

[9] 张学良，李培鑫，李丽霞．政府合作、市场整合与城市群经济绩效——基于长三角城市经济协调会的实证检验 [J]．经济学（季刊），2017 (4).

[10] 张学良．中国区域经济收敛的空间计量分析——基于长三角 1993-2006 年 132 个县市区的实证研究 [J]．财经研究，2009 (7).

[11] 张梦婷，俞峰，钟昌标等．高铁网络、市场准入与企业生产率 [J]．中国工业经济，2018 (5).

[12] 赵勇，白永秀．中国城市群功能分工测度与分析 [J]．中国工业经济，2012 (11).

数字经济产业的关联测度及其宏观经济效应分析*

——基于投入产出模型视角

田金方 李慧萍 张 伟 薛 瑞

摘 要 研究目标，编制数字经济产业投入产出表，据其测度并分析数字经济产业的关联特征及其宏观经济效应。研究方法，引入调整系数核算数字经济产业规模；借助结构分解技术和投入产出系数分析数字经济产业的复杂动力系统；利用投入产出局部闭模型研究数字经济产业影响国民经济的乘数效应。研究发现，从产业关联来看，数字经济产业的内乘数效应、反馈效应和溢出效应均高于社会平均水平，说明数字经济产业促进经济发展的路径高效；数字经济在国民经济中属于强辐射、强制约的产业部门，对制造业具有较强的需求拉动和供给推动能力。从宏观经济效应来看，数字经济产业属于知识和技术密集型产业，且出口效应远大于传统国民经济部门，外向型特征显著；数字经济产业的产出乘数效应是拉动经济增长的强力引擎。研究创新，从投入产出模型的视角给出了数字经济规模核算的新范式。研究价值，为进一步完善数字经济产业核算体系、优化升级产业结构和推动形成经济发展“双循环”提供政策参考依据。

关键词 数字经济产业；投入产出模型；产业关联；结构分解技术；宏观经济效应；局部闭乘数

* 本文获得国家社会科学基金项目（20BTJ030）和山东省高等学校优秀青年创新团队支持计划项目（2019REW021）的资助。薛瑞为本文通信作者。

互联网革命是人类文明史上继工业革命和电力革命之后科技领域里的又一重大飞跃，为全球生产生活带来了全方位的破坏性创新（江小涓，2018）。伴随着移动互联网、大数据、物联网、云计算等一系列新兴信息技术与应用模式不断涌现，数字经济孕育而生。作为一种新型经济形态，数字经济与社会各领域融合的广度和深度不断扩展，为经济高质量发展注入新动能，成为经济转型升级的重要驱动力（刘航等，2019）。为抢占国际竞争制高点，各国际组织、政府机构纷纷出台了数字经济发展战略，将数字经济产业打造为国民经济高质量发展的新支柱（许宪春和张美慧，2020）。新冠肺炎疫情危机下，全球产业链、供应链以及价值链等面临着被重塑的挑战，而数字技术在疫情期间表现出的韧性让国际社会看到了发展数字经济在加强全球公共卫生治理、恢复经济发展方面的重要作用，更是实现“双循环”战略举措的启迪之路（胡滨等，2020；Stephenson，2020）。因此，诠释数字经济在供应链中的产业依赖关系是当前学界和业界关注的热点，亦是破解数字经济“索洛悖论2.0”的关键。

数字经济一词最早出现于《数字经济：网络智能时代的机遇和挑战》一书中，由Tapscott（1996）首次提出，之后的相关研究主要聚焦于四个方面：内涵界定、规模核算、指数编制以及卫星账户构建。在内涵界定方面，由于数字经济的发展与不断创新的信息技术紧密相连，加之处于快速演变并与传统产业深度融合的过程中，人们对数字经济内涵的界定处于百家争鸣的状态。阅读所及，相关文献普遍认为，数字经济是在数字技术作为驱动力量、数字化信息和知识作为关键要素、互联网作为重要载体的条件下，通过与实体经济深度融合，实现经济发展与治理模式重构的一种新型经济形态（Paul和James，2001；荆文君和孙宝文，2019；中国信息通信研究院，2020；金星晔等，2020）。进一步讲，数字经济的本质在于信息化，通过互联网、移动网络、物联网等，实现交易、合作的数字化，推动经济社会的发展与进步（孙德林和王晓玲，2004；逄健和朱欣民，2013）。受Machlup（1962）和Porat（1977）的影响，有关数字经济的规模核算研究主要聚焦于核算体系的构建以及核算标准的确定（许宪春和张美慧，2020；田金方和庄杉，2020）。从定性角度看，有些学者通过梳理和总结国际组织的核算研究，给出了数字经济规模核算的思路、框架以及相关建议（Bukht和Heeks，2018；蔡跃洲，2018；向书坚和吴文君；2018），为后人定量研究数字经济规模奠定基础。从定量角度看，相关机构和学者主要关注于数字经济发展的统计特征，例如核算总产出、增加值、增速和贡献水平、就业情况等（Kevin 等，2018；中国信息通信院，2020）。有关学者基于国际比较视角测度了我国数字经济规模的动态发展情况，发现数字经济推动经济增长的作用明显，为促进数字经济高质量发展提供了数据参考（许宪春和张美慧，2020）。鉴于直接测度数字经济规模无法完全捕捉数字化产品及其所产生的增加值，编制数字经济指数体系显得尤为必要（徐清源等，2018）。欧盟设计了数字经济与社会指数（Digital Economy and Society Index，DESI），用以刻画欧盟各国数字经济的发展程度（Eurostat，2017）。Moroz（2017）以荷兰为例，运用网络就绪指数（Networked Readiness Index，NRI）和 DESI 两个指标对电子经济发展进行了综合评价。国内相关机构和组织普遍采用对比法编制数字经济指数（中国信息通信研究院，2017；上海社会科学院经济研究所，2017；新华三数字经济研究院，2017）。卫星账户为数字经济核算工作提供了新的思路。OECD 开启了构建数字经济卫星账户（DESA）的新征程。OECD 在构建 DESA 时，不仅关注数字产品或数字产业，还重点关注数字交易的类型，尽可能避免了部分统计信息的漏统（OECD，2017）。随后，其他国家纷纷编制本国的卫星账户，例如，美国和新西兰均运用供给使用表对本国的数字经济运行情况进行测度（BEA，2018；Stats NZ，2017）。我国有关学者也在总结国际 DESA 研究经验的基础上，尝试构建具有国际可比较性的中国 DESA，确定了编制 DESA 的指标，并初步测算了我国数字经济主要部门的增加值（杨仲山和张美慧，2019；向书坚和吴文君，2019）。

综上可见，数字经济的相关研究仅仅围绕数字经济产业自身，而对其与其他产业之间的关联关系及其宏观经济效应的关注不足，缺乏从投入产出模型视角运用剥离技术将数字经济产业与传统产业分离开继而研究其在国民经济发展中的作用。原因可能有两个方面：一是数字经济产业的内涵和范围难以界定，不利于定量分析；二是中国以前以实体经济为主，缺乏对数字信息的重视，信息资源的价值未能有效释放，导致数字经济产业发展进程缓慢，与其他产业的关联程度也较低。但是，随着国家对数字经济产业发展的重视，该产业在国民经济发展中的地位不断提升。准确衡量数字经济产业与其他传统产业的关联关系，对更好地发挥数字经济产业的辐射和推动等作用具有重要意义。鉴于此，本文首先界定了数字经济产业的分类，利用调整系数剥离出数字经济产业规模，运用投入产出模型，依托结构分解技术和产业关联系数，分析2017年中国数字经济产业的结构关联特征以及与其他产业的前后向联系和波及效应，得到与其高度关联的产业，并探讨其在国民经济发展中的贡献和地位。然后从产出乘数、收入乘数和就业乘数三个方面测度我国数字经济产业的宏观经济效应，为合理规划数字经济产业发展提供参考依据。

与已有研究相比，本文从以下三点进行了补充和扩展：第一，利用调整系数，尝试将数字经济产业从传统产业中剥离开来，编制出2017年数字经济产业投入产出表，据其核算2017年数字经济规模；第二，依托数字经济产业投入产出表，借助结构分解技术和产业关联系数分析数字经济产业的结构关联特征和产业关联效应；第三，构建投入产出局部闭模型，运用产出乘数、收入乘数和就业乘数探讨数字经济产业的宏观经济效应，试图找寻能够实现经济发展“双循环”和产业结构优化升级的政策措施。

一、数字经济产业的界定与剥离

（一）数字经济产业的界定

出于不同的立场或研究目的，各国际组织、政府机构和有关学者对数字经济产业的分类存在差异；同时，数字技术的飞速发展以及与其他领域融合的进程加快，数字经济的范畴不断延伸，各国对其定义难以形成统一（刘华玲等，2019）。美国经济分析局（BEA）对数字经济产业及其包含的内容进行界定，主要包含三部分：一是包括硬件、软件、通信等相关服务业在内的基础设施；二是以网络为途径的电子商务；三是数字媒体（Barefoot et al.，2018）。澳大利亚统计局（ABS，2019）借鉴BEA的测算方法，对数字经济部门及其产品服务进行了划分，认为数字经济包括：支持数字技术的基础设施，包括硬件、软件和相关支持服务；电子商务，包括批发和零售；数字媒体。俄罗斯在《数字经济规划》中涉及的数字经济产业有ICT产业和数字内容产业。我国不同学者纷纷从不同视角建立数字经济产业的分类体系。许宪春和张美慧（2020）在筛选出数字经济产品的基础上，将数字经济产业归为三类：数字化赋权基础设施、数字化媒体和数字化交易。也有学者按照数字经济中的生产活动将数字经济产业划分为数字经济驱动行业、电商产业和数字内容产业（王思瑶，2020）。康铁祥（2008）界定数字产业为单一产出数字产品或服务的国民经济产业部门总和。

本文以国家统计局制定的《国民经济行业分类2017》和《2017年中国投入产出表》作为产品部门的划分和合并的标准，依照许宪春和张美慧（2020）对数字经济产业的界定，通过参考和对比 BEA（2018）、ABS（2019）以及我国学者（王思瑶，2020）的分类，增加了“计算机和办公设备维修”“网上一般物品拍卖”，从而得到相对更为权威和合理的数字经济产业体系，如表1所示。

表1 中国数字经济产业分类

国民经济行业分类（GB/T 4754－2017）			来自投入产出表149部门
编号	门类	大/中/小类	
1	制造业	计算机、通信和其他电子设备制造业	计算机，通信设备，广播电视设备和雷达及配套设备，视听设备，电子元器件，其他电子设备
2	批发和零售业	贸易代理*，一般物品拍卖*，互联网批发，互联网零售	批发，零售
3	信息传输、软件和信息技术服务业	信息传输、软件和信息技术服务业	电信，广播电视及卫星传输服务，互联网和相关服务，软件服务，信息技术服务
4	居民服务、修理和其他服务业	计算机和办公设备维修	其他服务
5	文化、体育和娱乐业	音像制品出版，电子出版物出版，数字出版，广播、电视、电影和录音制作业	新闻和出版，广播、电视、电影和影视录音制作

注：贸易代理*：网上贸易代理；一般物品拍卖*：网上一般物品拍卖。

资料来源：《2017年中国投入产出表》；许宪春和张美慧（2020）；王思瑶（2020）。

（二）数字经济产业的剥离

根据前文划分的数字经济产业分类体系，数字经济产业主要包含于制造业，批发和零售业，信息传输、软件和信息技术服务业，居民服务、修理和其他服务业，文化、体育和娱乐业五大门类中。但是，由于生产活动范围不同以及统计口径的差异，编制数字经济产业投入产出表完全采用这五个门类部门相关数据的简单相加，显然远远超出了数字经济产业本身的生产活动范围，不能完全反映数字经济产业的实际情况。就目前而言，相关部门中与数字经济相关的生产活动的基础数据无法由国民经济核算体系提供，这种情况下，本文利用数字经济调整系数对数字经济相关部门的生产活动进行剥离，从而得到相对较为合理的数字经济产业规模数据，以进一步探讨其与国民经济各部门之间的联系。

本文依照许宪春和张美慧（2020）的研究思路和测算方法，“假设数字经济中间消耗占数字经济总产出比重与相应产业中间消耗占总产出比重相同”，并结合黄璆（2017）和鄢慧丽（2014）构造的“物流调整系数”和“旅游剥离系数”，引入“数字经济调整系数”，数字经济调整系数是指该行业部门中数字经济增加值占该部门总增加值的比重，公式表示如下：

$$\lambda_i = \frac{Y_{di}}{Y_i} \tag{1}$$

式中，λ_i 表示相关部门 i 的数字经济调整系数；Y_{di}表示部门 i 中对应的数字经济产业增加值；Y_i 表示国民经济行业部门 i 的增加值。上述公式可以进一步反映该行业中数字经济总产值占该行业总产值的比例。具体计算过程（许宪春和张美慧，2020；黄璆，2017）为：

（1）计算批发业、零售业、其他服务业与新闻和出版的增加值率。行业增加值率是指国民经济各行业增加值与相应总产出的比率，即：

$$\text{行业增加值率} = \frac{\text{行业总增加值}}{\text{行业总产出}} \tag{2}$$

（2）计算批发业、零售业、其他服务业与新闻和出版的数字经济增加值。行业数字经济增加值为该行业中来自数字经济的产出部分与该行业的增加值率的乘积，即：

$$\text{行业中数字经济增加值} = \text{行业中的数字经济总产出} \times \text{行业增加值率} \tag{3}$$

（3）由式（2）和式（3）整理可得：

$$\frac{\text{行业中数字经济总产出}}{\text{行业总产出}} = \frac{\text{行业中数字经济增加值}}{\text{行业总增加值}} \tag{4}$$

上述过程证明，数字经济调整系数既是行业中数字经济增加值在该行业总增加值的占比，也是该行业中数字经济总产出在该行业总产出的占比。

依据许宪春和张美慧（2020）利用行业营业收入占比作为增加值占比计算数字经济调整系数的方法，将互联网批发、网上贸易代理和网上物品拍卖营业收入之和占批发业营业收入的比重作为互联网批发、网上贸易代理和网上物品拍卖总产出之和占批发业总产出的比重，从而得到批发业的数字经济调整系数；将互联网零售营业收入占零售业营业收入的比重作为互联网零售总产出占零售业总产出的比重，从而得到零售业的数字经济调整系数；将计算机和办公设备维修营业收入占其他服务业营业收入的比重作为计算机和办公设备维修总产出占其他服务业总产出的比重，得到其他服务业的数字经济调整系数。将音像制品出版、电子出版物出版、数字出版营业收入之和占新闻和出版营业收入的比重作为音像制品出版、电子出版物出版、数字出版总产出之和占新闻和出版总产出的比重，从而得到新闻和出版的数字经济调整系数。根据《中国经济普查年鉴》中相关数据，计算出相应部门的数字经济调整系数，如表 2 所示。

表 2　数字经济产业的调整系数

相关部门	数字经济营业收入（亿元）	相关部门营业收入（亿元）	数字经济调整系数
其他服务业	381. 7	4470. 5	0. 085381948
批发业	6764. 185	722441. 21	0. 009362956
零售业	12111. 57	158700. 44	0. 076317180
新闻和出版	7115. 21	25191. 1	0. 282449357

资料来源：由《2018 年中国经济普查年鉴》《2017 年新闻出版产业分析报告》相关数据整理得出。

如表 2 所示，各行业部门数字经济调整系数均小于 0. 3，甚至其中三个部门的系数小于 0. 1，这进一步说明，简单地用批发业、零售业、其他服务业、新闻和出版来代替数字经济产业会严重高估数字经济产业规模，是不可取的。因此，引入数字经济调整系数以从相关部门中剥离出数字经济的投入产出数据非常必要。

二、数字经济产业投入产出表的构建

本文从 2017 年投入产出表 149 个部门中筛选出 16 个数字经济相关部门作为研究对象。如前文所述，其中 4 个部门既包括数字经济相关活动，又包含非数字经济相关活动。需要利用前文计算的数字经济调整系数从投入产出表的16个数字经济相关部门中剥离出数字经济活动信息。具体步骤分为三步：一是从2017年全国投入产出表中识别出与数字经济产业相关的16个部门；二是利用前文计算的数字经济调整系数对4个部门的投入产出数据进行剥离；三是将149个细分部门根据国民经济行业分类（2017）进行部门合并，最终得到2017年19个部门数字经济产业投入产出表。如图1所示。

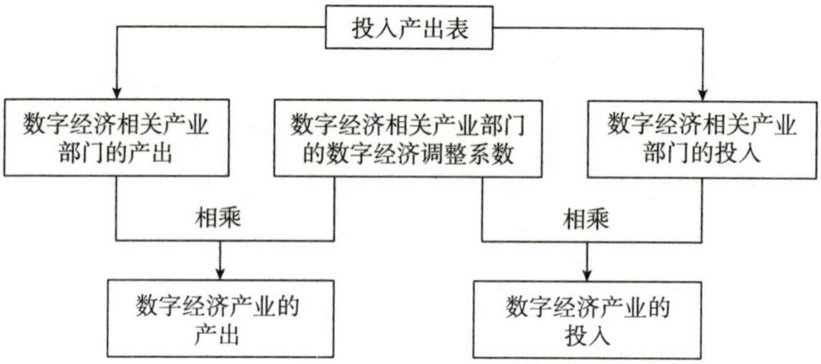

图1　物流业的投入产出数据剥离过程

前文计算的数字经济调整系数，是数字经济产业在相应部门的产出占比，亦即剥离系数，记为 p_j，则与数字经济产业相关的部门 j 的投入产出数据被分为 p_jX_{ij} 和 $(1-p_j)X_{ij}$ 两部分，其中，p_jX_{ij} 表示 j 部门中数字经济部分；$(1-p_j)X_{ij}$ 表示 j 部门中剔除数字经济后仍属于该传统部门的产值，由此将数字经济产业从传统部门中剥离出来，从而得到数字经济产业的投入产出数据，计算公式（黄璎，2017）如下：

$$RX_i = \sum_{j=1}^{4} p_j r_{ij} \tag{5}$$

$$CX_i = \sum_{j=1}^{4} p_j c_{ij} \tag{6}$$

式中，RX_i 和 CX_i 分别表示投入产出表中数字经济产业对应的行和列；p_j 表示相关部门的数字经济调整系数；r_{ij} 表示投入产出表中第 i 行的第 j 个数字经济相关部门的行值；c_{ij} 表示投入产出表中第 i 列的第 j 个数字经济相关部门的列值。

本文的目的是探讨数字经济产业与传统的国民经济部门间的联系，鉴于此，将149个细分部门的投入产出表归集成数字经济产业在内的19个部门投入产出表，如附表 2 所示。

由投入产出表数据（见附表 1）可知，2017 年数字经济产业的总投入（总产出）为 162216.58 亿元，增加值合计为 51078.49 亿元，对比许宪春和张美慧（2020）测算结果：同年数字经济总增加值为 53028.85 亿元，是较为接近的。考虑到其所用数据中 2017 年“信息传输、软件及信息技术服务业”增加值大于国家统计局公布的“信息传输、软件及信息技术服务业”增加值，因此可能存在一定程度的高估。也可说明本文从 149 个部门中选取 16 个部门，利用数字经济调整系数从中剥离出数字经济产业数据是合理的，为下文进一步测算产业关联和宏观经济效应提供依据。

三、数字经济产业关联效应分析

（一）数字经济产业的结构关联特征

本文借鉴余典范等（2011）的方法，运用投入产出模型的结构分解技术，将 Leontief 逆矩阵分解为三部分（式（7）），进而分析产业结构的内乘数效应、反馈效应和溢出效应。

$$\begin{bmatrix} b_{11} & b_{12} & \cdots & b_{1n} \\ b_{21} & b_{22} & \cdots & b_{2n} \\ \cdots & \cdots & \cdots & \cdots \\ b_{n1} & b_{n2} & \cdots & b_{nn} \end{bmatrix} = \begin{bmatrix} \frac{1}{1-a_{11}} & 0 & \cdots & 0 \\ 0 & \frac{1}{1-a_{22}} & \cdots & 0 \\ \cdots & \cdots & \cdots & \cdots \\ 0 & 0 & \cdots & \frac{1}{1-a_{nn}} \end{bmatrix} +$$

$$\begin{bmatrix} b_{11}-\frac{1}{1-a_{11}} & 0 & \cdots & 0 \\ 0 & b_{22}-\frac{1}{1-a_{22}} & \cdots & 0 \\ \cdots & \cdots & \cdots & \cdots \\ 0 & 0 & \cdots & b_{nn}-\frac{1}{1-a_{nn}} \end{bmatrix} + \begin{bmatrix} 0 & b_{21} & \cdots & b_{n1} \\ b_{12} & 0 & \cdots & b_{n2} \\ \cdots & \cdots & \cdots & \cdots \\ b_{1n} & b_{2n} & \cdots & 0 \end{bmatrix} \quad (7)$$

如果最终需求给定，根据投入产出模型，各产业部门总产出 X_i 可表示为：

$$X_i = \frac{1}{1-a_{ii}}Y_i + \left(b_{ii} - \frac{1}{1-a_{ii}}\right)Y_i + \sum_{j,j\neq i}^{n} b_{ij}Y_j \qquad (8)$$

令 $M_i = \frac{1}{1-a_{ii}}$，$F_i = b_{ii} - \frac{1}{1-a_{ii}}$，$S_i = \sum_{j,j\neq i}^{n} b_{ij}$。从最终需求的变化来看，$M_i$ 表示内乘数效应，即 i 产业部门单位最终需求引起本部门产出水平的变化，反映 i 产业部门的自生能力；F_i 表示反馈效应，即 i 产业部门的单位最终需求对其他产业部门产生影响后，这一影响通过产业关联反过来引起 i 产业部门产出水平的变化，反映 i 产业部门的关联能力；S_i 表示溢出效应，即其他产业部门单位最终需求对 i 产业部门带来的直接或间接影响的总和，反映 i 产业部门的感应能力。

根据结构分解模型式(7)测算了数字经济产业的内乘数效应、反馈效应和溢出效应。作为对比，本文测算了按国民经济行业分类的传统部门的三种效应，如表 3 所示。总体来看，国民经济产业部门的内乘数效应 > 溢出效应 > 反馈效应，说明在经济发展的过程中，内乘数效应和溢出效应发挥了主导作用，而反馈作用的贡献相对较弱。这一结论与余典范等(2011)、刘波和徐蔼婷(2018)结论一致。在 2017 年的产业关联水平上，当所有部门的最终需求均增加 1 亿元时，制造业产出增加量最高，为 12.34 亿元，卫生和社会工作产出增加量最低，仅有 1.02 亿元。

表 3　2017 年 19 个产业部门的乘数效应、反馈效应和溢出效应

国民经济部门	内乘数效应	反馈效应	溢出效应	总效应
农林牧渔业	1.1539	0.0428	1.2878	2.4845
采矿业	1.1470	0.0592	1.3193	2.5255
制造业	1.8836	0.2809	10.1771	12.3416
电力、热力、燃气及水生产和供应业	1.3754	0.0481	1.0238	2.4473
建筑业	1.0330	0.0019	0.0948	1.1297
批发和零售业	1.0062	0.0212	1.2697	2.2971
交通运输、仓储和邮政业	1.1207	0.0433	1.4723	2.6363
住宿和餐饮业	1.0026	0.0152	0.5963	1.6141
金融业	1.0915	0.0423	1.5881	2.7219
房地产业	1.0355	0.0197	0.8897	1.9449

续表

国民经济部门	内乘数效应	反馈效应	溢出效应	总效应
租赁和商务服务业	1.1121	0.0552	1.3578	2.5251
科学研究和技术服务业	1.1267	0.0073	0.2678	1.4018
水利、环境和公共设施管理业	1.0347	0.0022	0.0689	1.1058
居民服务、修理和其他服务业	1.0193	0.0055	0.3055	1.3303
教育	1.0116	0.0005	0.0368	1.0489
卫生和社会工作	1.0055	0.0005	0.0141	1.0201
文化、体育和娱乐业	1.0661	0.0018	0.0808	1.1487
公共管理、社会保障和社会组织	1.0252	0.0005	0.0245	1.0502
数字经济产业	1.6648	0.0405	1.4691	3.1744
平均水平	1.1534	0.0362	1.2286	2.4183

接下来关注数字经济产业。总体来看，当所有部门的最终需求均增加1亿元时，数字经济产业总产出增加量为3.17，名列第二。该产业部门的内乘数效应、反馈效应和溢出效应均超过全社会平均水平，体现了数字经济产业具有较强的自生能力、关联能力和感应能力，进一步说明，要想充分发挥数字经济产业在国民经济发展中的作用，不仅要关注数字经济产业本身的发展，还应重点关注数字经济产业与其他传统产业部门之间的经济技术联系。鉴于此，下文测度了数字经济产业的前后向产业关联效应，进一步挖掘与数字经济产业经济技术关联密切的产业部门。

（二）数字经济产业的关联效应测度

本文借鉴李秀婷等（2014）对关联产业做以下界定：若数字经济产业与其他部门的关联系数大于0，则认为这些产业部门与数字经济产业有技术经济联系；对于关联系数大于所有部门平均关联系数（平均直接消耗系数、平均完全消耗系数、平均直接分配系数、平均完全分配系数）的部门则是数字经济产业的密切关联部门。

1. 数字经济产业后向关联效应

数字经济产业的后向关联效应是指数字经济产业对上游供应链的依赖程度，即对那些直接或间接对本产业或其他产业的需求拉动效应。数字经济产业的直接和完全后向关联效应由直接消耗系数和完全消耗系数测度。

从表4可以看出，数字经济产业与各产业部门均有后向直接关联关系，充分体现数字经济产业对上游供应链整体都有一定的带动作用。其中，数字经济产业、制造业、租赁和商务服务业的直接消耗系数大于各部门平均直接消耗系数，属于数字经济产业的密切后向直接关联产业。这三个部门的直接消耗系数均大于0.036，表明数字经济产业每生产1万元的数字经济产品对这些产品的直接消耗均超过360元，由此说明数字经济产业对三个产业的依赖性较强，有能力带动这些产业发展。另外，数字经济产业对自身的消耗量最大，说明部门内部具有产业性质相近、关联度大的特征（臧霄鹏，2011），有利于数字经济产业内部集聚经济的形成。

表4 2017年数字经济产业对19个产业部门的消耗系数

国民经济部门	代码	直接消耗系数	排序	完全消耗系数	排序
农林牧渔业	01	0.0002	17	0.0524	10
采矿业	02	0.0001	19	0.0538	9
制造业	03	0.1339	2	0.5993	2
电力、热力、燃气及水生产和供应业	04	0.0102	8	0.0561	8
建筑业	05	0.0008	13	0.0031	15
批发和零售业	06	0.0303	4	0.0901	4
交通运输、仓储和邮政业	07	0.0170	7	0.0765	6
住宿和餐饮业	08	0.0058	9	0.0254	11
金融业	09	0.0183	6	0.0785	5
房地产业	10	0.0212	5	0.0585	7
租赁和商务服务业	11	0.0368	3	0.1073	3
科学研究和技术服务业	12	0.0057	10	0.0167	12
水利、环境和公共设施管理业	13	0.0006	14	0.0029	16
居民服务、修理和其他服务业	14	0.0031	11	0.0116	13
教育	15	0.0003	16	0.0013	18
卫生和社会工作	16	0.0001	18	0.0005	19
文化、体育和娱乐业	17	0.0010	12	0.0037	14
公共管理、社会保障和社会组织	18	0.0004	15	0.0013	17
数字经济产业	19	0.3993	1	0.7053	1
平均消耗系数	—	0.0361	—	0.1023	—

将国民经济视为一个整体时，需考虑不同产业间的间接物耗情况，数字经济产业、制造业、租赁和商务服务业是数字经济产业的密切后向完全关联产业，是数字经济产业最为主要的中间投入部门。数字经济产业每生产价值1万元的数字经济产品，分别消耗本部门7053元，消耗制造业5993元，消耗租赁和商务服务业1073元。可以发现，我国数字经济产业的发展除依靠本部门产品投入外，还主要依赖制造业的产品投入，这反映出数字经济产业的发展离不开实体经济的支撑。

综合而言，数字经济产业与国民经济绝大多数产业部门均存在包括直接关联和完全关联在内的后向关联关系。其中，制造业、租赁和商务服务业在数字经济产业的消耗结构中占据主要地位。通过将完全消耗系数和直接消耗系数进行对比发现，大多数完全消耗系数比直接消耗系数大很多，因此，数字经济产业与传统产业部门的经济联系中，间接联系占比较高，其中，最为显著的是农林牧渔业和采矿业，说明间接消耗在数字经济产业与农林牧渔业和采矿业的经济联系中起着重要作用。

2. 数字经济产业前向关联效应

数字经济产业的前向关联效应是指数字经济产业对下游供应链的依赖程度，即对那些直接或间接对本产业或其他产业的供给推动效应。数字经济产业的直接前向关联效应主要由直接分配系数度量，而完全前向关联效应主要由完全分配系数测度。根据2017年19个部门的数字经济产业投入产出表可以得到各部门对数字经济产业产品的需求量和各部门总产出，进而计算数字经济产业与各部门的直接分配系数和完全分配系数，如表5所示。

表5 2017年数字经济产业对19个产业部门的分配系数

国民经济部门	代码	直接分配系数	排序	完全分配系数	排序
农林牧渔业	01	0.0020	16	0.0224	10
采矿业	02	0.0014	18	0.0143	16
制造业	03	0.1045	2	0.5082	2
电力、热力、燃气及水生产和供应业	04	0.0031	14	0.0222	11
建筑业	05	0.0251	3	0.1406	3
批发和零售业	06	0.0082	9	0.0332	9
交通运输、仓储和邮政业	07	0.0155	8	0.0553	4
住宿和餐饮业	08	0.0030	15	0.0161	15
金融业	09	0.0209	4	0.0544	5

续表

国民经济部门	代码	直接分配系数	排序	完全分配系数	排序
房地产业	10	0.0034	13	0.0163	14
租赁和商务服务业	11	0.0164	7	0.0521	6
科学研究和技术服务业	12	0.0192	5	0.0499	7
水利、环境和公共设施管理业	13	0.0017	17	0.0053	18
居民服务、修理和其他服务业	14	0.0072	10	0.0175	13
教育	15	0.0044	12	0.0125	17
卫生和社会工作	16	0.0056	11	0.0218	12
文化、体育和娱乐业	17	0.0013	19	0.0045	19
公共管理、社会保障和社会组织	18	0.0182	6	0.0411	8
数字经济产业	19	0.3993	1	0.7053	1
平均分配系数	—	0.0348	—	0.0944	—

表5反映了数字经济产业作为中间投入对其他部门的支持情况。从直接分配系数看，除本部门外，数字经济产业与其他18个部门都有前向直接关联关系。数字经济产业作为中间投入，与本部门的关联最为紧密，其次是制造业，直接分配系数均大于0.104。2017年数字经济产业每产出1万元的产品和服务，其中作为中间品再次投入到制造业1045元。充分说明制造业是数字经济产业的密切前向直接关联产业，是数字经济产业最为主要的产品直接供给部门，数字经济产业的发展会优先推动该产业的发展和繁荣。

考虑各产业之间的间接流向，所有部门都是数字经济产业的前向完全关联部门，其中数字经济产业、制造业、建筑业的完全分配系数大于平均完全分配系数0.0944，属于数字经济产业的密切前向完全关联部门。由此可知，数字经济产业对这些产业的供给推动效应较大，其发展会不同程度地推动这些产业的发展。

综上所述，从密切关联部门看，制造业既是数字经济产业的密切后向关联部门，也是密切前向关联部门，说明数字经济产业对制造业存在一定程度的引领和支撑作用，因此两者的发展不能割裂开来，大力推动数字经济产业与制造业的协同发展是实现经济高质量发展的关键。从三产角度看，无论是后向关联度还是前向关联度，数字经济产业与第一产业的关联度都较低，说明数字经济产业对第一产业的拉动和推动作用较弱，反映了我国的传统型农业数字技术利用率低，因此，采用数字技术对传统农业进行改造和升级，建设现代化农业是推进农业结构升级的重要任务。总体而言，数字经济产业的前向关联度大于后向关联度，说明数字经济产业的发展对其他产业的支撑能力大于数字经济产业对其他产业发展的带动作用。这与数字经济产业自身特性有关，数字经济活动已经渗透到生活的方方面面，也存在于国民经济部门生产活动的各个环节，是国民经济生产活动的重要中间投入，是推动经济社会发展的“新引擎”，对推动国民经济发展具有重要作用。

3. *数字经济产业波及效应*

影响力系数反映了某部门增加一单位最终使用时，对国民经济各部门所产生的需求波及程度，影响力系数越大，表明该部门对其他部门的拉动作用也越大，若影响力系数大于1(小于1)，表示该部门的生产对其他部门所产生的波及影响程度高于(低于)社会平均影响水平；感应度系数反映了国民经济各个部门均增加一单位最终使用时，某部门因此受到的感应程度，当某一部门感应度系数大于1(小于1)时，表示该部门的感应程度高于(低于)社会平均感应度水平，感应度系数越大，表明该部门对国民经济的推动作用越大(中国投入产出学会课题组等，2006)。本文影响力系数和感应度系数的计算借鉴中国投入产出学会课题组等(2006)的公式。具体公式为：

$$F_j = \frac{\frac{1}{n}\sum_{i=1}^{n} b_{ij}}{\frac{1}{n^2}\sum\sum b_{ij}} = \frac{\sum_{i=1}^{n} b_{ij}}{\frac{1}{n}\sum\sum b_{ij}} (j = 1,2,\cdots,n) \tag{9}$$

$$E_i = \frac{\frac{1}{n}\sum_{j=1}^{n} k_{ij}}{\frac{1}{n^2}\sum\sum k_{ij}} = \frac{\sum_{j=1}^{n} k_{ij}}{\frac{1}{n}\sum\sum k_{ij}} (i = 1,2,\cdots,n) \tag{10}$$

式中，b_{ij}表示第 j 部门对第 i 部门的完全消耗系数，k_{ij}表示第 i 部门对第 j 部门的完全分配系数。数字经济产业和国民经济各部门的影响力系数和感应度系数如表 6 所示。

表 6　2017 年 19 个产业部门的影响力和感应度系数

国民经济部门	代码	影响力系数	排序	感应度系数	排序
农林牧渔业	01	0.7512	14	1.4980	4
采矿业	02	0.9006	11	3.0484	1

续表

国民经济部门	代码	影响力系数	排序	感应度系数	排序
制造业	03	1.5284	2	1.3189	7
电力、热力、燃气及水生产和供应业	04	1.2617	4	1.8774	2
建筑业	05	1.5510	1	0.0418	18
批发和零售业	06	0.5678	17	1.1506	8
交通运输、仓储和邮政业	07	1.0151	10	1.3597	6
住宿和餐饮业	08	1.2136	6	1.0728	10
金融业	09	0.7218	16	1.3658	5
房地产业	10	0.4137	19	0.7160	12
租赁和商务服务业	11	1.2603	5	1.6511	3
科学研究和技术服务业	12	1.1648	8	0.6881	13
水利、环境和公共设施管理业	13	1.0532	9	0.5788	15
居民服务、修理和其他服务业	14	0.8741	13	0.7577	11
教育	15	0.5226	18	0.0670	16
卫生和社会工作	16	1.2107	7	0.0319	19
文化、体育和娱乐业	17	0.8908	12	0.5844	14
公共管理、社会保障和社会组织	18	0.7279	15	0.0478	17
数字经济产业	19	1.3707	3	1.1437	9

由表6可以发现，2017年我国影响力系数大于1的有10个部门，大多集中于第二产业，说明第二产业仍是拉动国民经济发展的主要力量。从影响力系数排名看，2017年数字经济产业的影响力系数仅次于建筑业和制造业，排名第三。这充分说明我国正处于新型工业化阶段，数字经济产业作为新兴产业对国民经济的拉动作用正在凸显，对国民经济未来发展起着关键性的作用，同时有利于我国工业结构的升级和产业结构的优化。因此，可以考虑将数字经济产业作为先导产业大力推进。

2017年，我国感应度系数大于1的部门有10个部门，排名前2位的产业有采矿业，电力、热力、燃气及水生产和供应业，这两个部门的产品大多具有中间产品的性质，尤其是采矿业，其感应度系数达到3.0以上，是社会平均值的3倍。另外，租赁和商务服务业的感应度也大于社会平均水平，说明服务业对国民经济发展的推动作用正在增强。这些产业对国民经济的推动作用增强的同时，其他产业对它们会产生较大的需求压力，容易成为国民经济发展的“瓶颈”部门(中国投入产出学会课题组等，2006；谢锐等，2011)。数字经济产业的感应度系数虽排名靠后，但仍高于全社会平均水平，一方面反映了国民经济其他产业部门的发展对数字经济产业的需求较大，另一方面说明我国数字经济产业对社会经济发展具有一定的推动作用。

总体来看，数字经济产业的影响力系数与感应度系数都大于社会平均水平，具有较强的辐射作用，可以认为该产业是拉动和推动国民经济发展的支柱产业，对我国经济社会发展、产业结构优化升级具有举足轻重的作用。

四、数字经济产业宏观经济效应分析

(一)就业吸纳能力

本文利用直接劳动报酬系数和完全劳动报酬系数对国民经济各部门的就业吸纳能力进行测算。直接劳动报酬系数指某部门生产单位总产出所要支付的劳动报酬，反映了某部门对劳动力的依赖程度；完全劳动报酬系数反映单位产品完全投入的劳动成本数量，可以反映某部门产品的真正劳动密集程度(刘起运等，2011)。数字经济产业和其他部门的就业吸纳能力测算结果如表 7 所示。

表 7　2017 年 19 个产业部门的就业吸纳能力

国民经济部门	代码	直接劳动报酬系数	排序	完全劳动报酬系数	排序
农林牧渔业	01	0. 5927	1	0. 8305	1
采矿业	02	0. 1836	14	0. 3978	17
制造业	03	0. 0870	19	0. 4653	13
电力、热力、燃气及水生产和供应业	04	0. 1056	18	0. 3914	18
建筑业	05	0. 1495	15	0. 5131	10
批发和零售业	06	0. 3000	7	0. 4535	15
交通运输、仓储和邮政业	07	0. 2152	11	0. 4708	12
住宿和餐饮业	08	0. 2003	12	0. 5267	9

续表

国民经济部门	代码	直接劳动报酬系数	排序	完全劳动报酬系数	排序
金融业	09	0.2571	9	0.4504	16
房地产业	10	0.1136	17	0.2292	19
租赁和商务服务业	11	0.2587	8	0.5782	6
科学研究和技术服务业	12	0.2474	10	0.5419	8
水利、环境和公共设施管理业	13	0.1999	13	0.5055	11
居民服务、修理和其他服务业	14	0.4123	4	0.6211	4
教育	15	0.5288	2	0.6634	3
卫生和社会工作	16	0.3328	5	0.6080	5
文化、体育和娱乐业	17	0.3175	6	0.5451	7
公共管理、社会保障和社会组织	18	0.5040	3	0.7017	2
数字经济产业	19	0.1449	16	0.4619	14

由表7可知，各部门的直接劳动报酬系数与完全劳动报酬系数所在位次相差不大，农林牧渔业远高于其他部门位居第一，说明农林牧渔业对劳动力的依赖性最强，即劳动密集程度最高。数字经济产业的劳动报酬系数(0.1449)相对而言较小，在19个部门中排在下位，表明数字经济产业对劳动力的依赖性较弱。数字经济产业作为以信息技术为手段进行经济活动的产业，不再单单依靠人力，更多的是依靠现代化技术，因此数字经济产业更偏向于知识和技术密集型产业，无法配置大量就业岗位的同时，还对劳动力的知识和技能有更高的要求。有相关研究表明，数字经济带来的智能化促进了行业就业结构的高级化，从而实现更高质量的就业，在就业结构转换的过程中，劳动者的职业技能和教育水平是必备要素(王文，2020)。

(二)消费和出口效应

本文利用消费系数和出口系数表示消费和出口效应，这反映了产业对消费和出口的影响程度。消费系数越大(小)，则总产品或服务中用于消费的部分越多(少)；出口系数越大(小)，则总产品或服务中用于出口的部分越多(少)，以衡量国外对我国数字经济产业提供产品的需求程度。2017年各部门的消费系数和出口系数如表8所示。

表 8　2017 年 19 个产业部门的消费和出口效应

国民经济部门	代码	消费系数	排序	出口系数	排序
农林牧渔业	01	0.2495	9	0.0108	9
采矿业	02	0.0025	18	0.0090	11
制造业	03	0.1220	14	0.1040	3
电力、热力、燃气及水生产和供应业	04	0.0977	16	0.0015	16
建筑业	05	0.0000	19	0.0036	13
批发和零售业	06	0.1516	13	0.1172	2
交通运输、仓储和邮政业	07	0.1761	11	0.0777	4
住宿和餐饮业	08	0.4566	7	0.0125	8
金融业	09	0.2270	10	0.0063	12
房地产业	10	0.4535	8	0.0000	18
租赁和商务服务业	11	0.0805	17	0.0394	5
科学研究和技术服务业	12	0.1642	12	0.0256	7
水利、环境和公共设施管理业	13	0.7449	5	0.0099	10
居民服务、修理和其他服务业	14	0.5261	6	0.0011	17
教育	15	0.9548	3	0.0000	18
卫生和社会工作	16	0.9822	1	0.0020	15
文化、体育和娱乐业	17	0.7696	4	0.0349	6
公共管理、社会保障和社会组织	18	0.9601	2	0.0021	14
数字经济产业	19	0.1131	15	0.2433	1

由表 8 可知，消费系数排在前三位产业的是：卫生和社会工作，公共管理、社会保障和社会组织，教育，且均在 0.954 以上，可见第三产业是拉动消费的主要部门。与传统部门相比，2017 年数字经济产业的消费系数处于较低水平为 0.1131，即数字经济产业每 10000 元的总产品中有 1131 元用于消费，消费占总产出约为 11%，说明数字经济产业总产出中用于消费的部分较少，更多的是作为中间品投入各个部门的各个环节，因此，从 2017 年数据看，数字经济产业对消费的直接拉动作用未能释放出来。

在出口效应方面，数字经济产业的出口系数为 0.2433，远大于传统部门名列第一。说明我国数字经济规模位居前列的同时，数字产品出口规模所占比重也很大。在单位总产出中，数字经济产业用于出口的产品远大于传统产业用于出口的产品，表明我国数字经济产业发展具备一定的国际市场，数字贸易日益成为经济发展新动能。另外，有关数据显示，目前数据跨境流动对于全球 GDP 的贡献已超过货物跨境流动的贡献(李钢和张琦，2020)。由此可见，我国数字贸易呈稳步上升趋势，展现出蓬勃的生命力，在未来具有巨大的发展潜力。

(三)数字经济产业乘数效应

1. 投入产出局部闭模型

在开模型中，居民消费等最终使用是外生变量，无法反映居民收入对各生产部门生产的连锁反应，而居民消费又是生产链条上的重要环节，因此，将居民消费内生化，即在传统的投入产出开模型基础上，将居民部门纳入中间流量矩阵中，构建投入产出局部闭模型。首先计算扩展的直接消耗系数矩阵，然后得到扩展的列昂惕夫逆矩阵和各类乘数(张红霞和刘起运，2011)，公式如下：

$$A^* = \begin{bmatrix} a_{11} & \cdots & a_{1n} & a_{1,n+1} \\ \vdots & \vdots & \vdots & \vdots \\ a_{n1} & \cdots & a_{nn} & a_{n,n+1} \\ a_{n+1,1} & \cdots & a_{n+1,n} & a_{n+1,n+1} \end{bmatrix} = \begin{bmatrix} A & H_c \\ H_r & h \end{bmatrix} \tag{11}$$

式中，A^* 表示扩展的直接消耗系数矩阵；A 为开模型下不包含居民部门的直接消耗系数矩阵；H_c 表示各居民群体对各部门消费占其收入比重的矩阵，这里的居民收入对应劳动者报酬收入；H_r 表示各部门居民收入系数；h 为居民部门对居民部门的支付系数，h = 0。

总产出的局部闭模型为：$\Delta V = (I - A^*)^{-1}\Delta Y = B^*\Delta Y$ (12)

国民收入的局部闭模型为：$\Delta V = A_v(I - A^*)^{-1}\Delta Y = A_v B^*\Delta Y$ (13)

就业的局部闭模型为：$\Delta E = A_\varepsilon(I - A^*)^{-1}\Delta Y = A_\varepsilon B^*\Delta Y$ (14)

式中，B^* 表示扩展的列昂惕夫逆矩阵，A_v 表示增加值率向量，A_ε 表示就业系数向量，ΔY 表示最终需求的增加量，ΔV 表示收入的增加量，ΔE 表示就业人数增加量。

2. 乘数作用

基于投入产出局部闭模型计算产出乘数、收入乘数和就业乘数。在测算就业效应之前，首先需得到包括数字经济产业在内的各部门的直接就业人数，考虑到部门的匹配关系，根据归集出的 18 个国民经济部门就业人数[①]重新计算剥离系数，最终得到剥离后包括数字经济产业在内的各部门就业人数及就业系数。运用局部闭模型测算得到数字经济产业对总产出、国民收入以及就业的完全拉动效应，结果如表9所示。作为对比，本文测算了数字经济产业投入产出表中其他18个国民经济产业部门的乘数作用，如表10所示。

表9　2017年数字经济产业对19个部门的乘数效应

代码	单位数字经济产出乘数（亿元）	产出的乘数效应（亿元）	单位数字经济收入乘数（亿元）	收入的乘数效应（亿元）	单位数字经济就业乘数（亿人）	就业的乘数效应（亿人）
01	0.1585	13651.80	0.0942	8113.96	3.68E-08	3.17E-03
02	0.1061	9141.53	0.0554	4774.21	8.92E-08	7.68E-03
03	1.1914	102639.26	0.2780	23947.98	5.39E-07	4.64E-02
04	0.1061	9141.07	0.0341	2935.12	6.30E-08	5.43E-03
05	0.0053	460.58	0.0013	111.33	6.18E-09	5.32E-04
06	0.1625	14002.62	0.1081	9311.04	1.21E-07	1.04E-02
07	0.1508	12988.56	0.0683	5883.94	1.24E-07	1.07E-02
08	0.0697	6000.79	0.0252	2169.24	4.87E-08	4.19E-03
09	0.1634	14075.71	0.0936	8061.81	1.19E-07	1.03E-02
10	0.1457	12555.56	0.1087	9360.77	8.28E-08	7.14E-03
11	0.1582	13627.21	0.0518	4463.29	1.15E-07	9.92E-03
12	0.0241	2075.25	0.0097	831.80	1.98E-08	1.71E-03
13	0.0061	527.91	0.0026	224.73	1.78E-08	1.53E-03
14	0.0423	3645.39	0.0222	1912.72	1.21E-08	1.04E-03
15	0.0301	2589.14	0.0214	1845.18	1.41E-07	1.22E-02
16	0.0266	2292.29	0.0108	934.71	5.75E-08	4.96E-03
17	0.0136	1169.47	0.0070	606.11	1.97E-08	1.70E-03
18	0.0031	266.96	0.0019	161.61	9.62E-09	8.29E-04
19	1.7955	154689.69	0.5654	48708.44	1.03E-06	8.89E-02
总乘数	4.3590	375540.80	1.5595	134357.99	2.65E-06	2.29E-01

① 受数据可得性限制，本文选取的劳动力就业人数是《中国劳动统计年鉴2018》中城镇单位年末就业人数（2017年底），可能和总就业人数有所出入，但不影响结果，因为本研究主要是要找出哪些行业最能带动就业，属于相对值的概念（郭东杰和邵琼燕，2012）。

表10 2017年数字经济产业与18个部门的总乘数效应

国民经济部门	产出乘数	收入乘数	就业乘数
农林牧渔业	4.6096（2）	2.0061（1）	2.49E-06（14）
采矿业	3.4959（16）	1.4819（17）	2.44E-06（15）
制造业	4.5932（3）	1.5637（13）	2.60E-06（12）
电力、热力、燃气及水生产和供应业	3.9884（12）	1.4741（18）	2.53E-06（13）
建筑业	4.7717（1）	1.6216（10）	3.46E-06（5）
批发和零售业	3.1945（18）	1.5494（15）	2.20E-06（18）
交通运输、仓储和邮政业	3.8820（14）	1.5704（12）	2.66E-06（10）
住宿和餐饮业	4.3347（7）	1.6381（9）	2.71E-06（9）
金融业	3.4036（17）	1.5456（16）	2.32E-06（16）
房地产业	2.2888（19）	1.2776（19）	1.43E-06（19）
租赁和商务服务业	4.5588（5）	1.7004（6）	2.98E-06（7）
科学研究和技术服务业	4.3122（8）	1.6565（8）	2.93E-06（8）
水利、环境和公共设施管理业	4.0425（11）	1.6124（11）	4.85E-06（3）
居民服务、修理和其他服务业	4.1424（10）	1.7524（4）	2.27E-06（17）
教育	3.7736（15）	1.8038（3）	6.57E-06（1）
卫生和社会工作	4.5800（4）	1.7366（5）	4.37E-06（4）
文化、体育和娱乐业	3.9336（13）	1.6604（7）	3.38E-06（6）
公共管理、社会保障和社会组织	4.1822（9）	1.8501（2）	5.28E-06（2）
数字经济产业	4.3590（6）	1.5595（14）	2.65E-06（11）

表9列出了数字经济产业的产出乘数、居民收入乘数和就业乘数，三者分别衡量了数字经济产业最终需求变动的整体经济产出效应、居民收入效应和就业效应，它们的数值越大，说明由部门最终需求变动带来的总产出、居民收入以及就业人数变动越大。由表9可知，平均1亿元数字经济产业最终需求的增加将带来总产出增加4.36亿元，国民收入（GDP）增加1.25亿元，完全就业人数增加265人。

从产出乘数效应看，除本部门外，制造业作为与数字经济产业具有最高关联度的产业部门，其产出增加值最多，达102639.26亿元，占总增加值的27.3%，说明数字经济产业的发展有效拉动了其前后向关联产业的快速发展，数字经济产业作为数字经济的基础部分，是数字经济发展的重要载体，只有不断创新升级才能为数字经济发展提供更优化的技术、产品和服务，制造业源源不断地为其提供了所需原材料，如钢铁制造、精密设备等，在支持数字经济产业发展的同时，数字经济拉动了制造业的优化升级。从收入乘数效应看，数字经济产业最终需求增加 1 亿元引起收入增加值大于 0.1 亿元的产业部门是数字经济产业、制造业、房地产业、批发和零售业，它们占到总收入增加值的 60% 以上。说明数字经济产业最终需求增加大部分转化为这些行业的收入增长，这些行业更能从数字经济产业发展中获得益处。从就业乘数效应看，数字经济产业最终需求变动对本部门的就业拉动最为明显，占总拉动效应的 1/3 以上；2020 年数字经济发展白皮书显示，2019 年数字经济产业化增加值规模达到 7.1 万亿元，相比较 2017 年数字经济产业增加值 5.1 万亿元，增加 2 万亿元，则 2018 ~ 2019 年两年内会带来各部门总就业数增加 530 万人。总体而言，数字经济产业受到外部最终需求的冲击后，对本部门的产出、收入、就业乘数效应最大，说明数字经济产业对本部门生产的产品需求较高，即该生产部门存在一定的内生发展能力（刘波和徐蔼婷，2018）。

通过将数字经济产业的三大乘数与国民经济各产业部门对比发现，数字经济产业的产出乘数（4.36）排在第 6 位、收入乘数（1.56）排在第 14 位、就业乘数排在第 11 位。从产出影响看，2017 年数字经济产业的总产出完全影响效应超过社会平均水平，有效拉动了国民经济整体发展，尤其是其前后向关联产业的快速发展，与前文测算的数字经济产业所产生的波及影响程度高于社会平均水平相一致，充分说明 2017 年数字经济产业对总产出的完全拉动效应已经得以显现。从收入影响看，劳动密集型产业如农林牧渔业往往具有较大的收入乘数（魏巍贤等，2008），由于数字经济产业的劳动报酬系数偏低，居民对生产部门的产品和服务需求增加较小，进而带给各部门经济发展的连锁反应不明显，导致数字经济产业的收入完全影响效应低于社会平均水平，说明 2017 年数字经济产业新创造价值的能力相对薄弱，“附加值高”的优势未能充分发挥，对 GDP 的乘数效应不高。从就业影响看，数字经济产业的就业乘数相对较小，由前文测算的各部门就业吸纳能力可知，作为技术型产业部门，数字经济产业并非劳动密集型产业，对劳动力的依赖程度较弱，因而对整个经济具有相对较弱的就业创造能力。

五、结论及政策建议

数字经济已广泛地渗透到人们的生产、生活的各个领域，日益成为世界各国提升国家竞争力、促进经济增长和社会和谐稳定发展的重要战略之一。相对于数字经济的飞速发展，数字经济统计呈现明显的滞后现象（许宪春和张美慧，2020），有关数字经济产业关联的定量研究更是少之又少。本文将投入产出模型应用于数字经济产业，使得数字经济产业的研究取得了最新进展。与运用直接法核算数字经济产业规模不同，本文使用投入产出模型核算数字经济产业规模，考虑了数字经济产业复杂供应链中的直接联系和间接联系，可以更好地了解数字经济产业的结构关联特征以及与其他产业部门之间的关联效应，为科学评价其就业、消费和出口效应提供参考。

研究发现：从产业关联看，第一，数字经济产业的乘数效应、反馈效应和溢出效应都高于社会平均水平，说明数字经济产业自生能力、关联能力和感应能力强，且促进经济增长的作用渠道通畅；第二，制造业既是数字经济产业的密切后向关联部门，也是密切前向关联部门，说明数字经济产业对制造业存在一定程度的引领和支撑作用，数字经济产业的发展对国民经济的供给推动能力大于需求拉动作用，反映了数字经济产业正成为推动经济社会发展的“新引擎”，对推动国民经济发展具有重要作用；第三，数字经济产业的影响力系数与感应度系数都大于社会平均水平，属于强辐射和强制约部门，在生产中既是主要供应者又会大量消耗其他部门产品，可以认为该产业是拉动和推动国民经济发展的支柱产业。从宏观经济效应看，第一，数字经济产业对劳动力的依赖程度较弱，属于知识和技术密集型产业，无法配置大量就业岗位的同时，还对劳动力的知识和技能有更高的要求，说明大力发展数字经济产业对提高劳动力的知识水平和职业技能具有双向促进的作用；第二，2017 年，数字经济产业的出口效应在国民经济各部门中最为显著，充分说明数字贸易等新兴服务出口成为新的增长点，在促进中国经济高质量发展的同时，也为全球经济发展注入新动能；第三，2017 年数字经济产业的产出效应是拉动经济增长的强力引擎，收入效应和就业效应的带动作用未能有效释放。

因此，应结合我国数字经济发展的优势和不足，建设一条具有中国特色的数字经济创新发展之路。首先，加强数字经济产业与传统产业的深度融合，提升数字经济产业对国民经济的需求拉动能力和供给推动能力，推动产业结构优化升级。要加强政策方针的支持、引导与服务，以传统产业为基础、数字经济产业为动能，走产业融合发展之路。支持并鼓励不同产业间资源、技术、人才共享，完善数字经济产业上下游产业链，促进各产业间关联互动。依托数字经济产业与传统产业间紧密的前向关联和后向关联，制定产业分步发展策略，强调数字经济产业先带动一部分关联性强的产业发展，再带动其他相关产业发展，逐步实现共同发展。

其次，充分发挥数字化赋能，打通经济发展双循环障碍。在疫情当前，习近平总书记提出，“逐步形成以国内大循环为主体、国内国际双循环相互促进的新发展格局”。以国内大循环为主体，供需匹配是关键，需“数字化”向其中注入新的动力源。将数字化覆盖至全产业链，可实时监控上下游产品供给情况，保障上游原材料等高质量地匹配到中游生产和下游销售中。一方面，加强数字化赋权基础设施建设，加大对新一代信息技术、软硬件支撑、设备修理与维护的投入，合理优化云计算、大数据、物联网、人工智能等数字技术，打造数字化高效供给体系；另一方面，降低“数字化”赋能成本，建议政府出台相应补贴机制，实施优惠政策，为企业数字化转型提供合理的政策保障。

再次，加快培养数字化技术人才，顺应数字经济时代需求。数字化人才需要具备企业数字化管理和运营的创新型思维和理念，需要了解数字化管理和运营的新要求和新价值，能够为企业和社会的数字化创新发展做出贡献。这要求政府、高校、企业形成合力，共同打造数字化培育工程。建议政府以数字化人才为新基建，加大社会对数字化人才培养的投入力度，加快完善数字化人才架构。建议高等院校和职业学校加强数字经济领域的学科建设，支持开设大数据、物联网、云计算、人工智能等专业。完善人才培养体系，找准人才培养定位，制定人才培养目标，“产学研”相结合，培养出一大批满足时代要求的数字化人才。建议企业制定人才发展战略，打造学习型组织，定期组织员工进行内外部培训，培育跨领域、多元化、多层次的数字化技术人才，以满足各行各业数字化人才需求。

最后，增强数字经济产业消费动能，推进数字化贸易进程。在数字消费领域，积极引导传统消费向数字化消费转型，扩大消费领域。比如，农产品的销售渠道拓宽，由线下转移到线上，实现更高效、高质的服务。应充分利用数字经济平台消费，实现“万物皆可数字销售”的创新，以保障经济行稳致远。在贸易数字化领域，加快完善国内数字贸易规则制度，积极参与国际数字贸易规则制定。一方面，建议积极制定和完善数字产品及服务从生产到使用的规则体系，有效推动数据使用和监管规则建设，加快完善我国数字贸易法律法规，从而更好地指导数字贸易安全、健康发展；另一方面，应积极参与国际数字贸易规则制定，努力赢得数字贸易规则制度的话语权，成为数字贸易规则体系的建设者和推动者，为营造国内和国际良好环境、大力发展数字贸易提供保障。

参考文献

[1] ABS. Measuring Digital Activities in the Australian Economy [EB/0L]. https: / ww. bs. gov. au/websitedbs/D33101 14. nsf/home/ABS +Chief +Economist + - +Full +Paper +of + Measuring +Digital +Activities +in +the +Australian +Economy.

[2] Barefoot K., Curtis D., Jolliff W., Nicholson J. R., Omohundro R. Defining and Measuring the Digital Economy [R], BEA Working Paper, 2018.

[3] Bukht, R., Heeks, R. Defining, Conceptualising and Measuring the Digital Economy [R]. GDI Development Informatics Working Papers, 2017.

[4] Eurostat. Digital Economy & Society in EU——A Browse Through Our Online World in Figures [R]. Luxembourg: Eurostat, 2017.

[5] Machlup, F. The Production and Distribution of Knowledge in the United States [M]. New Jesrey: Princeton University press, 1962.

[6] Matthew, S. How to Attract 'Digital FDI' and Sustainable FDI for COVID - 19 Recovery? [EB/OL]. https: //ssrn. com/abstract =3621464.

[7] Miller P., Wilsdon J. Digital Future: An Agenda for a Sustainable Digital Economy [J]. Corporate Environmental Strategy, 2001, 8 (3): 275 -280.

[8] Moroz, M. The Level of Development of the Digital Economy in Poland and Selected European Countries: A Comparative Analysis [J]. Foundations of Management, 2017, 9 (1): 175 -190.

[9] OECD. Issue Paper on a Proposed Framework for a Satellite Account for Measuring the Digital Economy [EB /OL]. http: / /www. oecd. org /officialdocuments /publicdisplaydocumentpdf /? cote = STD/CSSP /WPNA (2017) 10&docLanguage =En.

[10] Porat, M. The Information Economy: Definition and Measurement [M]. Washington, D. C.: U. S. Department of Commerce, 1977.

[11] Tapscott, D. The Digital Economy: Promise and Peril in the Age of Networked Intelligence [M]. New York: McGraw - Hill, 1996.

[12] 蔡跃洲. 数字经济的增加值及贡献度测算：历史沿革、理论基础与方法框架 [J]. 求是学刊，2018 (5).

[13] 冯居易，魏修建. 数字经济时代下中国信息服务业的投入产出效应研究 [J].

情报科学，2020（5）.

［14］郭东杰，邵琼燕．中国制造业细分行业就业创造能力与比较优势研究［J］．经济学家，2012（1）。

［15］国家统计局．2017国民经济行业分类注释［M］．北京：中国统计出版社，2018。

［16］胡滨，范云朋，郑联盛．“新冠”疫情、经济冲击与政府干预［J］．数量经济技术经济研究，2020（9）。

［17］黄璆．中国物流卫星账户的构建与应用研究［D］．东北财经大学博士学位论文，2017.

［18］金星晔，伏霖，李涛．数字经济规模核算的框架、方法与特点［EB/OL］．［2020－08－18］，http：//kns. cnki. net/kcms/detail/11. 1591. F. 20200812. 0946. 014. html.

［19］江小涓．网络空间服务业：效率、约束及发展前景——以体育和文化产业为例［J］．经济研究，2018（4）.

［20］荆文君，孙宝文．数字经济促进经济高质量发展：一个理论分析框架［J］．经济学家，2019（2）.

［21］康铁祥．中国数字经济规模测算研究［J］．当代财经，2008（3）.

［22］李钢，张琦．对我国发展数字贸易的思考［J］．国际经济合作，2020（1）.

［23］刘波，徐蔼婷．我国非正规经济投入产出表编制与应用分析［J］．统计研究，2018（2）.

［24］刘航，伏霖，李涛，孙宝文．基于中国实践的互联网与数字经济研究——首届互联网与数字经济论坛综述［J］．经济研究，2019（3）.

［25］刘华玲，周赛君，张国祥，马俊．数字经济对我国经济社会的影响效应研究［A］//第十四届（2019）中国管理学年会论文集［C］．中国管理现代化研究会、复旦管理学奖励基金会：中国管理现代化研究会，2019.

［26］刘起运，陈璋，苏汝劼．投入产出分析（第二版）［M］．北京：中国人民大学出版社，2011.

［27］逄健，朱欣民．国外数字经济发展趋势与数字经济国家发展战略［J］．科技进步与对策，2013（8）.

［28］钱学锋，裴婷．国内国际双循环新发展格局：理论逻辑与内生动力［EB/OL］．http：//kns. cnki. net/kcms/detail/50. 1023. C. 20200915. 1512. 002. html.

［29］孙德林，王晓玲．数字经济的本质与后发优势［J］．当代财经，2004（12）.

［30］田金方，庄杉．数字经济的研究主题、前沿趋势及展望——基于Citespace软件的文献计量分析［J］．制度经济学研究，2020（3）.

［31］王春云，王亚菲．数字化资本回报率的测度方法及应用［J］．数量经济技术

经济研究，2019（12）.

［32］王宏伟．国家重大建设项目区域经济影响评价研究——以三峡工程建设为实证基础［J］．数量经济技术经济研究，2020（4）.

［33］王思瑶．数字经济的统计界定及行业分类研究［J］．调研世界，2020（1）.

［34］王文．数字经济时代下工业智能化促进了高质量就业吗［J］．经济学家，2020（4）.

［35］王媛媛，张华荣．G20国家智能制造发展水平比较分析［J］．数量经济技术经济研究，2020（9）.

［36］魏巍贤，曾建武，原鹏飞．基于社会核算矩阵的厦门市产出与居民收入乘数分析［J］．统计研究，2008（2）.

［37］向书坚，吴文君．OECD数字经济核算研究最新动态及其启示［J］．统计研究，2018（12）.

［38］向书坚，吴文君．中国数字经济卫星账户框架设计研究［J］．统计研究，2019（36）.

［39］谢锐，王腊芳，赖明勇．中国钢铁产业关联效应及国际比较分析［J］．统计研究，2011（8）.

［40］徐清源，单志广，马潮江．国内外数字经济测度指标体系研究综述［J］．调研世界，2018（11）.

［41］许宪春，张美慧．中国数字经济规模测算研究——基于国际比较的视角［J］．中国工业经济，2020（5）.

［42］鄢慧丽．基于投入产出视角的中国旅游业经济效应研究［D］．华中师范大学博士毕业论文，2012.

［43］杨仲山，张美慧．数字经济卫星账户：国际经验及中国编制方案的设计［J］．统计研究，2019（5）.

［44］袁丹，雷宏振，兰娟丽，章俊．文化产业与信息产业的产业关联与波及效应分析［J］．统计与信息论坛，2015（4）.

［45］余典范，干春晖，郑若谷．中国产业结构的关联特征分析——基于投入产出结构分解技术的实证研究［J］．中国工业经济，2011（11）.

［46］臧霄鹏，林秀梅．生产性服务业与其他产业的关联关系研究——基于投入产出模型的动态分析［J］．经济问题，2011（6）.

［47］中国投入产出学会课题组，许宪春，齐舒畅，杨翠红，赵同录．我国目前产业关联度分析——2002年投入产出表系列分析报告之一［J］．统计研究，2006（11）.

［48］中国信息通信研究院．中国数字经济发展白皮书（2017年）［R］．2017.

［49］中国信息通信研究院．中国数字经济发展白皮书（2020年）［R］．2020.

附表 1　2017 年数字经济产业投入产出流量表

单位：亿元

投入＼产出		中间使用																			
		农林牧渔业	采矿业	制造业	电力、热力、燃气及水生产和供应业	建筑业	批发和零售业	交通运输、仓储和邮政业	住宿和餐饮业	金融业	房地产业	租赁和商务服务业	科学研究和技术服务业	水利、环境和公共设施管理业	居民服务、修理和其他服务业	教育	卫生和社会工作	文化、体育和娱乐业	公共管理、社会保障和社会组织	数字经济产业	中间使用合计
代码		01	02	03	04	05	06	07	08	09	10	11	12	13	14	15	16	17	18	19	TIU
中间投入	01	14684	25	62764	7	1896	1	10	3733	9	22	515	292	775	188	40	36	31	0	39	85067
	02	62	6946	56462	10879	1915	7	16	6	3	5	0	46	6	32	47	45	4	50	8	76539
	03	20642	9642	428429	7478	106289	2637	19756	12902	4087	1304	16907	10498	1620	4951	3299	17472	1715	4423	21721	695773
	04	1004	2611	23226	17331	3084	1046	2594	745	531	523	320	422	299	462	292	332	139	542	1649	57152
	05	75	21	206	200	7307	110	138	87	315	697	29	54	92	44	207	89	50	644	136	10500
	06	2250	1011	40599	1176	9679	678	2376	1959	572	196	2282	1121	205	633	362	2423	266	666	4917	73370
	07	2503	1081	29831	1096	7184	6939	11043	1363	1656	358	4510	2328	353	734	1235	1287	340	2296	2757	78893
	08	240	241	4552	195	1584	603	1660	97	3336	326	4125	1934	102	311	823	206	239	2942	942	24459
	09	1451	1881	13085	2802	8841	4591	11054	403	7912	8733	4887	1408	426	322	981	331	287	1354	2968	73717

续表

投入 \ 产出		中间使用																			
		农林牧渔业	采矿业	制造业	电力、热力、燃气及水生产和供应业	建筑业	批发和零售业	交通运输、仓储和邮政业	住宿和餐饮业	金融业	房地产业	租赁和商务服务业	科学研究和技术服务业	水利、环境和公共设施管理业	居民服务、修理和其他服务业	教育	卫生和社会工作	文化、体育和娱乐业	公共管理、社会保障和社会组织	数字经济产业	中间使用合计
代码		01	02	03	04	05	06	07	08	09	10	11	12	13	14	15	16	17	18	19	TIU
中间投入	10	1	19	299	13	32	6758	778	1362	7658	2682	3556	677	100	2197	977	506	360	818	3436	32229
	11	269	1281	15530	443	3481	10408	2096	787	8412	4125	7241	2066	265	584	349	217	298	1428	5962	65242
	12	784	518	4075	288	16381	809	245	19	110	63	8	5738	33	1	98	26	2	28	928	30156
	13	196	55	556	370	63	160	159	29	236	28	273	77	311	45	38	41	28	122	94	2881
	14	117	232	2572	243	1381	816	1432	252	543	140	631	614	424	489	452	337	118	1196	507	12496
	15	14	12	121	3	45	107	73	27	374	18	37	37	5	16	420	77	14	488	54	1942
	16	12	27	280	26	90	32	25	1	34	0	0	4	2	7	14	226	4	185	19	989
	17	7	37	361	34	132	76	82	32	1040	53	210	108	17	81	143	18	609	433	160	3632
	18	41	17	298	19	32	20	39	13	85	94	92	46	9	15	66	14	11	1366	62	2337
	19	318	229	16957	507	4071	1326	2521	487	3393	544	2665	3115	271	1173	721	905	216	2946	64779	107143

续表

投入	产出	中间使用																			
		农林牧渔业	采矿业	制造业	电力、热力、燃气及水生产和供应业	建筑业	批发和零售业	交通运输、仓储和邮政业	住宿和餐饮业	金融业	房地产业	租赁和商务服务业	科学研究和技术服务业	水利、环境和公共设施管理业	居民服务、修理和其他服务业	教育	卫生和社会工作	文化、体育和娱乐业	公共管理、社会保障和社会组织	数字经济产业	中间使用合计
代码		01	02	03	04	05	06	07	08	09	10	11	12	13	14	15	16	17	18	19	TIU
中间投入合计		44672	25887	700200	43110	173487	37124	56096	24304	40307	19912	48287	30586	5314	12285	10565	24589	4905	21927	110962	1434518
增加值	劳动者报酬	65271	9950	79464	6703	34212	33238	22067	7624	24254	8888	18578	12629	1850	10655	19441	13817	3117	28006	23506	423268
	生产税净额	-3411	9000	43829	3020	8073	9499	1016	315	5360	12138	2270	1001	60	587	91	13	116	196	1805	94979
	固定资产折旧	2285	4325	24187	7481	1958	7565	19801	3738	2219	2955	2279	4370	1186	1401	4895	2342	1091	5011	11235	110325
	营业盈余	1307	5024	65611	3185	11056	23377	3573	2083	22201	34360	391	2460	843	917	1776	757	764	426	14533	194644
	增加值合计	65452	28299	213091	20389	55299	73678	46458	13760	54033	58341	23518	20460	3939	13561	26202	16929	5088	33639	51078	823216
总投入		110124	54186	913291	63499	228786	110802	102553	38063	94341	78253	71805	51046	9253	25846	36767	41518	9817	55567	162217	2257734

续表

项目		最终使用										进口	总产出
		农村居民消费支出	城镇居民消费支出	居民消费支出	政府消费支出	消费支出合计	固定资本形成总额	存货变动	资本形成总额	出口	最终使用合计		
代码		FU101	FU102	THC	FU103	TC	FU201	FU202	GCF	EX	TFU	IM	GO
中间投入	农林牧渔业	8683	17558	26241	1238	27479	1991	410	2401	1194	31073	6016	110124
	采矿业	81	54	135	0	135	0	316	316	487	938	23291	54186
	制造业	23951	87483	111434	0	111434	75479	3837	79316	94969	285719	68201	913291
	电力、热力、燃气及水生产和供应业	811	5391	6202	0	6202	0	70	70	95	6368	21	63499
	建筑业	0	0	0	0	0	218044	0	218044	825	218869	583	228786
	批发和零售业	3760	13037	16797	0	16797	7239	412	7651	12985	37433	0	110802
	交通运输、仓储和邮政业	3092	11956	15048	3016	18064	3652	172	3824	7969	29856	6196	102553
	住宿和餐饮业	1859	15519	17378	0	17378	0	0	0	475	17853	4248	38063
	金融业	2258	18007	20265	1151	21416	0	0	0	592	22007	1384	94341
	房地产业	7974	27512	35486	0	35486	10537	0	10537	0	46023	0	78253
	租赁和商务服务业	130	3989	4119	1664	5783	0	0	0	2826	8609	2046	71805
	科学研究和技术服务业	65	364	429	7954	8383	13957	0	13957	1307	23647	2757	51046
	水利、环境和公共设施管理业	120	652	771	6121	6893	0	0	0	91	6984	612	9253
	居民服务、修理和其他服务业	1892	11705	13597	0	13597	0	0	0	28	13626	276	25846
	教育	3547	12307	15854	19250	35104	0	0	0	0	35104	279	36767
	卫生和社会工作	2608	12045	14653	26125	40777	0	0	0	83	40861	331	41518
	文化、体育和娱乐业	544	3666	4210	3345	7556	0	0	0	343	7898	1713	9817
	公共管理、社会保障和社会组织	50	558	608	52740	53349	0	0	0	115	53463	234	55567
	数字经济产业	3314	13885	17199	1146	18345	28253	93	28345	39463	86153	31080	162217
	中间投入合计	64739	255688	320427	123750	444177	359151	5309	364460	163847	972484	149268	2257734

附表 2　2017 年国民经济行业部门就业系数

国民经济行业部门	就业人数（亿人）	剥离系数	剥离后各部门就业人数（亿人）	部门产出（亿元）	就业系数
农林牧渔业	0.02554	0	0.02554	110124.0340	2.32E-07
采矿业	0.04554	0	0.04554	54186.2962	8.40E-07
制造业	0.46355	0.108952112	0.41305	913291.2024	4.52E-07
电力、热力、燃气及水生产和供应业	0.0377	0	0.03770	63498.6430	5.94E-07
建筑业	0.26432	0	0.26432	228785.9274	1.16E-06
批发和零售业	0.08428	0.02142193	0.08247	110802.3291	7.44E-07
交通运输、仓储和邮政业	0.08439	0	0.08439	102553.3259	8.23E-07
住宿和餐饮业	0.02659	0	0.02659	38063.1400	6.99E-07
信息传输、软件和信息技术服务业	0.03954	1	0	0	—
金融业	0.06888	0	0.06888	94340.5274	7.30E-07
房地产业	0.04448	0	0.04448	78252.5234	5.68E-07
租赁和商务服务业	0.05226	0	0.05226	71805.4600	7.28E-07
科学研究和技术服务业	0.04204	0	0.04204	51046.0314	8.24E-07
水利、环境和公共设施管理业	0.02685	0	0.02685	9252.8291	2.90E-06
居民服务、修理和其他服务业	0.00782	0.055866985	0.00738	25845.9080	2.86E-07
教育	0.17304	0	0.17304	36766.9362	4.71E-06
卫生和社会工作	0.08979	0	0.08979	41518.0865	2.16E-06
文化、体育和娱乐业	0.01522	0.062679545	0.01427	9817.1907	1.45E-06
公共管理、社会保障和社会组织	0.17256	0	0.17256	55566.5621	3.11E-06
数字经济产业	—	—	0.09324	162216.5766	5.75E-07

5. 绿色经济、实验经济学

政策措施对冲重大突发事件影响的计算机模拟分析

——基于某市住宿业大数据的建模推演

孔维巍 陈振华 张 莹 赵浩丁

摘 要 2020年注定是一个让所有人都难忘的年份。突如其来的新冠肺炎疫情对我国经济社会发展带来前所未有的冲击。在以习近平总书记为核心的党中央坚强领导下，全国人民众志成城、顽强拼搏，既要做好疫情防控，又要积极开展复工复产。如何在常态化疫情防控中尽快让经济社会运行恢复到正常水平，成为各地政府面临的最迫切也最重要的课题。各地政府纷纷出台刺激经济特别是实体经济的政策，如针对中小企业的减税降费、减免国有控股场地租金、推动银行提供免息贷款、向复工复产工人提供补助、发放消费券等。这些措施能对经济带来多大的刺激？哪些政策行之有效，哪些又适得其反？哪些政策的优先级比较高？这些短期政策的刺激最终能让经济在多长时间内恢复如昔？种种问题是地方政府迫切想要知道，也是下一步政策措施制定的依据。

本文希望建立一个以第四次全国经济普查大数据为基础的数据模型，通过计算机迭代计算，推演经济体在遭遇重大突发事件后，在不同程度的经济刺激政策干预下，预测评估经济拐点的时间及经济恢复的大致趋势情况。

关键词 第四次全国经济普查；大数据；统计建模；新冠肺炎疫情；政策效果

一、引言

（一）问题提出（背景）

2020年新年伊始，新冠肺炎疫情对中国经济产生了明显影响。2020年我国第一季度国内生产总值（GDP）增速为 -6.8%，后续影响有多大，取决于疫情的持续时间以及我们的应对方式。毫无疑问，新冠肺炎疫情是2020年中国经济很大的一只“黑天鹅”。首当其冲的是旅游、零售、餐饮、住宿、影视、娱乐、交通、物流等服务业，对服务业的冲击是对需求侧的冲击。紧随其后的是制造业，这是对供给侧的冲击。

如何在常态化疫情防控中尽快让经济社会运行恢复到正常水平，成为各地政府面临的最迫切也是最重要的课题。各地政府纷纷出台刺激经济特别是实体经济的政策，如针对中小企业的减税降费、减免国有控股场地租金、推动银行提供免息贷款、向复工复产工人提供补助、发放消费券等。这些措施能对经济带来多大的刺激？哪些政策行之有效，哪些又适得其反？哪些政策的优先级比较高？这些短期政策的刺激最终能让经济在多长时间内恢复如昔？种种问题是地方政府迫切想要知道，也是下一步政策措施制定的依据。

（二）研究思路

经济体系中有着各行各业的经济单元，行业间相互关联，结构纷繁复杂，政府推出调节经济的宏观政策措施，事后评估政策效果尚且不易，何况事前的预测。通过结合经济普查大数据、统计建模和计算机迭代推演三个技术基础，本文提出了一种全新的解题思路，希望借此为政府决策提供参考依据。而关于计算机模拟仿真，目前已经有了一些使用计算机来模拟经济运行的相关研究，也有一些用计算机模拟突发事件影响的研究，但突发事件对经济较短期的，特别是对特定行业影响的计算机建模分析还比较少见，因此本文提出的建模方法在这方面有一定的开创性。

本文主要思路是结合已有的基础数据，进行政策措施对冲重大突发事件影响的计算机模拟分析，推演经济体在遭遇重大突发事件后，在不同程度的经济刺激政策干预下，预测评估经济拐点的时间及经济恢复的大致趋势情况。具体实现是通过对经济普查大数据为基础分行业建模，将经济政策模拟为量化参数，通过计算机把基础数据与模型参数进行逐月迭代推演，根据政策施行时长推演一定周期经济体变化情况，以图表、图形动态形式量化输出政策措施施行效果。

本文的建模方式有几大优势：一是数据来源真实，涵盖面广。2018 年，我国开展了第四次全国经济普查（下文简称经济普查或四经普），通过经济普查我们可以获得相对全面、真实的行业经济切面数据，特别是涵盖到的个体户数据，在突发事件面前，中小型实体经营者是受冲击最大也是政府更希望关注到的群体，这为模型奠定了良好真实的数据基础。二是通过大数据和计算机技术降低建模难度。复杂的数学运算建模常常让人望而却步，同时大数据的简单算法比小数据的复杂算法更有效，当我们掌握了大量新型数据时，我们可以不再期待精确性就可以掌握事情的发展趋势。本文的建模思想是用大数据加简单算法代替复杂的逻辑推理计算，同时把重复的堆叠运算，全部交给计算机来处理，让模型设计者专注于模型逻辑的科学性和精准性，使得模型设计清晰易懂更贴合实际。三是引入计算机系统模块化思想流程来处理数据。通过计算机系统模块设计，用户只需提供模型的原始参数，计算机就能很快地计算出结果，并提供图表便于我们进一步的分析，实现良好的人机交互。

二、建模思想概述

本文希望建立一个以第四次全国经济普查大数据为基础的数据模型，通过计算机迭代计算，推演各行业经济体在遭遇重大突发事件后，在不同程度的经济刺激政策干预下，预测评估经济拐点的时间及经济恢复的大致趋势情况。

由于各行业情况各异，数据建模可能涉及的参数比较多，很难有一个通用行业的数据模型。因此，本次建模我们选取了在这次疫情下最深受打击的旅游业伴生实体行业——住宿业作为建模主体，以某市 2018 年经济普查数据作为基础进行模型实例推演。

（一）模型数据基础

根据2018年经济普查报表数据分类规则，住宿业的单位模型可以分为企业模型和个体户模型两类。其中，企业模型根据单位规模，细分为限额以上企业模型和限额以下企业模型；个体户模型根据普查和清查不同的数据来源，细分为个体户抽样模型和个体户清查推算模型。下文以经济体或经济个体来简称住宿业全体单位。组成结构如图1所示。

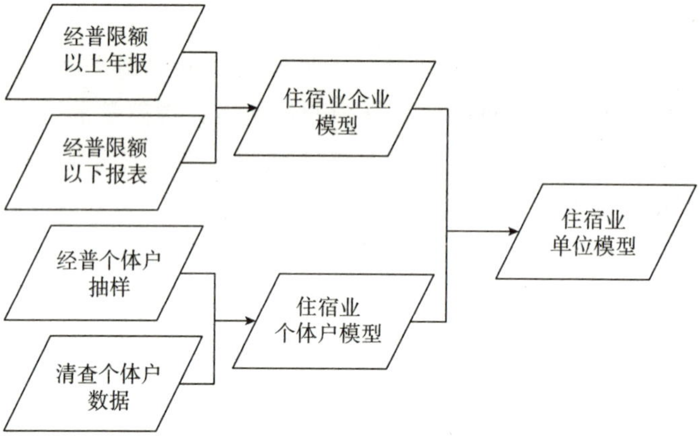

图1 住宿业单位模型分类

本文根据某市2018年经普住宿业单位模型（限额以上住宿业企业247家，限额以下企业418家，个体户抽样65家，个体户清查731家，经济体总个数1461家）的数据情况，对从业人员数和营业收入做出对数坐标散点图，如图2所示。

（二）模型推演思路

本次建模有以下几个前提假定：

1. 关于模型的经济需求与供给的假设

基于住宿业大多的消费者都来自市外，因此假设住宿业总需求和本地居民数量无函数关系，可以视为一个外来的参数输入模型。住宿业的总需求等于住宿业的总供给，可以以经普的全行业营业收入作为市场的总需求代表。如果给定一个月的全社会住宿业总需求，则可以根据模型内正在营业

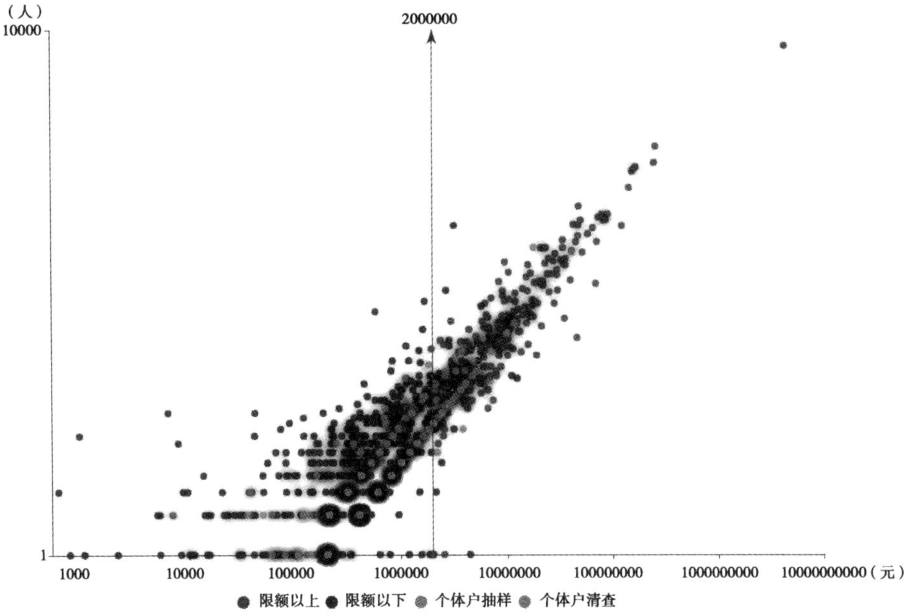

图2　住宿业模型分类分布图

的所有经济个体的受欢迎程度进行营业收入分配，这个欢迎度可通过该经普时期的营业收入值计算。

2. 模型的参数假设

模型的参数包括模型中经济体的内部参数和外部环境参数。经济体的内部参数来自于经普基础数据建模，包括企业的规模、企业经营能力等，内部参数一般定下来之后都不能改变；外部环境参数包括政府政策、市场需求等，外部参数提供接口让实验者进行调试。

通过将各种经济行为参数化数字建模，可以方便地对比出各种不同参数下模型运行情况的优劣，从而判断实际经济行为的效果。

3. 模型的迭代条件假设

模型中的各个经济体，都有“营业”和“倒闭”两个主要状态，达到模型的设定经济指标阈值将会变为倒闭或者新增，如果没达到阈值将继续滚动到下一阶段的迭代运算。这个生死的阈值主要是由经济体的内部参数与外部环境参数共同运算的结果，主要根据是经济体获得利润的能力。

由于经普年份也有新开张的企业填报数据，基础数据中这些企业的经济指标不完整，因此模型建模初期将这些企业设置为“倒闭”状态，实际这些企业是“待开业”状态。而模型为了保证新增企业样本的真实性，将“倒闭”状态和“待开业”状态视为同样的，也就是说，模型的经济个体总量不会超过1461个，从而简化了模型新增随机定制的复杂度。

4. 模型迭代算法过程中的假设

具体的算法可以简单视为先根据外部环境参数分配收入，然后根据经济体内部参数计算成本，其后得到利润，最后根据利润判断该经济体是否参与下一轮运算。模型迭代计算24个周期，建模章节将详细说明，简要流程如图3所示。

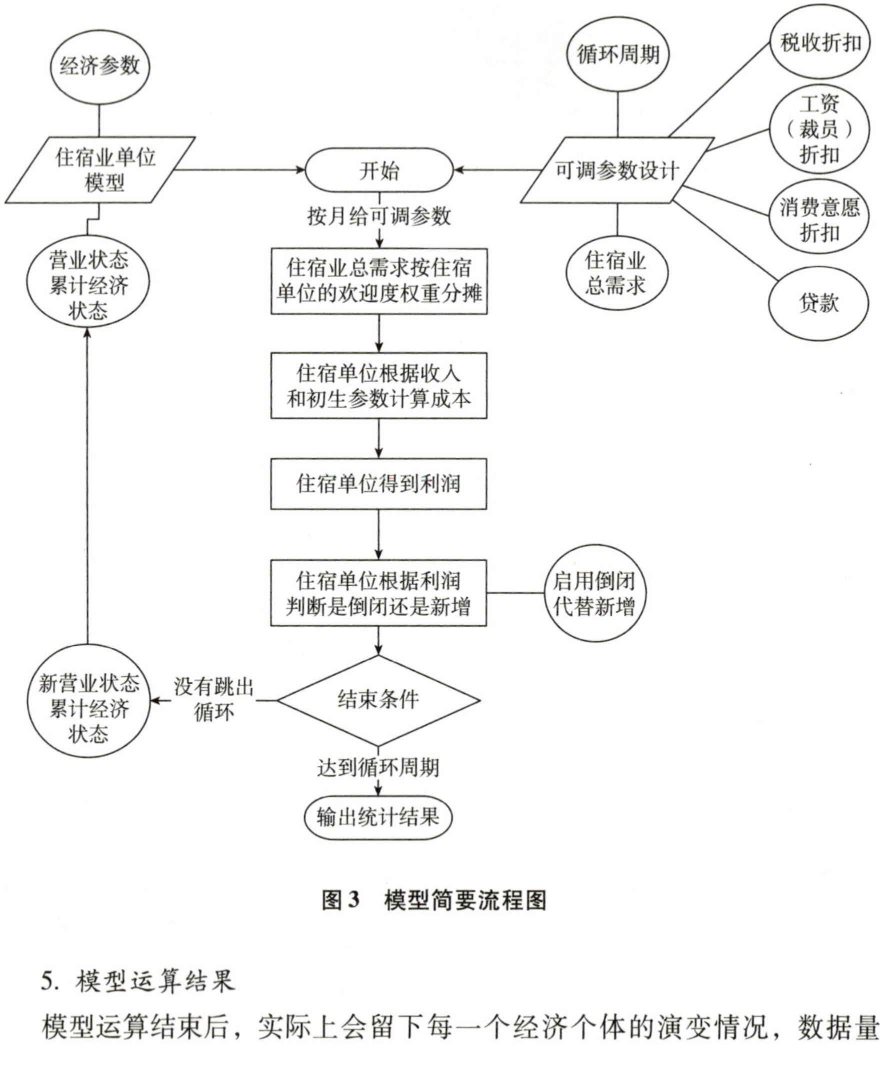

图3 模型简要流程图

5. 模型运算结果

模型运算结束后，实际上会留下每一个经济个体的演变情况，数据量非常的大，仅演化明细表就有 52597 条信息，模型中的每一个经济个体都有真实的经济 DNA 信息。根据这些信息我们可以进行深度的数据开发和研究。本次建模的基础环境是在现有开发数据库系统之上搭建模型任务，结合 java 编程技术、数据库技术、BI 技术以及 echarts 图形技术等手段，实现全流程自动化处理，而且建模需求展示可控性很强。

由于本文着重关注找出哪种政策手段对冲突发事件的负面影响最有效，所以我们以企业能够存活经营的数量为最主要的研究方向。主要成果预展示如图 4 所示。

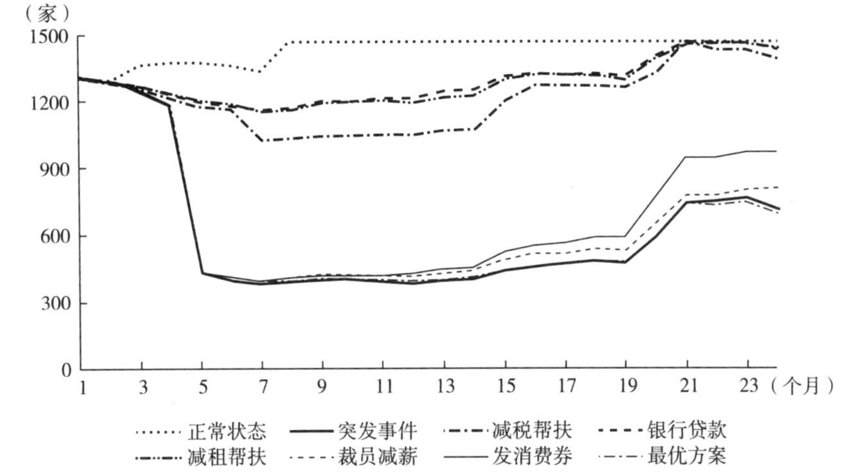

图 4　突发事件影响后政策效果对比

同时系统还支持其他很多相关数据呈现，如图 5、图 6、图 7 所示。

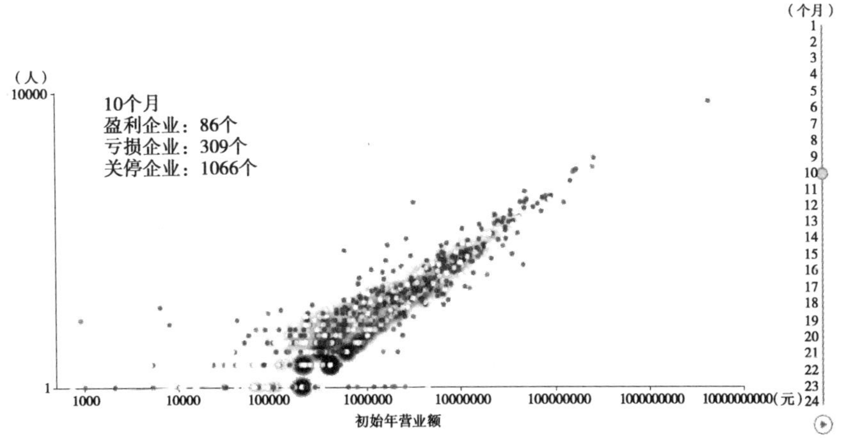

图 5　某市住宿业突发事件变化推演

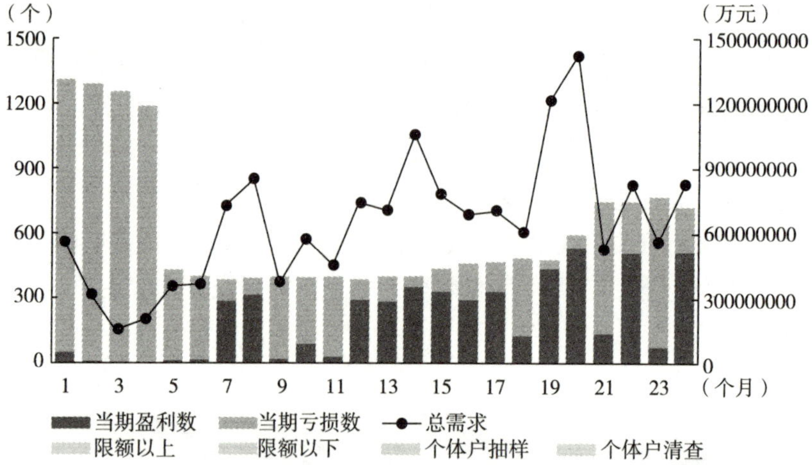

图6 某市住宿业总需求变化与企业盈利亏损关系

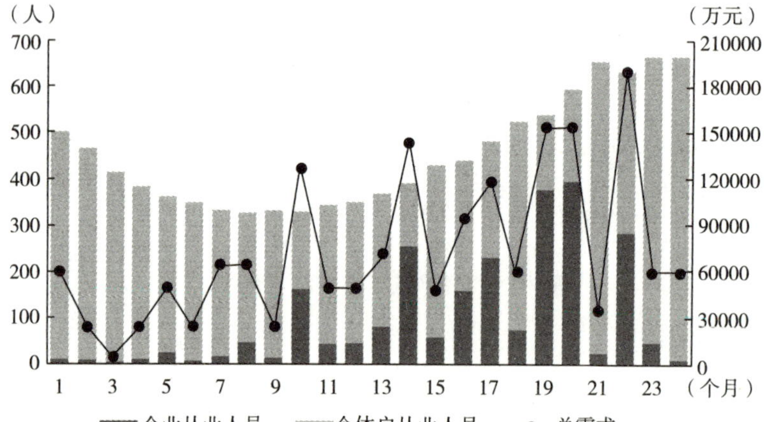

图7 某市住宿业总需求变化与从业人员关系

三、建模详细说明

（一）模型的框架和目标

1. 模型的框架

我们将通过计算机程序模拟经济体的运行。为了便于程序处理，我们简化后的经济体运行模型如图8所示，模型主要由两个部分组成，分别是影响经济体运行的因素和经济体运行过程中体现出来的经济指标。影响经济体运行的因素主要分为内外两个因素：外部因素主要是宏观环境因素，包括政府的政策刺激、市场的需求变动等；内部因素主要是经济体的个体差异，包括经济体的规模、历史的经营情况、自身的经营决策等。而用来监测经济体运行的指标会根据不同的行业有所不同，如产值、产量、销售额等，但财务指标是更通用的统计指标。

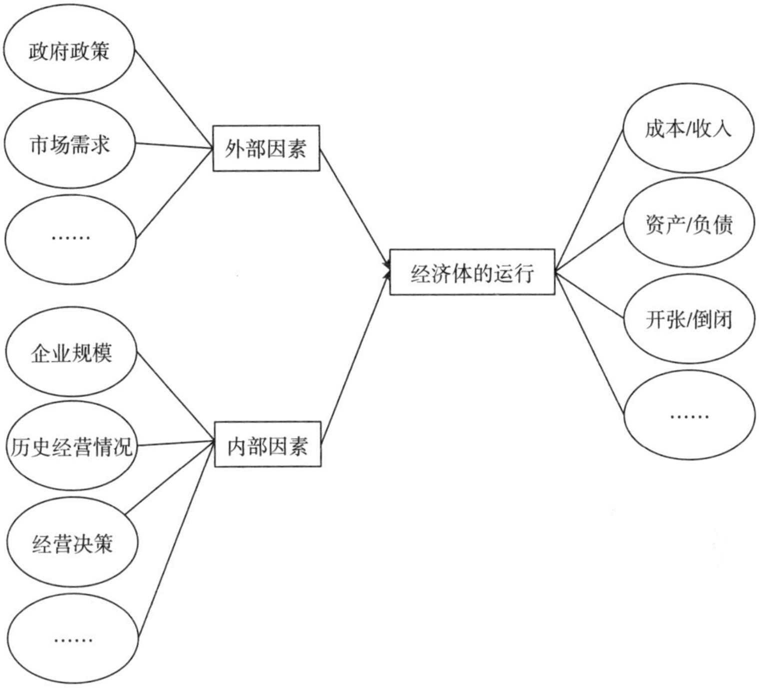

图8 经济体的运行模型

2. 模型的目标

本文的主要工作是使用计算机程序模拟上述模型的运行，从而考察在不同的外部因素，特别是政府政策变化的影响下，整个行业的发展趋势。

（二）模型的指标选择

1. 模型所涉及的指标

由模型的结构可知，模型的指标主要分成外部因素、内部因素和经济体运行三大类。前文提到，住宿业样本分为企业和个体户。由于两者在统计口径、能获取到的统计指标都存在一定的差异，所以在此次建模中分开处理。本次建模所选取的指标如表1所示。指标选取的原因和指标解释，以及对应模型的参数类型，后面会进行详细说明。

表1 模型所涉及的指标

调查样本分类	指标分类一	指标分类二	指标	参数类型
企业	外部因素	政府政策	当月税金折扣	可调各月参数
			贷款比率	可调公共常数
		市场需求	住宿业总需求	可调各月参数
			当月住宿业需求比例	可调各月参数
			当月消费者消费意愿	可调公共常数
	内部因素	规模	期初营业收入	经济体初始参数
			从业人员数	经济体初始参数
		历史经营情况（企业经营能力）	人均月工资	经济体初始参数
			税金及附加参数	经济体初始参数
			应交增值税参数	经济体初始参数
			非工资和税金成本	经济体初始参数
			非固定成本参数	经济体初始参数
			期初资产本年实际	经济体初始参数
			期初负债本年实际	经济体初始参数
			可贷款额度	经济体初始参数
		经营决策	当月工资折扣（裁员折扣）	可调各月参数
	经济体运行		当月欢迎度（当月市场份额）	经济体运行监测指标
			当月营业收入	经济体运行监测指标
			当月工资	经济体运行监测指标
			当月税金成本	经济体运行监测指标
			当月固定成本	经济体运行监测指标
			当月非固定成本	经济体运行监测指标
			当月营业利润	经济体运行监测指标
			当月累计资产	经济体运行监测指标
			当月累计负债	经济体运行监测指标
			当月资产负债率	经济体运行监测指标

续表

调查样本分类	指标分类一	指标分类二	指标	参数类型
企业	经济体运行		当月投资回报	经济体运行监测指标
			当月营业状态	经济体运行监测指标
	行业参数		企业倒闭的资产负债率	可调公共常数
			企业新增的投资回报率	可调公共常数
			固定成本支出比例	可调公共常数
个体户	外部因素	政府政策	当月租金折扣	可调各月参数
			当月税金折扣	可调各月参数
		市场需求	住宿业总需求	可调各月参数
			当月住宿业需求比例	可调各月参数
			当月消费者消费意愿	可调公共常数
	内部因素	企业规模	期初营业收入	经济体初始参数
			从业人员数	经济体初始参数
		历史经营情况（企业经营能力）	人均月工资参数	经济体初始参数
			当月房租参数	经济体初始参数
			当月税费参数	经济体初始参数
			当月营业相关支出参数	经济体初始参数
		经营决策	当月工资折扣（裁员折扣）	可调各月参数
	经济体运行		当月欢迎度（当月市场份额）	经济体运行监测指标
			当月营业收入	经济体运行监测指标
			当月工资	经济体运行监测指标
			当月房租	经济体运行监测指标
			当月税费	经济体运行监测指标
			当月营业相关支出	经济体运行监测指标
			当月营业利润	经济体运行监删指标
			当月累计利润	经济体运行监测指标
			当月营业状态	经济体运行监测指标
	行业参数		个体户倒闭的累计利润房租比	可调公共常数
			个体户新增的累计利润房租比	可调公其常数

2. 数据来源

本次模型运算所用到的样本和数据全部来自四经普。调查样本的分类如表2所示。从表中看出，由于四经普制度所限，部分数据需要推算得出。推算规则如表3所示。

表2 调查样本数据来源

样本分类	样本细分	数据来源	数据预处理
企业	限额以上住宿业	四经普普查：S603表	直接取原始数据
	限额以下住宿业	四经普普查：611表、611－3表	直接取原始数据
个体户	个体户抽样	四经普普查：612表	直接取原始数据
	个体户清查	四经普清查：622表	计算经普个体户抽样数据各指标与从业人员数的关系，然后通过清查统计个体户的从业人员数进行推算

表3 个体户清查推算参数计算说明

指标	计算方法
人均雇用工资系数	四经普普查612表中读取抽样小区数据，分行政区分别计算：sum（您全年雇用雇员的总支出［Z21］）/sum（从业人员期末人数［Z13］）
人均税费系数	四经普普查612表中读取抽样小区数据，分行政区分别计算：sum（您全年缴纳的各种税费［Z22］）/sum（从业人员期末人数［Z13］）
人均房租系数	四经普普查612表中读取抽样小区数据，分行政区分别计算：sum（您全年缴纳的房租［Z23］/sum（从业人员期末人数［Z13］）
人均经营支出系数	四经普普查612表中读取抽样小区数据，分行政区分别计算：sum（您全年与经营相关的总支出［Z24］）/sum（从业人员期末人数［Z13］）
人均营业收入系数	四经普普查612表中读取抽样小区数据，分行政区分别计算：sum（您全年的营业收入［Z251］）/sum（从业人员期末人数［Z13］）

由于每个行政区的基础经济情况不同，所以每个系数都是按行政区分别汇总计算得出，推算的时候也会按照清查样本所属行政区分别进行参数选择计算。

3. 政府政策相关指标说明

表 4　政府政策相关指标的计算方法

样本分类	指标	计算方法
企业	当月税金折扣	参数同时作用于企业和个体户，是月度参数，每个月数值范围为 0～1。是该月份减免税收的比率，当该参数为 0 时即为免税，设为 0.5 时即为税收减半
	贷款比率	仅限为企业参数，参数仅一次设定全局使用，数值范围为0～1。即银行考察企业的最高可贷款额度后，给予一定比例的贷款比率。该指标和可贷款额度共同决定一家企业可以获得多少贷款金额
个体户	当月税金折扣	同企业说明

4. 市场需求相关指标说明

模型假定住宿业总需求是一个可调整的系统变量，住宿业的总需求等于住宿业的总供给，即经普 2018 年的所有住宿业的总需求就等于所有住宿业的总营业额，因此系统中每一个经济体的初营业收入可以视为经普年份的住宿业的总需求。2019 年住宿业的总需求数据可以通过 2019 年年报获得，正常情况下 2020 年的总需求可以通过 2019 年的总需求乘以一个增长比率获得（见表 5）。

表 5　市场需求相关指标的计算方法

样本分类	指标	计算方法
企业/个体户	住宿业总需求	参数为预先设定可调值，视为正常情况下 2020 年的总需求，可以通过 2019 年的总需求乘以一个增长比率获得
	当月住宿业需求比例	参数为将住宿业总需求分摊到每个月的需求分配参数，由于住宿业的特性，有旺季和淡季之分，因此根据 2019 年规模以上住宿业营业额指标各月总值占全年比率作为依据，每 12 个周期一循环
	当月消费者消费意愿	参数为体现突发事件后造成对需求端的影响，是月度参数，每个月数值范围为0～1。当该参数为 1 时，即为消费者消费意愿正常，可以得到 100% 的总需求；当该参数为 0.5 时，即体现消费意愿受到打击，不敢出行，总需求减半

5. 企业规模相关指标说明

表6　企业规模相关指标的计算方法

样本分类	指标	计算方法
企业	期初营业收入	规上：四经普普查S603表——营业收入本年实际［C301_1］
		规下：四经普普查611-3表——营业收入C301_1
	从业人员数	规上：四经普普查S602表——从业人员期末人数本期［C01_1］
		规下：四经普普查611表——人员期末人数C01_1
个体户	期初营业收入	抽样：四经普普查612表——您全年的营业收入［Z251］
		清查：从业人数*所在区的人均营业收入系数
	从业人员数	抽样：四经普普查612表——从业人员期末人数［Z13］
		清查：四经普清查622表——从业人数

6. 企业历史经营情况（企业经营能力）相关指标说明

表7　企业历史经营情况（企业经营能力）相关指标计算方法

样本分类	指标	计算方法
企业	人均月工资	规上：S602表——从业人员工资总额本期［C12_1］/从业人员期末人数本期［C01_1］/12
		规下：611表和611-3表——本年应付职工薪酬C401_1/人员期末人数C01_1/12
	税金及附加参数	规上：S603表——如果营业税金及附加本年实际［C309_1］为0，系数为0，否则=营业税金及附加本年实际［C309_1］/应交增值税本年实际［C402_1］
		规下：611-3表——税金总额C309_1应交增值税C402_1
	应交增值税参数	规上：S603表——应交增值税本年实际（C402_1）/营业收入本年实际［C301_1］，如果值小于0取值0.02
		规下：611-3表——应交增值税C402_1/营业收入C301_1
	非工资和税金成本	规上：S603表、S602表——营业成本本年实际［C307_1］+销售费用本年实际［C312_1］+管理费用本年实际［C313_1］+财务费用本年实际［C317_1］+资产减值损失本年实际［C320_1］-从业人员工资总额本期［C12_1］
		规下：611-3表——营业收入C301_1-税金总额C309_1-应交增值税C402_1-本年应付职工薪酬C401_1-营业利润C323_1

续表

样本分类	指标	计算方法
企业	非固定成本参数	规上：S603 表——非工资和税金成本×（1－固定成本支出比例）/营业收入本年实际［C301_ 1］
		规下：611－3 表——非工资和税金成本×（1－固定成本支出比例）/营业收入 C301_ 1
	期初资产本年实际	规上：S603 表——资产本年实际［C213_ 1］
		规下：611－3 表——资产总计 C2131
	期初负债本年实际	规上：S603 表——负债本年实际［C217_ 1］
		规下：611－3 表——负债合计 C217_ 1
	可贷款额度	资产本年实际［C213_ 1］－负债本年实际［C217_ 1］，如果小于0，则取0
个体户	人均月工资参数	抽样：四经普普查612 表：您全年雇用雇员的总支出［Z21］/从业人员期末人数［Z13］/12
		清查：分行政区的人均雇用工资系数/12
	当月房租参数	抽样：四经普普查612 表：您全年缴纳的房租［Z23］/从业人员期末人数［Z13］/12
		清查：分行政区的人均房租系数/12
	当月税费参数	抽样：四经普普查612 表：您全年缴纳的各种税费［Z22］/从业人员期末人数［Z13］/12
		清查：分行政区的人均税费系数/12
	当月营业相关支出参数	抽样：四经普普查612 表：您全年与经营相关的总支出［Z24］/从业人员周末人数［Z13］/12
		清查：分行政区的人均经营支出系数/12

7. 企业自身经营决策相关指标说明

表8　企业自身经营决策相关指标计算方法

样本分类	指标	计算方法
企业/个体户	当月工资折扣（裁员折扣）	参数为体现突发事件后，企业为了自救而采取的减薪（裁员）的措施，是月度参数，每个月数值范围为0～1。当该参数为1时，即为不减薪（裁员）；当该参数为0.5时，即为减薪（裁员）一半

8. 住宿业行业参数说明

表9　住宿业行业参数说明

样本分类	指标	计算方法
企业	企业倒闭的资产负债率	该参数为全局可调参数，初始设定为2。表示如果企业的资产负债率达到2时，说明企业资不抵债，有关停倒闭的意愿
	企业新增的投资回报率	该参数为全局可调参数，初始设定为10%。表示企业的当月投资回报如果超过了10%，说明投资住宿业有利可图，市场上就有人愿意来投资新开一家住宿业企业
	固定成本支出比例	该参数为全局可调参数，数值范围为0~1，初始设定为0.5。意思是计算得到的非工资和税金成本，假设有一半和营业收入有关，即营业收入越多成本也越多；而另一半则是和营业收入无关的固定成本
个体户	个体户倒闭的累计利润房租比	该参数为全局可调参数，初始设定为-3。表示个体户经验的累计利润如果亏损超过房租的3倍时，说明这家个体户住宿业经营困难，有关停倒闭的意愿
	个体户新增的累计利润房租比	该参数为全局可调参数，初始设定为1。表示个体户经验的累计利润如果盈利超过房租的3倍时，说明这家个体户住宿业经营不错，市场上就有人愿意来投资新开一家住宿业个体户

由于模型中没有设定随机生成新住宿业样本机制，采用重启一家已经在关停倒闭状态的样本代替新增，既满足随机性，也满足样本的科学性。

9. 经济体运行监测指标说明

住宿业经济体的统计指标非常多，从数据可获取性和重要性出发，本次建模只选取了住宿业经济体的几个重要财务指标作为评估指标。各指标的计算公式如表10所示。

表10　住宿业经济运行指标计算方法

样本分类	指标	计算方法
企业	当月欢迎度	该企业的期初营业收入/上月正常营业的全行业（企业和个体户）期初营业收入合计
	当月营业收入	住宿业总需求×当月消费者消费意愿×当月住宿业需求比例×当月欢迎度
	当月工资	从业人员数×人均月工资×当月工资折扣

续表

样本分类	指标	计算方法
企业	当月税金成本	当月营业收入×应交增值税参数×当月税金折扣×（1+税金及附加参数）
	当月固定成本	（非工资和税金成本/12）×固定成本支出比例×当月租金折扣
	当月非固定成本	当月营业收入×非固定成本参数
	当月营业利润	当月营业收入－当月工资－当月税金成本－当月固定成本－当月非固定成本
	当月累计资产	首月： 期初资产本年实际+可贷款额度×贷款比率+当月营业利润 运算过程中： 上月累计资产+当月营业利润
	当月累计负债	期初负债本年实际+可贷款额度×贷款比率
	当月资产负债率	当月累计负债/当月累计资产
	当月投资回报	1. 先计算：当月累计利润=当月累计资产－（期初资产本年实际+可贷款额度×贷款比率+当月营业利润） 2. 如果当月累计利润≤0，当月投资回报=0 否则当月投资回报=当月累计利润/MAX（当月累计资产，当月累计负债）
	当月营业状态	1. 如果（累计资产小于等于0）OR（当月资产负债率>企业倒闭的资产负债率），企业将在下月倒闭，下月的指标统计将剔除该企业。 2. 如果当月投资回报>企业新增的投资回报率，企业的当月累计资产将会被重置为期初累计资产，并且下月将有一家规模相似（期初营业收入相近）的，已倒闭的企业重新开张（子公司），它的当月累计资产也会被重置为期初累计资产，当月累计负债会被重置为期初累计资产/2+期初累计资产/2×贷款比率。 3. 其他情况： 企业将在下月继续正常营业
个体户	当月欢迎度（当月市场份额）	该个体户的期初营业收入/上月正常营业的全行业（企业和个体户）期初营业收入合计
	当月营业收入	住宿业总需求×当月消费者消费意愿×当月住宿业需求比例×当月欢迎度
	当月工资	从业人员数×人均月工资×当月工资折扣

续表

样本分类	指标	计算方法
个体户	当月房租	当月房租参数×当月租金折扣
	当月税费	当月营业收入×当月税费参数×当月税金折扣
	当月营业相关支出	当月营业收入×当月营业相关支出参数
	当月营业利润	当月营业收入－当月工资－当月房租－当月税费－当月营业相关支出
	当月累计利润	上月累计利润＋当月营业利润
	当月营业状态	1. 如果当月累计利润/当月房租＜个体户倒闭的累计利润房租比，企业将在下月倒闭，下月的指标统计将剔除该企业。 2. 如果当月累计利润/当月房租＞个体户新增的累计利润房租比，企业的当月累计利润将会被重置为当月营业利润，并且下月将有一家规模相似（期初营业收入相近）的，已倒闭的个体户重新开张（子公司），它的当月累计利润重置为0，且当月房租重置为期初房租的一半。 3. 其他情况： 企业将在下月继续正常营业

为了进一步讨论指标选取的合理性，从表10中的计算公式可以得出表11，从中可以看出每个指标的影响因素。影响因素影响指标的方式与现实中的经济运行近似。

表11 住宿业经济运行指标影响因素表

样本分类	指标	经济体上月运行结果	外部因素		内部因素			行业参数
			政府政策	市场需求	规模	历史经营情况	经营决策	
企业	当月欢迎度	有			有			
	当月营业收入	有		有	有			
	当月工资				有	有	有	
	当月税金成本	有	有	有	有	有		
	当月固定成本					有		有
	当月非固定成本	有				有		
	当月营业利润	有	有	有	有	有	有	有
	当月累计资产	有	有	有	有	有	有	有

续表

样本分类	指标	经济体上月运行结果	外部因素		内部因素			行业参数
			政府政策	市场需求	规模	历史经营情况	经营决策	
企业	当月累计负债		有			有		
	当月资产负债率	有	有	有	有	有	有	有
	当月投资回报	有	有	有	有	有	有	有
	当月营业状态	有	有	有	有	有	有	有
个体户	当月欢迎度	有			有			
	当月营业收入	有		有	有			
	当月工资				有	有	有	
	当月房租		有			有		
	当月税费	有	有	有	有	有		
	当月营业相关支出	有		有	有	有		
	当月营业利润	有	有	有	有	有	有	
	当月累计利润	有	有	有	有	有	有	
	当月营业状态	有	有	有	有	有	有	有

（三）模型的演化

1. 模型的演化过程

有了前文各个指标的定义及计算方法，模型就可通过迭代的方式一步一步自行演化了。在此，我们以月为迭代单位，即每月会重算一次经济体运行监测指标。图 9 为模型的演化流程。可见，只要确定了模型的初始参数，模型就可以自行演化迭代。

2. 演化参数说明

从模型演化流程图中可以看到，需要指定“可调公共常数”“可调各月参数”“经济体初始参数”三类参数和“经济体运行监测指标”。对应前文所提到的模型所涉及的指标，可为模型演化流程按表 1 的“参数类型”列指定参数。

3. 演化中经济体的状态变化

综观整个模型，实际上经济体的个数并没有变化，因此，整个模型的演化实际上是各个经济体状态的变化。表 12 是经济体的所有变化状态。图 10 是这些状态的变化情况。

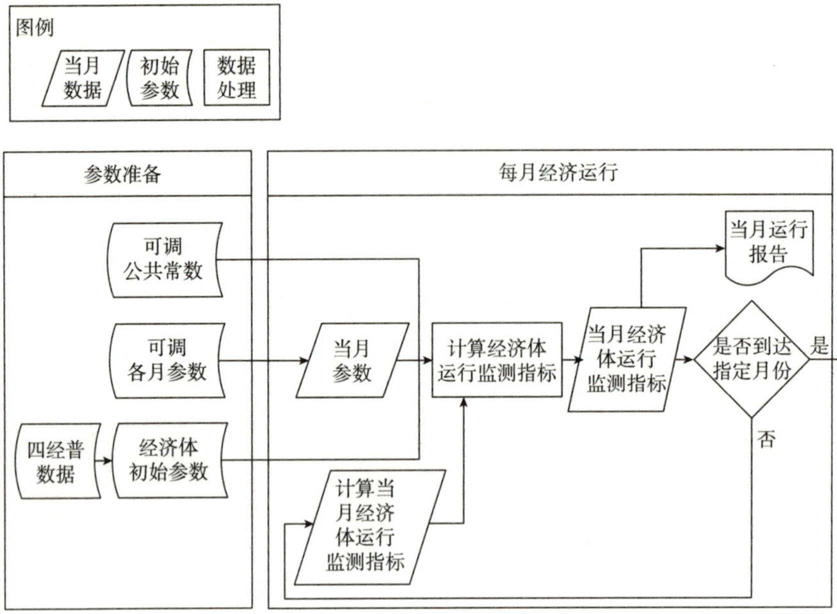

图9 模型演化流程

表12 经济体的5种状态

营业状态	说明
营业	指明经济体当前为营业状态
倒闭	指明经济体当前为倒闭状态
倒闭（待重启）	指明经济体当前为倒闭状态，下月为营业状态
营业（待扩张）	指明经济体当前为营业状态，下月也为营业状态，下月还会新开张一家与它规模相近的经济体
营业（待倒闭）	指明经济体当前为营业状态，下月为倒闭状态

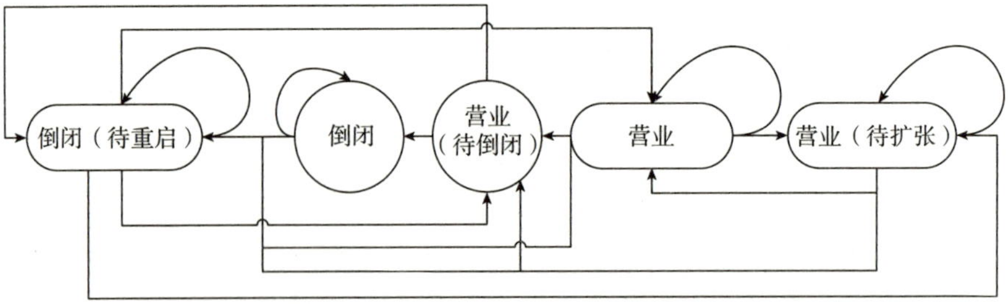

图10 经济体在模型演化中的状态变化

由于经济体的盈利情况对整个演化趋势影响至关重大，结合营业状态的变化，图 11 是经济体盈利状态的变化。

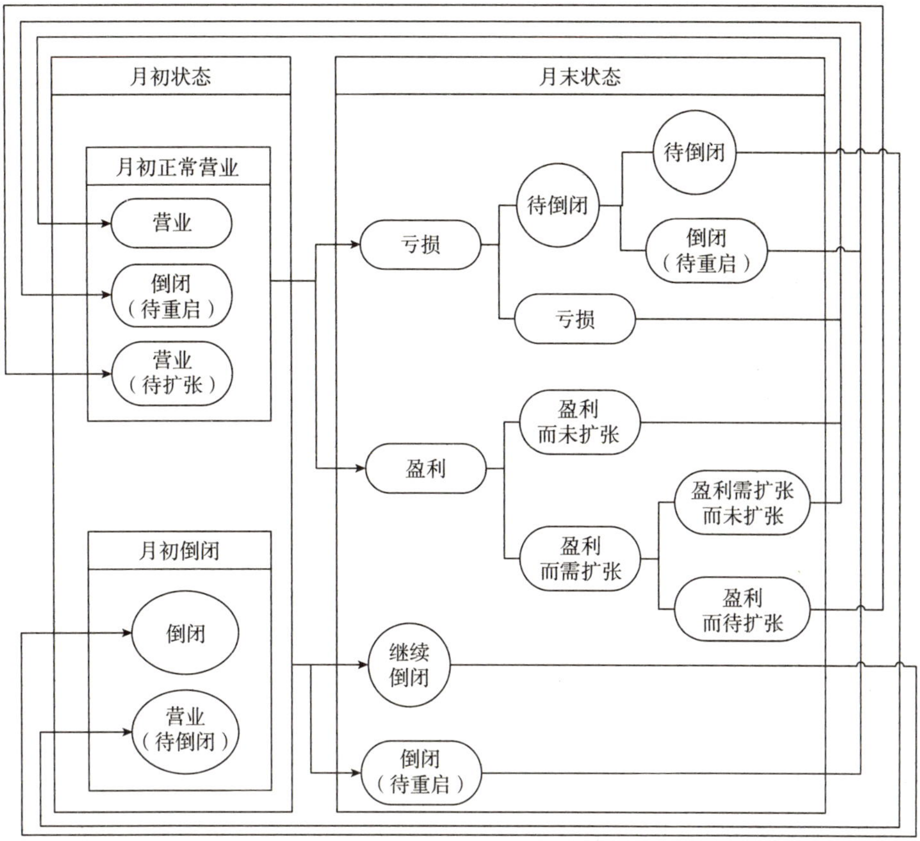

图 11　经济体盈利状态的变化

4. 演化中经济体运行监测指标变化链

在整个演化过程中，经济体运行监测指标在不断地被重新计算，图 12 是住宿业企业运行监测指标变化的传导过程。图 13 是住宿业个体户运行监测指标变化的传导过程。为了便于显示，图中只画出了每次迭代结果也就是营业状态的变化对下一轮迭代各个指标的变化影响，对于被影响的指标的其他参数导致的影响就不再画出。具体可参考表 10。

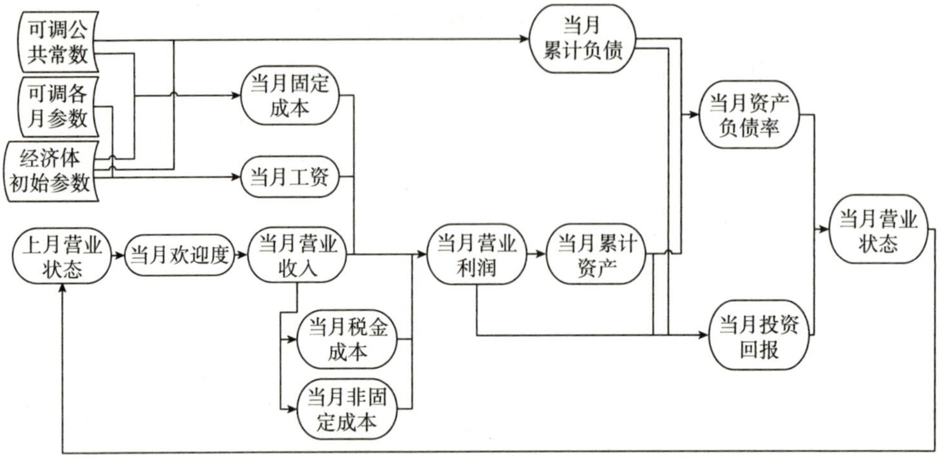

图 12　住宿业企业运行监测指标变化的传导过程

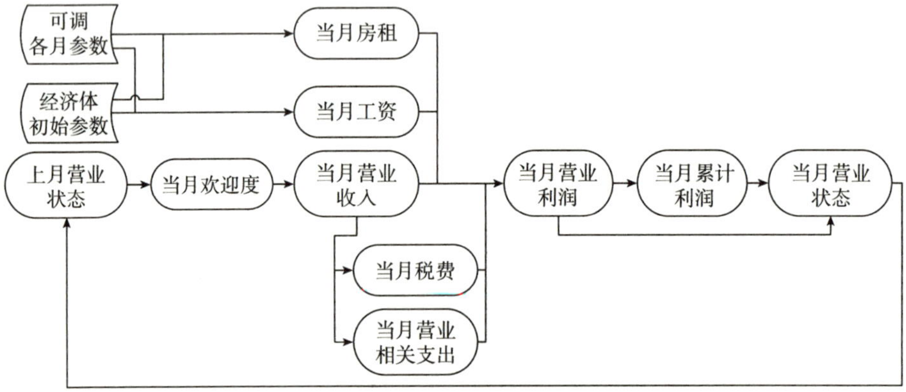

图 13　住宿业个体户运行监测指标变化的传导过程

四、模型运算结果分析

（一）模型正常平稳运行验算

当在不考虑发生任何的突发事件时，人群的消费意愿工资、税收和租金等都是正常的，参数化后是“当月消费者消费意愿”“当月工资折扣”“当月税金折扣”和“当月租金折扣”均设定为1，计算代入时不会影响计算结果。“当月住宿业需求比例”根据 2019 年规模以上住宿业营业额指标各月总值占全年比例计算得出。如图 14 所示。

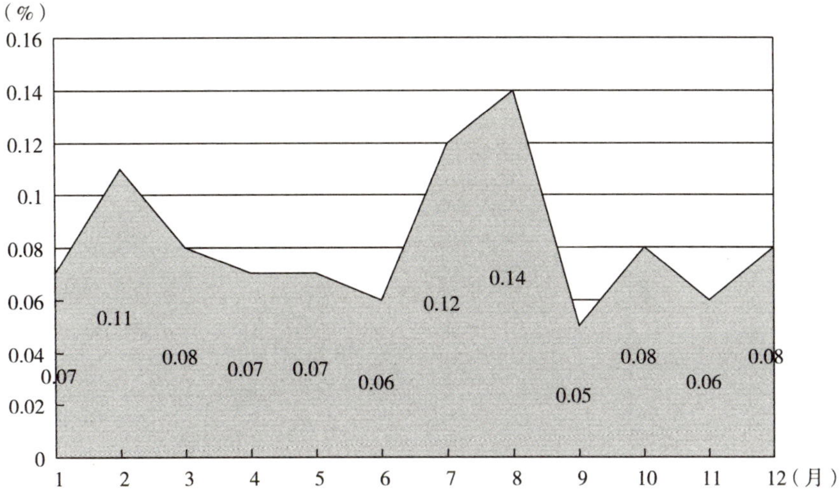

图 14 2019 年规上企业营业额分月占比

所有参数设置如表 13 所示：

表 13 可调各月参数（正常状态）

月份	租金折扣	税金折扣	工资折扣	消费意愿	营业收入分布比例（%）
1	1	1	1	1	0. 070982143
2	1	1	1	1	0. 106473214
3	1	1	1	1	0. 078013393
4	1	1	1	1	0. 069196429
5	1	1	1	1	0. 071540179
6	1	1	1	1	0. 061272321
7	1	1	1	1	0. 12265625
8	1	1	1	1	0. 143191964
9	1	1	1	1	0. 053348214
10	1	1	1	1	0. 083370536
11	1	1	1	1	0. 056696429
12	1	1	1	1	0. 083258929

续表

月份	租金折扣	税金折扣	工资折扣	消费意愿	营业收入分布比例（%）
13	1	1	1	1.1	0.070982143
14	1	1	1	1.1	0.106473214
15	1	1	1	1.1	0.078013393
16	1	1	1	1.1	0.069196429
17	1	1	1	1.1	0.071540179
18	1	1	1	1.1	0.061272321
19	1	1	1	1.1	0.12265625
20	1	1	1	1.1	0.143191964
21	1	1	1	1.1	0.053348214
22	1	1	1	1.1	0.083370536
23	1	1	1	1.1	0.056696429
24	1	1	1	1.1	0.083258929

可以看到在正常情况下，模型可以正常运行，企业数量是一个扩展的趋势。由于模型经济体库中总共有 1461 个个体，而且一小部分预制为待新增状态，第 8 个月后由于模型经济体库的总量限制，后期经营企业数量达到上限，成为一条直线，如图 15 所示。

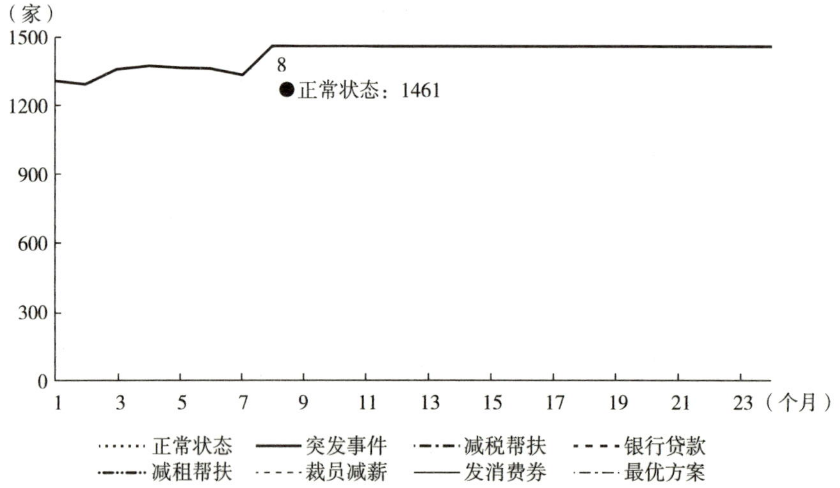

图 15 突发事件影响后政策效果对比图（正常状态）

模型演化过程中监测盈利亏损状态时，也符合正常规律，市场总需求大时，盈利的企业就多；市场总需求小时，亏损的企业就多。如图 16、图 17 所示。

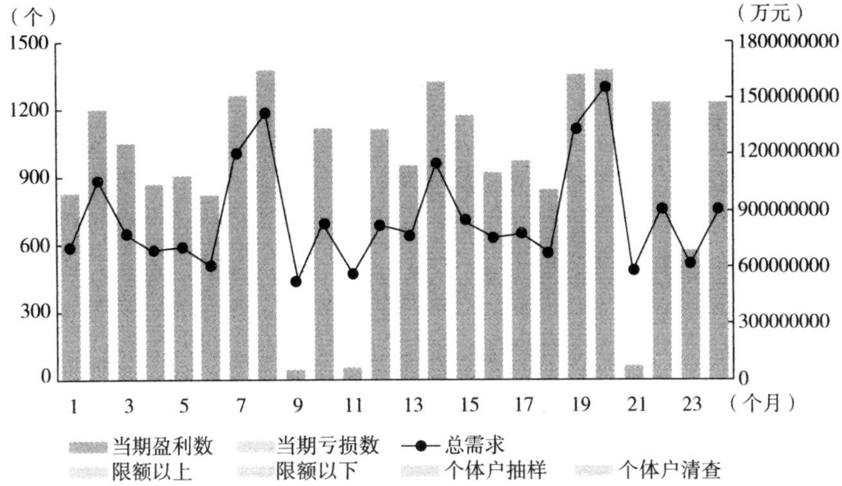

图 16　总需求变化与企业盈利亏损关系（盈利）

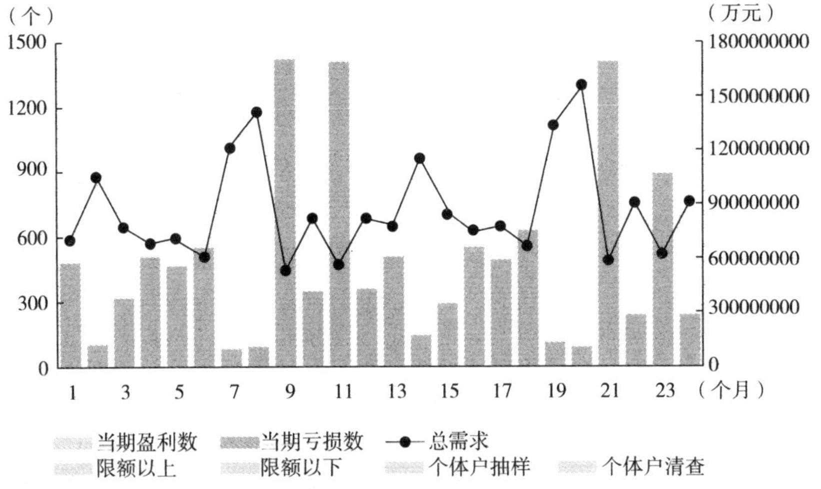

图 17　总需求变化与企业盈利亏损关系（亏损）

使用与 2019 年的住宿业 S203 表（季报）实际营业额与模型预算输出

的营业额进行拟合，趋势基本一致，如图 18 所示。

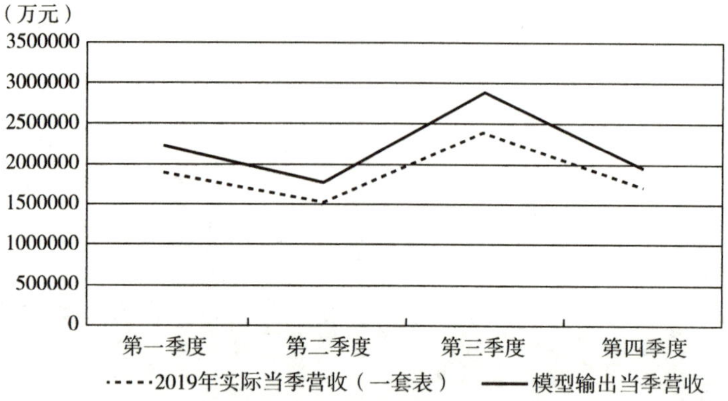

图 18 限额以上住宿业营业收入比较

综上所述，基本验证模型在正常运行过程中与实际经济情况趋势相符合，达到推演前的准备。

（二）突发事件对模型的影响

当发生突发事件后，住宿业的总需求突然降低，体现市场上的消费意愿降低。模型中调低“当月消费者消费意愿”的牺牲，假设消费意愿值至 12 个月后才完全恢复。参数设置如表 14 所示。

表 14 可调各月参数（突发事件）

月份	租金折扣	税金折扣	工资折扣	消费意愿	营业收入分布比例（%）
1	1	1	1	0. 8	0. 070982143
2	1	1	1	0. 3	0. 106473214
3	1	1	1	0. 2	0. 078013393
4	1	1	1	0. 3	0. 069196429
5	1	1	1	0. 5	0. 071540179
6	1	1	1	0. 6	0. 061272321
7	1	1	1	0. 6	0. 12265625
B	1	1	1	0. 6	0. 143191964
9	1	1	1	0. 7	0. 053348214

续表

月份	租金折扣	税金折扣	工资折扣	消费意愿	营业收入分布比例（%）
10	1	1	1	0.7	0.083370536
11	1	1	1	0.8	0.056696429
12	1	1	1	0.9	0.083258929
13	1	1	1	1	0.070982143
14	1	1	1	1	0.106473214
15	1	1	1	1	0.078013393
16	1	1	1	1	0.069196429
17	1	1	1	1	0.071540179
18	1	1	1	1	0.061272321
19	1	1	1	1	0.12265625
20	1	1	1	1	0.143191964
21	1	1	1	1	0.053348214
22	1	1	1	1	0.083370536
23	1	1	1	1	0.056696429
24	1	1	1	1	0.083258929

总需求在2~4个周期，消费意愿有较大的下降。如图19所示。

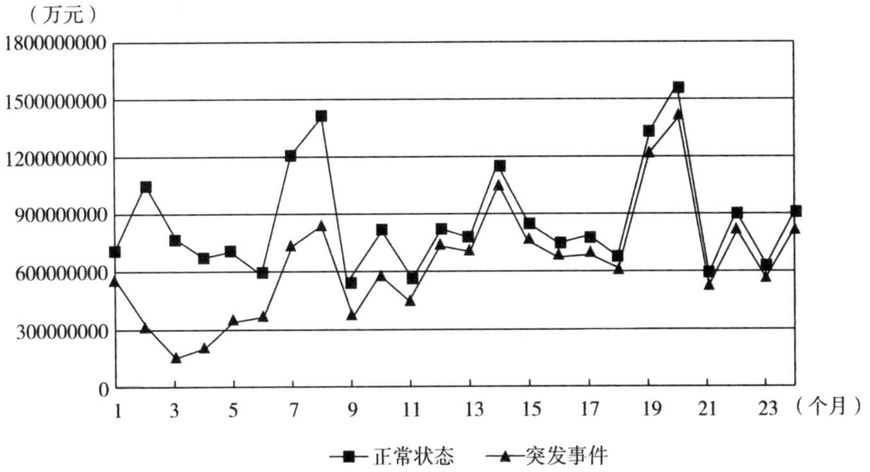

图19　总需求变化图（突发事件）

在重大突发事件打击下，模型中的住宿业单位受到打击，利润下降，逐步达到模型设定的倒闭阈值，关闭停业。而且其中的个体户模型受到的打击比较大。如图20所示。

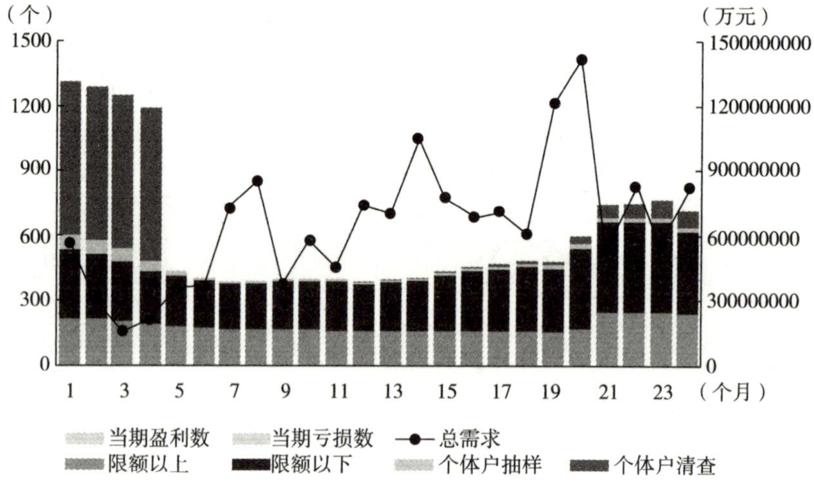

图20 总需求变化与企业盈利亏损关系图（突发事件）

与正常运行状态的经济体经营数量对比，可以看到巨大的反差。如图21所示。

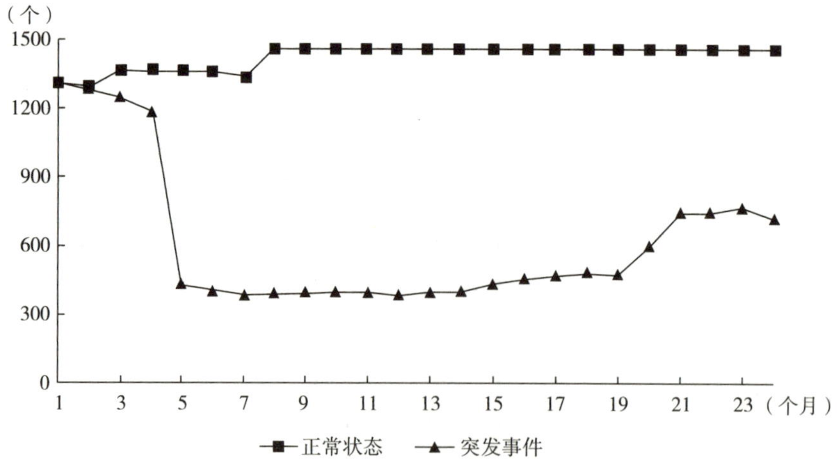

图21 突发事件影响后政策效果对比图（突发事件）

（三）减税帮扶企业政策效果

如果保持突发事件时的消费意愿，尝试一下通过减税，看看对企业帮扶的效果如何。将“税金折扣”12 个周期都设置为 0，也就是意味着 1 年免税。参数设置如表 15 所示。

表 15　可调各月参数（减税帮扶企业政策）

月份	租金折扣	税金折扣	工资折扣	消费意愿	营业收入分布比例（%）
1	1	0	1	0.8	0.070982143
2	1	0	1	0.3	0.106473214
3	1	0	1	0.2	0.078013393
4	1	0	1	0.3	0.069196429
5	1	0	1	0.5	0.071540179
6	1	0	1	0.6	0.061272321
7	1	0	1	0.6	0.12265625
8	1	0	1	0.6	0.143191964
9	1	0	1	0.7	0.053348214
10	1	0	1	0.7	0.083370536
11	1	0	1	0.8	0.056696429
12	1	0	1	0.9	0.083258929
13	1	1	1	1	0.070982143
14	1	1	1	1	0.106473214
15	1	1	1	1	0.078013393
16	1	1	1	1	0.069196429
17	1	1	1	1	0.071540179
18	1	1	1	1	0.061272321
19	1	1	1	1	0.12265625
20	1	1	1	1	0.143191964
21	1	1	1	1	0.053348214
22	1	1	1	1	0.083370536
23	1	1	1	1	0.056696429
24	1	1	1	1	0.083258929

可以看到对回暖有一定的帮助，但效果不明显。如图 22 所示。

（四）发放贷款政策效果

模型中是通过模型运算周期开始即给住宿业企业发放一笔贷款，仅针对企业发放，因此个体户并没有受益。企业能获得的贷款金额是通过企业“可贷款额度”指标乘以系统参数“贷款比率”得到，是企业的资产减去负债的差额，也就是说企业本身运营状态越好，能获得的贷款越多。反之，自身运营差的企业其实并不能获得多少贷款。此次运算将“贷款比率”设为0.5，其他月度参数不变。效果如图23所示。可以看到效果比较微小，甚至在运算的尾部，被拖延的问题会再次显现。

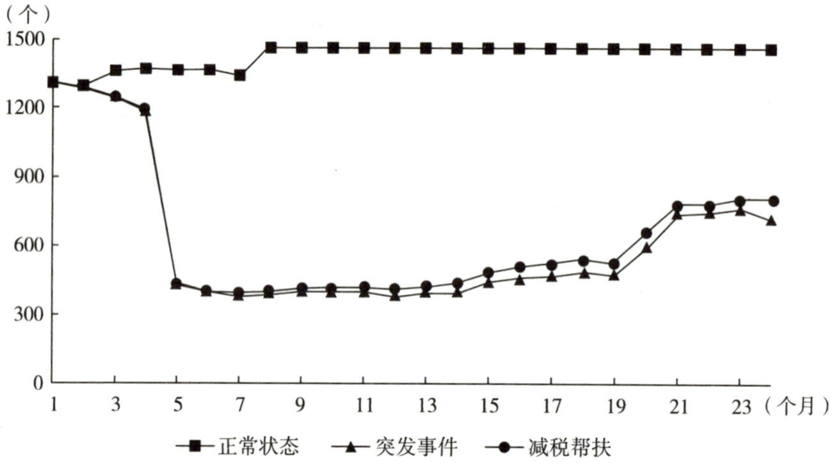

图22 突发事件影响后政策效果对比（减税帮扶）

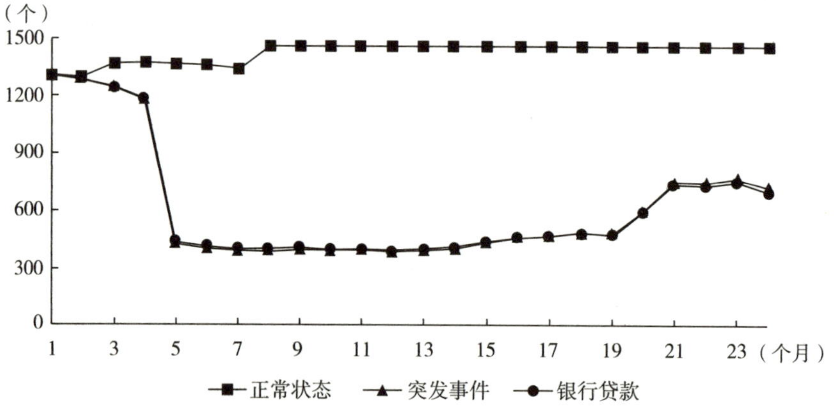

图23 突发事件影响后政策效果对比（银行贷款）

（五）减租帮扶政策效果

租金在住宿业企业中是比较大的一块成本，如果采用减免租金的方式对企业进行帮扶，效果会如何呢？设置模型的“租金折扣”这项参数，进行推演。前期租金减半，设置为0.5，后期减少幅度与消费意愿持平，12个周期后恢复为1。参数设置如表16所示。效果如图24所示。

表16　可调各月参数（减租帮扶政策）

月份	租金折扣	税金折扣	工资折扣	消费意愿	营业收入分布比例（%）
1	1	1	1	0.8	0.070982143
2	0.5	1	1	0.3	0.106473214
3	0.5	1	1	0.2	0.078013393
4	0.5	1	1	0.3	0.069196429
5	0.5	1	1	0.5	0.071540179
6	0.6	1	1	0.6	0.061272321
7	0.6	1	1	0.6	0.12265625
8	0.6	1	1	0.6	0.143191964
9	0.7	1	1	0.7	0.053348214
10	0.7	1	1	0.7	0.083370536
11	0.8	1	1	0.8	0.056696429
12	0.9	1	1	0.9	0.083258929
13	1	1	1	1	0.070982143
14	1	1	1	1	0.106473214
15	1	1	1	1	0.078013393
16	1	1	1	1	0.069196429
17	1	1	1	1	0.071540179
18	1	1	1	1	0.061272321
19	1	1	1	1	0.12265625
20	1	1	1	1	0.143191964
21	1	1	1	1	0.053348214
22	1	1	1	1	0.083370536
23	1	1	1	1	0.056696429
24	1	1	1	1	0.083258929

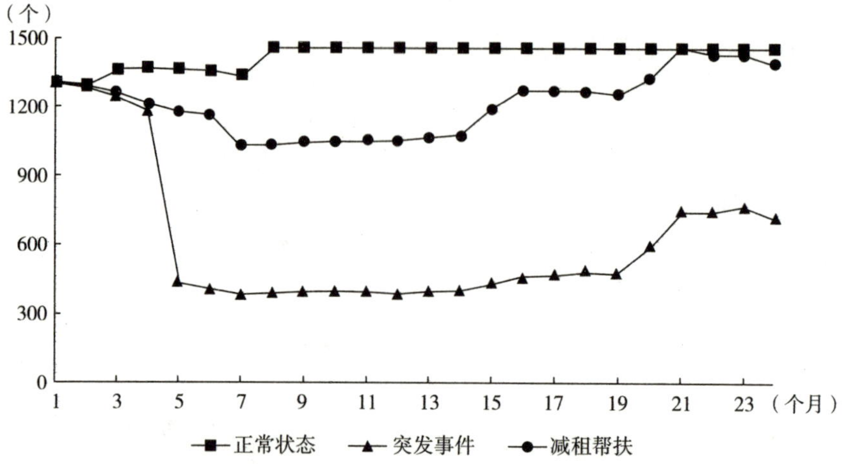

图 24 突发事件影响后政策效果对比图（减租帮扶）

可以看到这样的帮扶效果明显，模型收窄了关停企业的速度，甚至在21个周期时还触顶。政府对降租的可控范围主要是国有企业或国有控股的场地，其他降租行为主要决定于市场。

（六）企业裁员减薪的效果

企业的员工薪金通常是成本的大头，企业在自身经营困难时，裁员减薪往往不可避免。用模型计算一下裁员减薪的效果如何。为了方便对比，设置模型的“工资折扣”这项参数，取值策略和之前的“租金折扣”参数一样。详细设置如表17所示。

表 17 可调各月参数（企业裁员减薪）

月份	租金折扣	税金折扣	工资折扣	消费意愿	营业收入分布比例（%）
1	1	1	1	0.8	0.070982143
2	1	1	0.5	0.3	0.106473214
3	1	1	0.5	0.2	0.078013393
4	1	1	0.5	0.3	0.069196429
5	1	1	0.5	0.5	0.071540179
6	1	1	0.6	0.6	0.061272321
7	1	1	0.6	0.6	0.12265625
8	1	1	0.6	0.6	0.143191964
9	1	1	0.7	0.7	0.053348214

续表

月份	租金折扣	税金折扣	工资折扣	消费意愿	营业收入分布比例（%）
10	1	1	0.7	0.7	0.083370536
11	1	1	0.8	0.8	0.056696429
12	1	1	0.9	0.9	0.083258929
13	1	1	1	1	0.070982143
14	1	1	1	1	0.106473214
15	1	1	1	1	0.078013393
16	1	1	1	1	0.069196429
17	1	1	1	1	0.071540179
18	1	1	1	1	0.061272321
19	1	1	1	1	0.12265625
20	1	1	1	1	0.143191964
21	1	1	1	1	0.053348214
22	1	1	1	1	0.083370536
23	1	1	1	1	0.056696429
24	1	1	1	1	0.083258929

从图25可以看到，裁员减薪的效果比减免租金更有效，然而裁员是我们并不想看到的。

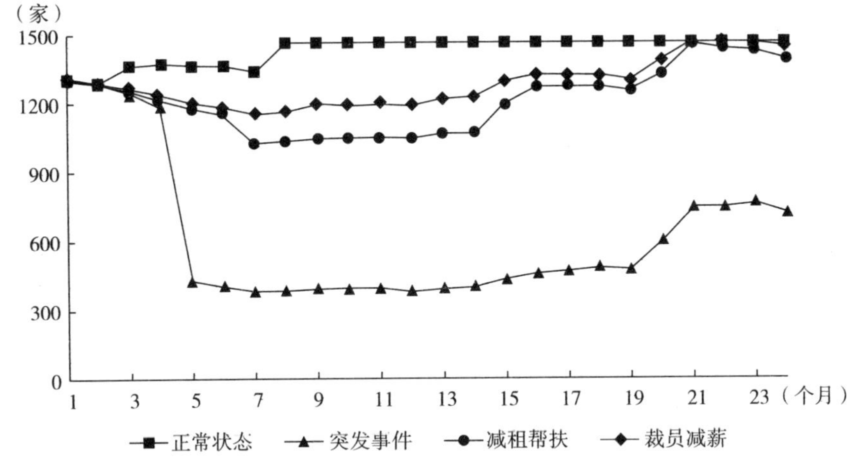

图25　突发事件影响后政策效果对比（裁员减薪）

（七）消费券刺激市场的效果

最近全国多地政府都相继出台发放消费券的政策，消费券的做法实际上就是提高市场的需求端，提振大家的消费意愿，因此在模型中我们可以通过更改消费意愿这个参数来模拟。假定发放1亿元消费券，消费者使用消费券时需要按大约1∶4比例自行支付部分金额，也就是说消费券有5倍的杠杆，市场上大约能增加5亿元的消费需求。假如这其中有20%的消费需求分给住宿业，分别在5月和6月，那么经过计算，可以分别提高0.07个和0.08个点的消费意愿。考虑到使用完消费券后，可能会提振消费者的信心，期后每个月的消费意愿也都提高0.1个点，具体参数调增如表18所示。

表18 可调各月参数（消费券刺激市场）

月份	租金折扣	税金折扣	工资折扣	消费意愿	营业收入分布比例（%）
1	1	1	1	0.8	0.070982143
2	1	1	1	0.3	0.106473214
3	1	1	1	0.2	0.078013393
4	1	1	1	0.3	0.069196429
5	1	1	1	0.57	0.071540179
6	1	1	1	0.68	0.061272321
7	1	1	1	0.7	0.12265625
8	1	1	1	0.7	0.143191964
9	1	1	1	0.8	0.053348214
10	1	1	1	0.8	0.083370536
11	1	1	1	0.9	0.056696429
12	1	1	1	1	0.083258929
13	1	1	1	1	0.070982143
14	1	1	1	1	0.106473214
15	1	1	1	1	0.078013393
16	1	1	1	1	0.069196429
17	1	1	1	1	0.071540179
18	1	1	1	1	0.061272321
19	1	1	1	1	0.12265625
20	1	1	1	1	0.143191964

续表

月份	租金折扣	税金折扣	工资折扣	消费意愿	营业收入分布比例（%）
21	1	1	1	1	0.053348214
22	1	1	1	1	0.083370536
23	1	1	1	1	0.056696429
24	1	1	1	1	0.083258929

相比之前的突发事件情况下，市场住宿业总需求有所改善。如图 26 所示。

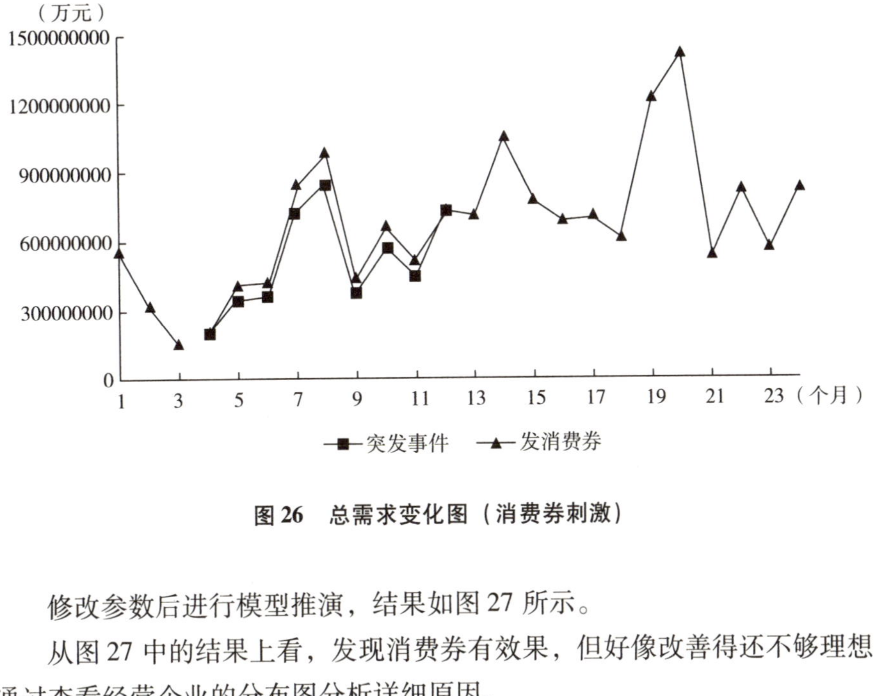

图 26　总需求变化图（消费券刺激）

修改参数后进行模型推演，结果如图 27 所示。

从图 27 中的结果上看，发现消费券有效果，但好像改善得还不够理想，通过查看经营企业的分布图分析详细原因。

从图 28 中可见，由于消费券作用在 5 月，而 5 月前大量的个体户都已经支撑不住关停，因此不是最优的解决方案。

（八）最优参数方案

市场中的企业不会像模型中那样完全坐以待毙，发生困难时一定是逐步自救的。例如，通过短暂的减薪避免裁员；场地租金也会有适当的减免，

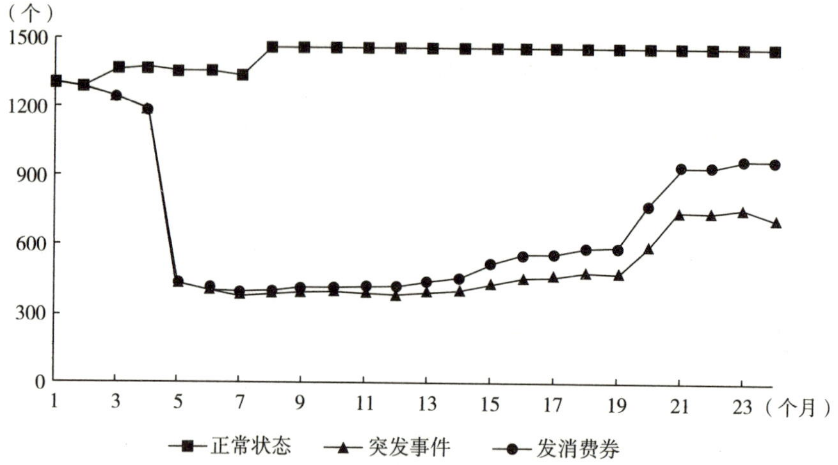

图27 突发事件影响后政策效果对比图（消费券刺激）

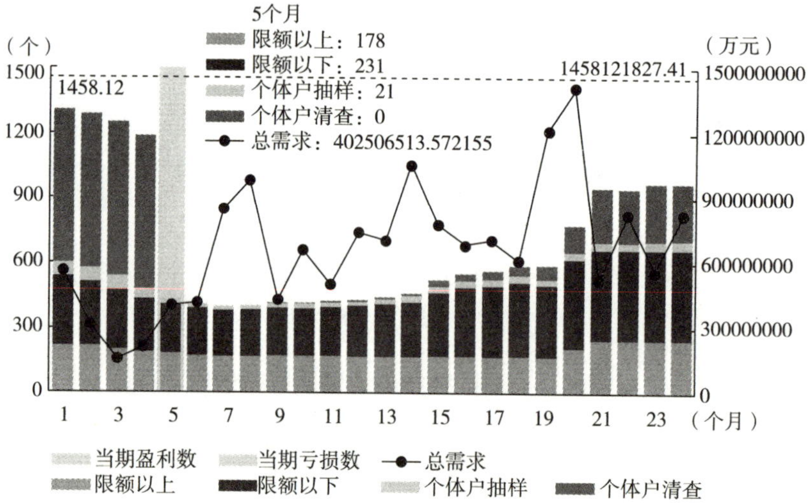

图28 总需求变化与企业盈利亏损关系图（消费券刺激）

毕竟出租方也不希望租客离开，而且市场的租金价格会在一定期间内下浮；政府会出台一些减税降费政策；政府调控贷款利率，银行放宽贷款条件；加上5月发放消费券，这些方法综合起来实施将会怎样？最优参数设置如表19所示。

表 19 可调各月参数（最优参数方案）

月份	租金折扣	税金折扣	工资折扣	消费意愿	营业收入分布比例（%）
1	1	1	1	0. 8	0. 070982143
2	0. 5	0	0. 8	0. 3	0. 106473214
3	0. 5	0	0. 8	0. 2	0. 078013393
4	0. 8	0	0. 9	0. 3	0. 069196429
5	0. 8	0	0. 9	0. 57	0. 071540179
6	0. 8	0	1	0. 68	0. 061272321
7	0. 8	1	1	0. 7	0. 12265625
8	0. 8	1	1	0. 7	0. 143191964
9	0. 8	1	1	0. 88	0. 053348214
10	0. 9	1	1	0. 85	0. 083370536
11	0. 9	1	1	0. 9	0. 056696429
12	0. 9	1	1	1	0. 083258929
13	1	1	1	1	0. 070982143
14	1	1	1	1	0. 106473214
15	1	1	1	1	0. 078013393
16	1	1	1	1	0. 069196429
17	1	1	1	1	0. 071540179
18	1	1	1	1	0. 061272321
19	1	1	1	1	0. 12265625
20	1	1	1	1	0. 143191964
21	1	1	1	1	0. 053348214
22	1	1	1	1	0. 083370536
23	1	1	1	1	0. 056696429
24	1	1	1	1	0. 083258929

如图 29 所示，可见其效果比之前的成绩最好的裁员减薪方案还要好，在不大幅裁员减薪的情况下，通过综合手段，可以很好地将住宿业逐步拉回正轨。

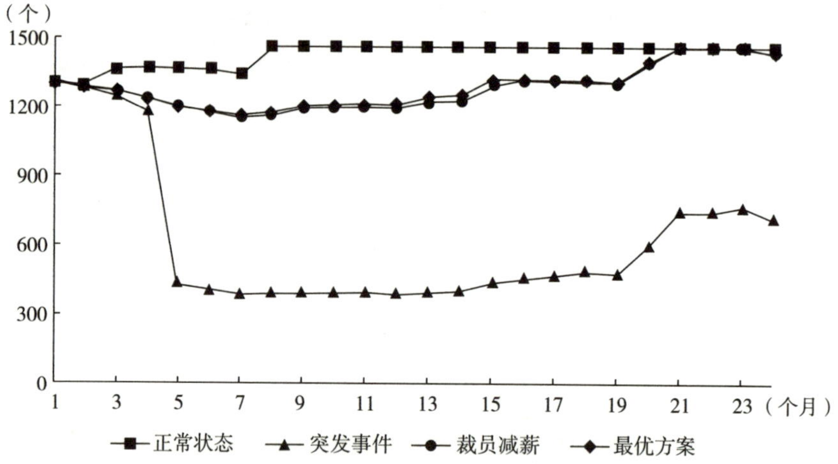

图29 突发事件影响后政策效果对比图（最优参数方案）

五、模型的实现

（一）实现的工具

考虑到模型中有大量的数据处理和展示，本次模型的实现采用已有的自研系统平台——统计数据处理一体化框架。该平台的架构如图30所示。框架由宏观数据库系统、微观数据库系统、信息发布系统和数据门户系统四个子系统构成，分别对应统计数据的处理、存储、发布和展现。整个框架以现存的单位内部业务流程为基础，尝试整合各种数据处理系统（一套表、久其、和利时、SARP），规范统计数据处理流程。

模型的核心是算法设计。算法设计在微观数据库系统有专门的数据处理引擎负责。该系统经过两轮的迭代升级，数据处理引擎目前支持存储过程和BI工具。系统使用的BI工具为开源工具knime。考虑到本模型中，算法的复杂性和效率，在实际的实现中采用两者结合的方式：使用存储过程来实现核心的数据处理算法，使用knime把算法的输出数据处理成json格式，以便后续的发布系统能进行丰富的图形化展现。

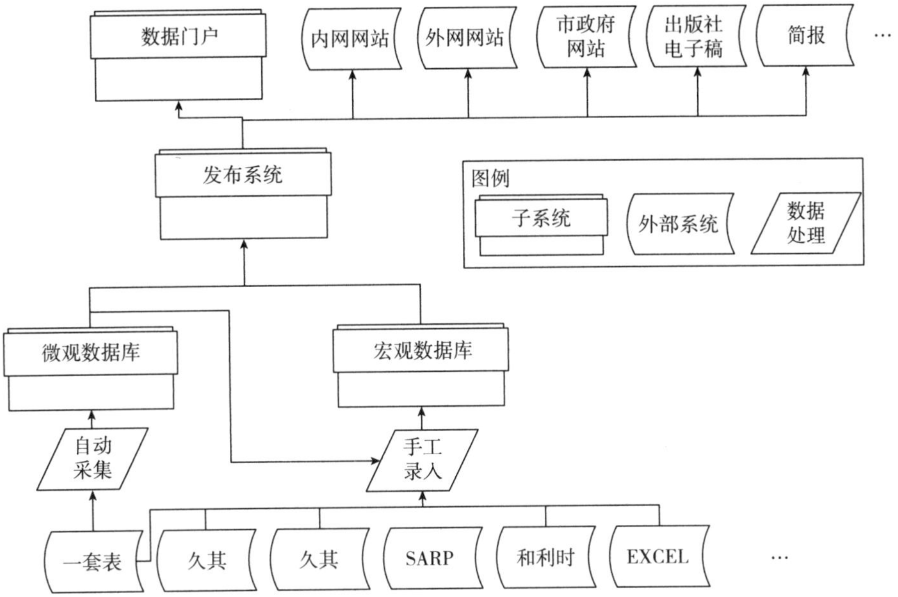

图30 统计数据处理一体化框架

模型友好的图形化输出展现，能让人更易于理解和分析。在本次的数据可视化设计中，我们使用了发布系统集成的ECHARTS和Wijmo插件制作各种表格和图形，特别是借助了ECHARTS强大的动图展现能力，完美地展现模型的动态演化过程。

（二）数据库设计

1. 模型的输入表设计

（1）可调行业宏观经济公共常数（见表20）。该表设计实现目的是录入涉及整个住宿业数据模型全周期运行的相关参数，为方便使用及不断扩展性，表结构设置关键字段为“参数名称”“参数值”的形式，通过Key-Value的扩充不断扩展及修正影响参数系统，使模型运算不断趋于现实。

目前设计主要参数有“贷款比例”“住宿业总需求”“企业新增/倒闭的投资回报率”“个体户新增/倒闭的利润租金比”等。

（2）可调各月宏观经济变化参数（见表21）。该表设计目的是定义不同月份有差异性影响的相关参数，整个模型的推演周期也是基于本表的数据项。以“月份”为业务主键，通过结合实际经济场景及定义政策因素变化，调整不同月份之间的参数如“消费意愿”“营业收入分布比例”“工资、税金、租金折扣”等系数，为住宿业各经济体演变周期内的发展情况。

表 20　可调行业宏观经济公共常数

表名	字段类型	字段长度	字段名	索引字段
DM_HOTEL_0_2020________I4	VARCHAR2	2048	参数名称	
DM_HOTEL_0_2020________I4	FLOAT	2048	参数值	

表 21　可调各月宏观经济变化参数

表名	字段类型		字段名	字段序号	索引字段
DM_HOTEL_0_2020________I3	DM_HOTEL_0_2020__MAC_ECO_PARAM	Integer	2048	月份	Y
DM_HOTEL_0_2020________I3	DM_HOTEL_0_2020__MAC_ECO_PARAM	FLOAT	2048	租金折扣	
DM_HOTEL_0_2020________I3	DM_HOTEL_0_2020__MAC_ECO_PARAM	FLOAT	2048	税金折扣	
DM_HOTEL_0_2020________I3	DM_HOTEL_0_2020__MAC_ECO_PARAM	FLOAT	2048	工资折扣	
DM_HOTEL_0_2020________I3	DM_HOTEL_0_2020__MAC_ECO_PARAM	FLOAT	2048	消费意愿	
DM_HOTEL_0_2020________I3	DM_HOTEL_0_2020__MAC_ECO_PARAM	FLOAT	2048	营业收入分布比例	

（3）经济体初始参数（见表22）。为区分个体户及企业不同的模型属性，结合四经普及个体户抽样、清查等获取的数据实例，设置了各自的模型结构。

企业主要运行经济参数：初始营业收入、从业人员数、人均月工资、税金及附加参数、应交增值税参数、非工资和税金成本、非固定成本参数、期初资产本年实际、期初负债本年实际、可贷款额度。

个体户主要运行经济参数（见表23）。包括初始营业收入、从业人员数、人均月工资参数、月房租参数、月税费参数、月营业相关支出参数。

表 22　经济体（企业）初始参数

表名	字段类型	字段长度	字段名	索引字段
DM_HOTEL_0_2020________I1	VARCHAR2	2048	ID 脱敏	Y
DM_HOTEL_0_2020________I1	VARCHAR2	2048	行政区划	
DM_HOTEL_0_2020________I1	VARCHAR2	2048	行业代码	
DM_HOTEL_0_2020________I1	VARCHAR2	2048	模型性质	

续表

表名	字段类型	字段长度	字段名	索引字段
DM_HOTEL_0_2020________I1	FLOAT	2048	初始营业收入	
DM_HOTEL_0_2020________I1	FLOAT	2048	从业人员数	
DM_HOTEL_0_2020________I1	FLOAT	2048	人均月工资	
DM_HOTEL_0_2020________I1	FLOAT	2048	税金及附加参数	
DM_HOTEL_0_2020________I1	FLOAT	2048	应交增值税参数	
DM_HOTEL_0_2020________I1	FLOAT	2048	非工资和税金成本	
DM_HOTEL_0_2020________I1	FLOAT	2048	非固定成本参数	
DM_HOTEL_0_2020________I1	FLOAT	2048	营业利润	
DM_HOTEL_0_2020________I1	FLOAT	2048	期初资产本年实际	
DM_HOTEL_0_2020________I1	FLOAT	2048	期初负债本年实际	
DM_HOTEL_0_2020________I1	FLOAT	2048	可贷款额度	

表 23 经济体（个体户）初始参数

表名	字段类型	字段长度	字段名	索引字段
DM_HOTEL_0_2020________I2	VARCHAR2	2048	ID 脱敏	Y
DM_HOTEL_0_2020________I2	VARCHAR2	2048	行政区划	
DM_HOTEL_0_2020________I2	VARCHAR2	2048	行业代码	
DM_HOTEL_0_2020________I2	VARCHAR2	2048	模型性质	
DM_HOTEL_0_2020________I2	FLOAT	2048	初始营业收入	
DM_HOTEL_0_2020________I2	FLOAT	2048	从业人员数	
DM_HOTEL_0_2020________I2	FLOAT	2048	人均月工资参数	
DM_HOTEL_0_2020________I2	FLOAT	2048	月房租参数	
DM_HOTEL_0_2020________I2	FLOAT	2048	月税费参数	
DM_HOTEL_0_2020________I2	FLOAT	2048	月营业相关支出参数	
DM_HOTEL_0_2020________I2	Integer	3	营业状态	

2. 模型的输出表设计

结合模型的运算过程需要及模型后续的可视化、图形化展示需求，并考虑未来模型进化时的可扩展性，设计如下相关输出表。

（1）每月住宿业各经济体经营明细（见表 24、表 25）。该表设计区分个体户及企业并参照原输入模型表，主要用于记录各经济体在不同时期演化中的各项数据的运算结果。

企业的主要运算结果为：欢迎度、月营业收入、月工资、月税金成本、固定成本、非固定成本、月营业利润、累计资产、累计负债、资产负债率、投资回报、从业人员数。

个体户的主要运算结果为：欢迎度、当月营业收入、当月工资、当月房租、当月税费、当月营业相关支出、当月利润、累计利润、累计利润与房租比例、从业人员数。

此外，各记录运算结束后，再根据运算结果结合宏观经济参数，获取该记录的当月状态：盈利状态、亏损状态、倒闭标识、重启标识、扩张标识、运营标识等。

表24　每月住宿业各经济体（企业）经营明细

表名	字段类型	字段长度	字段名	索引字段
DM_HOTEL_0_2020_______01	Integer	2048	月份	Y
DM_HOTEL_0_2020_______01	VARCHAR2	2048	ID 脱敏	Y
DM_HOTEL_0_2020_______01	FLOAT	2048	欢迎度	
DM_HOTEL_0_2020_______01	FLOAT	2048	月营业收入	
DM_HOTEL_0_2020_______01	FLOAT	2048	月工资	
DM_HOTEL_0_2020_______01	FLOAT	2048	月税金成本	
DM_HOTEL_0_2020_______01	FLOAT	2048	固定成本	
DM_HOTEL_0_2020_______01	FLOAT	2048	非固定成本	
DM_HOTEL_0_2020_______01	FLOAT	2048	月营业利润	
DM_HOTEL_0_2020_______01	FLOAT	2048	累计资产	
DM_HOTEL_0_2020_______01	FLOAT	2048	累计负债	
DM_HOTEL_0_2020_______01	FLOAT	2048	资产负债率	
DM_HOTEL_0_2020_______01	FLOAT	2048	投资回报	
DM_HOTEL_0_2020_______01	Integer	3	营业状态_期初	Y
DM_HOTEL_0_2020_______01	Integer	3	倒闭标识	
DM_HOTEL_0_2020_______01	Integer	3	重启标识	
DM_HOTEL_0_2020_______01	Integer	3	扩张标识	
DM_HOTEL_0_2020_______01	Integer	3	盈利标识	
DM_HOTEL_0_2020_______01	Integer	3	营业状态_期末	Y
DM_HOTEL_0_2020_______01	FLOAT	2048	从业人员数	

表 25 每月住宿业各经济体（个体户）经营明细

表名	字段类型	字段长度	字段名	索引字段
DM_HOTEL_0_2020________02	Integer	2048	月份	Y
DM_HOTEL_0_2020________02	VARCHAR2	2048	ID 脱敏	Y
DM_HOTEL_0_2020________02	FLOAT	2048	欢迎度	
DM_HOTEL_0_2020________02	FLOAT	2048	当月营业收入	
DM_HOTEL_0_2020________02	FLOAT	2048	当月工资	
DM_HOTEL_0_2020________02	FLOAT	2048	当月房租	
DM_HOTEL_0_2020________02	FLOAT	2048	当月税费	
DM_HOTEL_0_2020________02	FLOAT	2048	当月营业相关支出	
DM_HOTEL_0_2020________02	FLOAT	2048	当月利润	
DM_HOTEL_0_2020________02	FLOAT	2048	累计利润	
DM_HOTEL_0_2020________02	FLOAT	2048	累计利润与房租比例	
DM_HOTEL_0_2020________02	Integer	3	营业状态_期初	Y
DM_HOTEL_0_2020________02	Integer	3	倒闭标识	
DM_HOTEL_0_2020________02	Integer	3	重启标识	
DM_HOTEL_0_2020________02	Integer	3	扩张标识	
DM_HOTEL_0_2020________02	Integer	3	盈利标识	
DM_HOTEL_0_2020________02	Integer	3	营业状态_期末	Y
DM_HOTEL_0_2020________02	FLOAT	2048	从业人员数	

（2）每月住宿业运行概况统计（见表 26）。根据前文的明细汇总各个月住宿业整体的运行情况。主要包含以下属性：初始营收合计、各运营状态数量、当月企业/个体户的主要经济数据（实际营收、工资、房租、税费、资产负债、利润等）合计。

表 26 每月住宿业运行概况统计

表名	字段类型	字段长度	字段名	索引字段
DM_HOTEL_0_2020________03	Integer	3	月份	Y
DM_HOTEL_0_2020________03	FLOAT	2048	当月总需求	
DM_HOTEL_0_2020________03	FLOAT	2048	正常企业初始营收合计	
DM_HOTEL_0_2020________03	FLOAT	2048	正常个体户初始营收合计	
DM_HOTEL_0_2020________03	Integer	10	企业_当期正常营业数	

续表

表名	字段类型	字段长度	字段名	索引字段
DM_HOTEL_0_2020________03	Integer	5	企业_当期盈利数	
DM_HOTEL_0_2020________03	Integer	5	企业_当期亏损数	
DM_HOTEL_0_2020________03	Integer	5	企业_当期倒闭数	
DM_HOTEL_0_2020________03	Integer	5	企业_期末正常营业数	
DM_HOTEL_0_2020________03	FLOAT	126	企业_期末倒闭数	
DM_HOTEL_0_2020________03	FLOAT	126	企业_期末扩张需求数	
DM_HOTEL_0_2020________03	Integer	5	企业_当期将重启数	
DM_HOTEL_0_2020________03	Integer	5	企业_当期将扩张数	
DM_HOTEL_0_2020________03	Integer	5	企业_亏损中重启数	
DM_HOTEL_0_2020________03	Integer	5	企业_倒闭中重启数	
DM_HOTEL_0_2020________03	FLOAT	2048	企业_月营业收入	
DM_HOTEL_0_2020________03	FLOAT	2048	企业_月工资	
DM_HOTEL_0_2020________03	FLOAT	2048	企业_月税金成本	
DM_HOTEL_0_2020________03	FLOAT	2048	企业_固定成本	
DM_HOTEL_0_2020________03	FLOAT	2048	企业_非固定成本	
DM_HOTEL_0_2020________03	FLOAT	2048	企业_月营业利润	
DM_HOTEL_0_2020________03	FLOAT	2048	企业_累计资产	
DM_HOTEL_0_2020________03	FLOAT	2048	企业_累计负债	
DM_HOTEL_0_2020________03	FLOAT	2048	企业_资产负债率	
DM_HOTEL_0_2020________03	FLOAT	2048	企业_投资回报	
DM_HOTEL_0_2020________03	FLOAT	126	企业_当期从业人员数	
DM_HOTEL_0_2020________03	Integer	5	个体户_当期正常营业数	
DM_HOTEL_0_2020________03	Integer	5	个体户_当期盈利数	
DM_HOTEL_0_2020________03	Integer	5	个体户_当期亏损数	
DM_HOTEL_0_2020________03	Integer	5	个体户_当期倒闭数	
DM_HOTEL_0_2020________03	Integer	5	个体户_期末正常营业数	
DM_HOTEL_0_2020________03	FLOAT	126	个体户_期末倒闭数	
DM_HOTEL_0_2020________03	FLOAT	126	个体户_期末扩张需求数	
DM_HOTEL_0_2020________03	Integer	5	个体户_当期将重启数	
DM_HOTEL_0_2020________03	Integer	5	个体户_当期将扩张数	
DM_HOTEL_0_2020________03	Integer	5	个体户_亏损中重启数	

续表

表名	字段类型	字段长度	字段名	索引字段
DM_HOTEL_0_2020________03	Integer	5	个体户_倒闭中重启数	
DM_HOTEL_0_2020________03	FLOAT	2048	个体户_当月营业收入	
DM_HOTEL_0_2020________03	FLOAT	2048	个体户_当月工资	
DM_HOTEL_0_2020________03	FLOAT	2048	个体户_当月房租	
DM_HOTEL_0_2020________03	FLOAT	2048	个体户_当月税费	
DM_HOTEL_0_2020________03	FLOAT	2048	个体户_当月相关支出	
DM_HOTEL_0_2020________03	FLOAT	2048	个体户_当月利润	
DM_HOTEL_0_2020________03	FLOAT	2048	个体户_累计利润	
DM_HOTEL_0_2020________03	FLOAT	126	个体户_当期从业人员数	

（3）每月住宿业各经济体运行概况（见表27）。根据前文的数据及各经济体初始参数，记录下所有参与者在全活动周期内的状态（盈利亏损状态、从业人员数、规模）情况，主要用于输出推演散点图的基础数据。

表27　每月住宿业各经济体运行概况

表名	字段类型	字段长度	字段名	索引字段
DM_HOTEL_0_2020________04	VARCHAR2	2048	月份	
DM_HOTEL_0_2020________04	VARCHAR2	2048	模型性质	
DM_HOTEL_0_2020________04	VARCHAR2	2048	ID 脱敏	
DM_HOTEL_0_2020________04	FLOAT	2048	初始营业收入	
DM_HOTEL_0_2020________04	FLOAT	2048	从业人员数	
DM_HOTEL_0_2020________04	VARCHAR2	2048	盈利亏损状态	
DM_HOTEL_0_2020________04	FLOAT	2048	规模字段	

（4）每月住宿业运行状态数量统计（见表28）。根据前文的数据进行计算，获取所有经济体各种运行中间态下的数据量，除可用于作为基础数据输出各个月住宿业的运行情况图之外，也可用于内部运算数据的核验。

表28 每月住宿业运行状态数量统计

表名	字段类型	字段长度	字段名	索引字段
DM_HOTEL_0_2020_______05	VARCHAR2	2048	月份	
DM_HOTEL_0_2020_______05	Integer	5	模型总数合计	
DM_HOTEL_0_2020_______05	Integer	5	月初_营业数	
DM_HOTEL_0_2020_______05	Integer	5	月初_营业_盈利数	
DM_HOTEL_0_2020_______05	Integer	5	月初_营业_需求扩张数	
DM_HOTEL_0_2020_______05	Integer	5	月初_营业_实际扩张数	
DM_HOTEL_0_2020_______05	Integer	5	月初_营业_未实现扩张数	
DM_HOTEL_0_2020_______05	Integer	5	月初_营业_盈利_未达扩张数	
DM_HOTEL_0_2020_______05	Integer	5	月初_营业_亏损数	
DM_HOTEL_0_2020_______05	Integer	5	月初_营业_亏损_待倒闭数	
DM_HOTEL_0_2020_______05	Integer	5	月初_营业_亏损_倒闭中重启数	
DM_HOTEL_0_2020_______05	Integer	5	月初_营业_亏损_亏损未倒闭数	
DM_HOTEL_0_2020_______05	Integer	5	月初_营业_规模以上数	
DM_HOTEL_0_2020_______05	Integer	5	月初_营业_规模以下数	
DM_HOTEL_0_2020_______05	Integer	5	月初_营业_个体户清查数	
DM_HOTEL_0_2020_______05	Integer	5	月初_营业_个体户抽样数	
DM_HOTEL_0_2020_______05	Integer	5	月初_倒闭数	
DM_HOTEL_0_2020_______05	Integer	5	月初_倒闭_倒闭中重启数	
DM_HOTEL_0_2020_______05	Integer	5	月初_倒闭_倒闭持续数	
DM_HOTEL_0_2020_______05	Integer	5	月末_营业数	
DM_HOTEL_0_2020_______05	Integer	5	月末_倒闭数	

3. 索引设计

按照实验时1500个经济体、36个月进行运算，实际运算、存储数据超10万条以上。通过按照月份、营业状态、经济体ID等字段设置索引，将数据库运行时间由200秒以上缩短至40秒左右。

（三）程序设计

程序运行逻辑图如图31所示。

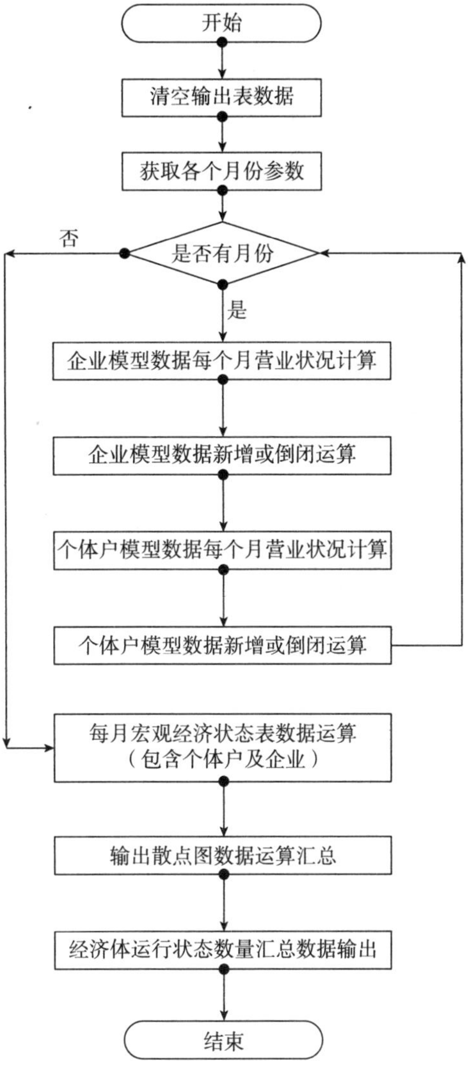

图 31　住宿业建模程序运行逻辑

六、结语

本文采用了 2018 年的某市第四次经济普查中住宿业数据为基础，通过政策措施的模拟参数调节，结合原有的系统，模拟了某市住宿业遇到突发事件后在政府的减税降费、贷款宽松、减租、提供复工补助、发放消费券等措施下的经济体复苏趋势及情况。研究发现：各地可通过模型探寻适合本地区的政策措施组合，以求达到最优。

考虑到我国经济行业覆盖面广，各行业间经济指标差异大，本次建模我们只选取一个行业来模拟。我们希望通过搭建住宿业这个相对单纯的行业模型，为以后推广到其他包含多重复杂因素的行业奠定基础，也为统计系统提供一种新的分析问题思路。

参考文献

［1］纳西姆·尼古拉斯·塔勒布．黑天鹅［M］．北京：中信出版社，2008.

［2］郑毅，李庆．经济与管理科学中的计算机建模与模拟研究［J］．管理现代化，2013（6）：114－116.

［3］农卓恩，刘宁杰，黄玲花，王玲，何望敬．排污权交易促进经济增长的计算机仿真实验［J］．广西财经学院学报，2015，28（3）：21－27.

［4］王纬文．不同类型环境规制对工业绿色增长的政策效应仿真研究［D］．大连理工大学博士学位论文，2018.

［5］崔亚飞．突发公共卫生事件网络舆情演化的计算机仿真研究［D］．首都经济贸易大学博士学位论文，2018.

［6］Viktor Mayer－Schonberger，Kenneth Cukier. 大数据时代［M］．杭州：浙江人民出版社，2013.

［7］吴霁虹．未来地图［M］．北京：中信出版社，2017

［8］第四次全国经济普查方案［Z］．国家统计局，2018.

［9］KNIME 社区．https：//www. knime. com/.

［10］Echarts 网．https：//echarts. apache. org/.

［11］葡萄城．https：//www. grapecity. com. cn/.

高质量发展下中国新能源全要素生产率实证测度

陈星星

摘　要　本文通过研究新能源产业的内涵和分类，从动态维度研究高质量发展下中国新能源全要素生产率和技术效率的变化趋势，分析了中国新能源全要素生产率的驱动因素。研究发现，中国新能源技术效率值整体呈现先上升、后下降、再上升的 M 形趋势。新能源全要素生产率平均为 1.5208，新能源效率变化和技术进步变化呈现相反趋势，技术进步变化对新能源全要素生产率的贡献高于技术效率变化。工业增加值与开放程度对新能源全要素生产率的影响显著为正，研发投入和政府规模对新能源全要素生产率的影响显著为负，外商直接投资和城镇化水平对新能源全要素生产率的影响不显著。

关键词　高质量发展；新能源；全要素生产率；技术效率；驱动因素

一、研究背景

2018 年国务院政府工作报告指出，要按照高质量发展的要求，以供给侧结构性改革为主线，统筹推进稳增长、促改革、调结构、惠民生、防风险各项工作。我国能源结构正由煤炭为主向多元化转变，能源发展动力正由传统能源增长向新能源增长转变，新能源成为高质量发展的新动力。2020 年 10 月，国务院常委会会议指出，要培育壮大绿色发展新增长点。按照培育和发展国家战略性新兴产业的部署，中国在“十四五”期间将加快开发和大规模利用新能源，更加重视分布式能源的发展，并将培育具有国际竞争力的新能源产业。

中国新能源快速发展的同时，一些问题也随之显现。例如，新能源整体效率和技术水平有待提高；新能源产业地区间分布不均衡；新能源产业发展门类齐全、产业规模参差不齐；专门的新能源产业园区不足，综合性的国家级或省级园区占主导；围绕新能源产业研发、制造及新型材料的发展相对成熟，新能源产业的应用相对较弱；等等。由于国家能源政策的发展滞后，主要是考虑到经济问题，很少考虑新能源、环境、经济三者之间的协调关系。这是导致目前新能源废弃物对环境造成严重污染的一个重要原因。新能源技术水平低下和结构不合理造成了清洁能源发展缓慢。同时，一些新能源政策以及经济和环境政策的不配套、不同步导致了许多问题和矛盾难以解决。现有的新能源、经济、环境政策存在脱节现象，新能源规划、新能源的决策机制和经济改革背后的环境三者之间存在着不协调问题。

中国新能源全要素生产率和技术效率水平体现了新能源消耗结构的演进与优化，是新能源推动经济发展的重要反映。新能源全要素生产率和技术效率不仅能够体现一国的新能源消费结构和消费程度，而且是新能源产业发展水平的重要指标，直接反映了新能源作为一种新的生产要素投入获得经济产出的效率。中国迫切需要提升新能源全要素生产率和技术效率水平，促进经济发展，提高国际竞争力。因此，科学合理测度中国新能源全要素生产率和技术效率，可以为中国未来提升新能源全要素生产率和技术效率提供理论参考，同时丰富现有关于新能源全要素生产率和技术效率的理论研究，具有重要的理论价值。

二、文献述评

从国外的研究看，有关新能源全要素生产率和技术效率的文献十分有限，对新能源全要素生产率和技术效率的有限研究集中在新能源替代技术研发、产业政策等方面。比如，Seksan（2010）研究了泰国生物柴油的能源效率，认为化石能源的能源消耗最高，生物柴油作为石油的替代品，具有很大的潜力。Montalbano（2019）通过构建扩展的柯布－道格拉斯生产函数，将劳动力、资本和知识引入能源效率的研究，实证测度了拉丁美洲和加勒比国家的能源效率和能源生产率，以及能源效率与出口的关系。Zhang（2011）考察了 1980~2005 年 23 个发展中国家的全要素能源效率，发现有效的能源政策对改善能源效率起着至关重要的作用，能源效率和人均收入间存在 U 形关系。Stephen（2012）研究了如何提高低收入租房者的能源使用效率问题，认为可以根据不同群体制定激励计划来提高低收入人群的能源使用效率。Yongrok（2012）采用非参数效率分析技术测算了 2001~2010 年中国能源效率和能源潜力，并基于非径向型的数据包络分析（DEA）模型估计了二氧化碳排放的减排成本。Pedro（2010）讨论了能源效率的影响因素，发现能源效率是减少能源对环境影响的主要因素，能源效率有助于减少能源领域的外部依赖性。

国内一部分学者分析了新能源的内涵、现状和技术。例如，吕伟（2014）认为，新能源是使用新技术开发利用的可再生能源，具体指除煤炭、石油、天然气等传统石化能源以外，直接或间接利用来自太阳、地球内部热能以及采取清洁方式生产出来的生物燃料和氢能。目前我国新能源产业起步相对于发达国家较晚，但发展速度很快，在很多领域都取得了国际领先地位，如太阳能产业、光伏产业、风能产业、核能产业等。高利红和程芳（2012）指出，新能源即为清洁能源，包括太阳能、风能、生物质能、地热能、核聚变能、水能和海洋能，以及由可再生能源衍生出来的生物燃料和氢所产生的能量。相对于传统能源，新能源普遍具有污染少、储量大的特点，然而，新能源的不当开发与利用依然会对环境产生污染。吴辉（2012）在技术与制度协同演化的理论基础上，把新能源技术演化与新能源技术发展有机结合起来，采用三层次整体分析的框架：微观层次的企业技术系统、中观层次的产业技术系统和宏观层次的国家（区域）技术系统，研究了低碳经济环境下的新能源技术发展状况。

一些学者研究了可再生能源的投融资效率，发现我国可再生能源的投融资效率普遍偏低，环境因素对可再生能源效率影响显著。例如，刘娇（2020）基于融资约束、融资渠道和可再生能源投资效率之间关系的理论分析，分析了融资约束对可再生能源投资效率的影响，结果显示，我国可再生能源企业普遍面临融资约束问题，核电和太阳能行业的企业面临的融资约束较严重，可再生能源投资效率偏低。刘荣嫣（2020）从宏观金融视角出发，结合绿色发展理念，探究绿色金融发展通过各融资渠道影响可再生能源投资效率的中介效应，测算了2011～2017年绿色金融发展程度指数，发现中国绿色金融发展总体呈上升态势，可再生能源上市企业投资不足问题严重。刘吉轩（2020）以2014～2018年中国新能源产业上市企业为研究对象，通过DEA模型测度出企业投资效率，发现我国新能源产业上市企业投资效率整体较高，但投资效率内在发展不均衡。

从现有研究看，主要集中在对新能源产业发展的模式、问题和对策等定性研究，一些文献基于上市公司的财务数据研究了可再生能源的投融资效率，但很少有文献基于微观数据研究新能源的全要素生产率和技术效率；并且上市公司的财务数据样本本身会遗漏部分中小新能源企业，在新能源类别的选取上也会由于数据的可得性而忽略新能源的类别。本文以中国工业企业数据库为基础，收集了更为全面的新能源工业企业的微观数据。通过构建新能源产业全要素生产率和技术效率测度模型，分析新能源全要素生产率的驱动因素，是现有研究的有益补充。

三、方法及指标数据

（一）研究方法

假设时期t要素投入为x_t，实际产出为y_t，生产前沿面的产出为y_t^*，产出距离函数为D_{0t}（x_t，y_t）。由技术效率的定义可知，决策单元（DMU）的技术效率为：

$$e_t = D_{0t}(x_t, y_t) = y_t(x_t)/y_t^*(x_t) \tag{1}$$

因此，可用产出距离函数与最优产出表示实际产出为：$y_t(x_t) = D_{0t}(x_t, y_t) \times y_t^*(x_t)$，则s期相对于t期的生产增长率为：

$$y_s(x_s)/y_t(x_t) = [D_{0s}(x_s, y_s)/D_{0t}(x_t, y_t)] \times [y_s^*(x_s)/y_t^*(x_t)] \tag{2}$$

由式（2）变形可以得到：

$$D_{0s}(x_s, y_s)/D_{0t}(x_t, y_t) = [y_s(x_s)/y_s^*(x_s)] \times [y_t(x_t)/y_t^*(x_t)] \tag{3}$$

引入t期相对于s期的距离函数有：

$$D_{0t}(x_s, y_s)/D_{0s}(x_t, y_t) = [y_t(x_s)/y_t^*(x_s)] \times [y_s(x_t)/y_s^*(x_t)] \tag{4}$$

将式（3）和式（4）相乘，即为s期和t期的生产增长率，由于式（3）和式（4）中定义的两个生产点是无差异的，其几何平均值即为全要素生产率的变动（TFPC）：

$$TFPC = [D_{0s}(x_s, y_s)/D_{0s}(x_t, y_t)] \times \sqrt{[D_{0t}(x_s, y_s)/D_{0s}(x_s, y_s)] \times [D_{0s}(x_t, y_t)/D_{0t}(x_t, y_t)]} \quad (5)$$

根据 Fare 等（1994），将式（5）的第一项 $D_{0s}(x_s, y_s)/D_{0s}(x_t, y_t)$ 进一步分解，可以得到：

$$D_{0s}(x_s, y_s)/D_{0s}(x_t, y_t) = D_{0s}^{v}(x_s, y_s)/D_{0t}^{v}(x_t, y_t) \times \sqrt{\frac{D_{0s}^{v}(x_s, y_s)/D_{0s}^{c}(x_s, y_s)}{D_{0s}^{v}(x_t, y_t)/D_{0s}^{c}(x_t, y_t)} \times \frac{D_{0t}^{v}(x_s, y_s)/D_{0t}^{c}(x_s, y_s)}{D_{0t}^{v}(x_t, y_t)/D_{0t}^{c}(x_t, y_t)}} \quad (6)$$

令

$$PC = D_{0s}^{v}(x_s, y_s)/D_{0t}^{v}(x_t, y_t) \quad (7)$$

$$PEC = \sqrt{\frac{D_{0s}^{v}(x_s, y_s)/D_{0s}^{c}(x_s, y_s)}{D_{0s}^{v}(x_t, y_t)/D_{0s}^{c}(x_t, y_t)} \times \frac{D_{0t}^{v}(x_s, y_s)/D_{0t}^{c}(x_s, y_s)}{D_{0t}^{v}(x_t, y_t)/D_{0t}^{c}(x_t, y_t)}} \quad (8)$$

$$EFFCHC = \sqrt{[D_{0t}(x_s, y_s)/D_{0s}(x_s, y_s)] \times [D_{0s}(x_t, y_t)/D_{0t}(x_t, y_t)]} \quad (9)$$

$$EFFC = D_{0s}^{v}(x_s, y_s)/D_{0t}^{v}(x_t, y_t) \times \sqrt{\frac{D_{0s}^{v}(x_s, y_s)/D_{0s}^{c}(x_s, y_s)}{D_{0s}^{v}(x_t, y_t)/D_{0s}^{c}(x_t, y_t)} \times \frac{D_{0t}^{v}(x_s, y_s)/D_{0t}^{c}(x_s, y_s)}{D_{0t}^{v}(x_t, y_t)/D_{0t}^{c}(x_t, y_t)}} \quad (10)$$

则 TFPC = EFFC × EFFCHC = PEC × SEC × EFFCHC，即全要素生产率变动（TFPC）=技术效率变化（EFFC）×技术变动（EFFCHC），技术效率变化（EFFC）=纯技术效率变化（PEC）×规模效率变化（SEC）。

（二）数据来源及指标选取

本文选取 2000～2013 年中国工业企业数据库中新能源企业微观数据（见图 1），参考 Sueyoshi 和 Goto（2014）的行业效率测度指标，投入变量选取从业人员数（employee）、总资产（assets），产出变量选取主营业务收入（income）。对于中国工业企业数据库中数据指标缺失或统计口径不一致等问题，本文做如下处理：将从业人员缺失数据用职工数代替，主营业务收入缺失数据用销售收入代替，部分缺失数据用线性插值法补充，最终得到 1176 个新能源企业数据。

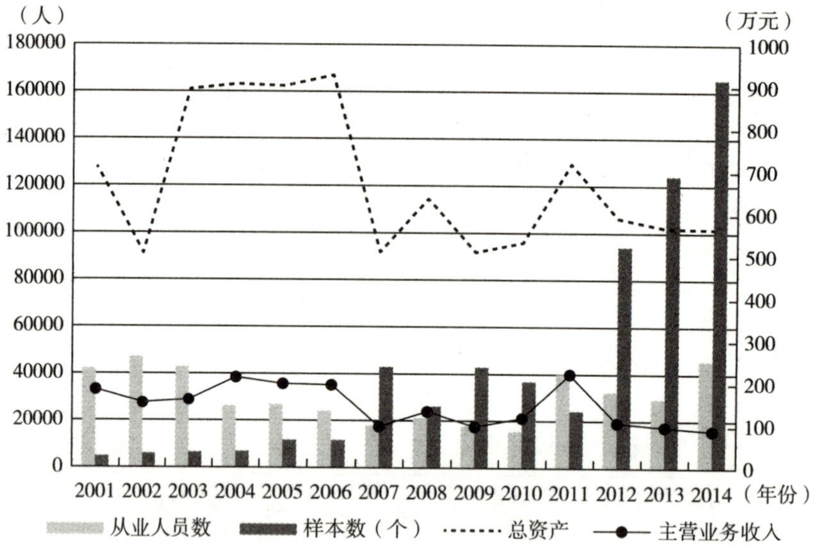

图1 中国新能源全要素生产率测度模型指标数据

注：总资产和主营业务收入为右轴，从业人员数和样本数为左轴。

四、实证分析

（一）分时段研究

2000～2013年中国新能源全要素生产率及其分解如表1和图2所示。新能源全要素生产率Malmquist指数可以分解为技术效率变化和技术进步变化。2000～2013年中国新能源全要素生产率Malmquist指数平均为1.5208，其中技术效率变化为1.2775，技术进步变化为1.2836，说明14年间，中国新能源技术效率和技术进步分别增长0.2775和0.2836。从分时段来看，2003～2009年新能源全要素生产率平均值最高，为1.7159；2010～2013年次之，为1.4228；2000～2004年最低，为1.3749。2000～2013年中国新能源效率变化和技术进步变化呈现相反趋势，在2012～2013年技术进步变化对新能源全要素生产率的贡献高于技术效率变化。因此，有关部门应当更关注提升我国新能源的技术效率水平，对于新能源企业部门，加大研发力度，提升新能源技术使用效率和管理水平，构建新能源知识产权体系，优化新能源资源配置，促进我国新能源技术效率的提升。

表1　2000～2013年中国新能源全要素生产率及其分解

年份	技术效率变化	技术进步变化	全要素生产率
2000～2001	1.4169	0.8038	1.1385
2001～2002	0.8592	1.1596	0.9975
2002～2003	1.2971	1.3114	1.7231
2003～2004	0.8235	1.9664	1.6405
2004～2005	1.5981	0.9435	1.6814
2003～2006	0.8201	1.9760	1.5496
2006～2007	1.2697	1.1460	1.3420
2007～2008	1.9468	0.9554	1.8101
2008～2009	2.0585	1.1594	2.1962
2009～2010	1.2919	1.3860	1.7135
2010～2011	1.0655	1.1330	1.2374
2011～2012	1.2265	1.2232	1.4289
2012～2013	0.9332	1.5232	1.3115
平均	1.2775	1.2836	1.5208

资料来源：stata 15.1 测算结果。

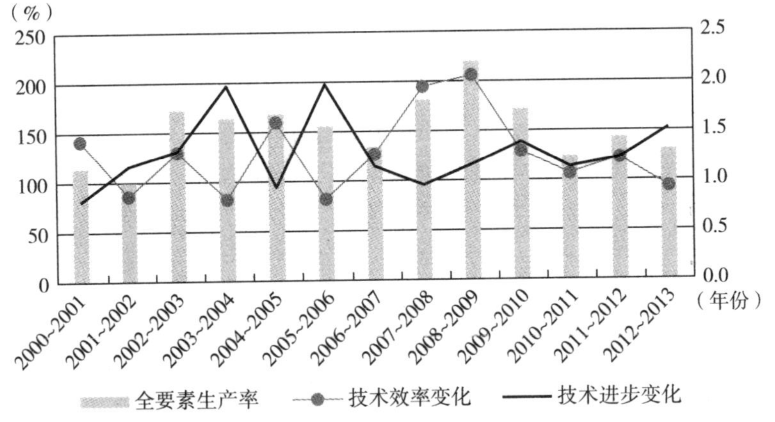

图2　2000～2013年中国新能源全要素生产率及其分解

资料来源：stata 15.1 测算结果。

从表 2 可以看出，2000 ~ 2013 年中国新能源技术效率逐年降低，2000 ~ 2013 年中国新能源技术效率平均值为 0. 3153。分时段看，2000 ~ 2004 年、2003 ~ 2009 年、2010 ~ 2013 年中国新能源技术效率分别为 0. 4951、0. 2561、0. 1646。说明近年来，随着人们生活水平的提高、对环境的关注程度提升和传统能源资源的约束，我国开始大力发展新能源的使用和建设，但由于新能源不同于传统能源，对技术水平、能源存储的要求很高，因此在相当长的一段时间内，中国的新能源技术效率处于较低并且下降的水平和趋势，2013 年中国新能源技术效率比 2000 年下降 0. 4711。

表 2　2000 ~ 2013 年中国新能源技术效率

年份	2000	2001	2002	2003	2004	2005	2006
技术效率	0. 55	0. 6097	0. 5191	0. 4603	0. 3366	0. 3699	0. 2281
年份	2007	2008	2009	2010	2011	2012	2013
技术效率	0. 2357	0. 2225	0. 2243	0. 3064	0. 1491	0. 124	0. 0789

资料来源：stata 15. 1 测算结果。

（二）分区域研究

分区域研究 2000 ~ 2013 年中国 31 个省份新能源全要素生产率及其分解，如表 3 所示。研究表明，中国新能源全要素生产率的区域差异较为明显，新能源全要素生产率最高的区域是东北地区，主要生产风能和生物质能。东北地区中吉林的新能源全要素生产率最高，并且全要素生产率的增长主要受益于新能源技术效率的提高。新能源全要素生产率最低的区域是西南地区，主要生产热能、生物质能和风能。西南地区中新能源全要素生产率最低的是四川，其新能源全要素生产率下降的主要原因是技术进步的下降。

表 3　省域新能源效率、全要素生产率及其分解（八区域）

区域	省份	效率值	技术效率	技术进步	全要素生产率
东北地区	辽宁	0. 160	1. 417	0. 969	1. 172
	吉林	0. 186	1. 370	1. 129	1. 428
	黑龙江	0. 118	1. 250	1. 002	1. 119

续表

区域	省份	效率值	技术效率	技术进步	全要素生产率
北部沿海	北京	0.302	0.774	0.608	0.474
	天津	0.329	1.468	0.969	1.290
	河北	0.096	1.094	1.094	1.104
	山东	0.183	1.106	0.960	1.027
东部沿海	上海	0.367	0.795	0.516	0.403
	江苏	0.186	1.562	0.979	1.433
	浙江	0.282	1.053	0.945	0.931
南部沿海	福建	0.141	1.057	0.801	0.778
	广东	0.290	1.061	0.868	0.857
	海南	0.058	0.935	1.214	1.070
黄河中游	陕西	0.212	0.739	1.558	0.812
	山西	0.056	1.315	0.987	1.265
	河南	0.210	1.152	0.808	0.846
	内蒙古	0.111	1.034	1.171	1.143
长江中游	湖北	0.172	1.301	0.881	1.020
	湖南	0.225	5.063	0.045	0.227
	江西	0.154	1.932	0.914	1.662
	安徽	0.102	2.376	0.615	1.445
西南地区	云南	0.078	0.867	0.933	0.804
	贵州	0.320	2.953	0.245	0.724
	四川	0.136	0.702	0.428	0.294
	重庆	0.101	1.084	0.527	0.524
	广西	0.119	1.135	1.326	1.265
大西北地区	甘肃	0.082	2.128	0.698	1.220
	青海	0.060	0.774	0.388	0.311
	宁夏	0.077	1.826	0.875	1.435
	西藏	0.139	0.787	0.571	0.435
	新疆	0.097	0.926	0.680	0.584

资料来源：作者计算整理。

从效率值来看，2000～2013年，中国31个省份新能源效率最高的是上海，为0.367，主要生产风能和生物质能；最低的是山西，仅为0.056，主要生产风能，企业规模以中大型为主。全国新能源效率处于较低水平，高于全国新能源效率平均值的省份有13个，从高到低依次为：上海、天津、贵州、北京、广东、浙江、湖南、陕西、河南、吉林、江苏、山东、湖北。

由表4可以看出，2000～2013年中国新能源技术效率从高到低依次为东部、中部和西部；全要素生产率从高到低依次为中部、东部和西部。

表4　省域新能源效率、全要素生产率及其分解（三区域）

区域	省份	效率值	技术效率	技术进步	全要素生产率
东部地区	北京	0.302	0.774	0.608	0.474
	天津	0.329	1.468	0.969	1.29
	河北	0.096	1.094	1.094	1.104
	辽宁	0.16	1.417	0.969	1.172
	上海	0.367	0.795	0.516	0.403
	江苏	0.186	1.562	0.979	1.433
	浙江	0.282	1.053	0.945	0.931
	福建	0.141	1.057	0.801	0.778
	山东	0.183	1.106	0.96	1.027
	广东	0.29	1.061	0.868	0.857
	海南	0.058	1.315	0.987	1.265
中部地区	山西	0.056	1.034	1.171	1.143
	内蒙古	0.111	1.37	1.129	1.428
	吉林	0.186	1.25	1.002	1.119
	黑龙江	0.118	2.376	0.615	1.445
	安徽	0.102	1.932	0.914	1.662
	江西	0.154	1.152	0.808	0.846
	河南	0.21	1.301	0.881	1.02
	湖北	0.172	5.063	0.045	0.227
	湖南	0.225	1.135	1.326	1.265
西部地区	广西	0.119	0.702	0.428	0.294
	四川	0.136	2.953	0.245	0.724
	贵州	0.32	0.867	0.933	0.804
	云南	0.078	0.739	1.558	0.812

续表

区域	省份	效率值	技术效率	技术进步	全要素生产率
西部地区	陕西	0.212	2.128	0.698	1.22
	甘肃	0.082	0.774	0.388	0.311
	青海	0.06	1.826	0.875	1.435
	宁夏	0.077	0.926	0.68	0.584
	新疆	0.097	0.935	1.214	1.07
	西藏	0.139	0.787	0.571	0.435
	重庆	0.101	1.084	0.527	0.524

资料来源：作者计算整理。

中部地区的新能源全要素生产率略高于东部和西部，其全要素生产率的增长主要得益于区域效率的提高，而东部地区的技术进步水平阻碍了其全要素生产率的提高。对于新能源全要素生产率最低的西部地区而言，同样是区域效率对全要素生产率有正向促进作用，技术进步水平呈下降趋势。

（三）驱动因素模型

在测算出新能源全要素生产率 DEA - Malmquist 指数后，进一步研究其驱动因素。本部分选取 FDI（外商直接投资，单位为万美元）、工业增加值（单位为亿元）、研发投入（单位为万元）、政府规模（单位为%）、城镇化水平（单位为%）、开放程度（单位为%）为解释变量，新能源全要素生产率 tfp 为被解释变量，研究其对各省份新能源全要素生产率 DEA - Malmquist 指数的影响。

fdi 为实际利用外资额与实际 GDP 的比值；industry 为工业增加值与实际 GDP 的比值；R&D 为研发投入与实际 GDP 的比值；government 为政府规模与实际 GDP 的比值，其中政府规模用政府财政支出表示；urban 为城镇人口与人口总量的比值；open 为进出口总额与实际 GDP 的比值。构建新能源全要素生产率驱动因素模型如下：

$$tfp_{it} = \alpha_0 + \alpha_1 fdi_{it} + \alpha_2 industry_{it} + \alpha_3 R\&D_{it} + \alpha_4 government_{it} + \alpha_5 urban_{it} + \alpha_6 open_{it} + \delta_i + v_t + \theta_{it} \quad (11)$$

首先采用聚类标准误的混合回归，结果如表 5 第（1）列所示。可以看出，当采用混合回归时，工业增加值（industry）与开放程度（open）对新能源全要素生产率的影响显著为正，工业增加值和开放程度每增加1个百分点，新能源全要素生产率分别增加0.266个和4.728个百分点，可见开放程度对新能源全要素生产率的正向影响很大，开放程度越高，新能源技术的溢出效应越显著，越有利于中国新能源全要素生产率的提高。政府规模对新能源全要素生产率的影响显著为负，表现为政府规模每提高1个百分点，新能源全要素生产率下降0.181个百分点。这说明财政支出的增加对提升新能源全要素生产率有阻碍的作用，原因可能是过多的行政干预致使新能源产业的市场调节能力降低，阻碍了新能源全要素生产率的提高。

表5　新能源全要素生产率驱动因素模型参数估计

变量	(1)	(2)	(3)	(4)
fdi	-0.62	-0.345	-0.691*	-0.529
	(0.637)	(0.337)	(0.397)	(0.443)
industry	0.266***	-0.04	-0.071	0.182*
	(0.099)	(0.187)	(0.230)	(0.094)
R&D	-3.116*	-3.825***	2.847	-2.560***
	(1.757)	(1.192)	(2.425)	(0.994)
government	-0.181***	-0.133	0.101	-0.162***
	(0.054)	(0.187)	(0.253)	(0.052)
urban	-0.048	0.277**	0.164	0.068
	(0.069)	(0.117)	(0.119)	(0.053)
open	4.728**	1.258	1.42	3.009**
	(2.154)	(3.192)	(4.337)	(1.225)
_cons	0.111**	0.093	0.081	0.081
	(0.047)	(0.116)	(0.134)	(0.052)
Obs.	3357	3357	3357	3357

注：括号内为标准误；***、**和*分别表示在1%、5%和10%的水平下显著。

由于每个新能源企业的情况不同，可能存在不随时间而变的遗漏变量，因而考虑使用固定效应模型，如表5第（2）列所示。由固定效应模型结果可知，个体效应 u_i 的平均值为0.093；模型的 rho = 0.6168，因此复合扰动项 $u_i + \varepsilon_{it}$ 的方差主要来自个体效应 u_i 的变动。此外，F（6，1175）=3.88，F检验的P值为0.0008，因此强烈拒绝原假设 H_0：all $u_i = 0$，因此固定效应模型优于混合回归，应该允许每个新能源企业拥有自己的截距项。然而，由于未使用聚类标准误，F 检验并不有效，因此还需要进一步用 LSDV 法来考察。

根据 LSDV 法结果可知，大多数新能源企业个体虚拟变量均很显著（P 值为 0）①，因此拒绝“所有新能源企业个体虚拟变量都为 0”的原假设，即认为存在个体效应，不应使用混合回归。在固定效应模型中考虑时间效应，即使用双向固定效应（Two－way FE）模型，如表 5 第（3）列所示。双向固定效应模型下，F（19，1175）＝5.20，且 F 检验的 P 值为 0，因此拒绝“新能源企业无时间效应”的原假设，认为应在模型中包含时间效应。

至此，已经基本确认新能源企业存在个体效应，但个体效应仍有可能存在随机效应（RE），随机效应模型估计结果如表 5 第（4）列所示。随机效应模型下，$\sigma_u=0.1282$，$\sigma_\varepsilon=0.1267$，$\rho\equiv\frac{\sigma_u^2}{\sigma_u^2+\sigma_\varepsilon^2}=0.5060$。进一步做 LM 检验发现，拒绝“新能源企业不存在个体随机效应”的原假设，即认为存在随机效应与混合回归之间，应该选择随机效应。

五、结论

本文研究了八区域和三区域划分下我国 31 个省份的新能源全要素生产率和技术效率，并给出新能源全要素生产率的驱动因素。根据实证研究和测算结果，本研究主要结论如下。

第一，运用不随时间而变的随机效应模型测度的新能源技术效率大多低于 50%，说明新能源企业的效率均处于较低的水平。总体来看，东中部地区技术效率高于西南部地区，全国新能源技术效率呈现从东向西、从北到南梯度递减的趋势。

第二，中国新能源技术效率呈逐年降低的趋势，新能源全要素生产率 Malmquist 指数平均为 1.5208，效率变化和技术进步变化呈现相反趋势，技术进步变化对新能源全要素生产率的贡献高于技术效率变化。

第三，中国新能源全要素生产率的区域差异较为明显，新能源全要素

① 本文新能源企业有 1176 个，由于篇幅所限，LSDV 法检验结果未列出。

生产率最高的区域是东北地区，最低的区域是西南地区。中部地区的新能源全要素生产率略高于东部和西部，其全要素生产率的增长主要得益于区域效率的提高，而东部地区的技术进步水平阻碍了其全要素生产率的提高。

第四，当采用随机效应模型时，工业增加值与开放程度对新能源全要素生产率的影响显著为正，研发投入和政府规模对新能源全要素生产率的影响显著为负。

创新对经济社会发展的支撑和引领作用日益增强，全要素生产率在新能源发展中的作用日趋显著。中国新能源在发展中要依靠新发展理念，构建新发展格局，引领新能源产业不断向高质量发展。新能源行业不同于传统能源行业，其对技术水平依赖程度更高，研发周期更长，因此，在建设布局新能源产业时，不仅应充分考虑自然资源和能源本身属性，还应充分考虑当前能源行业的技术效率水平，提升行业技术效率水平。中国新能源在产品研发、产业升级改造方面，还需要更多国内资金的盘活和政策扶持。对于新能源行业，中国不能完全依靠从对外开放、引进外资中获得技术提升。国内新能源企业亟须增强自主创新能力，通过国家财政税收政策扶持，发展新能源产业自主知识产权，加强新能源专利技术研发和保护。同时在制定政策时，还应当充分激发政府监管下新能源行业的市场活力与创新水平。

参考文献

[1] Seksan Papong, Tassaneewan Chom – In, Soottiwan Noksa – nga, Pomthong Malakul. Life cycle energy efficiency and potentials of biodiesel production from palm oil in Thailand [J]. Energy Policy, 2010 (38): 226 – 233.

[2] Evander, Anna, Neij, Lena, Sieböck, Gregor. Diffusion and development of new energy technologies: Lessons learned in view of renewable energy and energy efficiency end – use projects in developing countries [J]. Iiiee Reports, 2004 (1): 7 – 24.

[3] P. Montalbano, S. Nenci, Energy efficiency, productivity and exporting: Firm – level evidence in Latin America [J]. Energy Economics, 2019 (79): 97 – 110.

[4] Xing – Ping Zhang, Xiao – Mei Cheng, Jia – Hai Yuan, Xiao – Jun Gao. Total – factor energy efficiency in developing countries [J]. Energy Policy, 2011 (39): 644 – 650.

[5] Stephen Bird, Diana Hernandez. Policy options for the split incentive: Increasing energy efficiency for low – income renters [J]. Energy Policy, 2012 (48): 506 – 514.

[6] Yongrok Choi, Ning Zhang, P. Zhou, Efficiency and abatement costs of energy – re-

lated CO_2 emissions in China: A slacks – based efficiency measure [J]. Applied Energy, 2012 (98): 198 – 208.

[7] Pedro Linares, Xavier Labandeira. Energy Efficiency: Economics and Policy [J]. Journal of Economic Surveys, 2010, 24 (3): 573 – 592.

[8] 吕伟. 新能源产业定价机制研究 [J]. 商场现代化, 2014 (21): 262 – 263.

[9] 高利红, 程芳. 新能源开发利用中的环境安全法律问题研究——以日本核危机为视角 [J]. 清华法治论衡, 2012 (2): 259 – 270.

[10] 吴辉. 低碳经济环境下的新能源技术发展研究 [D]. 合肥工业大学博士学位论文, 2012.

[11] 刘吉轩. 市场竞争对新能源企业投资效率影响的实证研究 [J]. 江苏商论, 2020 (8): 98 – 103.

[12] 刘娇. 融资约束、融资渠道与可再生能源投资效率 [D]. 中国矿业大学博士学位论文, 2020.

[13] 刘荣嫣. 绿色金融对可再生能源投资效率的影响研究 [D]. 中国矿业大学博士学位论文, 2020.

长三角高质量发展的空间动态演变与一体化趋势研究*

郑瑞坤 汪 纯

摘 要 目前长三角面临的重大问题是如何适应新的国家区域发展战略，在本区域高质量一体化建设中，对全国经济高质量发展发挥引领示范作用。本文在传统指标体系的构建方法中融入了文本数据挖掘的思想，通过构造指数测算模型测度了2012～2017年长三角27个城市高质量发展指数，在此基础上，构造空间动态演化模型与一体化趋势影响因素分析模型，研究了长三角高质量发展空间分布动态演变规律、影响因素及其一体化演化趋势。结果表明：①目前长三角高质量发展处于中等偏下水平，区域内高质量发展差异显著，样本期内27个城市以大概率维持现有水平状态，只以较小概率在相邻状态之间发生转移，不存在跨状态转移现象。在不考虑其他影响因素作用下，未来五年长三角27个城市高质量发展维持在中等水平出现一体化的概率较大。②空间效应模型显示，长三角区域一体化规划着力发展的基础设施、要素市场、科创产业、公共服务等方面对长三角高质量发展具有明显的空间滞后性，在这些经济引擎力空间作用下，未来五年长三角27个城市高质量发展处于低水平状态的概率大为降低，有望实现长三角高质量高水平一体化发展，发挥高质量引领示范效应。

关键词 长三角；高质量发展；空间动态演变；一体化趋势

* 基金项目：国家社科基金项目“共享改革发展成果的统计测度研究”（16BTJ008）

一、问题的提出

2019 年 12 月，中共中央、国务院印发了《长江三角洲区域一体化发展规划纲要》（以下简称《纲要》），明确提出将长三角区域一体化上升为国家战略。实施长三角一体化发展战略，是引领全国高质量发展、完善我国改革开放空间布局、打造我国发展强劲活跃增长极的重大战略举措[①]。

长三角地区，包括上海、江苏、浙江与安徽三省一市，在过去 40 多年的改革开放中，发展成为我国经济最具活力、开放程度最高、创新能力最强的区域，对带动整个国家经济快速发展发挥了重要的支撑与引领作用。随着中国特色社会主义进入新时代，我国经济已经由高速增长阶段转向高质量发展阶段，对长三角而言，如何适应新的国家区域发展战略，在建设本区域高质量一体化过程中发挥对全国经济高质量发展的引领示范功能，是当前该地区面临的重大问题。

这一问题受到了长三角三省一市政府部门的高度重视，各省市纷纷出台了如何推动区域高质量一体化发展的政策方案，同时引起了社会各界的强烈反响，各种宣传报道见诸社交媒体。但相关学术研究稍显滞后，目前相对集中的讨论主题涉及：①长三角高质量发展水平的测度。比如，郭文慧和雷良海（2020）通过构建经济高质量发展水平的指标评价体系，采用二次熵值法对长三角 40 个地级市的经济高质量发展水平进行了综合评价；田鑫（2020）利用 2018 年长三角 26 个城市数据，采用因子 K 均值法评估分析了长三角 26 个城市的经济高质量发展水平；王青等（2020）利用 2006 ~ 2018 年长三角 26 个城市数据，采用主成分分析方法测度了经济高质量发展水平。②推动长三角高质量一体化发展的路径研究。路径研究是目前学术界讨论较多的话题，但以定性分析为主，定量研究少见，一些学者比如滕堂伟和欧阳鑫（2019）运用随机前沿模型方法对长三角 41 个城市 2000 ~ 2017 年的城市效率进行了分析，通过分析影响城市效率的因素探测了长三角高质量一体化的发展路径；姚鹏等（2020）通过构建长三角一体化评价指标体系测度一体化程度，进而提出区域高质量一体化发展的路径

① 李岩．“一体化”与“高质量”并行［J］．华东科技，2020（7）：1.

建议。

从上述文献研究主题看，长三角高质量发展有关问题的学术讨论还处于早期阶段。由于“高质量发展”是一个复合指标，对“高质量发展”进行测评是定量分析的前提，也是深入研究长三角高质量发展路径的基础。目前学者们将其作为关注的重点，体现了基础作用，但指标体系尚在讨论中，暂未形成高度统一的衡量体系，且从学者们呈现出来的指标体系看，侧重于“高质量”，对“一体化”把握不够。事实上，在《长江三角洲区域一体化发展规划纲要》中，“一体化”与“高质量”是最为突出的两个关键词，它们具有整体性，这种整体性表现出长三角区域一体化是高质量的一体化，二者不可分割。正因为如此，在路径分析上要求高质量发展体现出“一体化”所具有的空间特性。显然，上述文献缺乏围绕“高质量”发展的空间分布动态演变导致的一体化路径变化的研究。

本文也对高质量发展水平进行测评，但不同于现有文献的是，本研究的目的在于借助高质量发展测评数据分析长三角 27 个城市高质量发展水平的空间动态演变轨迹，并通过构造空间统计模型探讨长三角高质量一体化发展在不同影响因素作用下未来可能的运行轨迹，进一步判断长三角高质量一体化的趋势，为长三角高质量一体化变动趋势提供一个实证分析结论。

在此背景下，本研究的贡献主要体现在：①根据《长江三角洲区域一体化发展规划纲要》要求，将“一体化”与“高质量”深度融合构建了测评长三角高质量发展水平的指标体系，实现了从测评“高质量发展”到测评“高质量一体化发展”的转变，更加有利于长三角区域高质量一体化有关问题的定量研究。②为考察长三角高质量发展的一体化路径，结合分布动态学（马尔科夫链方法）与空间计量方法，分析了当前长三角高质量发展的空间演变轨迹，对比研究了在有无影响因素作用下未来长三角高质量发展一体化可能的空间演变轨迹，为勾勒长三角高质量一体化过程中不同城市如何走向一体化提供了一种分析方案。

二、研究设计

为完成长三角高质量发展的空间分布动态演变与一体化趋势的分析，首先需要从理论上设计两部分研究方案：一部分是设计测评长三角高质量发展水平的指标体系与测评方法；另一部分是设计模拟空间分布动态演变的方法以及测度一体化趋势的方法。通过实现第一部分设计方案获得长三角高质量发展水平的测度数据，然后围绕该指标数据，利用第二部分设计方法分析长三角高质量发展的空间分布动态演变与一体化趋势。

（一）长三角高质量发展指数测度模型

1. 测评指标体系构建

高质量发展是我国在供给侧结构性改革与新的社会主要矛盾背景下建设现代化经济体系提出来的，直接用于定义经济发展阶段目前国际上少见，国内学者从不同视角讨论了高质量发展的内涵及特征。李金昌等（2019）将其归纳为三类，分别是：以“五大发展理念”和社会主要矛盾为视角、以经济高质量发展为视角以及以区分狭义广义或微观宏观的不同要求为视角。这三类视角实际上是将高质量置于经济社会、宏观经济与微观经济进行的界定。诚然，高质量会在经济社会的各个层面表现出来，但作为一种经济发展阶段，其内涵与外延需切合阶段论性质。从阶段论出发，经济由“速度型”转入“质量型”发展，是一种以生产为主型的发展阶段过渡至生产与生活并重且最终转入以生活为主型的发展阶段，用高质量发展概括这种经济发展阶段，应该表现为国民经济的生产与生活消费不断向好，且达到一个较高水准的状态，达到这样一种状态要求经济在生产与生活上具备协同力、驱动力、稳定力、保障力与引领力。因而，定义高质量发展为国民经济在生产与生活上的协同力、驱动力、稳定力、保障力与引领力不断向好，且达到一个较高水准的状态。

对于长三角高质量发展而言，理论上应不失高质量发展的一般内涵特征，但作为区域层面的高质量发展，又必然应该具有区域经济发展阶段特征，其最大特征体现在“区域一体化”上。因而，定义长三角高质量发展为在“一体化”目标下区域生产与生活上的协同力、驱动力、稳定力、保障力与引领力不断向好且达到“一体化”较高水准的状态。

根据上述高质量发展的内涵，设计长三角高质量发展指标体系的整体方案为：①采集《长江三角洲区域一体化发展规划纲要》中关于长三角一体化与高质量发展的战略定位、基本原则与发展目标，初步勾勒出长三角高质量发展指标体系的层次结构；②运用网络爬虫与文本数据挖掘方法，提取与高质量发展有关的新闻文本数据关键词，形成词云图，以词云图中各词出现的频率确定一个与高质量发展有关的词框架结构，探索社会各界对于高质量发展的认识；③梳理现有文献中与高质量发展指标体系有关的研究成果，获取学术研究的支撑。最终确立的长三角高质量发展测评指标体系如表1所示。

2. 测评方法

对于权重的设计，考虑到目前长三角各城市高质量发展均呈现出一定差异，拟采用熵权法进行赋权，首先根据三级指标数据本身的离散性测得其权重，然后合成二级指标权重，最后合成一级指标权重，具体计算步骤为：

首先，计算第j项指标下第i个城市第t年的样本值（归一化后数据）占该指标的比重：

$$P_{itj} = \frac{X_{itj}^*}{\sum_{t=1}^{T}\sum_{i=1}^{n} X_{itj}^*}，T = 6 \text{ 年}，n = 27 \text{ 个城市}，m = 58 \text{ 个指标}，i = 1, 2, \ldots, n，j = 1, 2, \ldots, m \quad (1)$$

其次，计算第j项指标的熵值：

$$E_j = -k \sum_{t=1}^{T}\sum_{i=1}^{n} P_{itj}\ln(P_{itj})，k = \frac{1}{\ln(T \times n)} = \frac{1}{162} \quad (2)$$

再次，计算信息熵冗余度（差异）：

$$D_j = 1 - E_j \quad (3)$$

最后，计算各项指标的权重：

$$W_j = \frac{D_j}{\sum_{j=1}^{m} D_j} \quad (4)$$

对于指数计算，由于指标体系中各指标间相关程度不高，拟采用线性综合法来合成各级指数以及高质量发展综合指数，用以表示长三角生产与生活在“五力”作用下的高质量发展程度。计算式为：

$$HQ_{it} = \sum_{j=1}^{m} X_{itj}^* W_j \quad (5)$$

（二）长三角高质量发展的空间动态演变与一体化趋势模型

1. 空间动态演化模型

由于Markov链方法可以描述各随机变量分布的内部动态演进趋势，本文拟采用Markov链的思想构造长三角高质量发展的空间动态演变模型。

表 1　长三角高质量发展指标体系

一级指标	二级指标	三级指标及属性	具体计算过程及单位
高质量发展协同力	经济发展平衡度协同力	人均 GDP 与全域人均 GDP 比（*）	人均 GDP/全域人均 GDP
		产业结构合理化（*）	泰尔系数法
		城乡居民收入比（*）	城镇人均可支配收入/农村人均可支配收入
		城乡恩格尔系数比（*）	城镇居民恩格尔系数/农村居民恩格尔系数
		常住人口城镇化率（+）	城镇人口/常住人口（%）
	经济发展充分度协同力	人均资本（+）	固定资本存量/就业者人数（元/人）
		单位地区生产总值能耗（-）	综合能耗/GDP（吨标准煤/万元）
		单位地区生产总值电耗（-）	全社会用电量/GDP（千瓦时/元）
		外资依存度（+）	实际利用外资额/GDP（%）
		外企依存度（+）	外资工业企业总产值/规模以上工业企业总产值（%）
		区际商品依存度（+）	社会消费品零售总额/GDP（%）
		外贸依存度（+）	货物进出口额/GDP（%）
		区际旅游依存度（+）	国内旅游收入/GDP（%）
高质量发展驱动力	数字驱动力	互联网宽带普及率（+）	每千人宽带用户数量（户/千人）
		5G 网络覆盖率（+）	5G 网络覆盖面积/城市总面积（%）
		邮电业务强度（+）	邮电业务总量/GDP（%）
		数字产业产值占比（+）	[数字产业化（信息产业增加值）+产业数字化（信息技术对其他产业贡献）]/GDP（%）
	人才驱动力	劳动年龄人口平均受教育年限（+）	采用教育年限法计算（年）
		就业人才储备率（-）	普通高校在校大学生数/就业总人数（%）

续表

一级指标	二级指标	三级指标及属性	具体计算过程及单位
高质量发展驱动力	研发驱动力	研究与试验发展（R&D）经费支出占地区生产总值比重（+）	R&D 经费支出/GDP（%）
		财政科技支出占财政支出比重（+）	财政科技支出/财政支出（%）
	创新驱动力	高技术产业产值占规模以上工业总产值比重（+）	高技术产业产值/规模以上工业总产值（%）
		万人专利拥有量（+）	专利授权量/常住人口（件/万人）
		科技进步贡献率	科技进步对经济增长的贡献份额，一般采用“索罗余值”法计算（%）
高质量发展稳定力	经济发展稳定力	人均 GDP 增长率（+）	（当年人均 GDP－上年人均 GDP）/上年人均 GDP（%）
		消费与投资比（+）	社会消费品零售总额/固定资产投资
		进出口比（+）	出口/进口
	社会发展稳定力	通货膨胀率（－）	居民消费价格指数 CPI 变化率（%）
		就业率（城镇登记失业率）（－）	城镇登记失业率＝城镇登记失业人数/［（城镇单位就业人员－使用的农村劳动力－聘用的离退休人员－聘用的港澳台及外方人员）＋不在岗职工＋城镇私营业主＋城镇个体户主＋城镇私营企业及个体就业人员＋城镇登记失业人数］（%）
	自然环境稳定力	细颗粒物（PM2.5）浓度（－）	环保总站 PM2.5 每小时监测数据求平均（微克/立方米）
		一年中空气质量优良天数比率（+）	空气质量优良天数/全年监测总天数（%）
		跨界河流断面水质达标率（+）	水质达标断面数/监测断面总数（%）
		一般工业固体废物综合利用率（+）	一般工业固体废物综合利用量/（工业固体废弃物产生量＋综合利用往年储存量）（%）

续表

一级指标	二级指标	三级指标及属性	具体计算过程及单位
高质量发展稳定力	自然环境稳定力	污水处理厂集中处理率（+）	污水处理厂处理的污水量/污水排放总量（%）
		生活垃圾无害化处理率（+）	生活垃圾无害化处理量/生活垃圾产生量（%）
		单位 GDP 废水排放量（-）	工业废水排放量/GDP（万吨/元）
		单位 GDP 烟尘排放量（-）	工业烟（粉）尘排放量/GDP（吨/万元）
		单位 GDP 二氧化硫排放量（-）	工业二氧化硫排放量/GDP（吨/万元）
高质量发展保障力	财政保障力	人均公共财政支出（+）	公共财政支出/常住人口（元/人）
		教育支出占财政支出比重（+）	教育支出/财政支出（%）
	公共设施保障力	每万人医生数（+）	医生数（执业医师与助理医师）/常住人口（个/万人）
		每万人医院、卫生院床位数（+）	医院、卫生院床位数/常住人口（张/万人）
		高速公路里程占比（+）	高速公路里程/公路总里程（%）
		铁路网密度（+）	铁路总里程/土地面积（公里/万平方公里）
		公路网密度（+）	公路总里程/土地面积（公里/万平方公里）
		人均城市道路面积（+）	城区道路面积/（城区人口+城区暂住人口）（平方米）
		每万人拥有公共厕所（+）	公厕总数/常住人口（座/万人）
		每万人市容环卫专用车辆设备总数（+）	市容环卫专用车辆设备总数/常住人口（台/万人）
		用水普及率（+）	城区用水人口/（城区人口+城区暂住人口）（%）
		燃气普及率（+）	城区用气人口/（城区人口+城区暂住人口）（%）
		人均图书拥有率（+）	公共图书馆图书总藏量/常住人口（册）

续表

一级指标	二级指标	三级指标及属性	具体计算过程及单位
高质量发展引领力	人民美好生活引领力	人均可支配收入（+）	工资性收入+经营净收入+财产净收入+转移净收入（元）
		人均期望寿命（+）	在一定的死亡水平下，预期每个人出生时平均可存活的年数（年）
		城镇居民基本养老保险覆盖率（+）	城镇养老保险参保人数/应参保人数（%）
		城镇居民基本医疗保险覆盖率（+）	城镇医疗保险参保人数/应参保人数（%）
		城镇居民教育文化支出占比（+）	城镇文化教育娱乐/人均生活消费支出（%）
		农村居民基本养老保险覆盖率（+）	农村养老保险参保人数/应参保人数（%）
		农村居民基本医疗保险覆盖率（+）	农村医疗保险参保人数/应参保人数（%）
		农村居民教育文化支出占比（+）	农村文化教育娱乐/人均生活消费支出（%）
		建成区绿化覆盖率（+）	建成区绿化覆盖面积/建成区面积（%）
		人均公园绿地面积（+）	城区公园绿地面积/（城区人口+城区暂住人口）（平方米）
	区域一体化引领力	资本效率（+）	实际GDP/实际固定资本存量
		GDP比重（+）	城市GDP/长三角总GDP比重（%）
		市场化率（+）	城镇私营和个体从业人员/城镇从业人员（%）

注：①（*）、（+）、（-）分别表示属性为适度指标、正指标、负指标，在对数据进行归一化处理时分别采用与指标属性相对应的处理方法。②具体计算过程这一项单位为%的指标省略了*100。

假设随机过程 $\{HQ_{it}, t\in T\}$ 具有“无后效性”，状态空间记为 $S=\{1, 2, 3\}$，其中，命名高质量发展指数的“低水平状态” =1、“中水平状态” =2、“高水平状态” =3，它们符合一阶马尔科夫链性质，且具有平稳的转移概率。P 为高质量发展水平的状态转移概率矩阵，具体为：

$$P=(p_{ij})=\begin{bmatrix} P_{11} & P_{12} & P_{13} \\ P_{21} & P_{22} & P_{23} \\ P_{31} & P_{32} & P_{33} \end{bmatrix},\ p_{ij}=\frac{n_{ij}}{n_i} \tag{6}$$

式（6）中，n_{ij}为样本考察期内高质量发展水平的第 i 种状态转变为第 j 种状态的次数，n_i 为第 i 种状态出现的总次数。由于转移概率是非负的，且过程一定会转移至某种状态，所以转移矩阵具有以下性质：

（1）$p_{ij}\geqslant 0$，$i, j\in S$

（2）$\sum_{j\in S} p_{ij}=1$，$\forall i\in S$

如果其在第 t 期的高质量发展水平分布状态为 F_t，那么经过 l 期的高质量发展水平分布状态就表现为：

$$F_{t+1}=F_tP^l \tag{7}$$

故而，基于 Markov 链模式构造的空间动态演化模型，能够分析出长三角地区不同城市的高质量发展水平空间分布动态及其演变趋势。

2. 一体化趋势影响因素分析模型

为了探测长三角高质量发展水平的影响因素以及预测在这些影响因素作用下长三角高质量一体化的发展趋势，本研究先建立了空间计量模型，然后基于空间计量模型结果预测在这些影响因素作用下的高质量发展水平，再采用空间动态演化模型对预测的长三角 27 个城市高质量发展水平状态转移情况进行分析，并与未考虑影响因素作用的情况进行对比，进而判断一体化趋势。

根据空间杜宾模型（SDM）在描述变量空间特性上的优越性，拟采用空间杜宾模型探寻长三角高质量发展水平的影响因素及空间效应，空间杜宾模型的一般形式为：

$$Y_{it}=c+\rho\sum_{i\neq j} w_{ij}Y_{it}+\beta X_{it}+\theta\sum_{i\neq j} w_{ij}X_{it}+a_i+\lambda_t+\varepsilon_{it} \tag{8}$$

式（8）中，Y_{it}为被解释变量；X_{it}为解释变量（包括控制变量）；ρ 为空间回归系数；β 和 θ 为待估计参数；a_i 代表个体固定效应，λ_t 代表时间固定效应，ε_{it}代表随机误差项；W_{ij}为空间权重矩阵的第 i 行第 j 列元素。

对于空间权重的设定，根据长三角地区在空间上比邻，空间权重设定为简单的二进制邻接矩阵，假定两个地区存在共同边界或顶点时才会发生空间关联性，空间权重矩阵的第 i 行第 j 列元素为：

$$w_{ij} = \begin{cases} 1，当区域 i 和 j 相邻接 \\ 0，其他 \end{cases} \tag{9}$$

为了减少区域间的外在影响，将空间权重进行行标准化，故而每行元素之和等于 1。

利用式（8）分析影响长三角高质量发展水平的因素，并预测在这些因素影响下长三角高质量的未来发展水平，再次利用空间动态演化模型预测长三角一体化趋势。

三、实证分析

（一）长三角高质量发展指数测度

1. 数据来源

本研究以《长江三角洲区域一体化发展规划纲要》规定的长三角 27 个中心区城市①为研究对象，考虑到 2012 年党的十八大提出五大发展理念后，直至 2017 年党的十九次全国代表大会首次提出高质量发展新表述，这期间是长三角高质量发展的前期基础时期，因此选取 2012 ~ 2017 年作为样本期。

长三角高质量发展水平测算数据以及相关影响因素的数据来源于 2013 ~ 2018 年《中国城市统计年鉴》、2013 ~ 2018 年 27 个城市的统计年鉴、2013 ~ 2018 年《中国城乡建设数据库》、2012 ~ 2017 年 27 个城市的统计公报、2012 ~ 2017 年 27 个城市的环境状况公报、2012 ~ 2017 年各省科技进步统计监测结果与科技统计公报、中国空气质量在线监测分析平台以及相关部门权威网站。

2. 测算结果

在具体测算高质量发展指数时，首先对指标进行了归一化处理，然后

① 长三角 27 个中心城市分别为：上海、南京、无锡、常州、苏州、南通、盐城、扬州、镇江、泰州、杭州、宁波、温州、嘉兴、湖州、绍兴、金华、舟山、台州、合肥、芜湖、马鞍山、铜陵、安庆、滁州、池州、宣城。

采用熵权与线性综合法［式（1）～式（5）］测算高质量发展指数，测算结果如表 2 所示。

表 2　2012～2017 年长三角地区高质量发展指数（%）

	HQ_ 2012	HQ_ 2013	HQ_ 2014	HQ_ 2015	HQ_ 2016	HQ_ 2017		HQ_ 2012	HQ_ 2013	HQ_ 2014	HQ_ 2015	HQ_ 2016	HQ_ 2017
上海	54.76	53.44	53.95	53.34	55.08	56.89	湖州	35.32	35.18	37.68	38.41	39.24	39.61
南京	46.42	44.41	46.58	49.32	51.49	51.21	绍兴	32.14	33.15	37.29	38.09	38.91	41.11
无锡	45.79	42.32	42.64	43.31	45.68	45.93	金华	33.28	35.46	38.79	40.75	42.17	42.43
常州	40.82	38.85	40.20	41.38	43.53	43.67	舟山	35.29	33.88	39.58	38.64	38.43	40.26
苏州	51.99	49.98	50.30	51.34	52.73	54.35	台州	31.51	32.30	34.57	35.83	36.90	38.41
南通	34.74	34.7	34.03	34.4	36.05	39.07	合肥	28.68	24.46	29.83	33.57	35.45	35.26
盐城	26.56	25.64	27.50	28.64	29.73	30.10	芜湖	27.13	27.89	30.59	31.26	33.04	33.94
扬州	35.09	33.93	34.21	34.61	36.17	36.50	马鞍山	25.95	25.23	24.99	27.69	29.41	30.51
镇江	37.80	36.96	37.05	37.15	38.31	39.36	铜陵	30.89	31.06	34.22	24.74	26.12	29.25
泰州	29.88	30.06	31.39	30.64	32.76	34.49	安庆	16.45	17.44	19.3	21.61	23.04	23.93
杭州	43.33	44.17	45.96	46.57	47.78	49.82	滁州	20.19	20.27	21.47	22.30	23.68	24.16
宁波	39.26	38.95	39.97	39.85	41.59	42.12	池州	21.97	22.82	23.12	25.93	26.51	27.68
温州	32.12	32.65	35.12	33.96	34.12	35.52	宣城	19.10	22.46	25.13	26.19	26.33	27.53
嘉兴	37.40	38.20	39.71	39.30	38.99	40.11							

注：其中 HQ 表示高质量发展指数，HQ_ 2012 表示 2012 年高质量发展指数。

从表 2 测算结果看，2012～2017 年长三角 27 个城市的高质量发展水平不高，高质量发展水平最高的上海到 2017 年也只达到 56.89%，这与我国经济刚由高速增长转向高质量增长阶段的论断相吻合；但整体呈上升趋势，反映出高质量发展具有稳步提升的基础，高质量发展是长三角未来经济发展的趋势所在。从空间维度看，上海在长三角高质量发展中依然显示出龙头地位特征，对长三角高质量一体化的引领作用突出，6 年来高质量发展水平一直保持在 50% 以上，高质量发展进入中等水平状态；杭州与南京高质量发展水平紧随其后，体现出南北两翼的性质，但相比较而言，由于苏州高质量水平仅次于上海，在上海—南京的北翼枝上发挥了重要作用，南京的高质量发展水平要高于杭州；其他城市，特别是安徽的一些城市高质量发展水平相对较低，个别地区还不到 30%。显而易见，长三角地区高质量发展水平空间差异大，非均衡发展是样本期内长三角高质量发展的典型特征。

（二）长三角高质量发展的空间动态演进分析

为了进一步了解长三角地区高质量发展的空间分布动态演进规律，采用前述空间动态演化模型进行分析。考虑到直接将数据离散化太过主观，首先采用K均值聚类算法将2012～2017年长三角各城市高质量发展指数变量的状态空间划分为3类，即“低水平状态”=1（聚类中心为25.75%）、“中水平状态”=2（聚类中心为36.96%）、“高水平状态”=3（聚类中心为49.10%）①。

2012～2017年长三角地区27个城市高质量发展水平出现了状态转移现象：“低水平状态”的城市个数减少，2017年较2012年减少了3个；“中水平状态”城市个数先增加后减少，最终2017年较2012年增加了2个；“高水平状态”的城市个数增加暂时有限，2017年较2012年只增加了1个。

针对高质量发展水平的转移现象，为了更加明晰2012～2017年长三角高质量发展各个水平状态之间发生转移的方向与概率，根据式（6）计算了三种高质量发展水平状态转移的概率及其路径，具体如表3、图1所示。

表3　2012～2017年长三角高质量发展Markov链状态转移概率矩阵分布

	低水平状态	中水平状态	高水平状态
低水平状态	0.89	0.11	0.00
中水平状态	0.03	0.94	0.03
高水平状态	0.00	0.04	0.96

从表3状态转移概率分析，样本期内长三角地区27个城市维持在现有状态的概率较大，状态转移仅发生在相邻状态之间，不存在跨状态转移的情况；但值得关注的是，虽然高质量发展水平由低层次向上一层次递进的可能性较大，但存在高质量发展水平回流的现象，即相对高层次的高质量

① 2017年处于低水平状态的城市有盐城、马鞍山、铜陵、安庆、滁州、池州、宣城；处于中水平状态的城市有南通、扬州、镇江、泰州、宁波、温州、嘉兴、湖州、绍兴、金华、舟山、台州、合肥、芜湖；处于高水平状态的城市有上海、南京、无锡、常州、苏州、杭州。

发展水平可能会向低一层次转移，这可从图 1 获得更加清晰的结论。图 1 显示，第 t+1 期较第 t 期来说，长三角 27 个城市高质量发展维持低水平状态的概率为 89%，同时转向中水平的可能性为 11%；仍然保留中水平的概率为 94%，同时向低水平或者高水平状态转移的概率均为 3%；保持自身高水平状态不变的可能性高达 96%，但有 4% 的概率降到下一级发展状态。

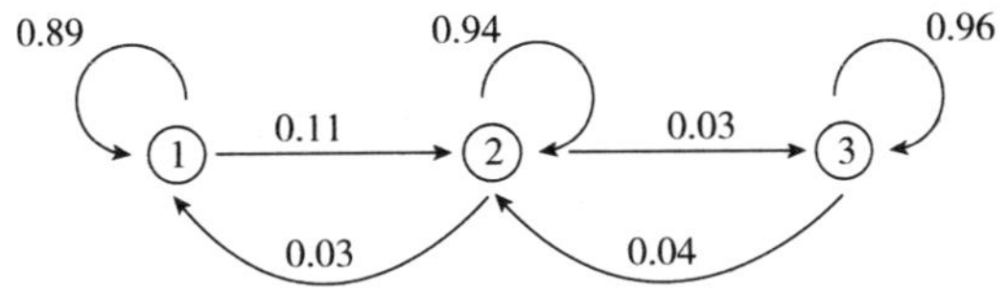

图 1　长三角高质量发展水平状态转移

根据上述状态转移矩阵，以 2017 年的状态为基准，对 2020 年和 2025 年长三角高质量状态转移情况进行预测，预测结果如表 4 所示。

表 4　2020 年和 2025 年长三角高质量发展水平状态转移情况

2017 年状态	预测时期	低水平状态	中水平状态	高水平状态
低水平状态	2020 年	0.71	0.28	0.01
	2025 年	0.45	0.49	0.06
中水平状态	2020 年	0.08	0.84	0.08
	2025 年	0.14	0.69	0.17
高水平状态	2020 年	0.00	0.11	0.89
	2025 年	0.02	0.23	0.75

从预测结果看，未来五年，长三角 27 个城市高质量发展处于低水平状态的概率逐渐下降，低水平较大概率向中水平转移；与此同时，维持自身高水平状态的概率也逐渐下降，向中等水平靠拢的概率到 2025 年达到 23%，按此转移概率路径，长三角高质量发展维持在中等水平出现一体化的概率将会大大增强。

但与 2012～2017 年状态转移情况相比，未来五年，高质量发展水平出现了跨状态转移现象，低水平发展地区有超过 6% 的概率能够直接进入高水平状态，这扩大了长三角高质量发展水平一体化的博弈路径，一体化是否具有稳定趋势有待进一步挖掘。

（三）长三角高质量发展的空间影响因素分析

1. 指标选取

鉴于前述长三角高质量发展的一体化稳定趋势还有待进一步挖掘的结论，利用空间模型分析在积极的经济引擎力作用下长三角高质量的一体化趋势。

采用式（8）的空间面板杜宾模型分析高质量发展的空间经济引擎力。关于模型中具体体现经济引擎力变量的选择，主要依据《长江三角洲区域一体化发展规划纲要》中长三角一体化的发展目标进行遴选。其中，生产方面的发展目标包括科创产业、基础设施、要素市场、公共服务等，这些目标必然会成为高质量发展的动力源，因此，将它们设成长三角高质量发展的空间影响因素。具体而言：

（1）基础设施，根据规划纲要，基础设施包括交通、能源、水利与数字经济四个方面。数字经济是贯彻落实我国创新战略目标的中坚力量，能为未来经济发展注入新动能，目前数字经济正逐渐成为推动长三角区域一体化高质量发展的主力军，故而基础设施主要选择数字经济方面的基础设施作为代表。丛屹、俞伯阳（2020）以数字基础设施（以互联网普及率表示）、数字业务规模（以快递业务量表示）、数字设备应用（以移动互联网普及率表示）三个指标来代表不同地区数字经济的发展水平。考虑到各个城市的快递业务量数据难以获取，本文仅从数字基础设施、数字设备应用两个方面考察数字经济水平对高质量发展的影响，数字基础设施指标用每千人互联网宽带用户数表示，数字设备应用指标用人均移动电话用户数表示。

（2）要素市场，规范纲要规划了人力资源市场、资本市场、土地市场与产权交易市场，考虑到土地市场与产权交易市场近期难以实现，要素市场暂时设置劳动力投入、人力资本、资本存量三个变量考察资源配置对高质量发展的影响。人力资本水平采用教育法计算；劳动力投入采用年末城镇从业人员数表示；资本主要以固定资本代替，采用永续盘存法计算资本存量，以2012年为基期，折旧率参考张军等（2004），设为9.6%。

（3）科创产业，科技创新产业协同发展有助于产业结构向高级化发展，因此设置产业结构高级化来反映科创产业情况，具体采用第三产业增加值与全部产业增加值比衡量产业结构高级化。

（4）公共服务，财政支出是促进我国经济发展转向高质量的助推器（刘金全和张龙，2019），采用财政支出代表公共服务水平，政府财政支出规模采用地方政府财政一般预算支出占地方 GDP 的比重来表示。

另外，地区经济增长水平是高质量发展的基础，在一定程度上影响着高质量发展水平的高低，因此将其纳入模型中，选用人均 GDP 反映经济增长水平。

故而，空间面板杜宾模型的具体实证分析模型设置为：

$$\begin{aligned} \ln HQ_{it} = {} & c + \rho(w\ln HQ_{it}) + \beta_1 \times \ln D1_{it} + \beta_2 \times \ln D2_{it} + \beta_3 \times \ln L_{it} + \\ & \beta_4 \times \ln K_{it} + \beta_5 \times \ln PGDP_{it} + \beta_6 \times \ln I_{it} + \beta_7 \times \ln G_{it} + \beta_8 \times \ln HC_{it} + \\ & \theta_1 \times (w\ln D1_{it}) + \theta_2 \times (w\ln D2_{it}) + \theta_3 \times (w\ln L_{it}) + \theta_4 \times (w\ln K_{it}) + \\ & \theta_5 \times (w\ln PGDP_{it}) + \theta_6 \times (w\ln I_{it}) + \theta_7 \times (w\ln G_{it}) + \\ & \theta_8 \times (w\ln HC_{it}) + a_i + \lambda_t + \varepsilon_{it} \end{aligned} \tag{10}$$

式中，HQ_{it}为第 i 个城市第 t 年的高质量发展指数，w 为空间权重矩阵；ρ 为空间回归系数；$D1_{it}$、$D2_{it}$、L_{it}、K_{it}、G_{it}、$PGDP_{it}$、I_{it}、HC_{it}分别表示第 i 个城市第 t 年的数字基础设施、数字设备应用、劳动力投入、资本存量、政府财政支出规模、地区经济增长水平、产业结构高级化、人力资本；β_i 和 θ_i 为待估计的常系数回归参数；a_i 代表个体固定效应，λ_t 代表时间固定效应；ε_{it}表示随机误差项。

2. 高质量发展指数的空间自相关检验

在建立空间计量模型之前，首先检验各个城市之间的高质量发展指数是否存在全局空间自相关性，检验结果如表 5 所示。

表 5　长三角高质量发展指数全局相关性检验

年份	2012	2013	2014	2015	2016	2017
全局莫兰指数 I	0.277	0.334	0.313	0.316	0.275	0.301
均值 E（I）	-0.038	-0.038	-0.038	-0.038	-0.038	-0.038
标准差 sd（I）	0.129	0.129	0.129	0.13	0.129	0.129
统计量 z	2.453	2.892	2.729	2.735	2.419	2.63
P 值 p-value	0.007	0.002	0.003	0.003	0.008	0.004

表5显示，2012～2017年长三角高质量发展指数的Moran's I均为正值，且都通过了1%的显著性水平检验，说明长三角各城市高质量发展水平存在显著的空间正相关性，即空间地理位置相近的城市高质量发展水平层级相似（高值相邻或低值相邻），空间集聚性明显，模型（10）的形式存在。

3. 长三角高质量发展空间影响因素分析

（1）模型选择与参数估计。在实现模型（10）的过程中，为了降低异方差的影响，对所有变量取对数处理。采用Hausman检验方法识别空间模型的类型，针对前文选择的指标模拟了四个模型，四个模型的Hausman检验对应的P值分别为0.5094、0.2309、0.9379、0.9602，均不能拒绝随机效应的原假设，因而四个模型均设定为随机效应模型更合适，模型结果如表6所示。

表6 长三角高质量发展影响因素空间计量模型结果

Variable	SDM_ re_ 0	SDM_ re_ 1	SDM_ re_ 2	SDM_ re_ 3
Main				
lnD1	0.0859*** (4.81)	0.0878*** (4.89)	0.0677*** (3.98)	0.0791*** (4.04)
lnD2	0.1377*** (3.32)	0.1402*** (3.34)	0.1941*** (5.07)	0.2342*** (6.38)
lnK	0.1288*** (2.65)	0.1315*** (2.65)	0.1468*** (3.33)	0.1550*** (3.39)
lnL	-0.0679* (-1.68)	-0.0715* (-1.75)	-0.0881** (-2.39)	-0.0985** (-2.55)
lnPGDP	0.2562*** (4.93)	0.2671*** (5.31)	0.2202*** (4.77)	0.1650*** (3.65)
lnI	0.0982*** (3.18)	0.1075*** (3.54)	0.1141*** (4.39)	0.1490*** (5.24)
lnG	0.1045*** (2.84)	0.0940*** (2.63)	—	—
lnHC	0.1944 (1.29)	—	—	—
_ cons	-3.7293*** (-2.91)	-2.9621*** (-2.95)	-1.9363*** (-2.97)	-3.7988*** (-8.07)

续表

Variable	SDM_ re_ 0	SDM_ re_ 1	SDM_ re_ 2	SDM_ re_ 3
		Wx		
lnD1	-0. 0884 *** (-2. 99)	-0. 0858 *** (-2. 89)	—	-0. 1133 *** (-3. 87)
lnD2	0. 0539 (0. 8)	0. 0384 (0. 59)	—	—
lnK	-0. 0299 (-0. 35)	0. 0157 (0. 21)	—	—
lnL	0. 1012 (1. 31)	0. 0549 (0. 83)	—	—
lnPGDP	-0. 2640 *** (-3. 69)	-0. 2950 *** (-4. 25)	-0. 2809 *** (-5. 26)	—
lnI	0. 1225 ** (2. 38)	0. 1134 ** (2. 23)	—	—
lnG	-0. 1349 ** (-2. 36)	-0. 1177 ** (-2. 13)	—	—
lnHC	0. 1306 (0. 46)	—	—	—
		Spatial		
rho	0. 3631 *** (4. 02)	0. 3639 *** (4. 05)	0. 4165 *** (5. 60)	0. 3021 *** (4. 14)
		Variance		
lgt_ theta	-1. 2072 *** (-4. 98)	-1. 1744 *** (-4. 61)	-1. 3496 *** (-6. 6)	-1. 080 *** (-4. 82)
sigma2_ e	0. 0011 *** (7. 78)	0. 0011 *** (7. 67)	0. 0012 *** (7. 96)	0. 0015 *** (7. 93)
R - sq	0. 9287	0. 9310	0. 8929	0. 9158
Log - likelihood	279. 9121	278. 8093	265. 2817	259. 7647

注：①fe 表示固定效应模型、re 表示随机效应模型，模型检验方法采用的是 Hausman 检验方法，具体检验过程省略。②＊表示 P<0. 1；＊＊表示 P<0. 05；＊＊＊表示 P<0. 01。③括号是参数估计统计量值。

表6中，SDM_ re_ 0 模型是全模型，包括了前述所选择的全部指标；

由于SDM_ re_ 0模型显示人力资本不显著，将其剔除从而得到SDM_ re_ 1模型；另外，为突出考察各城市公共服务水平对高质量的空间影响，将其从SDM_ re_ 1模型中移除①，分别获得SDM_ re_ 2与SDM_ re_ 3模型。观察4个模型结果可知，4个模型拟合优度最小为0.8929，说明模型拟合效果都较好；模型系数的符号在4个模型中正负方向一致，模型结果具有稳健性。但SDM_ re_ 1模型在剔除公共服务水平变量后，模型拟合优度降低，同时导致不少变量空间效应消失，说明公共服务水平对长三角各城市高质量发展具有重要作用，不能从模型中删除，且综合看，SDM_ re_ 1模型拟合优度最高，因此，本文选择SDM_ re_ 1模型进行后续分析。

从SDM_ re_ 1模型结果分析，除人力资本对本地高质量发展水平没有产生影响、传统劳动力资源对高质量发展作用为负外，其他经济变量均显著地促进了本地经济的高质量发展；数字基础设施、地区经济增长、政府财政支出等变量的空间回归系数为负，说明这些变量具有“虹吸效应”，很大程度上能够促使长三角高质量一体化发展进程中出现集群效应；产业结构优化的空间回归系数为正，反映出产业结构优化产生了空间溢出效应。但回归系数并不能详细、完整地反映出解释变量对被解释变量的影响作用，需要通过进一步分解空间效应来测算。

（2）空间效应分解。为了充分分辨出SDM_ re_ 1模型中回归系数所包含的交互信息，对空间效应进一步分解，分解结果如表7所示。

表7 长三角高质量发展影响因素空间效应分解结果

	直接效应（LR_ Direct）	间接效应（LR_ Indirect）	总效应（LR_ Total）
lnD1	0.0831*** (4.55)	-0.0759* (-1.8)	0.0072 (0.15)
LnD2	0.1478*** (3.74)	0.1355* (1.65)	0.2833*** (3.27)
lnK	0.1435*** (3.05)	0.0954 (0.96)	0.2389** (2.17)
lnL	-0.0725* (-1.87)	0.0440 (0.45)	-0.0285 (-0.25)

① 通过移除公共服务变量再建立模型，如果模型拟合效果更优，说明公共服务的作用有限。

续表

	直接效应（LR_ Direct）	间接效应（LR_ Indirect）	总效应（LR_ Total）
lnPGDP	0. 2424***	-0. 2994***	-0. 0570
	(5. 35)	(-3. 33)	(-0. 59)
lnI	0. 1243***	0. 2275***	0. 3518***
	(3. 98)	(2. 93)	(3. 92)
lnG	0. 0855**	-0. 1259	-0. 0404
	(2. 45)	(-1. 64)	(-0. 51)

注：①* 表示 $P<0.1$；** 表示 $P<0.05$；*** 表示 $P<0.01$。②括号里表示参数估计统计量值。

从分解结果看：①数字基础设施的直接效应显著为正，说明每提高自身数字基础设施水平 1%，能够有效促进本地区的高质量发展水平提高 0. 0831%；间接效应显著为负，反映出数字基础设施规模越大，对相邻地区的高质量发展产生的虹吸效应越强，从前述长三角高质量发展空间动态演变看，虹吸效应可能会促使高质量高水平地区规模进一步扩大。②数字设备应用的直接效应与间接效应都显著为正，数字设备应用水平每提高 1%，不仅能使本地区高质量水平提升 0. 1478%，对相邻地区高质量发展也能产生 0. 1355% 的溢出效应，可见，数字设备是长三角高质量一体化发展的重要驱动力，所产生的总效应达到了 0. 2833 的水平。③资本存量与传统劳动力均只能对本地高质量发展产生效应，说明传统要素在高质量发展中，空间集聚与溢出效应有限。但与资本产生正向效应不同的是，传统劳动力对本地高质量发展产生负向效应，反映出在高质量发展过程中，生产要素质量的提高对经济高质量发展具有关键作用。④地区经济增长水平是本地高质量发展的重要引擎，在全部模型因素中效应最大，地区经济每增长 1%，能够促使本地高质量发展水平提高 0. 2424%，同时具有负外溢性，产生了很强的"虹吸效应"，这也是当前长三角地区经济增长水平高的城市质量发展水平也相应高的重要原因之一。⑤产业结构高级化是长三角 27 个城市高质量发展的核心要素，对高质量发展水平的总效应达到 0. 3518，不仅大大地提升了本地高质量发展水平，更是促进相邻城市高质量发展的重要动力源。⑥提高公共服务水平是长三角高质量一体化规划的重要方面，但模型结果显示，代表公共服务水平的政府财政支出规模只对本地高质量发展产生了较小的直接效应，对如何通过提高公共服务水平促进长三角地区高质量一体化还需要各城市间未来协商探讨。

四、长三角高质量发展一体化趋势预测

从空间影响因素分析结果可以看到，长三角区域一体化规划发展的基础设施、要素市场、科创产业与公共服务对长三角地区高质量发展产生了不同的影响效应，在这些影响因素作用下，长三角高质量一体化趋势如何发展是值得进一步探究的问题。下文通过预测在上述影响因素的共同作用下2020年与2025年长三角27个城市高质量发展水平，进一步探究未来长三角高质量发展水平动态演变是否具备一体化趋势。

（一）影响因素趋势值预测方法

基于SDM_ re_ 1模型的解释变量，通过计算各解释变量的平均增长速度，然后预测2020年和2025年相应解释变量的指标值，计算公式为：

$$\overline{X_m} = \sqrt[5]{\frac{X_m^{2017}}{X_m^{2012}}} - 1,\ m = 7$$

$$X_m^{2020} = X_m^{2017} \times (1 + \overline{X_m})^3$$

$$X_m^{2025} = X_m^{2017} \times (1 + \overline{X_m})^8 \tag{11}$$

（二）高质量一体化趋势预测

1. 空间分布动态演变预测

将根据式（11）计算的各解释变量预测值代入SDM_ re_ 1模型，预测2020年和2025年长三角27个城市的高质量发展指数值，然后采用最小距离判别分析法判断2020年和2025年各城市高质量发展水平所属状态空间，再以2017年为基准，测算2020年和2025年长三角高质量状态转移概率情况，结果见表8，状态转移图如图2、图3所示。

在各影响因素的作用下，从表8及图3、图4可以看到：

（1）2017～2020年，长三角27个城市维持高质量发展低水平状态的城市大约为57.14%，有42.86%的城市可能向中水平状态转移；相反，维持中水平状态的城市大约有42.86%，有57.14%的城市可能向高水平转移；

但只要达到了高水平状态，该城市的高质量发展将不会发生逆转，100%保持高水平发展。

表8 2020年和2025年长三角高质量发展状态转移情况（%）

2017年状态	预测时期	低水平状态	中水平状态	高水平状态
低水平状态	2020年	57.14	42.86	0.00
	2025年	28.57	71.43	0.00
中水平状态	2020年	0.00	42.86	57.14
	2025年	0.00	7.14	92.86
高水平状态	2020年	0.00	0.00	100.00
	2025年	0.00	0.00	100.00

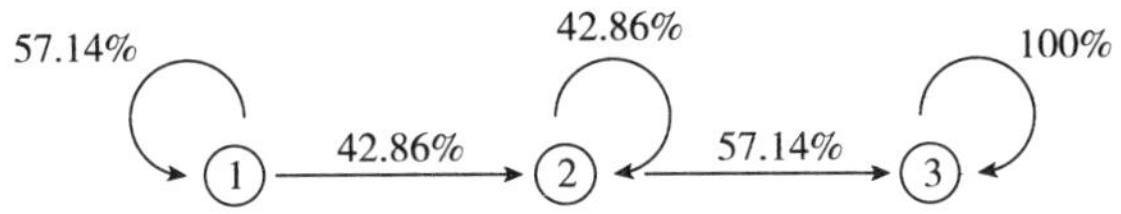

图2 2017~2020年长三角高质量发展状态转移图

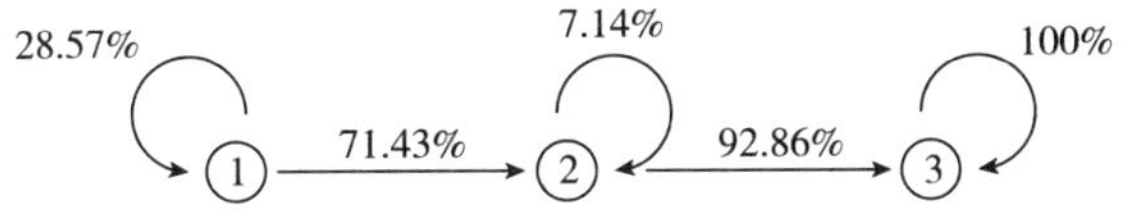

图3 2017~2025年长三角高质量发展状态转移图

（2）相较于2017~2020年，2017~2025年，27个城市高质量发展处于低水平状态的概率大为降低，降至28.57%，大部分低水平状态的城市向中水平转移；而中水平状态的城市更是以高达92.86%的概率集中向高水平发展，只有约7.14%的城市可能维持在中水平状态；达到高水平状态的城市仍以100%的概率维持在高水平状态。

2. 一体化趋势预测

基于上述空间动态演变状态的推算，预测2020年和2025年长三角27个城市高质量发展水平在有无影响因素作用下的分布，以探讨高质量发展一体化是否具备稳定趋势，详细结果如表9所示。

表9 2020年和2025年长三角高质量发展状态分布

条件	年份	低水平状态	中水平状态	高水平状态
基准年	2017	0.26	0.52	0.22
无影响因素	2020	0.23	0.53	0.24
	2025	0.19	0.54	0.27
有影响因素	2020	0.15	0.33	0.52
	2025	0.07	0.22	0.71

从表9测算结果看，在没有影响因素推动下，未来五年长三角27个城市高质量发展水平大部分处于中等水平状态，占54%；但在加强数字经济基础设施建设、提高数字设备水平、促进产业结构高级化、稳定本地区经济增长水平、提升公共服务水平后，长三角27个城市有71%的比例处于高质量发展的高水平状态，低水平状态的城市大为减少，中高水平状态的城市占93%，高质量一体化趋势明显增强，显现出了高质量高水平的一体化趋势。

由此可见，未来长三角27个城市只要平稳提升上述各因素的发展水平，按照各自的平均增长率发展下去，就有很大可能促进长三角高质量发展水平“低水平状态→中水平状态→高水平状态”的转移，并维持高水平状态，最终形成长三角高质量高水平一体化发展局面。

五、结论与建议

本研究在采集《长江三角洲区域一体化发展规划纲要》中关于长三角一体化与高质量发展的战略定位、基本原则与发展目标初步形成高质量发展指标体系层次结构的基础上，植入了新闻文本数据挖掘方法，并对现有高质量发展指标体系文献进行了梳理，最终构建了一个包含5个一级指数、13个二级指数、64个测度指标的长三角高质量发展指标体系，然后采用熵权与线性综合法测算了2012~2017年长三角27个城市高质量发展指数。在此基础上，将马尔科夫链方法与空间面板杜宾模型方法相结合，分析了长三角高质量发展空间分布动态演化过程、影响因素及其空间效应，并对长三角高质量发展一体化趋势进行了预测，获得了如下研究结论：

（1）理论上分析，“高质量发展”是一个复合指标，指标体系的构建是对其开展定量分析的前提。我国经济“由高速阶段转向高质量发展阶段”的论断表明，评价高质量发展需要从阶段论角度出发构建指标体系，具体到长三角高质量发展，需要结合区域的“一体化”理解“高质量发展”的内涵与外延。而区域一体化高质量发展要求区域经济发展，既具有稳定与保障经济平稳过渡到新阶段的能力，也要求具有驱动与协同经济共同迈向新阶段的能力，更要求具有引领全国高质量发展的能力，它们构成长三角高质量发展的测度内容。

（2）根据长三角高质量发展测度内容构建指标体系，对长三角 2012 ~ 2017 年 27 个城市的高质量发展水平进行测度。结果表明，区域内高质量发展水平普遍不高，空间差异显著，样本期内 27 个城市以大概率维持现有水平状态，只以较小概率在相邻状态之间发生转移，不存在跨状态转移现象。进一步的预测结果显示，在不考虑其他影响因素作用下，未来五年长三角 27 个城市高质量发展维持原水平状态的概率逐渐下降，出现了跨状态转移现象，转移的结果最终向中等水平靠拢。也就是说，在不考虑其他因素影响下，未来五年长三角高质量发展维持在中等水平出现一体化的概率较大。

（3）通过构建空间效应模型进行分析，发现长三角区域一体化规划着力发展的基础设施、要素市场、科创产业、公共服务等方面对长三角高质量发展具有明显的空间滞后性。在这些经济引擎力空间作用下，未来五年长三角 27 个城市高质量发展处于低水平状态的概率大为降低，大部分低水平状态的城市向中水平转移；而中水平状态的城市更是以高达 92.86% 的概率集中向高水平发展，达到高水平状态的城市以 100% 的概率维持在高水平状态。可见，在加大经济作用力下，长三角有望最终实现高质量高水平一体化发展。

针对以上实证结论，提出以下建议：

（1）从资源配置角度看，传统劳动力对高质量发展产生了负向作用力，反映出高质量发展要创新生产要素的配置比，提高资源配置质量，提高劳动力效率、资本效率以及全要素生产率水平，而不是一味追求劳动力与资本规模。由于人力资本在空间模型中未能产生明显效应，未来长三角地区应该加大人力资本投入，落实“产学研”密切合作项目。另外，提高义务受教育年限，培养高素质、专业型、技术型人才，充分体现出人力资本对高质量发展的促进作用。

（2）数字经济在高质量一体化发展中产生了重要的引擎作用，未来要加大数字基础设施建设，提高数字设备应用水平，增加科技、教育投入，培养数字技术人才，加快数字化技术在传统行业与产业中的渗透作用，促进产业升级，充分发挥数字经济、产业结构高级化对高质量发展的驱动作用。

（3）公共财政支出未能在高质量发展中产生显著的促进作用，而公共服务能力的互融互通是长三角高质量一体化的重要推手，需要引起长三角各地方政府高度关注。

参考文献

［1］郭文慧，雷良海．长三角地级市经济高质量发展水平的测度与评价［J］．生产力研究，2020（7）：104－106.

［2］田鑫．长三角城市经济高质量发展程度的评估——基于因子 k 均值方法的实证分析［J］．宏观经济研究，2020（3）：92－100＋119.

［3］王青，李佳馨，郭辰．城市群功能分工对经济高质量发展的影响——基于长三角城市群面板数据的实证分析［J］．企业经济，2020（5）：53－61.

［4］滕堂伟，欧阳鑫．长三角高质量一体化发展路径探究——基于城市经济效率视角［J］．工业技术经济，2019，38（7）：152－160.

［5］姚鹏，王民，鞠晓颖．长江三角洲区域一体化评价及高质量发展路径［J］．宏观经济研究，2020（4）：117－125.

［6］李金昌，史龙梅，徐蔼婷．高质量发展评价指标体系探讨［J］．统计研究，2019，36（1）：4－14.

［7］涂建军，况人瑞，毛凯，李南羲．成渝城市群高质量发展水平评价［EB/OL］．http：//kns. cnki. net/kcms/detail/43. 1126. K. 20200813. 1606. 002. html.

［8］吴志军，梁晴．中国经济高质量发展的测度、比较与战略路径［J］．当代财经，2020（4）：17－26.

［9］师博，任保平．中国省际经济高质量发展的测度与分析［J］．经济问题，2018（1）：7－8.

［10］魏敏，李书昊．新时代中国经济高质量发展水平的测度研究［J］．数量经济技术经济研究，2018，35（11）：3－20.

［11］方大春，马为彪．中国省际高质量发展的测度及时空特征［J］．区域经济评论，2019（2）：61－70.

［12］鲁邦克，邢茂源，杨青龙．中国经济高质量发展水平的测度与时空差异分析［J］．统计与决策，2019，35（21）：113－117.

[13] 杨仁发，杨超．长江经济带高质量发展测度及时空演变［J］．华中师范大学学报（自然科学版），2019，53（5）：631-642.

[14] 史丹，李鹏飞．我国经济高质量发展测度与国际比较［J］．东南学术，2019（5）：169-180.

[15] 马茹，罗晖，王宏伟，王铁成．中国区域经济高质量发展评价指标体系及测度研究［J］．中国软科学，2019（7）：60-67.

[16] 张震，刘雪梦．新时代我国15个副省级城市经济高质量发展评价体系构建与测度［J］．经济问题探索，2019（6）：20-31+70.

[17] 师博，张冰瑶．全国地级以上城市经济高质量发展测度与分析［J］．社会科学研究，2019（3）：19-27.

[18] 丁涛，胡汉辉．创新驱动经济高质量发展分析——以中美贸易战为背景[J]．技术经济与管理研究，2019（12）：100-104.

[19] 曾艺，韩峰，刘俊峰．生产性服务业集聚提升城市经济增长质量了吗？［J］．数量经济技术经济研究，2019，36（5）：83-100.

[20] 丛屹，俞伯阳．数字经济对中国劳动力资源配置效率的影响［J］．财经理论与实践，2020，41（2）：108-114.

[21] 张军，吴桂英，张吉鹏．中国省际物质资本存量估算：1952—2000［J］．经济研究，2004（10）：35-44.

[22] 刘金全，张龙．我国财政政策对经济增长质量的动态效应分析［J］．财经论丛，2019（7）：23-34.